D1937035

Friaul
und
Istrien

RICHARD ZÜRCHER

Friaul
und
Istrien

PRESTEL VERLAG MÜNCHEN

Für Lukas

© Prestel-Verlag München 1982
2. Auflage 1989
Passavia Druckerei GmbH Passau
ISBN 3-7913-0583-2

Inhalt

Pässe und Täler in Karnien

Istrien

AN DER OSTKÜSTE

ANHANG

Vorwort

DIE EINHEIT, als die wir Italien geneigt sind zu sehen: als Nation innerhalb ihrer heutigen politischen Grenzen und darüber hinaus als kulturelles Gebilde – diese Einheit löst sich bei näherem Zusehen auf in die überraschendste Vielheit von großen Kunstlandschaften wie Toskana, Lombardei und Venetien, die durch ihre Hauptstädte geprägt sind, sowie durch oft sehr selbständige Nebenzentren wie Pisa und Siena, Pavia und Brescia. Es gibt in dieser Vielheit aber auch Landschaften, die gerade durch die Mehrzahl ihrer Schwerpunkte ihre Eigenart gewinnen. Als eine solche Landschaft wäre beispielsweise im Süden Sizilien zu nennen, im Norden Piemont und, in vielem dessen Gegenstück, Venetien und hier wiederum Friaul.

Der italienische Name ›il Friuli‹ leitet sich her vom römischen ›Forum Iulii‹, einer Siedlung, die östlich des durch die Langobarden berühmt gewordenen Cividale bestand. Seit dem 19. Jahrhundert trat dazu die Benennung ›Venezia Giulia‹, worunter auch die einst von Venedig beherrschte Halbinsel Istrien samt Triest und Fiume gerechnet werden. Gebiete, die dieser Band ebenfalls behandelt. Doch im Zentrum unserer Betrachtungen steht Friaul. Dieses besteht im wesentlichen aus der vom breiten Schuttband des Tagliamento und seiner Nebenflüsse durchzogenen Ebene, die im Westen und Norden von den Karnischen, im Nordosten von den Julischen Alpen begrenzt wird, während den östlichen Rand die von den Julischen Alpen nach Süden abzweigenden Voralpen bilden. Diese gehen in das Hügelgebiet des ›Collio‹ über, das schließlich zum Karstufer der Adria führt und über das die Grenze gegen Jugoslawien verläuft, von woher auch der Isonzo kommt. Zu Friaul gehört jedoch nicht nur die vom Schutt der Berge angeschwemmte Ebene samt dem Hügelland, das einst die Gletscher mit ihren Moränen bildeten, sondern auch das Lagunengebiet der Adriaküste zwischen Lignano und Duino und die von den Karnischen und Julischen Alpen umschlossene Berglandschaft am Oberlauf des Tagliamento und seiner Zuflüsse. Es ist ein Gebiet, das im Norden bis zur Wasserscheide gegen das österreichische Gailtal und über die Senke von Tarvisio hinaus gegen Villach reicht, während die Kalkgipfel der Julischen Alpen die Grenze gegen Jugoslawien bilden. Am offensten sind die Grenzen gegen Westen, wo die Livenza eine weniger topographisch als historisch wichtige Scheide bildet. Aber auch nach Nordosten gibt es zum Teil schon seit dem Altertum bekannte Übergänge, vor allem die tiefe Senke von Tarvisio, die aus dem Tal der Pella einmal zum österreichischen Villach sowie durch das heute jugoslawische Tal der Save zum anderen nach Laibach, der Hauptstadt Sloweniens, führt.

Die topographische Geschlossenheit wird ergänzt durch die ethnographischen Besonderheiten. Friaul besitzt im Friulanischen eine eigene Sprache, was innerhalb des modernen Italien mit seiner forcierten nationalen Einheit nur zu leicht übersehen wird, leichter noch als die deutsche Sprachminderheit in Südtirol oder die französisch und zum Teil auch deutsch sprechenden Täler der piemontesischen Westalpen. Das Friulanische oder Friulische ist die östlichste und zugleich volkreichste Gruppe des Rätoromanischen. Es bildet die isolierte Fortsetzung des Ladinischen, wie dieses bis heute auch im Südtiroler Grödnertal und im schweizerischen Engadin besteht. Verglichen mit den übrigen sprachlichen Minderheiten in Italien ist seine Isolierung ungleich stärker, was das Bestehen einer eigenen Literatur um so verständlicher macht. Die ältesten friulanischen Dichtungen sind aus dem 14. Jahrhundert bekannt. Nach längerer Pause erscheint um die Mitte des 16. Jahrhunderts eine Kulturblüte, die nicht nur durch den damaligen Humanismus, sondern auch durch eigene friulanische Malerei getragen wurde. Im 17. Jahrhundert schreibt Eusebio Stella di Spilimbergo seine realistisch-erotischen Gedichte. Breiter wird das friulanische Schrifttum im 19. und 20. Jahrhundert, nun neben der schönen Literatur auch einzelne Geschichtswerke umfassend. Catarina Percoto schreibt in der Sprache ihrer Heimat die ersten Romane. Doch als führende Gestalt des 19. Jahrhunderts gilt Pietro Zorutti, dessen Werke durch ihre groben Scherze volkstümlichen Charakter gewinnen. Die Bühnendichtung entwickelte sich seit dem 18. Jahrhundert im Zusammenhang mit den zahlreichen Theatern, die auch im Friaul bis ins 20. Jahrhundert das Leben bereicherten.

Auch volkskundlich ist das Friaul eines der reichsten Gebiete, trotz der auch hier unaufhaltsam nivellierenden modernen Zivilisation mit ihren technischen Errungenschaften. Die alten Sitten und Gebräuche, doch auch die Lebensformen des Alltags, werden in den Museen von Udine und Tolmezzo veranschaulicht. Unmittelbar lebendig findet man sie in den entlegeneren kleinen Orten, vor allem in Karnien. Doch wird die Volkstumseigenart am stärksten getragen durch die sprachliche Eigenständigkeit. Denn neben der Kunstdichtung gibt es oder gab es – so muß man heute bereits sagen – eine weitverzweigte Volksdichtung, die sich in Liedern und Tänzen kundtut, und zwar in einer Mundart, die in Karnien von Tal zu Tal verschieden ist. Ebenfalls in Karnien kommen einzelne Sprachinseln dazu, in denen sich eine sehr alte Form des Deutschen, vergleichbar dem Walserdeutsch südlich des Monte Rosa, erhalten hat. Die Mannigfaltigkeit der Dialekte findet sich auch in den Spielarten des Venezianischen, das neben dem Friulanischen in Triest und Istrien gesprochen wird, auch in der Venezia Giulia, das heißt im Gebiet von Görz. Aber auch das Slowenische hat mit seinen Dialekten Anteil an der sprachlichen Vielfalt, und deutsch wurde einst auch von der altösterreichischen Oberschicht gesprochen, die bis 1918 und zum Teil darüber hinaus in Triest, Pola und Fiume lebte: Beamte, Kaufleute und Intellektuelle, ergänzt durch die Pensionisten und Kurgäste, die das milde Klima nach Görz und Abbazia lockte.

Friaul ist vielen Menschen erst durch die Erdbebenkatastrophe von 1976 bekannt geworden, eine Katastrophe, die einzelne, auch historisch bedeutsame Orte wie Gemona und

Venzone fast völlig vernichtete und darüber hinaus zahlreiche Schlösser, Kirchen und Häuser beschädigte, jedoch gemessen an der gesamten Region nur auf einen verhältnismäßig kleinen Umkreis beschränkt blieb. Bereits Udine, das 27 Kilometer südlich von Gemona, und Tolmezzo, das 15 Kilometer nordwestlich von Venzone liegt, wiesen keine sichtbaren Schäden auf, und auch jene in der einstigen Langobardenhauptstadt Cividale waren durchaus reparabel. Inzwischen sind die historischen Baudenkmäler gesichert, wenn nicht bereits von neuem aufgebaut worden oder im Aufbau begriffen. Auch der bewegliche Kunstbestand ist natürlich, wo nicht schmerzlich getroffen, zumindest aus der gewohnten Ordnung gebracht worden. Die Museumsbestände von Udine, Cividale und Tolmezzo sind vorübergehend evakuiert worden, ebenso die Kunstschätze aus vielen Kirchen. Ein Teil dieser Bestände wurde bis auf weiteres in der Villa Manin bei Passariano wenigstens während den wärmeren Jahreszeiten dem Publikum zugänglich gemacht. Die Normalisierung wird voraussichtlich noch einige Zeit brauchen, doch da an ihr gearbeitet wird, hielten wir es für ratsam, in diesem Buch sämtliche bewegliche Kunstwerke an ihrem angestammten, vor dem Erdbeben bestehenden Standort zu erwähnen oder zu beschreiben. Die allmähliche Normalisierung darf freilich nicht darüber hinwegtäuschen, wie tief die Bewohner dieses Landes durch die Katastrophe getroffen worden sind, und die Bewunderung bleibt, wie sie dieses Schicksal bewältigt haben und noch bewältigen.

Kunstfreunde, die Friaul bereisen wollen, werden und sollen sich durch das vom Erdbeben in Mitleidenschaft gezogene Gebiet davon nicht abhalten lassen. Die Fülle von Kunstdenkmälern, die außerhalb des kleinen beschädigten Umkreises auf sie wartet, ist immer noch eindrucksvoll genug und kaum zu bewältigen. Dazu kommen Stadt- und Dorfbilder von großer Schönheit, namentlich was die Verbindung von Landschaft und Volkstum betrifft. Hier sind vor allem die Täler Karniens ein außerordentliches Erlebnis, dank der Haustypen und Ortsbilder, wie sie in Italien einzig dastehen und nur durch die besondere Lage und Geschichte Friauls verständlich sind.

Lage und Geschichte haben Friaul in eigener Weise geprägt und es vom übrigen Italien unterschieden, als ein Land, in welchem sich abgeschlossene Eigenart mit den vielfältigsten Übergängen verbindet, darin Piemont verwandt. Doch im Unterschied zum Paßstaat der Savoyer sind die Übergänge im Friaul sehr viel weicher, schon in der Bodengestalt, und fließender, was Volkstum und Geschichte anbelangt. Denn nicht nur gehören die beiden Pässe, die nach Norden führen, der Plöckenpaß und vor allem die breite Senke von Tarvisio, zu den niedrigsten Alpenübergängen überhaupt, sondern auch nach Westen – wie in geringerem Maß nach Osten – sind die Wege offen. Namentlich nach Westen öffnet sich die Venezia Giulia dem eigentlichen Venetien, und von dort aus ergibt sich auch die kunstgeschichtlich ergiebigste Anreise. Aber auch ins Isonzotal und weiter nach Slowenien gehen die Verbindungen sowie zu dem einstigen österreichischen Adriahafen Triest und darüber hinaus nach Istrien und Dalmatien.

In der Kulturgeschichte, worauf noch näher zurückzukommen sein wird, sind hier ebenfalls die Übergangsepochen bedeutsam geworden, so die von der heidnischen Spätantike zum christlichen Mittelalter, wofür Pola, Parenzo und Triest, Aquileia und Grado und vor allem das für die Langobardenzeit so wichtige Cividale Zeugnis ablegen, sodann jene von der Spätgotik zur Renaissance, zu deren hier besonders reich nuanciertem Bild sowohl der deutsche Norden wie der italienisch-venezianische Süden ihren Beitrag leisteten, und schließlich auch Spätbarock und Rokoko, in welchen das venezianische Settecento eine eigentümlich liebenswürdige ländliche Nuance erreicht, überstrahlt von der großen Kunst des Tiepolo, der hier einige seiner schönsten frühen Werke schuf. Dazu tritt, schwerer faßbar, doch als eigener Beitrag spürbar, das Slawische, das über die politischen Grenzen hinweg sich insbesondere mit den späten Epochen des Venezianischen mischt. Doch nicht nur auf dem Lande und in kleinen Städten des eigentlichen Friaul begegnen Osten und Westen einander, sondern auch im benachbarten Görz und in großem Stil in Triest, wo von der Zeit Maria Theresias bis zum späten Franzisco-Josephinum die völkerverbindende und vermischende Atmosphäre der Donaumonarchie ihren Niederschlag gefunden hat.

Friaul liegt nicht nur in der äußersten nordöstlichen ›Ecke‹ Italiens, sondern auch am Rande des heutigen Mitteleuropa. Jenseits der italienischen Staatsgrenze beginnt auf den Höhen westlich des Isonzo die gegenwärtig dem Kommunismus verschriebene Welt der slawischen Völker, und wenn auch die Grenze nach Jugoslawien durchlässig geworden ist, so verläßt man doch hier den ›Freien Westen‹. Diese Trennung bestand natürlich nicht immer. Im Römischen Reich und vollends in der Völkerwanderung gab es hier die wichtigsten Durchgänge, die sich auch im Mittelalter und noch in der Neuzeit erhielten. Die politischen Interessen der deutschen Kaiser, die Wirtschaftspolitik Venedigs und später noch der Drang der Donaumonarchie zur Adria – das alles prägte Friaul zu einem überaus wichtigen Durchgangsland.

Etwas von dieser Bedeutung ist auch für den modernen Reiseverkehr geblieben: Von Wien fährt man mit dem Zuge oder mit dem Auto über Klagenfurt und Villach durch die breite Senke von Tarvisio nach Tolmezzo und Udine und weiter zu den Seebädern von Grado und Lignano. Über den Plöckenpaß gelangt man von Salzburg und aus Oberösterreich und Bayern in die schon genannten Orte im Friaul. Von München und weiter aus dem Norden fährt man über den Brenner und durch die Dolomiten nach Cortina und ins Piavetal, von wo aus man auf den verschiedensten, durch ihre reizvolle Landschaft ausgezeichneten Paßstraßen in den westlichen Teil des Friaul kommt, am nördlichsten über den Sappada-Paß in den Canale di Gorto und weiter in das Tal des Tagliamento nach Tolmezzo und Udine. Zum selben Ziel führt etwas südlicher aus dem oberen Piavetal der Mauria-Paß. Der dritte dieser Übergänge geht von Longarone im mittleren Teil des Piavetales über den Passo di San Osvaldo und Cimolais nach Montereale am Nordrand der friulanischen Ebene, durch die man sowohl nach Pordenone wie über Spilimbergo nach Udine gelangt. Der leichteste Zugang führt durch die oberitalienische Ebene, deren Bahnen und Straßen den Zustrom sowohl vom Brenner wie vom Sankt Gotthard, vom Mont Blanc und vom Mont Cenis aufnehmen, um ihn, früher freilich mehr als heute, nach den Donauländern und dem Balkan weiterzuleiten.

Die meisten Touristen werden Friaul mit dem Ziel Venedig und Adria-Strände, Florenz und Rom nur durchfahren – und das ist verständlich, denn Friaul wirkt nur ausnahmsweise durch international berühmte Sehenswürdigkeiten. Seine Schönheit ist eher intim und verlangt Muße und Versenkung. Es ist gerade das vom Tourismus noch wenig Erschlossene und damit von der Unrast und der technischen Monotonie unserer Zeit noch weitgehend Verschonte, was hier viele Orte und Landschaften liebenswert macht und selbst einer Stadt wie Udine noch ihren eigenen Zauber schenkt. Es ist zudem eine Bevölkerung, die vor allem in den Bergtälern, doch auch im Hügelland und in der Ebene, Respekt erheischt in der Bewältigung eines meist harten und kargen Daseins, wozu noch die schon erwähnte Prüfung durch das Erdbeben gekommen ist.

All das macht Friaul zu einem Land, das man behutsam und mit Liebe bereisen sollte, glücklich, daß es vom üblichen Tourismus noch verschont ist. Dementsprechend sollte man auch seine äußeren Ansprüche bemessen. Man wird in der Stille der Bergtäler nicht die Fülle von Hotels und die Dichte breiter, asphaltierter Straßen finden wie im nahen Tirol oder an den Seen Kärntens. Auch können – außer in Udine und den Seebädern – nur vereinzelte und keineswegs international geführte Hotels allen Komfort bieten. Zu bedenken ist auch, daß hier mit großen klimatischen Gegensätzen zu rechnen ist. Der Winter bleibt in den Bergtälern lange zu Gast, und im Sommer brütet die Hitze in den Ebenen bis tief in den September hinein. Die Alpen, wie jedes Gebirge, sind wetterwendisch. So ist es also auch aus diesem Grunde geraten, sich für die Reise Zeit zu nehmen oder aber diesem Land mehr als nur einen Besuch zu widmen!

Aus der großen Zahl von Veröffentlichungen über Friaul seien hier einige genannt, die dem Leser zur Erweiterung und Vertiefung des hier Gebotenen dienen können oder vom Verfasser dieses Buches besonders benutzt und zitiert wurden. Die hier keineswegs angestrebte Vollständigkeit gibt der 1963 erschienene Band ›Friuli, Venezia Giulia‹ der unter den Reiseführern vorbildlichen ›Guida d'Italia del Touring Club Italiano‹, der auch eine umfangreiche Bibliographie enthält. Als Ergänzung dazu erschien 1971 mit dem gleichen Titel ein ebenfalls vom italienischen Touring Club herausgegebener Bildband. – Mit Aufnahmen von Italo Zannier und einem auch ins Deutsche übersetzten Text von Elio Bartolini gibt es ›Friaul‹ seit 1966 auch in der Bildband-Reihe des Automobil Club von Italien. – Durchwegs Farbaufnahmen enthält der von italienischem Text begleitete Bildband der Reihe ›Città e Regioni d'Italia‹, herausgegeben von Ermanno Valigi. – Geschichte, Kunst und Landeskunde Friauls werden in ihrer europäischen Verflochtenheit unter dem noch frischen Eindruck der Erdbebenkatastrophe liebevoll dargelegt in dem schön illustrierten Band ›Friaul und Julisch-Venetien‹ von Kristian Sotriffer (1977). – Über die Kunstgeschichte des Friaul unterrichtet Peter Tigler im 1981 neuedierten Band ›Oberitalien Ost‹ von ›Reclams Kunstführer‹, seinen Forschungsergebnissen fühlt sich der Verfasser an manchen Orten zu Dank verpflichtet. – Als die aus den erdbebengeschädigten Orten geborgenen Kunstwerke im Herbst 1976 bei einer ersten Ausstellung in Passariano der Öffentlichkeit gezeigt wurden, erschien als dreibändiger Katalog das Werk ›Capolavori d'arte in Friuli‹, das einen Überblick über die Kunstgeschichte des Friaul gibt. Den gleichen Zweck erfüllt der von Gian Carlo Menis und Aldo Rizzi herausgegebene Katalog zu einer Ausstellung, die unter dem Titel ›Friaul lebt – 2000 Jahre Kultur im Herzen Europas‹ seit 1978 an vielen Orten Österreichs gezeigt wurde. Der Katalog ist durch eine Reihe von Studien von wissenschaftlichem Gewicht eingeleitet und von einem eingehenden Literaturverzeichnis begleitet. Von den Städtemonographien sei hier nur jene über Cividale eigens erwähnt, über dessen Geschichte Luciano Bosio und über dessen Kunst Giuseppe Bergamini 1977 je einen Band in italienischer Sprache veröffentlichten. Auf andere Städtemonographien wird im entsprechenden Zusammenhang im Text verwiesen, desgleichen auf Spezialliteratur, die sich auf die Literatur- und Kulturgeschichte, auf die Geologie sowie auf die Geschichte des Ersten Weltkriegs im Friaul bezieht.

Geschichte

Im Wechsel der Machtbereiche

Friaul ist nicht nur ein Durchgangsland oder Randgebiet, wie man dies von den großen Autostraßen oder Bahnlinien aus bei einer Durchreise meinen könnte. Vielmehr haben sich hier in einem geographisch geschlossenen Gebiet die verschiedensten menschlichen Belange im Lauf der Geschichte zu einer Einheit entwickelt. Freilich birgt diese Entwicklung neben Wachstum auch Zerstörung durch Katastrophen vielfältiger Art in sich, nicht nur von Menschen, sondern immer wieder auch durch die Natur verursacht. So wurde Friaul mit seinen blühenden Römer-Städten von der Völkerwanderung besonders heimgesucht, und beständig ist es belastet durch die Drohung der sich wiederholenden Erdbeben.

Die historisch sehr verschieden konstituierten Nachbargebiete sind aufs engste am Schicksal des Friaul beteiligt. Denn so wie der durch den Ring der Berge und den Rand des Meeres von Natur aus geschlossene Schauplatz durch Pässe, Uferstraßen und Wasserwege erschlossen, ja recht eigentlich aufgeschlossen wird, so verbindet sich Friaul auch in seiner Geschichte immer wieder mit den umgebenden Landschaften und darüber hinaus mit den noch größeren Bereichen anderer Nationen. Und im geographisch umgekehrten Sinn zu der in den Bogen der Gebirge eingesenkten Ebene Friauls gilt dies auch für die mit ihren Gebirgen und Hochflächen in die Adria vorspringende Halbinsel Istrien.

Friaul wie Istrien waren zu gewissen Zeiten ein Teil großer Reiche: des alten Rom und dessen Nachfolge durch Byzanz, sodann des fränkischen und später des deutschen Kaiserreichs des Hochmittelalters, wobei im Friaul das Zwischenspiel des Langobardenreichs den Siegen Karls des Großen vorausgeht. Danach streiten sich Habsburg und Venedig sowohl um

Istrien wie um Friaul, und nachdem im Umbruch der Französischen Revolution und des napoleonischen Imperiums Venedig als Staat sein Ende fand, blieb Habsburg noch bis 1866 im Friaul gegenwärtig und bis 1918 in Görz, Triest und Istrien. Die Nachfolge der Dogen übernahmen somit österreichische Vizekönige und Statthalter, und ihnen folgte wiederum das geeinigte Königreich Italien, dessen zentralisierender Nationalismus sich freilich im Friaul weniger schroff auswirkte als in anderen Teilen des Regno, und ähnliches läßt sich auch im Friaul vom Imperialismus der faschistischen Zeit sagen, im Unterschied zu dessen sehr viel deutlicheren Manifestationen in Triest.

Doch diese Zugehörigkeit zu größeren Reichen wird ergänzt durch Zeiten, in denen das Friaul – anders als Istrien – sich zu einem eigenen Herrschaftsgebiet verselbständigt. Das gilt für die Zeiträume zwischen dem Niedergang der einen und dem Aufstieg der anderen Universalmacht: zwischen dem Ende des römischen und dem Anfang des karolingischen Reiches oder später zwischen der zurückweichenden Herrschaft der Republik Venedig und dem sich ausdehnenden Machtbereich des Heiligen Römischen Reiches Deutscher Nation mit dem daraus erwachsenden Herrschaftsgebiet des Hauses Habsburg. Bereits unter den Langobardenkönigen bildete Cividale den Mittelpunkt eines eigenen Herzogtums, von dessen Glanz noch heute Architektur, Skulptur und Kunstgewerbe zeugen. Es folgte die politisch wie auch kulturell für Friaul bedeutungsvolle Zeit der Patriarchen, die zuerst in Aquileia und Grado, dann in Cormons und schließlich bis zur Mitte des 18. Jahrhunderts in Udine residierten. Ihre eigentliche Blüte fällt jedoch ins Hochmittelalter, und damals, vom 11. bis ins 15. Jahrhundert, entfaltete sich die feudale Struktur aufs reichste. Die vielen Burgen und Schlösser, die, ähnlich wie im piemontesischen Monferrat, den Anblick namentlich des Hügelvorlandes prägen, sind aufgrund des Lehenswesens entstanden, das heißt aufgrund von Rechten, welche die Patriarchen von den deutschen Kaisern erhielten und dann an lokale Adelige weitergaben. Aber auch die Bürgerschaft der Städte fand zusammen mit dem Adel schon im

Mittelalter im Staat der Patriarchen ihre Vertretung, entsprechend den Landständen, wie sie sich vor allem in den habsburgischen Erblanden entwickelten.

Römer und Langobarden

Gehen wir zurück zu den Anfängen menschlicher Kultur im Friaul, so finden sich nach den frühesten, noch in die älteste Steinzeit führenden Spuren menschlicher Besiedlung die ersten Merkmale einer regionalen Eigenart am Anfang der Bronzezeit in den sogenannten ›Castellieri‹, auf Hügeln angelegten Dörfern, die von Ringwällen umgeben waren. Von der Einwanderung der Veneter ins östliche Oberitalien blieb das Friaul ausgespart, doch um die Mitte des ersten Jahrtausends vor Christus wurde es von den Kelten besiedelt. Diese schufen vor allem in Karnien »vielleicht das erste Bild einer lokal zentralisierten und differenzierten Gesellschaft«. Bis heute hat sich denn auch in den abgelegenen Dörfern Karniens eine eigene, dem Norden merkwürdig verwandte Baukultur bewahrt.

Auf die Etrusker, die auf ihrem Zug nach Mittelitalien auch Oberitalien berührten und sich hier stellenweise festsetzten, geht vermutlich die Öffnung der ersten wichtigen Nordsüdverbindung über den heutigen Plöckenpaß (Passo Monte Croce) zwischen dem karnischen Canale di S. Pietro und dem kärntnerischen Gailtal zurück. 186 v.Chr. besetzten die von den Venetern gegen die Kelten zu Hilfe gerufenen Römer Friaul und gründeten Aquileia, dessen Garnison Oberitalien gegen die von Nordosten andringenden Kelten, doch auch gegen Slawen und Germanen schützen sollte. Als wirtschaftlicher Stützpunkt für den durch den römischen Straßenbau aufblühenden Handel gedieh Aquileia zu einem der bedeutendsten Zentren des römischen Reiches, doch entwickelte sich daneben auch Forum Iulium Carnicum, das heutige Zúglio, im Tal des But am Weg zum Plöckenpaß, sowie jenes zweite Forum Iulii am Austritt des Natisone in die Ebene, das später Cividale hieß. Doch noch dichter und stattlicher sind die römischen Reste in den weiter östlich unmittelbar am

Meer gelegenen Städten, in Tergeste (Triest) und Pola, das in Erinnerung an Julius Caesar ›Colonia Pietas Iulia‹ genannt wurde. Friaul und Istrien nahmen teil an den zivilisatorischen Errungenschaften des römischen Reiches, woran die Reste von Tempeln und Basiliken, von Marktplätzen und Wohnbauten in Aquileia und Zúglio erinnern, sowie die noch stehenden Tore und Theater in Pola und Triest. Als unter Augustus Italien in zehn Provinzen aufgeteilt wurde, gehörte Friaul zu ›Venetia et Histria‹.

Was die Einheit des Caesarenreichs nachhaltig gewährleistete, die gemeinsame lateinische Sprache, verhalf später dem Friaul zu einem eigenen Idiom, wovon bereits im Vorwort die Rede war. Während sich das Römische Reich im Aufstieg befand, bildeten Aquileia und die übrigen Städte des Friaul die Ausgangsbasis für eine bis in die Donauländer reichende Expansion. Umgekehrt wurde vom dritten nachchristlichen Jahrhundert an dasselbe Gebiet zum Einfallstor für die das Römische Reich überflutende Völkerwanderung. Voraus und gleichzeitig liefen innere Kämpfe, so jener ›Bellum aquileiense‹, in welchem der Soldatenkaiser Maximin gegen das Heer des Römischen Senats fiel. Wohl versuchten die Römer, die Region durch den befestigten ›Limes italicus‹ gegen die von Osten andringenden Barbaren zu sichern, doch gelang es diesen im Jahre 394 Aquileia zu erobern. Die damalige Plünderung wiederholte sich in noch viel radikalerer Weise 452 durch die Hunnen unter Attila. Es ist bekannt, daß die Bewohner der einstigen Weltstadt damals auf die Laguneninseln flüchteten, wo Grado und Venedig entstanden.

Besser war in jenen Jahrhunderten das Schicksal Istriens, wo sich unter der Herrschaft byzantinischer Kaiser die Kultur der Antike zumindest in den Küstenstädten länger erhielt.

Aber auch im Friaul lebte die Überlieferung des Römischen Reiches und seiner das ganze Mittelmeer umfassenden Koine selbst unter den Verheerungen der Völkerwanderung weiter und fand eine gewisse Renaissance schon unter den Langobarden, die, nachdem sie 568 Triest heimgesucht hatten, das Herzogtum Friaul schufen, das im übrigen nur lose mit den in

Monza bei Mailand residierenden Königen verbunden war. Damals wurde Cividale vom Langobardenkönig Alboin erobert und seinem Neffen Gisulf als Herzogtum überlassen. Der zu jener Zeit entstandene Tempietto Longobardo sowie die in den Museen von Cividale erhaltenen Architekturteile, Skulpturen, Stuckdekorationen und Schmuckstücke veranschaulichen, wie merkwürdig sich die barbarisch-primitive Formenwelt der Völkerwanderungszeit mit einer noch immer lebendigen Spätantike mischt. Klassisches Erbe und frisch hinzugekommenes Volkstum verbinden auch die Gelehrten und Dichter, die damals in Cividale wirkten, zunächst noch unter den Langobardenfürsten, dann unter den von den Franken und schließlich von Karl dem Großen hier eingesetzten Herzögen. Damals erhielt Cividale, das bis dahin ›Forum Iulii‹ hieß, den Namen ›Civitas Austriae‹: die Stadt im Osten, woraus später Cividale wurde.

Trotz den Einfällen aus den slawischen Nachbargebieten, die auch noch zur Zeit Karls des Großen Friaul heimsuchten, blühte das geistige Leben. Einer seiner Repräsentanten war der Dichter und Geschichtsschreiber Paulus Diaconus, auf dessen Persönlichkeit wir beim Besuch von Cividale zurückkommen werden. Im selben 8. und frühen 9. Jahrhundert verbreitete sich von Aquileia aus das Christentum über die Ostalpen und ihre Ausläufer bis ins heutige Jugoslawien.

Zwischen Habsburg und Venedig

Nach dem Zerfall des Karolingerreiches, in welchem Friaul die Stellung einer Grenzmark innehatte, kam unser Gebiet an das ›Heilige Römische Reich Deutscher Nation‹, jenes Gebilde, das zwar von deutschen Stämmen, zunächst den Sachsen, dann den Franken und schließlich unter den Hohenstaufen von den Schwaben geführt wurde, doch in Erinnerung an das Imperium Romanum übernationale Geltung beanspruchte. Kaiser Otto I., der mächtigste aus dem sächsischen Hause, besiegte den eigenmächtigen Berengar von Friaul und vereinigte dessen Mark Friaul samt Istrien mit dem damaligen Herzogtum Bayern, zu dem in jener Zeit auch Kärnten gehörte. Es war die Epoche des Lehenswesen, in welcher die Kaiser die Macht an weltliche, Otto I. auch an geistliche Fürsten weitergaben. Diese delegierten die ihnen verliehenen Befugnisse an den mittleren und niedrigen Adel, und auf solche Weise gewann auch Friaul seine feudale Struktur, die in zahlreichen Burgen und Schlössern noch heute sichtbar wird. Von der Belehnung mit weltlicher Macht durch die deutschen Kaiser zogen auch die Patriarchen Nutzen, die als hohe geistliche Würdenträger zunächst in Aquileia, doch zeitweise auch in Grado, in Cividale, dem kleinen Cormons und schließlich in Udine residierten und unter ihrer Regierung die wichtigsten Teile des Friaul zu einem eigenen Staat zusammenfaßten. Dabei gelang es ihnen, in geistlichen Dingen zwischen Rom und Byzanz eine gewisse Unabhängigkeit zu wahren. Dank der Belehnung durch die deutschen Kaiser kamen nicht selten auch deutsche Adelige in den Besitz der Patriarchenwürde. Der herausragendste dieser Kirchenfürsten war Poppo, Graf von Traungau (1019-1042), der Aquileia wiederaufbaute, dem Dom seine im wesentlichen noch heute bestehende Gestalt gab und auch die alten Handelsbeziehungen mit Südosteuropa erneuerte. Der letzte Deutsche war Berthold von Andechs (1218-1251).

Freilich erwuchsen den Patriarchen auch Gegner, und zwar aus den verschiedensten Lagern. Einmal innerhalb des Lehenswesens selbst, als es nun auch dem mittleren Adel zugute kam, so namentlich den Grafen von Görz. Die entscheidende Gegnerschaft aber kam von einem seiner Art nach modernen Staatswesen, nämlich der Republik Venedig. Modern war dessen Verwaltung durch Beamte von einem Zentrum aus, und darin stand dieser Territorialstaat den verhältnismäßig lose miteinander verknüpften Machtverhältnissen des mittelalterlichen Lehensstaates entgegen. Zwar hatten auch die mittelalterlichen Lehensträger die Tendenz, sich zu verselbständigen, wofür gerade die Habsburger ein Beispiel boten. Sie gebrauchten ihre ständig wiederkehrende Wahl zum Kaiser dazu, ihre Hausmacht zu mehren, wodurch sie zu den stärksten Landesfürsten im europäischen Südosten wurden. Das Hinausgreifen über das deutsche Sprachgebiet nach Böhmen und Mähren und später nach Ungarn und Polen, sowie schon früh auch in die südslawischen Grenzgebiete und nach Oberitalien ist für das Haus Habsburg charakteristisch. Bekanntlich war das dazu am liebsten verwendete Mittel die dynastische Verbindung durch Heirat. Daß es jedoch auch andere Wege gab, zeigen die Beispiele von Görz und Triest. Görz wurde nach dem Aussterben der letzten Grafen von Kaiser Maximilian I. im Jahre 1500 eingezogen und in einem wenige Jahre später ausbrechenden Krieg gegen die Venezianer behauptet. Triest aber, das eine freie Stadtrepublik war, sich jedoch in langwierigen Streitigkeiten gegen seine Nachbarn, die Grafen von Görz, die Patriarchen und vor allem die Republik Venedig behaupten mußte, unterwarf sich 1382 freiwillig dem Herzog Leopold III. von Steiermark und blieb von da an bis 1918 in habsburgischem Besitz.

Die Lagunenrepublik hatte sich schon im 14. Jahrhundert in Istrien festgesetzt und brachte der durch Seuchen sowie die Einfälle der Slawen und Türken verheerten und fast entvölkerten Halbinsel wenigstens an den Küsten eine gewisse Sicherheit und Blüte, von der noch heute die meist kleinen Städte durch ihre Bauten Zeugnis ablegen. Doch ist hier alles um einen Grad bescheidener im Vergleich zu den künstlerischen und kulturellen Einwirkungen Venedigs an der dalmatinischen Küste. Noch viel unmittelbarer als in Istrien und Dalmatien, deren Küstenstreifen eher den Charakter venezianischer Kolonien innerhalb einer ethnisch ganz anderen Bevölkerung tragen, ist der Einfluß der Serenissima im Friaul, und zwar über die Ebene und das Hügelland hinaus bis in die Gebirgstäler Karniens und, in den mannigfachsten Abwandlungen, noch weiter über die Alpenpässe hinweg bis nach Kärnten und Steiermark sowie Slowenien und Kroatien.

Politisch übernahm Venedig die Macht der Patriarchen bis an die Grenze der Grafschaft Görz. Venezianische Statthalter erschienen 1420 erstmals in Udine. 1508 eroberte der venezianische Feldherr Bartolomeo d'Alviano das nach vielem Wechsel zuletzt von Kaiser Maximilian I. in Besitz genommene Pordenone. Kirchenpolitisch aber blieb der Sitz der Patriarchen bis 1751 in Udine, in welchem Jahr hier wie auch in

Görz je ein Erzbistum geschaffen wurde. Auch sonst gestattete Venedig eine gewisse Autonomie. Sie kam zum Ausdruck in einem Parlament, in dem Adel, Geistlichkeit und zeitweise auch das Bürgertum vertreten waren. Dieses Parlament entsprach übrigens den in den habsburgischen Erzherzogtümern bestehenden ›Landständen‹. Sonst aber traten die im Mittelalter so regen Beziehungen zum deutschen Norden nun stärker zurück, mit Ausnahme jener Orte, die – wie Görz, Triest und Rijeka – Habsburg unterstanden.

Venedig, das noch während des 15. Jahrhunderts unentwegt seine Macht gegen Norden und Osten ausgedehnt hatte, wurde im 16. Jahrhundert sowohl in seinem oberitalienischen Festlandbesitz wie in Istrien in die Verteidigung gedrängt, einmal durch die damals Europa auf das heftigste angreifenden Osmanen, die schon gegen Ende des 15. Jahrhunderts viermal im Friaul einfielen und erst 1571 im Seesieg bei Lepanto im wesentlichen durch venezianische Galeeren entscheidend geschlagen wurden. Die andere Bedrängung erfolgte durch die habsburgischen Kaiser Maximilian I. und Karl V. Görz war nur wenige Jahre in venezianischen Händen; das stark befestigte Gradisca fiel 1511 durch den Krieg mit der gegen Venedig verbündeten Liga von Cambrai an Österreich. Um so wichtiger wurde deshalb für Venedig das mit den modernsten Mitteln der damaligen Festungsbaukunst nach einheitlichem Plan angelegte Palmanova.

Nach dem Krieg um Gradisca in den Jahren 1615-1617, und nachdem am Ausgang des 17. Jahrhunderts durch die Siege des Prinzen Eugen die Türkengefahr endgültig gebannt war, beruhigte sich die Lage auch im Friaul und in Julisch-Venetien. Die Regierung der venezianischen Patrizier, von denen einzelne, wie die Manin, auch im Friaul große Güter mit stattlichen Schlössern besaßen, förderte mit Fürsorge vor allem die Landwirtschaft. Aber auch Handel und Gewerbe gediehen, und das bei politischer Stabilität ruhige Wirtschaftswachstum gestattete die nötige Muße für die Pflege der Künste und Gelehrsamkeit. Ähnlich lagen die Verhältnisse in den habsburgisch-österreichischen Teilen, insbesondere in Triest, wo unter Karl VI., mehr noch unter Maria Theresia und

Joseph II., durch bewußte Planung die wirtschaftliche Entwicklung voranschritt. Die Stadt wurde schon im 18. Jahrhundert zum führenden Hafen ausgebaut und durch wohlangelegte Fernstraßen, von denen auch Görz und Rijeka profitierten, mit dem Inneren der Monarchie verbunden. Die von altersher für Friaul und Istrien so wichtigen Verbindungen zwischen der Adria und den Donauländern gewannen nun ihre moderne Dichte und setzten sich zum Teil auf den gleichen Linien im 19. Jahrhundert durch Eisenbahnen fort.

Im Spannungsfeld der Nationalitätenkämpfe

Doch bevor es soweit war, erfolgte der Umbruch durch Napoleon, der Venedig samt seinen Besitzungen von der politischen Karte strich und auch die habsburgische Monarchie bis in ihre Grundfesten erschütterte. Wohl wurde 1815 im Wiener Kongreß die Herrschaft Österreichs über die Lombardei wiederhergestellt und über das Gebiet der ehemaligen Republik Venedig und damit auch über Friaul ausgedehnt, aber die freiheitlichen Ideen der Französischen Revolution wirkten weiter und verdichteten sich mit der Zeit im sogenannten ›Risorgimento‹ zur nationalen Erhebung. Zwar wurden die Aufstände, die es im europäischen Revolutionsjahr 1848 auch in Udine, Triest und Palmanova gab, rasch unterdrückt, im Unterschied zu Venedig, wo erst nach mehr als einjähriger Belagerung österreichische Truppen und Kriegsschiffe die Erhebung schließlich meisterten. Auch der Krieg von 1859 brachte zunächst nur die Gebiete westlich des dem Gardasee entfließenden Mincio an das junge Königreich Italien. Doch 1866 fiel als Frucht der Siege des mit Italien verbündeten Preußen Venetien und mit ihm Friaul an das vom Hause Savoyen geführte Königreich. Weiterhin bei Österreich blieben die östlich an Friaul stoßenden Gebiete der ehemaligen Grafschaft Görz, sowie Istrien samt Triest, ferner Monfalcone, wo nun große Werften entstanden, und noch weiter westlich Grado, das sich zu Beginn des 20. Jahrhunderts zu einem vor allem von Wienern besuchten Badeort entwickelte.

Während sich im Friaul die Entwicklung politisch, sozial

und wirtschaftlich in den ruhigen Bahnen eines eher entlegenen Grenzlandes bewegte und viele Bewohner damals schon in der Auswanderung besseren Verdienst zu finden hofften, kamen die Dinge in den bis 1918 bei Österreich verbliebenen Gebieten, der ›Venezia Giulia‹, um so mehr in Bewegung. Triest als der wichtigste Hafen der Donaumonarchie erreichte wirtschaftlich nunmehr seinen höchsten Stand. Ähnliches galt für Pola als Kriegshafen; auch Fiume (Rijeka), das unter die Oberhoheit Ungarns gekommen war, entwickelte sich am Ende des 19. Jahrhunderts zu einem der wichtigsten Adriahäfen. Aber das wirtschaftliche Wachstum schloß die verschiedensten Spannungen zwischen den Nationalitäten und sozialen Schichten nicht aus. Die Slowenen und Kroaten, die nicht nur auf dem Lande die Hauptmasse der kleinen Grundbesitzer bildeten, sondern auch als Hafen-, Werft- und Industriearbeiter eine immer größere Rolle spielten, wurden durch die österreichische Verwaltung gefördert. Sie sollten ein Gegengewicht gegen die italienischen Irredentisten bilden, die eine Vereinigung der Venezia Giulia mit dem Königreich Italien erstrebten. Das hinderte aber die Südslawen nicht, sich mit der italienisch sprechenden Bevölkerung in der Ablehnung der österreichischen Herrschaft zu solidarisieren. Der niedere Klerus war in der slowenisch-kroatischen Bevölkerung tief verwurzelt und brachte ihren nationalen Gefühlen großes Verständnis entgegen, während die italienische Irredentà ihre eigentliche Religion im Nationalismus sah. Aber so sehr die italienischen Patrioten alles auf die Vereinigung mit der ›Mutter Italien‹ setzten, so mußte paradoxerweise ihre Hoffnung von Rom gedämpft werden, solange der Dreibund bestand, in welchem Italien nicht nur mit Deutschland, sondern auch mit Österreich verbündet war. Hier galt es für Italien, seinen alten Haß gegen Österreich hintanzustellen, um einen Bundesgenossen mehr zu gewinnen, nachdem Frankreich 1882 der ›lateinischen Schwester‹ Tunis buchstäblich vor der Nase weggeschnappt und zu seiner Kolonie gemacht hatte.

So waren die Dinge in stärkstem Maße kompliziert, als 1914 der Erste Weltkrieg ausbrach und Italien sich zunächst in eine keineswegs überraschende Neutralität zurückzog. Aus dieser trat es 1915 heraus und zog auf der Seite der Alliierten gegen die Zentralmächte in den Krieg. Noch kurz zuvor hatte sich Österreich auf das Betreiben der deutschen Reichsregierung hin zu sehr großen Zugeständnissen bereit erklärt, zu denen der Verzicht auf das Trentino und sogar auf Triest gehörte. Es war dafür zu spät. Denn zu sehr drängten lange schon angestaute Leidenschaften bei den Italienern zur Entladung. Am 23. Mai 1915 erklärte Italien an Österreich-Ungarn den Krieg. Italiens Anteil am Ersten Weltkrieg spielte sich, was Ausmaß und Opfer der Kämpfe anbelangt, zur Hauptsache im Friaul und seinen Grenzgebieten ab. Hier kam es auch zu Ereignissen von größter Dramatik wie dem Durchbruch der Deutschen und Österreicher bei Flitsch-Tolmein im Oktober 1917, der die Italiener zwang, ganz Friaul zu räumen, und der die bis dahin im zähen und überaus blutigen Ringen der Isonzo-Schlachten nur wenig veränderte Front in eine beinahe kriegsentscheidende Bewegung brachte.

Die Front im karnischen Gebirge schloß sich an jene in den Dolomiten an. Doch während es dort zu spektakulären Ereignissen kam, wie die von den Italienern unternommene Gipfelsprengung am Col di Lana, blieb es in Karnien im allgemeinen beim Stellungskrieg. Dieser schloß auch hier alle Mühen des Gebirgskriegs in sich ein, und es fehlte auf beiden Seiten nicht an kühnen Einzelunternehmungen und heroischem Ausharren, auch wenn sie keine großen Entscheidungen bewirkten. Solche suchten die Italiener schon während der ersten Kriegsphase am Isonzo. In einer mit großem Aufwand vorangetriebenen Offensive überschritten zwei Armeen am 24. Mai 1915 die österreichische Grenze. Doch während es der einen Armee gelang, über den mittleren Lauf des Isonzo hinauszukommen und sich auf dessen Ostseite sogar des beherrschenden Monte Nero zu bemächtigen, blieb der Angriff der zwischen Görz und dem Meere operierenden Armee stecken. Wohl gelang es, Monfalcone samt seinen Werften zu erobern, aber die Österreicher, die sich auf den die Ebene westlich des Isonzo beherrschenden Karsthöhen eine fast uneinnehmbare Stellung geschaffen hatten, wiesen in diesem Abschnitt jeden weiteren Angriff ab. In die Kalkfelsen des Karst mit ihren zahlreichen von der Erosion geschaffenen Vertiefungen und Höhlen ließen sich ideale Unterstände und Artilleriestellungen einbauen, wovon sich vieles, namentlich auf dem Monte S. Michele, bis heute erhalten hat. Zu welchen Blutopfern die Angreifer gezwungen wurden, davon sprechen die weithin sichtbaren Gedenkstätten von Doberdo und S. Michele, während das Museum im Kellergeschoß des Görzer Palazzo Attems in Photos, einzelnen Ausrüstungsgegenständen und der Rekonstruktion ganzer Grabenabschnitte gleichsam den militärischen Alltag des dortigen Stellungskrieges veranschaulicht. Trotzdem kann man sich keine Vorstellung mehr machen, was die elf Isonzo-Schlachten zwischen dem Mai 1915 und dem Herbst 1917 an Opfern forderten. Die Verluste der Italiener erreichten die Millionengrenze. Allein auf dem Soldatenfriedhof von Redipuglia ruhen rund hunderttausend Gefallene. Dazu kamen die Strapazen, wie sie das eigene Klima des Karstes mit sich brachte: das Ausharren in der Gluthitze des Sommers und unter den eisigen Winden des Winters. So unermeßlich groß die Opfer für die fast immer vergeblich anstürmenden Italiener waren – die Einnahme des stark zusammengeschossenen Görz gelang ihnen erst in der sechsten Isonzoschlacht im August 1916 –, noch schwerer wogen die Verluste für die Armee Österreichs, die hier regelrecht ausblutete. Es gab Zeiten, in denen ganze Regimenter nicht mehr als zweihundert Mann zählten und ein Ersatz kaum mehr möglich war. Aus dieser Lage heraus wuchs der Entschluß, mit deutscher Hilfe eine Entscheidung zu erzwingen. Sie wurde erreicht durch den berühmten, ebenso von deutschen wie österreichisch-ungarischen Truppen erkämpften Durchbruch von Flitsch und Tolmein, beides Orte am Oberlauf des hier schon von höheren Gebirgen umsäumten Isonzo, dessen zwölfte und letzte Schlacht nun begann.

Am 24. Oktober 1917 griffen von Flitsch aus unter den Feldmarschällen Conrad von Hötzendorf und Erzherzog Eugen die Österreicher, von Tolmein aus die deutschen Verbündeten an, unter diesen das ›Alpenkorps‹, in welchem sich damals als Hauptmann in einem württembergischen Gebirgsbataillon der im Zweiten Weltkrieg berühmt gewordene Erwin Rommel auszeichnete. Dem großen, sorgfältig vorbereiteten und sehr besonnen durchgeführten Unternehmen war ein unerhörter Erfolg beschieden, vor allem, nachdem die italienischen Gebirgsstellungen bei Karfreit und am Kolowrat bezwungen und die friulanische Ebene erreicht worden war. Görz wurde in den ersten Tagen der Offensive zurückerobert, Cividale genommen. Am 27. Oktober verließ der italienische Generalissimus Cadorna die Stadt Udine, und das für die Offensive ursprünglich gesteckte Ziel, der Tagliamento, wurde erreicht. Der Fluß wurde überschritten; in einer Niederlage sondergleichen flutete das italienische Heer zurück nach Westen, unter Hinterlassung zahlloser Gefangener und fast des gesamten Materials. Am 10. November stand man bereits an der Livenza, dem westlichen Grenzfluß des Friaul, und darüber hinaus am Piave, wo Hauptmann Rommel in kühnem Handstreich Longarone besetzte.

Es war ein Sieg, der den ganzen Krieg hätte entscheiden können. Die verbündeten Mittelmächte hätten Oberitalien als Faustpfand besetzen können, und es wäre eine große Armee für die Westfront frei geworden. Die Donaumonarchie wäre möglicherweise erhalten geblieben, wenn man den Sieg weiter über den Piave hinaus verfolgt hätte. Doch, ähnlich wie schon im September 1914 an der Marne, mußten die siegreichen Heere ohne genügende Motivation am Piave stehen bleiben und sich eingraben. Der Befehl dazu ist später auf rätselhafte Weise nicht mehr gefunden worden. Viele munkelten von Verrat und Sabotage. Die deutschen Truppen wurden abgezogen, und die durch einen neuerlichen Winter erschöpften Österreicher waren für die im Juni 1918 von ihnen begonnene Offensive zu schwach und wurden in den folgenden Monaten von den durch ihre Alliierten verstärkten Italienern am Monte Grappa und anderen Orten geschlagen. Doch das Schicksal Altösterreichs hatte sich bereits vorher entschieden, nämlich im Spätherbst 1917, in der so glücklich begonnenen und dann nicht bis zum Ende geführten Offensive durch Friaul.

Die Friedensschlüsse nach dem Ersten Weltkrieg befriedigten Italien nur zum Teil. Wohl wurden die Hauptziele der

Irredentisten erreicht, indem Trient und Triest italienisch wurden und durch die ethnographische Unkenntnis des Präsidenten Wilson und seiner Berater die Grenze bis zum Brenner hinaufgerückt ward. Doch meldete Jugoslawien als kräftigster unter den Nachfolgestaaten der Donaumonarchie seine Ansprüche auf Istrien und Fiume, das heutige Rijeka, an. Dessen damals überwiegend italienisch sprechende Bevölkerung verlangte aber in einem Plebiszit vom 30. Oktober 1918 den Anschluß an Italien. Um diesen zu verwirklichen, bedurfte es jedoch erst des Handstreichs des nicht nur durch seine Lyrik, sondern auch durch seinen exaltierten Nationalismus bekannten Dichter Gabriele D'Annunzio, worüber bei unserem Besuch von Rijeka ausführlicher die Rede sein wird. Durch seine direkte Aktion vom 19. September 1919, die wie ein Vorspiel zu Mussolinis Marsch auf Rom anmutet, wurde Fiume zu einem Freistaat, in welchem der Dichter wie ein Fürst bis zum 18. Januar 1921 herrschte. Dann wurde die Stadt zum internationalen Freihafen erklärt und erst durch den Vertrag von Rom vom 27. Januar 1924 mit Italien vereint, um dann nach dem Zweiten Weltkrieg endgültig an Jugoslawien zu fallen.

In der Zeit zwischen den beiden Weltkriegen hat der Faschismus auch im Friaul einzelne Spuren hinterlassen, wenn auch in zurückhaltenderer Form, wie dies die ›Systematisierung‹ der Bauten gegenüber der Domfassade in Udine zeigt. Deutlicher ist, zumindest architektonisch, seine Hinterlassenschaft in Triest, wo das Erbe des Irredentismus weiterwirkte, und zwar um so mehr, als der durch die neuen Grenzen am Rande des italienischen Wirtschaftsgebietes liegende Hafen vorerst unter dem Zerfall der Donaumonarchie und zudem unter der Konkurrenz der jugoslawischen Häfen litt. In Istrien wirkte das faschistische Regime als Fremdherrschaft, was nicht besser wurde, als im späteren Verlauf des Zweiten Weltkrieges das Gebiet zusammen mit Dalmatien als ›Küstenland‹ unmittelbar unter den Befehl der deutschen Wehrmacht gestellt wurde.

Das Erdbeben

Die materiellen Schäden durch den Zweiten Weltkrieg waren im Friaul wie in Julisch-Venetien weniger schlimm als während der Isonzo-Schlachten zwischen 1915 und 1917 und der Kämpfe am Piave 1918. Die große Heimsuchung, was materielle Schäden und seelische Leiden anbelangt, kam erst Jahrzehnte später von einer ganz anderen Seite: von den Erdbeben des Jahres 1976. Das erste begann am Donnerstag, den 6. Mai 1976 eine Minute vor neun Uhr abends und dauerte genau sechzig Sekunden, mit einem Stoß, der die Stärke von 9′ der zwölfteiligen Mercalli-Scala erreichte, worauf in den folgenden Tagen Hunderte von schwächeren Stößen folgten. Dann schien die Erde sich zu beruhigen. Am 11. und 15. September traten neuerliche Beben auf, einige davon so heftig wie jene im Mai. Friaul liegt im Ausläufer der Bruch- und Faltungszonen der jungen Faltengebirge, die sich durch Südeuropa und Asien erstrecken. Es hat immer wieder Erdbeben erlebt, in historischer Zeit etwa in den Jahren 1117 und 1348, bei denen der Dom von Aquileia schwere Schäden erlitt sowie 1511, wodurch besonders Udine heimgesucht wurde. Die Katastrophe von 1976 muß wohl die heftigste davon gewesen sein. Fest gebaute Kastelle stürzten zusammen, so jenes von Gemona, dessen Trümmer von einem Erdriß verschlungen wurden. Eisenbahnschienen wurden verkrümmt; der Schnellzug Wien–Venedig entgleiste. Da die Telephonleitungen zerstört waren, gingen die ersten Hilferufe von Amateurfunkern aus. In einer Blitzaktion wurden fünftausend Soldaten zur ersten Hilfeleistung in das Katastrophengebiet verlegt. Das Erdbeben im Mai forderte fast tausend Tote und rund 2500 Verletzte. Die Überlebenden waren den schwersten Belastungen ausgesetzt. Selbst das Wetter schien den Zorn der Natur zu unterstützen, zunächst mit einer für den Mai abnormalen tropischen Hitze, dann mit kalten, sintflutartigen Regengüssen, welche die für die Obdachlosen herbeigeschafften Zelte unter Wasser setzten. Dennoch muß man die Haltung der Betroffenen als ergreifend bezeichnen, ihren Mut, auszuharren, der Heimat treu zu bleiben, ihren Stolz, sich wo immer möglich selbst zu helfen. Als sich die Beben im September wiederholten, trat freilich Resignation ein, die sich vielerorts bis zur Verzweiflung steigerte.

Zur Heilung der Schäden gehört freilich nicht nur materielle Hilfe, sondern auch die innere Kraft, wieder zu sich selbst zu kommen, das Verlorene zurückzugewinnen. Dazu bedarf es in ländlichen Gebieten vor allem der neuerlichen Zuwendung zur Natur, deren Wachstum die Pflege weiter lohnt, nicht zuletzt aber auch der Wiederherstellung der historischen Substanz. Hier ist freilich vieles unwiderruflich zerstört. Zentrum des Bebens war die von Bergen begleitete Talrinne, aus welcher der Tagliamento in die friulanische Ebene tritt. Hier wurden die historischen Städte Gemona und Venzone besonders schwer getroffen, und was dem ersten Beben noch einigermaßen widerstanden hatte, wie der gotische Dom von Venzone, legten die Stöße vom September völlig in Trümmer. Flußaufwärts gingen die Heimsuchungen ins Tal der Fella hinein bis Móggio, dessen talbeherrschende Kirche zum Teil zusammenstürzte und hinein ins Tal der Resia, das bis dahin wegen seiner Unberührtheit berühmt war. Westlich reichten in Karnien die Zerstörungen bis Villa Santina, doch blieben dazwischenliegende Orte, etwa Tolmezzo, einigermaßen unversehrt. Südwärts breiteten sich die Verheerungen über den Moränengürtel bis Tarcento, Buje und Colloredo aus, dessen Schloß samt der danebenstehenden Kirche mit ihren Deckenbildern schwer in Mitleidenschaft gezogen wurden. Doch das Beben traf auch Orte noch westlich des Tagliamento, so Valeriano, wo das freskengeschmückte Kirchengewölbe aufbarst.

Einzelne Schäden erlitten die Landstädte S. Daniele, Spilimbergo und Maniago, doch blieben hier die historischen Komplexe zum Glück erhalten. Ebenfalls nur wenig getroffen wurde Cividale, wo der einzigartige Tempietto Longobardo heil davonkam. In Udine wurden die Dächer des Kastells beschädigt, was die jahrelange Auslagerung der dortigen Museumsschätze zur Folge hatte. Auch der reiche künstlerische Schmuck im Innern des Domes von Pordenone konnte jahrelang nicht besichtigt werden, weil sogar dort, noch sehr weit vom Zentrum des Erdbebens, Schäden entstanden waren, die eine gründliche Restaurierung veranlaßten. Es liegt in der Hand der Architekten, ihrer Auftraggeber und nicht zuletzt einer kritischen Öffentlichkeit, beim Wiederaufbau einzelner Gebäude wie auch ganzer Ortsbilder um jene Harmonie besorgt zu sein, wie sie in Italien Tradition ist.

Kunst

Das Meer als Kulturmittler

Es gibt wenige Gebiete, in denen Kunst und Landschaft so vielseitig aufeinander bezogen sind wie im Friaul. Was für die Geschichte und ihren geographischen Zusammenhang gilt, hat noch mehr Bedeutung für die Kunstgeschichte. Kunstgeographisch ist das Friaul seit alters her durch wichtige Straßen bestimmt, die über die Alpenpässe nach Österreich, Bayern und Böhmen, und über andere, schon tiefer gelegene Übergänge nach Slowenien und Kroatien und weiterhin zu den Donauländern und andererseits zu den Adriahäfen führen. Das Meer ist hier namentlich im Altertum und Mittelalter der große Mittler gewesen, durch den die künstlerische Kultur der Spätantike ihre Einheit fand, und später gewannen der nähere und fernere Orient, Byzanz sowie die Reiche des Islam ihren Einfluß über die Adria auf Venedig und Oberitalien. Das Meer wurde zum eigentlichen Lebenselement der Halbinsel Istrien, deren Städte in erster Linie als Hafenstädte blühten, sowohl in der römischen, wie auch in der frühchristlich-byzantinischen Zeit, und dann später unter der Lagunenrepublik. Bei Pola, Fiume und Abbazia kann man, ähnlich wie in Triest, noch im 19. und 20. Jahrhundert von einer Nachblüte unter dem habsburgischen Doppeladler sprechen. Dabei spielten die hier schon früh gebauten Eisenbahnen als Fernverbindungen eine wesentliche Rolle, indem sie die Haupt- und Residenzstadt Wien näherrückten.

Antike und Frühchristentum

Die Einheit des Römischen Reiches findet in eindrucksvoll erhaltenen Architekturen, besonders in Pola, doch auch in Aquileia, Triest und Fiume ihren Niederschlag. In Zúglio, dem ›Forum Iulium Carnicum‹ der Antike, beschränken sich die Zeugnisse auf sorgfältig ausgegrabene Grundmauern. Die spätantike Kultur der südöstlichen Mittelmeerländer lebt in der Langobardenzeit weiter, doch wird nunmehr die römisch-hellenistische Tradition konfrontiert mit den barbarisch primitiven Formen der Völkerwanderung. Sichtbar wird dies in Cividale in der durch ihre Seltenheit berühmten Architektur des Tempietto Longobardo, der, vermutlich als Halle des direkt dem langobardischen König unterstellten Gastalden in der zweiten Hälfte des 8. Jahrhunderts errichtet wurde; nicht minder wichtige Zeugen sind die Skulpturen, Steinreliefs und Goldschmiedearbeiten in den Museen von Cividale.

Die Denkmäler der Langobarden stehen in der Kunstgeschichte isoliert, denn sie bleiben ohne deutliche Folgen. Ganz anders verhält es sich mit den frühchristlichen Werken, Architekturen und vor allem Mosaiken, deren Wurzeln ebenfalls auf die Spätantike zurückgehen, die aber die Völkerwanderung trotz deren Zerstörungen überdauerten, um noch der romanischen Kunst wesentliche Impulse zu geben. Das gilt für die Mosaiken, deren früheste und zugleich fesselndste Beispiele in Aquileia sichtbar gemacht wurden, ebenso wie für den Dom von Grado, dessen Tradition über die Dome von Parenzo und Triest bis ins 13. Jahrhundert reicht, um schließlich ihren Höhepunkt im hochmittelalterlichen Ausbau des Domes von Aquileia zu finden. Italienische und österreichische Forscher haben neuerdings nachgewiesen, daß es schon im Frühmittelalter im Friaul und seinen Nachbargebieten einen Typus gibt, der sich auf die Spätantike zurückführen und als ›aquileiensische Basilika‹ bezeichnen läßt. Eine andere Eigentümlichkeit unseres Gebietes bildet der auch an einschiffigen Saalkirchen vorkommende Dreiapsiden-Abschluß, der sich von Syrien über Dalmatien, Istrien und Friaul bis ins oberste Etschtal und Graubünden verfolgen läßt. Beispiele hierfür finden sich in S. Pietro Martire und S. Maria di Castello in Udine und, schon in den Formen der Frührenaissance, im Dom von Maniago. Den gleichen Chorabschluß aus drei auf gleicher Linie liegenden Apsiden bietet auch die vom 11. bis 14. Jahrhundert erbaute ehemalige Klosterkirche von Sesto al Reghena südöstlich von Pordenone, deren stattliche Ostpartie sich über einer als Säulenhalle gebauten Krypta erhebt, während das Langhaus als Pfeilerbasilika gebildet ist.

Dieselbe, letztlich auf die Spätantike zurückgehende Drei-Apsiden-Form des Chorabschlusses bestimmt auch noch die gotischen Kirchen, in denen sie sich nunmehr mit einer im Friaul besonderen Ausprägung des basilikalen Raumschemas verbindet, nämlich mit auffallend weit gespannten Pfeilerbogen, mit der Wirkung, daß die drei Schiffe hallenartig zusammenfließen. S. Maria di Castello in Udine, die Dome von Udine und Spilimbergo sowie die Pfarrkirche von Nimis sind Beispiele des 13. und 14. Jahrhunderts, doch erhält sich diese in ihrem Raumgefühl südostdeutschen Hallenkirchen verwandte Form im Dom von Cividale bis ins 15. und 16. Jahrhundert.

Der Profanbau des Mittelalters lebt weiter in zahlreichen Burgen und Schlössern, von denen freilich viele durch das Erdbeben in Mitleidenschaft gezogen wurden, namentlich Colloredo. Eines der am besten erhaltenen Beispiele ist Castello d'Arcano bei S. Daniele. Dazu kommen einzelne Tortürme in Udine und Spilimbergo sowie der bis zum Erdbeben von 1976 vollständig erhaltene Mauerring von Venzone. Viele mittelalterliche Schlösser sind übrigens schon seit Jahrhunderten Ruinen, sei es durch frühere Erdbeben, von denen das Friaul besonders 1511 heimgesucht wurde, sei es durch Kampfhandlungen, wie sie sich im Spätmittelalter zwischen den Grafen von Görz, den Patriarchen und Venedig, aber auch zwischen kleineren Herren abspielten.

Neben der Wehrarchitektur gibt es schon im Mittelalter die ersten, sich in der Renaissance fortsetzenden Zeugen eines hochrepräsentativen Profanbaus mit ausgesprochen künstlerischen Absichten, so in den gotischen Stadthäusern von Udine und Pordenone, in denen sich das Vorbild des Dogenpalastes mit den Erdgeschoßhallen oberitalienischer Rat- und Gerichtshäuser verbindet. Etwas bescheidener, doch in der Gestaltung verwandt, geben sich die im 19. und 20. Jahrhundert stark restaurierten Kommunalpaläste in S. Daniele, Spilimbergo und Cividale und das durch das Erdbeben 1976 zerstörte Rathaus von Venzone. Entsprechend der politischen Macht, die seit dem 15. Jahrhundert die Republik Venedig über Friaul gewinnt, erhält auch der übrige Profanbau in den Städten venezianische Akzente, wobei sich Spätgotik und Frührenaissance in einer nicht nur für Friaul und das Veneto, sondern ganz Oberitalien bezeichnenden Weise mischen. Beispiele hierfür geben die Wohntrakte des Kastells von Spilimbergo, ferner einzelne Patrizierhäuser in Udine, Pordenone und kleineren Orten wie Cividale und Maniago. Kennzeichnend ist nicht nur die Gestaltung, sondern auch die Gruppierung der Fenster, denen oft Balkone vorgelagert sind, alles in Formen, in denen sich der Übergang von typisch venezianischer Spätgotik zu ebensolcher Frührenaissance vollzieht.

Hochmittelalter

Die Nachwirkungen der Antike, die dank der Fortdauer des byzantinischen Reiches gerade an der Adria und in Venetien lange lebendig blieb, bestimmen im Friaul auch noch das Mittelalter, jedoch nun auch vom Norden deutlicher beeinflußt. Das großartigste Beispiel hierfür ist der frühromanische Dom von Aquileia, dessen frühchristlichen Basilikalraum eine Spannkraft erfüllt, die in ihrer verhaltenen Dynamik mittelalterlich ist. Das äußert sich namentlich in den Proportionen – ähnlich wie in den Domen und Abteikirchen der Poebene oder in den deutschen und französischen Sakralräumen des 11. und 12. Jahrhunderts. Dasselbe gilt für die Choranlage von Sesto al Reghena, sowie für eine Reihe bescheidenerer Bauten wie Castel d'Aviano, Nimis und S. Maria di Castello in Udine.

Die meisten dieser Kirchen bewahren zum Teil ausgedehnte Freskenzyklen, in denen sich byzantinisch-venezianische Elemente mit solchen aus Deutschland und Österreich verbinden; besonders bemerkenswert sind Anklänge an den expressiven Linienstil der ottonischen Buchmalerei der Reichenauer Schule in der 1031 ausgemalten Apsis des Domes von Aquileia, während die spätere Ausmalung der dortigen

Krypta, zwischen 1160 und 1180, über Venedig nach dem östlichen Mittelmeer weist. Wie sehr auch nach der ottonischen Kunst noch die Spätromanik des beginnenden 13. Jahrhunderts zu einem vom seelischen Erlebnis her gesteigerten Ausdruck fähig war, offenbart die von hohem Pathos getragene Kreuzabnahme in der Apsis von S. Maria di Castello in Udine.

Im Vergleich zur Malerei tritt die Skulptur der Romanik – die hier vom 11. bis zum 13. Jahrhundert reicht – eher sporadisch auf, so in den Stuckfiguren im Tempietto Longobardo in Cividale und in der Maria- und Johannesgruppe, die, ursprünglich den Gekreuzigten flankierend, heute im Museum von Cividale steht und den strengen Stil des frühen 13. Jahrhunderts, etwa in der Art des in der Emilia tätigen Antelami, höchstens in Nuancen ins Friulanische abwandelt. Erwähnt wenigstens sei die aus Stein gehauene Kreuzigungsgruppe, die einst den durch das Erdbeben völlig zerstörten Dom von Venzone schmückte.

Die Gotik, die hier den Zeitraum vom 13. bis zum späten 15. Jahrhundert beherrscht, dämpft die während der Romanik noch deutlichen Einflüsse des byzantinischen Orients. Dafür kommen nun sowohl das eigentliche Italien wie auch der Norden stärker zum Zug. Dem südöstlichen Österreich verpflichtet waren die 1976 schwer getroffenen Dome von Gemona und Venzone, wobei in Venzone die dort flach geneigten Dächer italienischen Charakter bewahrten. Italien aber, das damals eine durchaus nationale Kunst entwickelte, ist am eindeutigsten in den Ordenskirchen vertreten, die nach dem Vorbild von SS. Giovanni e Paolo und S. Maria Gloriosa dei Frari in Venedig nun auch auf der Terra ferma, in Vicenza, Padua und Treviso und darüber hinaus im Friaul erbaut wurden. Die Bettelorden der Dominikaner und Franziskaner, durch ihren auf Almosen angewiesenen Lebensunterhalt und ihre Seelsorge mit dem breiten Volk verbunden, entwickeln nun in ihren großräumigen, beinahe schmucklosen Gotteshäusern eine eigene Italianità. Dabei verbindet sich die vom Orden vorgeschriebene Askese mit einer durchaus mediterranen Neigung zu schlichten Baukuben, die sich in den dreischiffigen Langhäusern basilikal aufstaffeln, sofern es sich nicht um einfache Saalbauten handelt. Auch die meist gerade geschlossenen Choranlagen, in denen sich an das dominierende Altarhaus Kapellen lehnen, bilden einen auch hier strengen Abschluß. Der Stil dieser gerade in ihrer einfachen Überschaubarkeit eindrucksvollen Kirchen ist nun durchaus überregional, darin den engen inneren Verbindungen der Klöster entsprechend, so daß kaum von einer friulanischen Spielart die Rede sein kann, es sei denn, man meine die breit gestellten Pfeilerbogen, welche die drei Schiffe des Langhauses weniger trennen als zu einer Art von Halle vereinen. Innerhalb dieses sonst überregionalen Charakters entstehen jedoch auch im Friaul einzelne markante Werke, wie die Franziskanerkirchen von Udine und Cividale. Vom gleichen Geist einer aus klaren, schrägüberdachten Kuben gestuften Architektur sind auch die verschiedenen städtischen Dome, vielleicht am großartigsten jener von Pordenone, dessen Vierung als achteckiger Kuppelturm das stattliche Querhaus übersteigt, nochmals überragt von einem Campanile, der zu den schönsten Venetiens überhaupt gehört. Der Chorabschluß ist polygonal, wie dies auch in Udine und Venzone der Fall ist, darin den Vorrang der aufwendigeren Bischofskirchen gegenüber den betont einfachen Bettelordenskirchen bekundend. Neben seinem gotischen Dom besitzt Pordenone aus derselben Epoche ein schönes Stadthaus.

Dank ihres Rufes einer besonderen Frömmigkeit wurden den Franziskanern und Dominikanern viele Stiftungen vor allem an kostbaren Grabmälern und umfangreichen Freskenreihen zuteil. Dazu eigneten sich die großen, wie schon in der Romanik von verhältnismäßig wenigen Fenstern durchbrochenen Wandflächen vorzüglich. Vornehmlich sind es die Franziskanerkirchen von Udine und Cividale, für die Fresken gestiftet wurden, wodurch sich weltliche Große ihr gerade in der Zeit des rücksichtslosen Faustrechtes gefährdetes Seelenheil sichern wollten. Auch die ehemalige Benediktinerabtei von Sesto al Reghena besitzt an den Wänden ihrer noch romanischen Kirche einen zwischen 1320 und 1330 gemalten Zyklus. Desgleichen erhielten die Dome von Pordenone und

Spilimbergo damals ihre Wandbilder, ebenso der Dom von Venzone. Ebenfalls aus dem Trecento stammen die Fresken, die in einzelnen Kapellen die Erneuerung des Doms von Udine im 18. Jahrhundert überdauerten. Doch finden sich Fresken auch in kleineren Gotteshäusern, wie, zum Teil noch aus romanischer Zeit, in S. Maria di Castello in Udine, ja selbst in äußerlich bescheidenen Dorfkirchen, wie Strassoldo südlich von Palmanova oder in den um 1390 entstandenen Wandbildern in der Chiesa dei Battuti in Valeriano am Nordrand der friulanischen Ebene.

Künstlerisch sind diese Fresken von provinziellem Niveau; dementsprechend vereinigen sich die verschiedensten Einflüsse, ohne daß es zu einer zwingenden Synthese kommt. Giottos Prinzip der immer wieder neuen Verbindung der isolierten Hauptfigur mit gruppenweise zusammengefaßten Nebenfiguren, das die Fresken in der Arenakapelle zu Padua schon 1305/06 so überzeugend gestaltete, wirkt weiter, doch bleibt es meist bei der mehr oder weniger kompakten Gruppierung, aus der sich nur selten eine Einzelfigur spannungsvoll herauslöst. Dem ›Gotico internazionale‹ sind die seit der Jahrhundertmitte in Udine und anderen Orten entstandenen Fresken verpflichtet, wobei die Nachfolge Giottos namentlich durch Vitale da Bologna im Dom von Udine gepflegt wird. Die übrigen Meister bleiben mit Ausnahme des Tomaso da Modena, einem Nachfolger des Vitale da Bologna, meist anonym, darin an die überindividuelle Geisteshaltung gebunden, wie sie für das ganze Mittelalter bezeichnend ist. Ihre Werke tragen mehr regionalen Charakter, in welchem das Friulanische am ehesten in dem besonderen Bemühen erkannt werden darf, die Fläche mit räumlichen Elementen zu durchdringen, eine Tendenz, die freilich auch der übrigen alpenländischen Malerei eigen ist und sich hier bis ins 15. Jahrhundert erhält. In den friulanischen Bildern äußert sich diese Verräumlichung freilich in einer oft gewaltsam derben Weise. Anklänge an Pisanello möchte man in der im Dom von Spilimbergo dargestellten Reise der Königin von Saba sehen, die samt ihrem Gefolge auf weißem Zelter in höfischer Anmut über eine Blumenwiese reitet.

Stärker als während der Romanik tritt im gotischen Trecento nun auch die Skulptur in Erscheinung und zwar schon jetzt in Verbindung mit bestimmten Meisternamen. So schuf ein Filippo de Sanctis 1331 in Udine den auf Säulen ruhenden Sarkophag des seligen Odorico da Pordenone; das ursprünglich für S. Francesco bestimmte Werk steht heute in der Karmeliterkirche; es verbindet in bedeutendem Rang die venezianische Kombination verschiedenfarbiger Marmorsorten mit Figuren, deren Stil auf die Toskana, und dort wiederum auf Giovanni Pisano zurückgeht. Noch reicher mit Skulpturen geschmückt ist im Dom von Udine der nun nicht mehr von Säulen, sondern von fünf Figuren getragene Sarkophag des seligen Bertrand (um 1343), dessen Meister zwar nicht bekannt ist, dessen Stil jedoch zur Lombardei weist. Im Vergleich zum Sarkophag des seligen Odorico wirken die Formen in ihrer eigentlich noch romanischen Kompaktheit merkwürdig altertümlich.

Das 14. Jahrhundert bringt auch eine zum Teil monumentale Bauskulptur hervor, so am Dom von Gemona den riesigen Christophorus sowie die Statuengalerie über dem Portal. Aber auch das zentrale Rundfenster dürfen wir als Meisterwerk der Steinmetzkunst bewerten. Während das Erdbeben den skulpturalen Schmuck des Domes von Venzone vernichtete, hat sich am Dom von Spilimbergo das reich geschmückte Seitenportal von 1376 als Werk des vom Luganer See stammenden Zenone da Campione erhalten.

Quattrocento

Unter der politischen Herrschaft der seit Berthold von Andechs (1218-1251) von Udine aus regierenden Patriarchen war die Kunst des Mittelalters im Friaul auch den Einflüssen vom Norden der Alpen stärker offen geblieben. Dies änderte sich vom 15. Jahrhundert an, als das Friaul in den venezianischen Machtbereich gelangte. Das Auftreten der Renaissance wurde hier durch eine charakteristisch venezianische Spätgotik verzögert. Im übrigen wurde der neue Stil in der Skulptur in lombardischem Gewand durch Meister verbreitet, die aus der Gegend des Luganer- und Comersees stammten. Dies wirkte sich alles auch in dem mehr zur venezianischen Terra ferma gehörenden Friaul aus.

Hier erwacht nun in dem für die Renaissance charakteristischen Streben nach individueller Entfaltung auch die Gebirgsregion zu künstlerischem Leben, wobei in den Tälern Karniens wie im benachbarten Fella-Tal noch die Spätgotik des nahen Kärnten in Bauten und Schnitzaltären zu spüren ist. Eine Zwischenstellung zwischen Norden und Süden nehmen die Maler aus Tolmezzo, dem Hauptort Karniens, ein, nämlich Domenico da Tolmezzo (ca. 1448-1507) und Gianfrancesco da Tolmezzo (ca. 1450-1510), denen sich Andrea Bellunello (ca. 1430-1494) zuordnet. Ihre Gemälde schmücken die vierteiligen Altäre, sogenannte Polyptychen, in den Tälern Karniens bis in abgelegene Orte und sind im Museum von Udine zu finden. Insbesondere von Gianfrancesco haben sich auch zahlreiche Fresken erhalten, so in S. Martino in Socchieve, in S. Nicolò di Comelico, in S. Lorenzo in Forni di Sotto und anderen Orten. Sowohl in den Tafelbildern wie in den Fresken handelt es sich meist um das Thema der Santa Conversazione – um die Madonna gruppierte Heilige in ganzer oder halber Figur –; stilistisch sind sie der venezianischen Frührenaissance verbunden, wobei die skulpturale Körpergestaltung und die pathetische Aufsicht Mantegnas sich mit den lichten Farben der Vivarini verbinden, und über dem Ganzen die Ausdruckskraft alpenländischer Spätgotik liegt. Diese bestimmt in einer bisweilen sehr deutsch anmutenden Weise die Malereien, welche die Intervalle der ebenfalls dem Italien eigentlich fremden Netzgewölbe füllen, so in Forni di Sopra, Socchieve, Provesano, in Luíncis im Pesarina-Tal und anderen, oft ganz kleinen Orten. Die Kunst des Gianfrancesco da Tolmezzo ist auch über Karnien hinausgedrungen bis an den Rand der friulanischen Ebene, wo sich mit der Kreuzigung in der Pfarrkirche von Provesano südlich Spilimbergo ein Hauptwerk des Meisters findet.

Die Architektur der Gotteshäuser zeigt in Karnien, das damals seine eigene künstlerische Blüte erreichte, den engsten Zusammenhang mit Kärnten, dessen kunstvolle Netzgewölbe freilich nur in kleinem und kleinsten Maßstab übernommen wurden, wenn man von der bereits östlich von Karnien liegenden großen Pfarrkirche von Pontebba an der Durchgangsstraße nach Tarvis absieht. Von der in Karnien höchst eigenartigen Bauweise der Ställe, Bauernhäuser und halb städtischen Bürger- und Patrizierhäuser, in denen sich der Steinbau mit phantasievollen Holzkonstruktionen verbindet und stets ganz unitalienisch steile Dächer vorherrschen, wird in dem Karnien gewidmeten Kapitel noch ausführlich die Rede sein.

Von den Kirchen draußen in der Ebene offenbart der Dom von Cividale eine eigene Spielart friulanischer Frührenaissance, denn die hallenartige Weite, wie sie uns in dieser Region schon während des Mittelalters begegnete, tritt nun in antikisierenden Einzelformen auf. Venezianische Spätgotik beherrscht mit ihrer fast schon tropisch reichen Ornamentik die beiden Kirchen in S. Daniele: S. Madonna della Fratta (1465) und S. Antonio Abate (1470). Doch das bemerkenswerteste Bauwerk des Übergangsstils, der auf spezifisch venezianische Art Spätgotik und Renaissance verbindet, ist ein öffentlicher Repräsentationsbau profaner Natur, nämlich die einst als Rathaus dienende ›Loggia del Lionello‹ in Udine, die 1448 begonnen und in späteren Jahrhunderten verändert wurde. Zum Glück büßte sie dabei keineswegs ihre Anlehnung an venezianische Staatsbauten ein, die in der Gestaltung fast des gesamten Erdgeschosses als von Säulenbogen getragener Loggia sichtbar wird, sowie in der Polychromie, das heißt im Wechsel der farbigen Steinschichten.

Auch in der Skulptur treten die karnischen Gebirgstäler der friulanischen Ebene als mehr oder weniger selbständige Kunstregion gegenüber. Karniens Spezialität sind vielteilige Altarretabel, deren Nischen nun auch des öfteren Skulpturen umschließen, während der Aufbau aus reichem vergoldeten Schnitzwerk besteht, was eine unverkennbar regionale Spielart eines auch sonst südlich des Alpengebietes vorkommenden Typus darstellt. Zu diesen in vergoldeten Renaissanceformen gestalteten Altaraufbauten kommen einzelne spätgotische Altäre hinzu; auch hierfür gibt es zahlreiche Parallelen:

im übrigen Alpengebiet in Südtirol, in Südgraubünden, im Tessin und in den Tälern südlich des Monte Rosa. Es sind Zeugen eines damals sehr regen künstlerischen Austausches, der sich im späten 15. und frühen 16. Jahrhundert vorwiegend in nordsüdlicher Richtung vollzieht, wenigstens was die Schnitzkunst anbelangte. Doch ist in anderen Arbeiten auch der Süden gegenwärtig, so in dem vielfigurigen Marmoraltar in S. Pietro di Carnia unweit von Tolmezzo, ein Werk, das im eigentümlichen Kontrast steht zu der rein gotischen Kirche, in der es sich befindet.

Cinquecento

Das 16. Jahrhundert, in dem südliche Formen innerhalb der Architektur wie der dekorativen Skulptur nunmehr auf breiter Front über die Alpen dringen, ist für Italien selbst während der ersten Jahrzehnte eine Zeit der Reife. In allen Künsten entwickelte sich der Stil nicht nur ins Großzügige, sondern auch ins Großartige. Was insbesondere am Ausgang des Quattrocento sich als kleinteilig, verspielt, doch auch eckig und spröde äußerte und dabei in vielem noch von spätgotischen Reminiszenzen behaftet war, wird nun überwunden zugunsten jener ›großen‹, das heißt groß gesehenen und groß empfundenen Form, in welcher für kurze Zeit die Vollkommenheit eines ›klassischen‹ Stils entsteht. In Venedig erreichen diesen Rang der Hochrenaissance die Alterswerke des 1516 gestorbenen Giovanni Bellini, ebenso die des schon 1510 von der Pest hinweggerafften Giorgione. Gleiches gilt für die frühen Werke Tizians, dessen fast unversiegbare Schöpferkraft später die Entwicklung zum Manierismus und zum Barock vollzieht, Stilphasen des Cinquecento, die namentlich durch Tintoretto und Veronese weit über Venedig hinaus geprägt werden. Beide haben übrigens auch im Friaul einzelne bedeutende Werke hinterlassen.

Im Friaul erreicht zwar kein einheimischer Meister den Rang der eben erwähnten großen Venezianer, doch nimmt auch unser Gebiet am allgemeinen Aufschwung teil. Zunächst geschieht dies durch Pellegrino da San Daniele (ca. 1467–1547), der als erster im Friaul den Übergang zur Hochrenaissance vollzieht. Das wird sichtbar in einzelnen Altarbildern in der Pfarrkirche von Osoppo und im Dom von Udine, doch vor allem in einer der reichsten Schöpfungen friulanischer Malerei, in den Fresken, die in S. Antonio Abate in S. Daniele innerhalb zweier Etappen zwischen 1496 und 1522 entstanden. Der in seinem einfachen Rippengewölbe noch spätgotische Chor ist in seiner Wandzone durch die Kreuzigung zu einer einzigen vielfigurigen Szene geöffnet, und es ist gerade diese neue Einheit und Großzügigkeit des Sehens, in welcher hier der Schritt zur Hochrenaissance getan wird, im Unterschied zu den zum Teil noch isolierten Szenen seitlich des Triumphbogens. Im einzelnen folgt Pellegrino da San Daniele venezianischen Vorbildern, nämlich Giovanni Bellini, Cima da Conegliano, Giorgione und Bartolomeo Montagna. Als Ganzes aber ist die Ausmalung von S. Antonio Abate eine Leistung von durchaus originaler Kraft. Seine Altartafeln, wie die Madonna mit Heiligen in der Pfarrkirche von Osoppo, sind altertümlicher, gerade in der Vereinigung skulpturaler Härte mit dem lichten Glanz venezianischer Farbigkeit. Später, so in der 1519 gemalten Verkündigung, die heute das Museum von Udine aufbewahrt, weicht die spröde Härte der gleichsam ziselierten Figuren einer malerischen Weichheit tiefer und leuchtender Farben, nach dem Vorbild des greisen Giovanni Bellini und des ungleich jüngeren Giorgione. Doch ist im Vergleich zu jenen die Inszenierung dramatischer. Es fehlt die lyrische, auf Stille hin gestimmte Atmosphäre, wie sie insbesondere die späten Bilder Bellinis adelt.

Ungefähr gleich alt wie Pellegrino ist Giovanni Martini, der urkundlich zwischen 1455 und 1535 erwähnt wird. Sollte er aus Tolmezzo und nicht, wie andererseits vermutet wird, aus Udine stammen, so wird sich sein großes, holzgeschnitztes Altarwerk in Mortegliano gleich seinen anderen in Remanzacco und Prodolone in die alpine Schnitzertradition einfügen. Als Maler schuf Giovanni Martini Altarbilder, die zum Teil noch an Ort und Stelle, nämlich in den Domen von Udine, Spilimbergo und Portogruaro, zum Teil in den Museen von Udine und Mailand zu sehen sind. Sie sind bestimmt durch deutliche Anklänge an Carpaccio, Cima da Conegliano und andere Vorbilder, die noch im Quattrocento wurzeln, so daß Giovanni Martini eigentlich auf ganzer Linie erst den Übergang zur Hochrenaissance bezeichnet.

Der eigentliche Hauptmeister des Cinquecento ist im Friaul Giovanni Antonio de Sacchis, ja man darf ihn den Bedeutendsten nennen, den unser Gebiet als Maler hervorgebracht hat. Berühmt geworden ist er unter dem Namen ›Pordenone‹, so genannt nach seiner Heimatstadt, an deren südlichem Rand, in Noncello, er 1483 oder 1484 geboren wurde. Er lebte bis 1539 und hat in dieser verhältnismäßig kurzen Zeit ein erstaunlich großes Werk an Fresken und vornehmlich Altarbildern geschaffen. Die Altarbilder befinden sich zum großen Teil noch am ursprünglichen Ort. Seine Ausbildung fand er zuerst bei Gianfrancesco da Tolmezzo, dann in Venedig und schließlich in Rom; von dort stammt sein Drang zu schweren, ins Athletische gesteigerten Körpern, zu michelangelesker Wucht und einer in ihrer Kompliziertheit an den mittelitalienischen Manierismus erinnernden Komposition – alles Elemente, denen die Stille und Ausgewogenheit der venezianischen Hochrenaissance zum großen Teil geopfert wird, es sei denn, diese lebt in den satten und tiefen Farben weiter. Im Gegensatz zu seinen römischen Eindrücken bleibt Pordenone immer dort im Rahmen seiner venezianischen Heimat, wo er mit besonderer Liebe die Landschaft wiedergibt. Schönste Zeugnisse dafür sind die giorgionesken Abendstimmungen im Hintergrund der ›Madonna della Misericordia‹ im Dom von Pordenone wie in ›Noli me tangere‹ im Dom von Cividale. Seinen Ruhm verkünden über die engere Heimat hinaus die Fresken in den Domen von Treviso und Cremona und die Madonna della Campagna in Piacenza.

Der wichtigste Schüler Pordenones ist Pomponio Amalteo, geboren 1505 in Treviso, gestorben 1588 in S. Vito al Tagliamento, wo er sich schon früh niederließ. Auch er malte pathetisch bewegte Figuren vor tiefen Landschaftsgründen, in denen man die zu den Gebirgen ansteigenden Hügel des Friaul erkennen möchte. Doch im Unterschied zur brüsken Wucht der oft an Michelangelo erinnernden Gestalten seines Lehrers ist nun alles flüssiger, weicher und verbindlicher geworden;

I

Szene aus der Legende von Hermagoras und Fortunatus

Fresko in der Krypta von Aquileia
13. Jahrhundert

es herrscht die Stimmung sanfter Lyrik. Dies gilt zumindest für die späten Werke, wie ›Die Stigmatisierung des heiligen Franz‹, ein Bild, das sich heute im Museum von Udine befindet, während andererseits seine ›Grablegung‹ im selben Museum trockener gemalt ist und die Figuren in der mehr erregten als bewegten Art des manieristischen Zeitstils komponiert sind.

Neben Pordenone und seinem Nachfolger Amalteo erscheint als dritte führende Gestalt unter den während des Cinquecento im Friaul wirkenden Malern Giovanni da Udine, der 1487 in Udine geboren wurde und 1512 nach Rom zog, wo er sich in der Werkstatt Raffaels als Dekorateur in Stuck und Fresken auszeichnete. Von 1534 bis 1560 wirkte er auch als Architekt in Udine und auf Schloß Colloredo. Dann war er wieder in Rom, wo er 1564 starb. Seine bekanntesten Werke sind die von der Spätantike inspirierten Grotesken in den von Raffael mit Deckenbildern geschmückten Loggien des Vatikans. Selbständig arbeitete er im Kastell von Colloredo, wo er verschiedene Gewölbe ausmalte, und zwar mit mythologischen Szenen, einzelnen Figuren und Rankenornamenten. Erhalten haben sich seine Malereien im erzbischöflichen Palast von Udine. Neben den Werken angestammter Maler gehören zum künstlerischen Patrimonium Friauls einzelne Gemälde von hervorragenden Venezianern, die, den damaligen Herrschaftsverhältnissen entsprechend, auch Aufträge für die Terra ferma und damit für Friaul übernahmen. Solches war vor allem im 18. Jahrhundert der Fall, doch auch schon für das Sechzehnte finden sich einzelne bedeutende Beispiele, so die Natur und Mensch, Himmel und Erde vereinende ›Taufe Christi‹, die Paolo Veronese 1567 für den Dom von Latisana malte.

In der Skulptur konzentrieren sich die Hauptwerke auf die Frühzeit des Cinquecento und stehen dementsprechend stilistisch eigentlich erst an der Schwelle zur Hochrenaissance. Von Giovanni Martini, der sowohl als Maler wie als Bildhauer wirkte, war schon die Rede. Erwähnt seien der aus der Lombardei stammende Bildhauer und Steinmetz Giovanni Antonio Pilacorte (erwähnt zwischen 1455-1531), der neben einzelnen Steinaltären sowie Tauf- und Weihwasserbecken auch die Portaleinfassung des Domes von Pordenone schmückte, sowie Bernardino da Bissone vom Luganersee, von dem Portal und Statuen an der Pfarrkirche von Tricésimo stammen, fein ausgearbeitete Werke, an denen die lombardische Herkunft des Künstlers und der Einfluß seiner venezianischen Wahlheimat abzulesen sind.

Barock

Auch das 17. Jahrhundert, das Seicento, wie es in der italienischen Kunstgeschichte für Barock steht, vollzieht sich im Zeichen Venedigs; und jene gewisse Ruhezeit zwischen dem so fruchtbaren 15. und 16. und dann wieder 18. Jahrhundert wirkt sich auch im Friaul aus. Die Leistungen Palladios, dessen Anlehnung an die Säulenordnungen und Tempelfronten der Antike sowohl Kirchen wie Stadtpalästen und Villen eine zeitlose Monumentalität verlieh, wovon in Udine der Palazzo Antonini zeugt, wirken nach im Bischöflichen Palast von Porcia, heute ein westlicher Vorort von Pordenone, ferner in der heutigen Cassa di Risparmio in Udine. Der Palladio-Schüler Vincenzo Scamozzi schuf die stattlichen Festungsportale sowie den Dom von Palmanova.

Die Skulptur tritt jetzt vergleichsweise zurück. Einem mehr internationalen Barock verpflichtet ist die Marmorgruppe auf dem Altar von S. Stefano in Nimis. 1695 meißelte Enrico Merengo für die Cappella del Monte di Pietà in Udine die in reichem Spätbarock die Mensa krönende Gruppe der seitlich von Engeln begleiteten Pietà, quellende Fülle mit ekstatischer Bewegtheit vereinend.

Innerhalb der Malerei kommt es noch mehr als im 16. Jahrhundert zum Austausch künstlerischer Kräfte. Der Venezianer und Tizian-Schüler Palma il Giovane (1544-1628) malt für die Pfarrkirche von Tricesimo eine am Spätstil seines Lehrers geschulte Darbringung des Jesuskindes im Tempel. Alessandro Varotari (1588-1648), seiner Herkunft nach ›Padovanino‹ genannt, schuf im Auftrag des Rates von Pordenone eine in ihren Farbakkorden wie im Faltenfluß sensible Madonna mit

Heiligen, heute im Museum von Pordenone. Von Francesco Maffei (1605-1660) aus Vicenza, einem Hauptmeister des Hochbarock auf der Terra ferma, stammt ein pathetisch gedrängter Figurenfries, der für einen Palast oder eine Villa bestimmt war und sich heute im Museum von Udine befindet. Beachtliche Gemälde lieferten für Friaul der Römer Domenico Feti und der Genuese Bernardo Strozzi. Neben Italienern kamen in dem an großen Durchgangsstraßen gelegenen Friaul auch Künstler aus dem Norden zum Zuge, so der in Basel aufgewachsene, dann aber in Prag als Hofmaler wirkende Joseph Heinz, ferner der ebenfalls aus der Schweiz stammende Melchior Widmann, der Augsburger Isaak Fischer und der Memminger Johannes Heise. Doch fehlen in dieser internationalen Gesellschaft nicht die Einheimischen. Hier ist vor allem Antonio Carneo bemerkenswert (1637 bis 1692), dessen Hauptwerke in den Kirchen und im Museum von Udine vertreten sind, wobei aber eines, nämlich ›Der Tod der Lukrezia‹, bis ins Nationalmuseum in Warschau gelangt ist. Geboren wurde er in Concordia Sagittaria in der Nähe von Portogruaro, also im westlichen Grenzgebiet des Friaul nahe der Adria, doch wirkte er sein ganzes Leben lang in Udine. Hervorragend sind seine Typen und Szenen aus dem Volk, womit er einen in Italien namentlich durch Caravaggio, sonst aber mehr von den Spaniern und Niederländern gepflegten Realismus mit malerischer Subtilität weiterentwickelt und auf eine persönliche Art die spezifisch oberitalienische Genremalerei des 18. Jahrhunderts bereichert hat. Wesentlich ist, wie sowohl in dem hockenden Alten, dem ›Giramondo‹, wie auch in der über einen Totenschädel sinnenden alten Frau, der ›Meditation‹, beide im Museum von Udine, neben aller derben Volkstümlichkeit doch ein Moment geistiger Vertiefung mitschwingt. Antonio Carneo hat auch die Bildniskunst gepflegt. Dies tat ebenfalls Sebastiano Bombelli (1635-1716), der von Udine seinen Ausgang nahm und später in Bologna und Venedig wirkte. Namentlich seine Selbstbildnisse zeichnen sich durch einen malerisch sensiblen Realismus aus, verbunden mit den Hell-Dunkel-Effekten, wie sie um 1700 von den Bologneser ›Tenebrosi‹ gepflegt wurden.

Wie für so viele Teile des alten Europa bedeutet auch für die großen Zentren Italiens der Spätbarock des 18. Jahrhunderts den glanzvollen Abschluß einer in den Grundzügen schon mit der Gotik des 13. einsetzenden Entwicklung. An der ebenso reichen wie vielfältigen Spätblüte, die damals insbesondere Venedig erlebt, nimmt auch das bis zum Schluß mit den Schicksalen der Serenissima verbundene Friaul teil, sei es, daß führende Meister der Lagunenstadt, wie Sebastiano Ricci und vor allem Giovanni Battista Tiepolo, den friulanischen Kunstbesitz bereichern, sei es, daß eigene Künstler des Friaul in ihrer Heimat zum Zuge kommen. Die großen Leistungen geschehen nunmehr innerhalb der Malerei, doch wird sie von einer Skulpturenkunst begleitet, die mit hochqualifiziertem Kunsthandwerk verbunden ist und sich mit Altarbekrönungen, Wandreliefs und anderer Bauplastik hervortut. Die Architektur aber, die ihren venezianischen Ursprung auf das mannigfachste und reizvollste abwandelt, schafft nicht nur einen Rahmen für die übrigen Künste, sondern erhöht das menschliche Dasein überhaupt, indem sie durch Kirchen, Paläste und Villen den Städten, Dörfern und der ganzen Landschaft die Akzente setzt. An Sakralbauten entsteht bis in kleinere Orte wie Gradisca, Cormons, Tricésimo, Tolmezzo, Paularo, S. Daniele und S. Vito durch die von Palladio geprägte Tempelfront ein städtebaulich wirkungsvolles Schaustück. Die klassisch strenge Fassade wird dabei durch die anmutig reiche Form der Türen und Fenster, ebenso der Statuen, mit der Eleganz des Rokoko umhüllt, wie dies mit vollendeter Anmut das kleine Gotteshaus neben dem erzbischöflichen Palast in Udine vor Augen führt. Das Innere dieser Kirchen bleibt für gewöhnlich ein weiträumiger Saal als mehr oder weniger neutrale Folie für die Ausstattung: Bilder treten nun fast immer an die Stelle der früher üblichen Fresken, und der Hochaltar entwickelt den schon im 17. Jahrhundert vereinzelt auftretenden Typus der skulpturengeschmückten Mensa weiter, wobei auf den früheren Retabel mit seinem vielteiligen Bilderschmuck verzichtet wird. Einen Sonderfall innerhalb des Sakralbaues bilden die Jesuitenkirchen in Görz und Triest mit ihren durch eine Kolossalordnung gegliederten Fassaden, von denen jene in Görz durch Türme mit Zwiebelkuppeln bereichert ist, wie sie in Italien höchstens im Umkreis Venedigs, dafür aber um so häufiger in den habsburgischen Erblanden vorkommen. Das in beiden Fällen großräumige Innere dieser Jesuitenkirchen wird durch ein Wandpfeilersystem mit dazwischen angelegten Kapellen bestimmt, wie es die dem Orden eigene Vorliebe für szenographische Raumwirkung kennzeichnet.

Auf das Settecento geht auch die Vielzahl jener herrschaftlichen Landhäuser, Stadtpaläste und Bürgerhäuser zurück, die der Landschaft wie den Städten und Dörfern bis heute, trotz der modernen Großbauten, ihr unverwechselbares Gesicht schenken. In den Villen bleibt der von Palladio geschaffene Typus des überdachten Baukörpers bestehen, dessen bereits im 17. Jahrhundert in die Länge gezogene Front von einem durch Pilaster gegliederten Risalit beherrscht wird. Den nun oft über den klassischen Tempelgiebel hinaus bereicherten Abschluß des Risalits schmücken Statuen, in denen die Gliederung der Wand ausklingt. Regelmäßige Gartenanlagen, die, wo immer das Gelände es erlaubt, sich in Terrassen staffeln, führen die Achsen des Bauwerks in den freien Raum hinaus. Alle diese Villen werden jedoch übertroffen durch die überaus großzügige Anlage, welche Domenico Rossi für die Grafen Manin bei Passariano errichtete, wo ein weiter Rasenhof von abgestuften Flügeln kunstvoll umfaßt wird. Mit materiell eher bescheidenem Aufwand erreicht hier die Herrschaftsform der Villa dank ihrer weitausgreifenden Allüre eine der schönsten Ausprägungen. Das Landhaus steigert sich zum Schloß.

Auch die größeren Stadtpaläste verzichten selten auf den die Front beherrschenden Abschluß eines reichen Risalits, wie es in Udine der Palazzo della Provincia zeigt, der gleich dem benachbarten, etwas einfacheren Palast des Erzbischofs von Domenico Rossi (1678-1742) erbaut wurde. Rossi kam aus Morcote im Tessin, also vom Luganersee, dessen Ufer so viele Künstler bereits nach Venetien und damit auch ins Friaul sandten, wo er, vor allem im Dienste der Grafen Manin, zum führenden Architekten des 18. Jahrhunderts wurde. Im weiteren Verlauf dieses Jahrhunderts entwickelt sich der Typus einer in Udine mehrfach auftretenden Palastfront weiter, deren zahlreiche Fensterachsen an einzelnen Stellen durch die Dreiergruppe des Palladio-Motivs betont werden, das heißt durch einen von gerade geschlossenen Öffnungen flankierten Bogen. Seine eigene Eleganz gewinnt dieser Palasttypus durch den Verzicht auf stärkere plastische Akzente, wie sie noch im Hochbarock des 17. Jahrhunderts üblich waren. Dafür sprechen jetzt in erster Linie die Proportionen: nämlich das Verhältnis zwischen Erdgeschoß, Hauptgeschoß und Mezzanin. Als reine, stille Fläche gewinnt nun vor allem die Fassade ihre Schönheit, die von der beherrschten Spannung der Proportionen belebt ist, in einem Ideal, das nicht nur geographisch, sondern auch künstlerisch die Mitte hält zwischen den eher plastisch gegliederten Palästen Venedigs und vielen eher flächengebundenen Fassaden der Wiener Innenstadt. Mit Wien besonders verbunden sind in Görz der Palazzo Attems und der später umgebaute Palazzo del Comune, beides Werke des aus Görz gebürtigen Nicolò Pacassi, der für die Kaiserin Maria Theresia Schloß Laxenburg bei Wien errichtete und Schönbrunn umbaute.

Die Kunst des Barock erstrebt insbesondere in ihren späten Phasen das Gesamtkunstwerk, in dem sich die verschiedenen Künste symphonisch vereinen. In diesem Sinn schuf Domenico Rossi in Udine die Cappella Manin, deren polygonalen Innenraum die illusionistischen Reliefs des Giuseppe Torretti gleich einem Panorama öffnen. Doch noch umfassender ist die von Rossi geleitete Barockisierung des Udineser Domes, wo er zusammen mit dem aus Paris stammenden Maler Louis Dorigny und dem neben Altären und Grabmälern auch für die übrige plastische Dekoration verantwortlichen Giuseppe Torretti ein höchst eindrucksvolles Gesamtkunstwerk entstehen ließ. Insbesondere im Überschwang der Seitenaltäre, die den Choreingang flankieren, werden die Altäre beschworen, die der Maler und Kirchendekorateur Andrea Pozzo in der Scalzi-Kirche in Venedig schuf. Darüber hinaus stellt sich hier wie an anderen Orten des Friaul, der Grafschaft Görz und Istriens die schwer zu beantwortende Frage nach der Gegenwart des Slawischen, das in der Kunst zwar weniger in rational bestimmbaren Typen und Systemen, nicht einmal in einer eigenen Formensprache faßbar ist, jedoch in der Aussprache, im Akzent, oder in einer gewissen Umdeutung bereits geprägter Formen ins Weiche, Fließende, Wogende und Füllige spürbar wird. In solcher Umsetzung gewinnen die zwiebelförmigen Turmhauben, die es schon seit dem 16. Jahrhundert in ganz Südwestdeutschland gibt – seit die Welser das Motiv von Indien nach Schwaben gebracht hatten –, in Österreich, Böhmen, Mähren und Slowenien ihre eigene Note. Man möchte diese Note slawisch nennen, doch bleibt fast alles im Atmosphärischen, das weniger rational erfaßt und begriffen als durch unsere Sinne gesehen und erfühlt werden will. Ansätze zu dieser Kunst finden wir auf breiter Grundlage in Venedig, doch auch in Wien, das heißt in Zentren, von denen jedes auf seine Art slawischen Völkern nahe ist. Daß ähnliche Berührungen auch im Friaul möglich sind, ist schon durch die Lage und Geschichte dieses Gebietes verständlich.

So beachtlich die Leistungen der Baukunst und der Bildhauerei im Barock sind, so bewegen sie sich doch im mehr oder weniger provinziellen Rahmen der venezianischen Kunst, die seit dem 15. Jahrhundert in engstem Austausch mit der Terra ferma stand. Dies gilt gerade im 18. Jahrhundert auch für die Malerei, hauptsächlich während der ersten Jahrzehnte. So zieht der Landschafts- und Vedutenmaler Luca Carlevaris (1663-1730) aus Udine nach Venedig, um dort Stadtansichten zu schaffen, deren topographischer Genauigkeit sich später Canaletto anschließt. Andere kamen von auswärts, so der schon genannte Louis Dorigny, der neben dem Udineser Dom auch den Festsaal in der Villa Manin bei Passariano ausmalte. Aus der Gegend von Como kam Giulio Quaglio (1668-1751), dessen Hauptwerke in Udine die Fresken in den Palazzi Strassoldo und della Provincia sowie in der Cappella del Monte di Pietà sind. Im Festsaal des heutigen Sitzes der Provinzialregierung wird die Wand in eine Hauptzone und in eine etwas schmaler bemessene obere Zone aufgeteilt, und beide wiederum sind in einzelne Felder unterteilt. Die meisten der von Quaglio hier gemalten Bilder sind Szenen, die zwar thematisch durch die dargestellten Sagen miteinander verbunden sind, nicht aber visuell. Denn für das Auge bleiben sie isolierte Bilder, von denen jedes für sich gesehen werden will.

Diese Vereinzelung überwindet nun Tiepolo in seinen Fresken in dem dem Palazzo della Provincia benachbarten Erzbischöflichen Palast. Wir sehen hier Szenen, über denen scheinbar eben jetzt der Vorhang hochging – um sich im nächsten Augenblick auch wieder senken zu können. Mit einem Spiel von Enthüllung und Verhüllung, wie es für den galanten Geist des Rokoko bezeichnend ist, wird der Betrachter gefesselt, und ähnlich offenbart sich der schillernde, jeder eindeutigen Aussage sich entziehende Geist des Settecento in der verschiedenen Existenzform, in der sich die einzelnen Bilder darbieten, nämlich als farbenreiche Theaterszene, als Grisaille-Bilder, die ein Grau in Grau gemaltes Relief vortäuschen oder als gemalte Skulptur. Das Auge aber gleitet über diese verschiedenen Kategorien hinweg und empfindet in der Vielfalt immer wieder die fesselnde Einheit.

Giovanni Battista Tiepolo (1696-1770), hat nicht, wie andere, seine Gemälde von weit her geschickt, sondern er hielt sich selbst verschiedene Male in Udine auf, so zwischen 1725 und 1730, um im Erzbischöflichen Palast zunächst das Deckenbild über dem Treppenhaus, dann die Wand- und Deckenbilder in einem Teil der Prunkräume im Obergeschoß zu malen. In derselben Zeit entstand der Bilderschmuck der Cappella del Santissimo und die drei benachbarten Altarbilder im rechten Seitenschiff des Domes. Innerhalb der Entwicklung Tiepolos bedeuten jene Jahre eine besonders fruchtbare Zeit, die sicher auch durch eine ihm gewogene Umgebung mitbestimmt wurde. Sein Frühstil, wie er bereits durch die Fresken im Palazzo Sandi in Venedig und die großen Bilder in der Kirche von Verolanuova südlich von Brescia dokumentiert ist, findet in den außerordentlich frisch und in der Zeichnung geradezu keck gemalten Fresken des Erzbischöflichen Palastes seinen eigentlichen Höhepunkt. In dieselben Jahre fallen seine drei Bilder im Dom von S. Daniele del Friuli: ›Himmelfahrt Mariens‹, ›Enthauptung Johannes des Täufers‹

und ›Almosenverteilung Johannes des Täufers‹. Es sind Entwürfe für Deckenfresken, die aber nicht von Tiepolo ausgeführt wurden; vielmehr hat sie einer seiner Nachfolger, vermutlich Francesco Fontebasso aus Venedig, für seine Deckenbilder in S. Giovanni Battista zu Spilimbergo benutzt.

Tiepolo hat mehr als zwei Jahrzehnte später, nämlich 1759, nochmals in Udine gewirkt und hier zusammen mit seinem Sohn Domenico die Decke des Oratorio della Purità mit der Himmelfahrt Mariens geschmückt. Er griff dabei auf die freilich in Komposition und Farben energischere Gestaltung desselben Themas in der Scuola del Carmine in Venedig von 1741 zurück, von welcher er namentlich den pathetisch das leere Grab betrachtenden Jünger übernahm. Demgegenüber ist jetzt in Udine alles gelöster und lichter geworden, darin schon zur letzten Phase des Künstlers überleitend, wie sie sich in den Deckenbildern des Madrider Schlosses dokumentiert. Denn schon 1761 verließ Tiepolo Italien für immer, um 1770 im Dienste König Karls III. von Spanien zu sterben.

Neben den genannten Fresken und Altarbildern besitzt Udine in seinem Museum eines der bemerkenswertesten Staffeleibilder Tiepolos, nämlich das sogenannte ›Consilium in Arena‹. Dargestellt ist die Aufnahme des aus altem friulanischen Adelsgeschlecht stammenden Grafen Filippo Florio in den Orden der Malteser, wodurch über den Grafen hinaus auch das gesamte Patriziat von Udine seine Ehrung erfuhr. Den feierlichen, vor vielen Anwesenden vollzogenen Akt, der im September 1748 stattfand, hat Tiepolo mit einer Bravour gemalt, in welcher das Zeremoniell von impressionistischen Licht-Schatten-Spielen überhuscht und von einzelnen Bewegungen durchrauscht wird, die mit der Handlung als solcher nur wenig zu tun haben. In der scharf konturierenden Pinselschrift läßt sich auch die Hand des Sohnes Domenico erkennen.

Von den übrigen städtischen Venezianern, die für Friaul arbeiteten, sei noch Giovanni Antonio Guardi (1698-1760) genannt, der Bruder des durch seine venezianischen Stadtlandschaften berühmten Francesco Guardi. Ein 1750 entstandenes Hauptwerk Giovanni Antonios, nämlich die überaus sensibel gemalte und pathetisch bewegte ›Madonna del Rosario‹, befindet sich in der kleinen Kirche von Belvedere di Aquileia.

Wie bei Giovanni Antonio Guardi, doch in weicherer und stillerer Art, ist der Einfluß des alle überragenden Tiepolo auch bei Nicola Grassi (1682-1748) zu spüren. In Formeaso in der Nähe von Zúglio geboren, hat er vor allem Altarbilder für die Kirchen Karniens gemalt, auch für kleine und entlegene Orte wie Fielis oberhalb von Zúglio. Empfänglich für die Reize des Lichtes, das sich mit einer oft fast pastellhaft weichen Farbe verschmilzt, und empfindsam für seelische Regungen, in denen das Pathos des Barock bereits gedämpft und verfeinert ist, wandelt er auf unverkennbar persönliche Weise das venezianische Erbe ab, wie es ihm namentlich durch Piazzetta und Sebastiano Ricci vermittelt wurde. Grassi ist auch als Bildnismaler hervorgetreten, womit er den Interessen seiner Epoche entgegenkam.

Den Abschluß der dekorativen Wandmalerei bildet Francesco Chiarottini (1748-1796), vor allem mit seinen Fresken, die er in seinem Heimatort Cividale im Palazzo Pontotti Brosadola malte. Noch herrscht hier im gemalten Ornament die Rocaille, doch beginnen sich die einzelnen Bilder bereits zu isolieren, in Szenen, auf denen die Architektur die nur noch als Staffage dienenden Menschen fast verschwinden läßt. Vorwiegend sind es Ruinen. In ihnen huldigt auch Chiarottini einer das Ende des Barock kennzeichnenden Ruinenromantik, die von ihm und seinen Gehilfen im letzten Drittel des 18. Jahrhunderts über ganz Friaul verbreitet wurde, als Teil einer europäischen Strömung, zu deren bedeutendsten Vertretern Giovanni Battista Piranesi und Hubert Robert gehören und in welcher sich innerlich schon die Große Revolution vorbereitet.

In Istrien, das während des Römischen Reiches und im byzantinisch beeinflußten Frühmittelalter seine höchste Blüte hatte, beschränkt sich in den späteren Epochen die künstlerische Kultur im wesentlichen auf die Hafenstädte und die in der Nähe der Küste gelegenen Orte. Denn die gegen das Landesinnere durch verhältnismäßig hohe Gebirge abgeschlossene Halbinsel ist ja im Unterschied zu dem von Pässen und Straßen erschlossenen Friaul ganz dem Meere zugewandt und von dessen Verbindungen abhängig. Auch ist hier das Kunsterbe bescheidener und die Abhängigkeit von Venedig, dem das Gebiet mit Ausnahme des schon früh habsburgischen Triest politisch unterstand, einseitiger als im Friaul. Dazu kommt gerade im unwirtlichen Landesinneren eine Armut, wie sie Friaul in diesem Maß nicht kannte. Trotz der genannten Orientierung auf das Meer bieten auch einzelne nicht an der Küste liegende Orte, wie Buje, Motovun, Beram, Labin und Pazin schon durch ihr Ortsbild, dann aber auch durch die Kirchen samt ihrer Ausstattung einiges Interesse; sie liegen zum Teil an der Durchgangsstraße, die von Triest zunächst dem Meer entlang über die Hafenstädte Koper und Piran und darauf durch das Landesinnere nach Pula und weiter nach Opatija und Rijeka führt. Doch wichtiger sind die in ihren Gassen und Hafenplätzen überaus malerischen Küstenstädte, zu denen außer Koper und Piran, namentlich Poreč und Pula, dazwischen auch Vrsar und Rovinj gehören. Während sich in Poreč das Interesse auf den frühchristlichen Dom mit seinen Mosaiken konzentriert, zeichnet sich Pula nicht nur durch seine altrömischen Denkmäler, sondern auch durch einzelne byzantinische und mittelalterliche sowie spätere Bauten aus. Bemerkenswert sind auch einzelne Orte über der Ostküste, so das hochgelegene, an venezianischen Erinnerungen reiche Labin.

Vom Klassizismus zur Moderne

In der Architektur des 19. und 20. Jahrhunderts, auf die wir uns hier beschränken, sind es jetzt nur die großen Städte sowohl im Friaul wie am Rand von Istrien, welche die internationale Entwicklung mitmachen und zum Teil im Sinne eines eigenen Genius loci abwandeln. Dies gilt vor allem für Triest, doch auch für Görz, Pola und Rijeka, Orte, die bis 1918 zur Donaumonarchie gehörten, was architektonisch seinen breiten Niederschlag gefunden hat, nicht nur in den Regierungsgebäuden und den Sitzen der Hafenbehörden und Schiffahrtsgesellschaften, sondern in ganzen Quartieren von bürgerlichen Wohn- und Geschäftshäusern. Es wird bei unseren Rundgängen durch Triest zu zeigen sein, wie neben dem Wiener Einfluß auch jener der Irredentisten sichtbar wird, in deren Händen schon seit 1848 die Stadtverwaltung lag, was sich in der Italianità des Municipio-Gebäudes auswirkte. Es ist auch sonst vor allem Triest, wo die Architekten Matthäus Pertsch, Antonio Molari und Peter von Nobile sehr bedeutende Bauten schufen. Hier, wie auch an einzelnen Beispielen in Udine, läßt sich die Entwicklung vom Klassizismus über seine biedermeierliche Auflockerung bis zum Historismus der zweiten Jahrhunderthälfte und schließlich zum Jugend- oder Sezessionsstil verfolgen. Der Jugendstil hat nicht nur in Triest und Rijeka, sondern auch in Udine ein eindrucksvolles Monument im Palazzo del Municipio gefunden, und zwar in der als ›Stile Liberty‹ benannten, spezifisch italienischen Abwandlung. Bemerkenswert ist auch die Entwicklung der Hotel-Architektur in Opatija, wo sie sich von der Mitte des 19. Jahrhunderts bis zur Gegenwart verfolgen läßt, ebenso in Portorož. Auch Pordenone veranschaulicht, wenn zwar in unterschiedlicher Qualität, die architektonischen Möglichkeiten des 19. und vor allem des mittleren und späten 20. Jahrhunderts.

STÄDTE

Aquileia

Erster Eindruck

Wenn man sich von Norden her in Richtung auf Grado Aquileia nähert und dabei eine Ebene durchfährt, die durch die salzigen Winde des Meeres immer rauher und unfruchtbarer wird, erblickt man schon von weitem den mächtigen Glockenturm und bald auch die ihm zugeordneten Kirchengebäude. Man gewahrt eine sehr stattliche Basilika von romanischem, doch eigentlich noch immer frühchristlichem Gepräge. Aber was sich sonst noch an Bauten zeigt, ist spärlich und von geringer Bedeutung. Dem Dom scheint hier ähnlich die Stadt zu fehlen wie in Torcello bei Venedig. Dann aber leuchtet zwischen den später gebauten Häusern und den in Reihen gepflanzten Zypressen weißer Marmor hervor: ein wiederhergestelltes Grabmonument in Form eines mit einem Spitzkegel abgeschlossenen Monopteros auf hohem Sockel, dann eine Kolonnade korinthischer Säulen. Man erkennt schon von der Straße aus großflächige Ausgrabungen mit durch Betonplatten abgedeckten Mosaiken. Der archäologische Bezirk, der in seiner Mitte vom mittelalterlichen Dom hoch überragt wird, hat bemerkenswerte Ausmaße. Er zeugt von einer der größten Städte im Römischen Reich, der viertgrößten in Italien nach Rom, Mailand und Capua.

Aquileia verdankte diesen Rang seiner strategischen sowie seiner verkehrsgeographischen Lage. Darin war es der Vorläufer von Venedig und später von Triest. Doch auch die Bedeutung der Stadt in den Epochen des frühen und hohen Mittelalters, als Sitz jener Patriarchen, die für wesentliche Teile Friauls zum politischen Schicksal wurden, bevor Venedig ihre Macht übernahm, lebt in den Denkmälern Aquileias weiter, die, gerade weil sie vom modernen Leben abseits gelassen wurden, um so eindrucksvoller für die Vergangenheit sprechen. Neben dem mittelalterlichen Dom, dessen hochragende Mauern zusammen mit dem imposanten Campanile weithin das flache Küstenland beherrschen und dessen Säulenbasilika zu den eindrucksvollsten Sakralräumen Oberitaliens gehört, ist es der große römische Bezirk, in dem, zwar weniger augenfällig, doch an Erinnerungen hochbedeutend, das Aquileia der Spätantike weiterlebt. Dazu aber gibt es noch einen dritten Bereich. Er ist dem Besucher zunächst unsichtbar, da er unter der Erde liegt; die ausnehmend schönen Bodenmosaiken, die zum Teil nördlich des Domes als Ausgrabungen zu besichtigen sind, zum Teil den Fußboden des heutigen Domes bilden. Der Besucher sollte den mittelalterlichen Dom als den ersten Eindruck Aquileias auf sich wirken lassen, dann den ausgedehnten römischen Bereich durchwandern, um sich hier bereits eingehend den einzelnen Denkmälern sowie den beiden Museen zu widmen, danach hinabsteigen zu jenen, in den Mosaiken des 4. Jahrhunderts sichtbaren altchristlichen Kultanlagen, die zeitlich zwischen dem heidnischen und dem christlichen Aquileia liegen und zu denen auch der älteste Fußboden des heutigen Domes gehört. Danach sollte sich der Betrachter schließlich nochmals dem Dom zuwenden, um den ersten Eindruck zu vertiefen.

Von der Römerkolonie zum Patriarchensitz

Bevor wir uns hier diesen verschiedenen Bezirken näher widmen, sei die Geschichte Aquileias kurz umrissen: Der Name bedeutet ›Adlerstadt‹ und leitet sich angeblich von jenen Adlerflügen ab, welche die Priester des heidnischen Altertums als günstige Vorzeichen deuteten. Die Gründung Aquileias geht auf das Jahr 183 v. Chr. zurück, als der römische Senat die Ansiedlung einer starken Kolonie beschloß, die zunächst dem Schutz gegen die Einfälle aus dem Norden, dann aber auch der Ausweitung der römischen Macht nach dem Norden dienen sollte. Mit der Wahl des Ortes in der von Flüssen durchzogenen, teilweise sumpfigen Ebene mußte man den Bau von Befestigungen sowie von Hafen-, Kanal- und Straßenanlagen in Kauf nehmen, gewann aber damit eine ausnehmend günstige Verkehrslage. Die im Altertum besonders wichtigen Verbindungen über das Meer wurden schon von den Römern durch solide gebaute Straßen ergänzt; so wurde die von Genua über Verona und Quadruvium, das heutige Codróipo, kommende Via Postumia und die entlang der Adria über Padua führende Via Popilia nunmehr in die neuen Provinzen Noricum, Raetia, Histria und Pannonia weitergeführt. Die bisherige Militärkolonie aber stieg gleichzeitig durch die ihr verliehenen bürgerlichen Rechte zu einem der wichtigsten Gemeinwesen des Römischen Reiches empor.

Unter Kaiser Augustus und seinen Nachfolgern genoß auch Aquileia den Frieden oder doch zumindest Ruhe vor äußeren Einfällen. Mit Marc Aurel, der an Ort und Stelle durch eine Inschrift noch als »Aquileiensiam restitutor et conditor«, als Wiederhersteller und Gründer, gerühmt wird, endet die segensreiche Zeit der Adoptivkaiser. Im Jahre 167 n. Chr. begann mit dem Markomannenkrieg eine Epoche der Heimsuchungen und Verheerungen, die noch kompliziert wurden durch die inneren Wirren, die jetzt mit den sogenannten Soldatenkaisern begannen. Der Niedergang setzte sich fort während der Völkerwanderung, in der die bisher so günstigen Verbindungen mit dem Norden und Osten zum Verhängnis wurden. So mußten im Jahre 452 die Einwohner Aquileias in dem durch die Lagunen geschützten Grado Zuflucht vor den das Land verwüstenden Hunnen Attilas suchen. Es folgte der Einbruch der Ostgoten, die unter Theoderich den für Westrom kämpfenden Odoaker in der ›Rabenschlacht‹ unweit von Aquileia im Jahr 489 besiegten. 568 kamen unter ihrem König Alboin die Langobarden, und noch später die Awaren und Slawen. Jedes Mal zahlte dabei Aquileia seinen Preis für die günstige Verkehrslage und den Reichtum und das Ansehen, die es dadurch einst gewonnen hatte.

Doch während dieser an Machtverschiebungen so bewegten Zeit erlebte auch Aquileia die Wandlung zum Christentum und wurde eines der bedeutendsten Mittelpunkte der christlichen Spätantike. Der neue Glaube fand hier schon früh seine Anhänger, wohl dank der regen Handelsbeziehungen mit dem östlichen Mittelmeer. Der Apostel Petrus selbst soll nach einer wahrscheinlich auf die zweite Hälfte des 5. Jahrhunderts zurückgehenden Legende im Beisein des Evangelisten Markus den heiligen Hermagoras als ersten Bischof von Aquileia eingesetzt haben. Doch bedurfte es noch der Prüfung durch viele Verfolgungen, so auch jener besonders radikalen unter Kaiser Diokletian, der verschiedentlich seine Residenz in der Stadt aufschlug, bis das Christentum durch das Toleranzedikt Kaiser Konstantins des Großen vom Jahre 313 seine offizielle Anerkennung fand. Damals ließ der historisch bezeugte Bischof Theodorus, der um 319 starb, jenes Kirchengebäude errichten, dessen noch erhaltenes Bodenmosaik zu den größten Schätzen der frühchristlichen Antike gehört. Im Jahr 369 wurde Aquileia zum Erzbistum erhoben und entwikkelte sich dadurch zu einem Mittelpunkt der christlichen Lehre. So haben sich auch die Kirchenväter Ambrosius und Hieronymus in der noch immer großen Stadt aufgehalten. 381 fand hier das Konzil zur Bekämpfung der nur an die Wesensähnlichkeit, nicht an die Wesensgleichheit Christi mit Gottvater glaubenden Arianer statt. Damals umfaßte das Erzbistum ganz Venetien und Istrien, ferner den westlichen Teil Dalmatiens sowie Noricum und Rätien.

Doch die Hunnen und später die Langobarden zwangen auch die christliche Gemeinde zur Flucht in das nahe Grado, woraus später eine endgültige Umsiedlung wurde. Dazu kam während der verhältnismäßig ruhigen Periode der byzantinischen Herrschaft über das östliche Oberitalien der Aufstieg von Ravenna und Venedig. Die Erhebung des Erzbistums zum Patriarchat unter Paulinus I. um 560 konnte nicht verhindern, daß die Stadt vorübergehend den Langobarden preisgegeben werden mußte. Die Byzantiner vermochten sich auf den Lagunen zu halten, während die Langobarden in dem nun zu ihrem Reich gehörenden Aquileia einen eigenen Patriarchen einsetzten. Doch war der Niedergang nicht aufzuhalten, und vorübergehend mußte der Patriarch sogar weit im Landesinnern, in der Festung Cormons am Fuß der ›Colli‹, Zuflucht suchen. Am Ende der Völkerwanderung und ihres letzten, durch die Langobarden geschaffenen Reiches war Aquileia, von den Barbaren geplündert und devastiert und durch die Malaria fast ganz entvölkert, zu einem Banditennest herabgesunken.

Das Patriarchat aber verfügte über ein sehr ansehnliches Gebiet; im Osten über die istrischen Bistümer und im Westen über Kirchenprovinzen bis Verona, Como, Trient und Belluno. Auf diese Weise gelangte auch Aquileia wenigstens vorübergehend zu neuem Glanz. Dies geschah unter Poppo (1019-1042), einer der größten Persönlichkeiten unter den Patriarchen. Aus dem Grafengeschlecht derer von Traungau in Oberösterreich stammend, stand er zunächst als Hofkaplan im Dienst Heinrichs II., an dessen Kaiserkrönung im Dom von Bamberg er ebenso teilnahm wie an den Kriegszügen nach Unteritalien. Poppo gehörte zu jenen Kirchenmännern, welche das romantisch einseitige Bild des Mittelalters als Epoche reiner Weltentsagung und kraftloser Devotion durchaus widerlegten, und zwar durch die Energie, mit der er den Wiederaufbau Aquileias betrieb, wobei er neben dem neuen Dom auch einen prächtigen Bischofspalast sowie die Erneuerung der Stadtmauern plante und auch die Wiederherstellung des einst für die Stadt so wichtigen Handels ins Werk setzte. Er konnte durch einen Konzilbeschluß erreichen, daß die Oberherrschaft des nach Grado verlegten Patriarchats wieder an Aquileia zurückfiel und dessen Kirche als die älteste nach Rom anerkannt wurde, was bedeutete, daß die Patriarchen den ersten Rang nach dem Papst einnahmen. Auch nach dem Tod des ungemein tatkräftigen Kirchenfürsten hielt die neue Blüte Aquileias noch an: So verlieh Kaiser Heinrich IV. dem Patriarchen Sigehard (1068-1077) Herzogsrechte für ganz Friaul und belehnte ihn mit Istrien und dem im mittleren Tal der Drau gelegenen Krain.

Von nun an waren die Patriarchen von Aquileia in den allermeisten Fällen Mitglieder des deutschen Hochadels. So bestätigte Friedrich II. von Hohenstaufen dem Grafen Berthold von Andechs die Landeshoheit über Friaul, und dieser verlegte 1238 seine Residenz nach Udine. Die Gunst der deutschen Kaiser, die dem Patriarchat weltliche Rechte und neue Gebiete verliehen, um aus ihm ein Bollwerk gegen die Einfälle der Ungarn zu machen, verwickelte die Patriarchen freilich auch in die Wechselfälle des Investiturstreites, in welchem sich Kaiser und Papst um die Einsetzung der damals auch über weltliche Macht verfügenden Bischöfe stritten. In diesem das Hochmittelalter in Mitteleuropa sehr wesentlich bestimmenden Streit schwenkten die zunächst ghibellinischen, das heißt kaisertreuen Patriarchen schließlich auf die Seite des Papstes, wodurch sie freilich gegen die seit dem 13. Jahrhundert aufsteigenden neuen Territorialmächte, nämlich die Republik Venedig und die Grafen von Görz, keinen Verbündeten mehr hatten. Im Jahre 1445 ließ sich der Patriarch Lodovico Scarampo seinen Verzicht auf die politische Herrschaft über Friaul zugunsten Venedigs bezahlen und behielt als weltlichen Besitz nur die Orte Aquileia, S. Vito und S. Daniele. Im Zuge dieser Entwicklung wurde damals das Patriarchat nach Venedig verlegt, dessen Erzbischof den alten, einst mit Aquileia so bedeutungsvoll verbundenen Titel bis heute führt. Die letzten Reste des Patriarchats Aquileia wurden 1751 durch Papst Benedikt XIV. aufgelöst, wobei man zwei Erzbistümer, nämlich Udine für den damals venezianischen Hauptteil, Görz für den bis 1918 österreichischen Rest von Friaul, errichtete. Die einstige Kathedrale in Aquileia wurde nun Pfarrkirche, allerdings unmittelbar dem Vatikan unterstellt.

Die Stadt Aquileia war längst zerfallen, die Paläste durch Erdbeben zerstört oder zur Gewinnung von Baumaterial abgetragen worden. Viele Inschriften und auch einzelne Skulpturen fanden den Weg nach Venedig, dessen Humanisten die Erinnerung an die einst so berühmte Römerstadt wachhielten, lange bevor in der zweiten Hälfte des 18. Jahrhunderts im Zuge einer vom Klassizismus getragenen Archäologie systematische Ausgrabungen begannen. Doch so bekannt dann nun wieder der Name Aquileia Forschern und Gebildeten wurde, der Ort blieb klein und von der großen Zahl der Reisenden vergessen, die auch heute meistens rasch hindurchfahren, dem Sandstrand von Grado entgegen.

Stille und Verlassenheit – soweit sie heute in Italien überhaupt noch möglich sind – herrschen an den meisten Tagen in den weiten archäologischen Bezirken, die durch Zypressenreihen mit dem Dombereich in einen stimmungsvollen Zusammenhang gebracht sind. So hat man insbesondere an dem von Norden nach Süden am Ostabschluß des Domes vorbeifließenden Kanal eine ›Passeggiata archeologica‹ eingerichtet, die nicht nur durch ihre Denkmäler, sondern auch durch den Zauber der Natur beeindruckt, vor der sich das vom Menschen einst Gebaute und heute wieder Gepflegte um so bedeutungsvoller abhebt. Es ist auch durchaus verständlich, daß, beschirmt von der Chorwand des Domes, ein Friedhof für die hier in der Nähe im Krieg Gefallenen angelegt wurde.

Auf diesem auch *Via Sacra* bezeichneten Weg kommt man zunächst an zwei hochragenden Säulen vorbei. Es sind die letzten Reste der von Poppo an der Stelle des römischen Kaiserpalastes erbauten Patriarchen-Residenz. Die ungefähr einen Kilometer lange Zypressen-Allee, die von verschiedenen wiederausgegrabenen Baufragmenten und Inschriften-Steinen gesäumt ist, führt vorbei an einem in ursprünglicher Höhe wiederaufgestellten und zum Teil ergänzten Marmorgebälk, das in der ersten Hälfte des zweiten nachchristlichen Jahrhunderts, zur Zeit von Kaiser Trajan, über einer Säulenhalle angelegt wurde und das Auge durch die prachtvolle Steinmetzarbeit des mit Zahnschnitt, Eierstab und Konsolen reichgeschmückten Kranzgesimses fesselt.

Der Flußhafen, zu dem wir dann gelangen, diente der Lebensmittelversorgung der römischen Stadt, während die größeren Einrichtungen für die Schiffe sich weiter draußen gegen die Lagunen hin befanden. Trotzdem überrascht seine Bescheidenheit, wenn man an moderne maritime Anlagen denkt. Doch muß man bei solchen Vergleichen immer bedenken, wie relativ gering damals noch die Rolle des Eisens war. Es blieb auf Waffen, Rüstungen, Hausgeräte und Handwerkszeug beschränkt; Schiffe waren meist aus Holz und von faßbaren Ausmaßen. Es gab nur in beschränktem Maß eine

Technik, und diese ordnete sich dem Menschen unter, dessen Maßstab höchstens in Bauwerken wie Amphitheatern, Tempeln, Thermen, Marktplätzen und Palästen überschritten wurde. Doch auch von solchen Kolossalbauten ist in Aquileia wenig geblieben. Es fehlt sowohl ein Pantheon wie ein Kolosseum. Was wir sonst an aufragenden Resten finden, ist die Reihe korinthischer Säulen aus istrischem Marmor am Forum und einzelne ebenfalls wiederhergestellte Grabmonumente, so jenes der Curii aus der Mitte des ersten nachchristlichen Jahrhunderts, das im Garten des Archäologischen Museums seine angemessene Aufstellung gefunden hat, oder das große Mausoleum aus der Zeit des Augustus, das sich mit seinem kegelförmig abgeschlossenen Säulenrund auf hohem, quadratischem Sockel erhebt und 1956 aus seinen Trümmern rekonstruiert wurde.

Während die Grabmonumente nach antiker Gepflogenheit außerhalb der bewohnten Stadt an einer Friedhofsstraße aneinandergereiht wurden, finden sich innerhalb der einstigen Stadt ausgedehnte Reste von Grundmauern und Bodenmosaiken, die auf Betonplatten konserviert sind, wenn sie mehrschichtig auftreten. Unter den Mosaiken, die man nördlich des Domes fand, gibt es eine noch ältere Schicht mit der Darstellung des Guten Hirten, sie nimmt die Mitte eines teppichartigen Systems ein, in welches zwei konzentrische Kreise eingepaßt sind. In diesen gewahrt man Vögel in weitgeschwungenen Ranken, während in die Zwickel zwischen dem äußeren Kreis und der viereckigen Borte merkwürdig expressive Köpfe eingefügt sind, die durch ihren Schmuck als Sinnbilder der vier Jahreszeiten gekennzeichnet sind. Heidnische und christliche Symbolik verbindet sich in diesem auch farblich sehr schönen Bodenschmuck, der wahrscheinlich ein Bethaus aus der ersten christlichen Epoche Aquileias zierte. Andere, westlich der Durchgangsstraße freigelegte Bethäuser sind an den apsidenförmigen Abschlüssen kenntlich, die sich in den Grundmauern erhalten haben.

Die Funde, die im Zug der noch keineswegs abgeschlossenen Ausgrabungen gemacht werden, sind zum großen Teil in Aquileia in zwei Museen gesammelt. Im *Museo Archeologico* westlich des Dombezirks jenseits der Durchgangsstraße findet man neben einzelnen Großplastiken, wie dem Venus-Torso in der Art des Medicäischen Torso, dem Torso eines Flottenkommandanten oder der reichgewandeten, doch an den Armen verstümmelten Statue des Kaisers Claudius, beachtliche Köpfe, vor allem den in seiner kalten Schönheit fesselnden der Kaiserin Livia, der Gemahlin des Augustus. Bemerkenswert sind auch die ins Museum übertragenen Mosaiken, darunter die Darstellung einer Nereide auf dem Seestier, ein Werk, das trotz seiner Zerstörung zeigt, auf welcher Höhe – nämlich jener einer altrömischen Großstadt – sich damals die Kunst hier bewegte. Auch der seltsam ausdrucksvolle Kopf eines durch die Haartracht gekennzeichneten Boxers ist bemerkenswert. Vom damaligen Alltag gibt übrigens eine Menge von Gläsern, Schmuckstücken und Geräten Kunde.

Gegenüber dem Archäologischen Museum liegt das der frühen christlichen Kunst gewidmete *Museo Paleocristiano*. Es ist in dem zum Teil rekonstruierten Betsaal, der sogenannten ›Basilika von Beligna‹, untergebracht, wo das in der Apsis erhaltene Mosaik durch seine Farben Eindruck macht. Daneben zeigt der Raum Mosaiken, die meist aus frühchristlichen Oratorien innerhalb der städtischen Wohnhäuser stammen. Auch das übrige Museumsgut, so Platten von Chorschranken, Altarfragmente und Teile von Sarkophagen, führt vor Augen, mit welcher Kontinuität sich in Aquileia das Christentum entwickelte.

Die altchristlichen Kultanlagen

Bereits in den Grundmauern der altrömischen Häuser sahen wir apsidenförmige Ausbuchtungen, die als Oratorien gedeutet werden können, doch waren diese Gebetsräume zu klein, um einer größeren Gemeinde zur Versammlung zu dienen. Solches wurde möglich in den ungleich größeren Sälen, die seit 1896 unter oder neben dem heutigen Dom durch die Österreicher und seit 1918 durch die Italiener aufgedeckt wurden. Der erfolgreiche Beginn dieser Grabungen samt ihrer wissenschaftlichen Auswertung gehörte zu den wichtigsten Leistungen der einstigen k. und k. Zentralkommission für Denkmalspflege, die auf diesem Gebiet bahnbrechend war.

Was im Dombereich aufgedeckt wurde, sind ausgedehnte Mosaiken samt den sie umschließenden Grundmauern dreier verschieden großer Räume, in der Form eines Hufeisens angeordnet. Die Säle hatten so große Ausmaße, daß als Träger der heute nicht mehr vorhandenen Decke je zwei Mal drei Mittelstützen notwendig waren, um die sich die Mosaiken schließen. Durchbrochen wurde später die Anlage im nördlichen Seitensaal durch den Einbau des romanischen Campanile. Die Mosaiken im Dom, die im wesentlichen zum südlichen der drei Säle gehören, wurden freigelegt, so daß sie heute den gegenüber den Säulenbasen der Seitenarkaden etwas tiefer liegenden Fußboden bilden. Die Mosaiken in den beiden anderen Sälen sind unter dem Erdboden nördlich des Domes belassen worden. Man besichtigt sie in notgedrungen niedrigen Räumen, der sogenannten *Cripta degli Scavi,* in die man vom linken Seitenschiff aus in Begleitung eines Aufsehers hinabsteigt.

Auch wenn außer den untersten, einst mit Fresken geschmückten Umfassungsmauern heute nur die allerdings überaus bemerkenswerten Bodenmosaiken übriggeblieben sind, so muß es sich doch um eine sehr stattliche Anlage gehandelt haben, die der frühen christlichen Gemeinde für Versammlungen und Gottesdienste diente. Doch sind es nicht nur Ausmaß und künstlerischer Rang, die diese Stätte auszeichnen, sondern darüber hinaus ihre geschichtliche Stellung: Es handelt sich um eine öffentliche Kultstätte, die noch vor dem ersten christlichen Gotteshaus in Rom entstand, nämlich S. Giovanni in Laterano. Die Anlage ist – wie bereits erwähnt – für die Zeit des ersten in Aquileia beglaubigten Bischofs, Theodorus, bezeugt, wie aus einer Inschrift im Boden des nördlichen Kultraumes hervorgeht. Als Theodorus um 319 starb, war das Christentum bereits seit sechs Jahren anerkannt. Vorher hatte schon der von Konstantin an der Milvischen Brücke 312 besiegte Gegenkaiser Maxentius eine ausgesprochen christenfreundliche Politik betrieben, unter deren

Schutz, wie man annimmt, Theodorus den ersten, nördlichen, der drei Kultsäle errichtete. Nach dem Siege Konstantins folgte – dem damaligen Aufschwung des christlichen Glaubens entsprechend – die nördliche Aula und der als Vorhalle dienende Verbindungstrakt. Die beiden Säle besitzen zwar noch keinen apsidenförmigen Altarraum, dessen Form die späteren frühchristlichen Basiliken vom erhöhten Herrschersitz der heidnischen Gerichtshallen übernahmen, doch lassen Spuren von Schranken sowie die Anordnung der Mosaiken darauf schließen, daß der östliche Raumteil dem Altar und den dort fungierenden Priestern vorbehalten war. Man vermutet, auch wenn entsprechende Grabungen der Schonung des Bodenmosaiks zuliebe unterbleiben mußten, daß es Vorgängerbauten gab, darunter ein zur Zeit von Kaiser Augustus erbautes Privathaus, das mit seiner Einstellung in das rechtwinklige Straßennetz des altrömischen Stadtplans die Orientierung für die späteren Bauten festlegte. Die heute noch erhaltenen Mosaiken sind im wesentlichen in derselben theodorianischen Epoche entstanden, auch wenn jene im östlichen Kultsaal stilistisch einen etwas späteren Charakter aufweisen.

Der *Quersaal,* in dem die Besichtigung der heute unterirdischen Ausgrabungen beginnt, diente ursprünglich als Vorhalle oder Atrium und schuf zugleich die Verbindung zu dem etwas später angefügten Südsaal unter dem gegenwärtigen Dom. In diesem Atrium kann man auch die in schwarz-weißen Mustern gehaltenen Bodenreste des erwähnten altrömischen Hauses sehen, ferner, und zwar in einer oberen Schicht, Überreste der großen, dreischiffigen Kirche, die in nachtheodorianischer Zeit erwähnt und später, lange nach ihrer Zerstörung während der Völkerwanderung, durch den heute noch bestehenden romanischen Dom ersetzt wurde.

Die wertvollsten Mosaiken liegen im *Nordsaal,* den wir nun betreten, wobei die Unterbrechung durch die Fundamente des Glockenturms in die Augen fällt. Der von Pfeilern getragene Saalraum versammelte einst als eigentliche Kirche die erste christliche Gemeinde von Aquileia zu Predigt, Schriftverlesung und Abendmahl. Der erhaltene Bodenschmuck besteht aus abstrakten Mustern und einzelnen naturalistischen Motiven, die in der von heidnischen Bauten übernommenen Technik aus verschiedenfarbigen Natursteinen zusammengesetzt sind. Im Rahmensystem wechseln größere Achtecke mit kleinen, übereckgestellten Quadraten, denen Kreise eingeschrieben sind. In anderen Partien alternieren in losem Zusammenhang Kreise und Mandelformen, die stilisierte Pflanzenmuster oder Knotenornamente umschließen. Sonst aber erscheint als Füllung stilisiertes Rankenwerk, vermischt mit einzelnen Tierdarstellungen, deren naturgetreues Aussehen verblüfft, insbesondere dank der Farben, die für ein aus Natursteinen zusammengesetztes Mosaik merkwürdig intensiv wirken. Da gibt es ein olivgraues Zicklein, das vor einem Eierkorb kauert, eine Languste, die ihre Fühler und Füße ausstreckt und dazu auf einem schleimig grauen Rochen sitzt, einen Widder, der angriffslustig sein Haupt senkt, und gleich daneben den Kampf eines Hahns gegen eine Schildkröte, wobei in der Ungleichheit der Partner eine Symbolik verschlüsselt ist, die ebensogut aus dem Mithras-Kult wie christlich zu deuten ist und den Kampf des Lichtes gegen die Finsternis darstellt. Von erstaunlicher Lebendigkeit sind auch die Vögel, so ein Papagei, dessen fein differenziertes Grün sich in den delikatesten Nuancen von Grün-Blau und Orange-Gelb seines unmittelbaren Hintergrundes abhebt, oder auch die beiden Schwarzamseln, die mit goldschimmerndem Gefieder an Rumpf und Köpfen sich einem Strauß zuwenden, der mit blaugrünen Blättern und goldenen Blüten aus einer smaragdgrünen Vase wächst. Da die einzelnen Steine nicht nur in ihrer Farbe, sondern auch in ihrer Größe verschieden gewählt sind, entstehen in den Tier- und Pflanzenmotiven ebenso plastische wie malerische Wirkungen von höchster handwerklicher und zugleich künstlerischer Qualität.

In den etwas jüngeren Mosaiken des *Südsaales,* die heute im Mittelschiff des Domes den Fußboden bilden, herrscht nicht mehr ganz die gleiche Qualität. Das Rahmensystem, das in seinen Kompartimenten verschieden ist, erscheint in seinen Flechtbandmotiven zwar fest geknüpft, wirkt jedoch schematischer. Die Figuren sind routinierter und die Motive – der

Gute Hirte, die Fische oder die auf das Paradies hinweisenden Vögel – sind nunmehr Symbole eines bereits etablierten, nämlich vom Kaiser anerkannten Christentums. Zur frühchristlichen Ikonographie gehört auch die Geschichte des Jonas als Vorwegnahme von Tod und Auferstehung Christi, die den ältesten Teil des Bodens einnimmt und von der Laienkirche durch eine Borte und eine einst für die Aufstellung eines Gitters bestimmte Rille abgegrenzt ist, ähnlich wie dies auch in der etwas älteren nördlichen Aula der Fall ist. Dieses östlichste Feld im heutigen Domboden ist ohne Binnenteilung einheitlich als ein von Wellen durchzogenes und von Fischen belebtes Meer stilisiert, in welchem die Episoden der Jonaslegende sehr drastisch dargestellt sind.

Der romanische Dom S. Maria

Wie heute der Dom mit seinen weitausladenden Querschiffen, dem vorgesetzten Baptisterium und dem kraftvollen Glockenturm das große Gebiet der einstigen Römerstadt mit ihren nur wenig über den Boden erhobenen Resten überragt, könnte man in dem stolzen Baudenkmal ein sehr sprechendes Symbol für den Sieg des Christentums über das Heidentum erblicken. So bedeutsam alles sonst ist, was vom heidnischen wie vom altchristlichen Aquileia übrigblieb, wird man doch durch die hier allesbeherrschende Gegenwart des christlichen Gotteshauses am meisten gefesselt. Auch wenn der Bau ›nur‹ auf die erste Hälfte des 11. Jahrhunderts zurückgeht, wissen wir, daß der 1031 am Fest der Ortspatrone Fortunatus und Hermagoras konsekrierte, aber der Jungfrau Maria geweihte Dom seine Vorläufer hat, nicht nur in der frühchristlichen Kultstätte, deren Mosaiken wir eben besichtigten, sondern auch in der nach den Zerstörungen durch die Hunnen gegen Ende des fünften Jahrhunderts unter Bischof Marcellinus von Grund auf neu errichteten Basilika. Diese folgte mit ihren drei Längsschiffen und mit einer ohne Querschiff unmittelbar an das Mittelschiff schließenden Apsis dem in Ravenna und später in Pola und Parenzo ausgeprägten Typus. Dieser Bau wurde zwischen 811 und 842, also in spätkarolingischer Zeit,

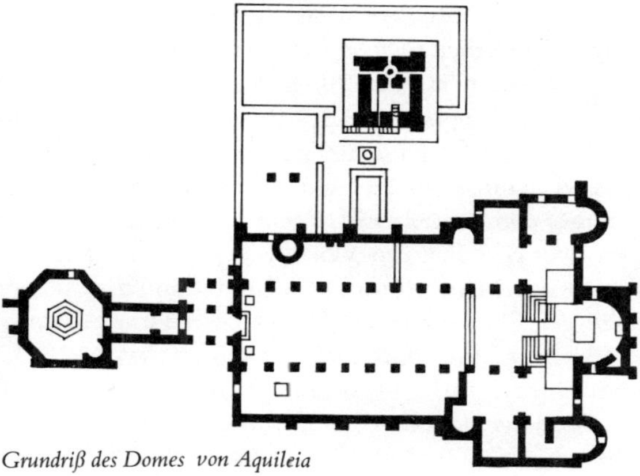

Grundriß des Domes von Aquileia

unter dem damaligen Patriarchen Maxentius vor allem in der Ostpartie durch das heute noch bestehende Querschiff samt den seitlichen Apsiden ergänzt, wobei auch die Krypta und die schon bestehende Hauptapsis erneuert wurden. Doch die eigentliche große Erneuerung geht auf den Patriarchen Poppo zurück, der unter Benützung der bisherigen Mauern dem Bau im wesentlichen seine heutige Erscheinung gab. Die Eile, zu der er drängte, wirkte sich in der Verwendung von Bruchsteinwerk sowie zahlreicher Spolien aus. Auch sind die damals emporgeführten Wände etwas dünner als die noch vom früheren Bau erhaltenen. Doch ungeachtet solcher Improvisationen entstand eines der imponierendsten Bauwerke der italienischen Romanik.

Die rasche Bauart rächte sich in den Schäden des Erdbebens von 1348. Sie wurden behoben unter dem Patriarchen Marquard von Randeck (1365-1381), der die wiederaufgebauten Außenmauern durch Strebepfeiler verstärken ließ, so wie dies damals allgemein an den Kirchen der Gotik üblich war. Ebenfalls im Sinne des gotischen Trecento wurde an den restaurierten Arkaden des Inneren nun der Spitzbogen angewendet. Im letzten Jahrzehnt des 15. Jahrhunderts wurde das Presbyterium samt Hochaltar und Schranken einheitlich erneuert. Das geschah in den Formen der oberitalienischen Frührenaissance, wie sie von lombardischen Meistern von Como bis Venedig und Istrien in zierlich reicher Steinmetzarbeit gepflegt wurde. In Aquileia waren es drei Bildhauer vom Luganersee: Bernardino da Bissone und die Brüder Sebastiano und Antonio Pozzo aus Osteno. 1526 schuf Giuliano Vivente, ein Zimmermann und Bautischler aus Udine, das kunstvolle Holzgewölbe über dem Mittelschiff, ähnlich wie es auch S. Zeno in Verona oder S. Stefano in Venedig besitzen. 1733 erhielt die Apsis eine spätbarocke Stuckverkleidung und noch 1793 entstand in der Chornische das Fresko einer Himmelfahrt Mariens. Beides wurde durch die Restauration von 1896, der mehrere andere im 19. Jahrhundert vorangegangen waren, entfernt und die Hauptapsis samt ihren nun freigelegten Fresken des 11. Jahrhunderts in den Zustand gebracht, den sie seit der Zeit Poppos gehabt hatte.

Das Äußere. Von außen zeigt der Bau, namentlich in den Seitenansichten, seinen basilikalen Charakter. Das erhöhte Mittelschiff erhielt unter Marquard von Randeck seine spitzbogigen Blendarkaden. Damals wurden wohl auch die Hochschiffenster vergrößert, was durchaus der Gotik entsprach, auch wenn man sich weiterhin an den Rundbogen hielt. Der Unterschied zu den sehr viel kleineren Fenstern der Seitenschiffe bleibt augenfällig. Ausladend sind die Querschiffe, deren Abschlußgiebel mit einem Rundbogenfries geschmückt sind. Niedrige Anbauten verlängern noch die Querrichtung, die auch in der Ostansicht machtvoll zur Geltung kommt, hier noch durch die in verschiedener Weise vorspringenden Apsiden bereichert.

An der gegen Westen gerichteten Fassade tritt das Mittelschiff risalitartig etwas vor die Seitenschiffe. Streben verstärken die Ecken, und ein zweites Strebenpaar läßt die giebelförmige Einfassung des Mittelfensters nochmals etwas vor die Mauerfront treten. Das Fenster selbst, das übrigens erst 1961/62 völlig freigelegt wurde, ist als Biforie aus zwei gekoppelten Rundbogenöffnungen gebildet und besteht, mit Ausnahme der vermutlich Ende des 5. Jahrhunderts angefertigten Kämpfer, aus altrömischen Spolien. Während die Renaissance sich vor allem geistig mit dem Baubestand der Antike auseinandersetzte, wurde dieser im Mittelalter oft ganz materiell den Bauten einverleibt. Der Haupteingang befindet sich in einer heute nur zum Teil erhaltenen Vorhalle, die durch Pfeiler und Säulen gegliedert ist und den Dom mit dem ihm in der Hauptsache vorgelagerten Baptisterium verbindet. Dieses besteht aus einem heute dachlosen Achteck, das gleichzeitig mit dem im ausgehenden 5. Jahrhundert entstandenen Dom gebaut worden sein dürfte. Zwischen Taufkirche und Vorhalle liegt die sogenannte ›Chiesa dei Pagani‹, deren Name auf die Heiden zurückgeht, die hier christlichen Unterricht empfingen, bevor sie in die eigentliche Kirche aufgenommen wurden. Trotz dieser an das frühe Christentum erinnernden Bestimmung nimmt man an, daß der einfache Saalraum erst in karolingischer Zeit entstand.

Das weit über die heutige kleine Ortschaft hinaus die Küstenebene beherrschende Wahrzeichen des Domes ist der Glockenturm mit mächtigem, viereckigem Schaft, der sich in einem obersten Stockwerk in je zwei Rundfenstern zur Glokkenstube öffnet. Darüber folgt ein Oktogon, das, im Unterschied zum Haustein der übrigen Teile, weitgehend aus Ziegeln gemauert ist und sich in einem ebenfalls achteckigen Spitzhelm fortsetzt. Der Turm, dessen Aufbau von der Lombardei bis Istrien seine Nachfolge fand, jedoch in seiner harmonisch bewältigten Wucht einzig dasteht, wurde wahrscheinlich im 11. Jahrhundert unter Poppo begonnen, doch erst im 14. vollendet. Nachdem 1483 ein Blitzschlag Zerstörungen angerichtet hatte, erhielt 1548 die obere Partie ihre heutige Gestalt in Formen der Hochrenaissance, die sich namentlich in den kräftigen Profilen der Glockenstube äußern.

Das Innere. Innen veranschaulicht der Dom einprägsam die Idee der Basilika sowohl in ihrer während der christlichen Spätantike geprägten Urform, wie auch in der Abwandlung, die sie im Laufe des Mittelalters erfuhr. Frühchristlich ist der Längsraum mit seinen basilikal geordneten, das heißt gegen die Mitte hin gestaffelten drei Schiffen, was dem Zug in die Tiefe eine außerordentliche Kraft gibt. Denn in der Tiefe liegt das Ziel der den Raum erfüllenden Bewegung, die sich nicht nur unserem Körper mitteilt, sondern vor allem eine geistige Bewegung ist, gerichtet zum Heil, das von dem durch die Apsis halbkreisförmig umschlossenen Altar gespendet wird und das nun, den ihm entgegenströmenden Gebeten begegnend, in umgekehrter Richtung vom Altar zum Eingang flutet, darüber hinaus die draußen Wartenden umfängt und schließlich die im Baptisterium Neugetauften in den Schoß der Kirche aufnimmt.

Dieses Transzendieren wird nicht nur durch die Proportionen, sondern auch in der das Einzelne bestimmenden Instrumentierung gestaltet. Die Säulen der Arkaden stammen noch aus dem heidnischen Aquileia, während die Spitzbogen mit ihren gekehlten Profilen die Gotik des 14. Jahrhunderts bekunden. In derselben Epoche entstand die holzverschalte Decke, die mit ihren gegeneinander abgestuften Wölbungen die Dreiheit der basilikalen Staffelung aufnimmt. Auch die Proportionen des Langhauses wirken in ihrer Höhe heute gotisch, doch muß man sich vergegenwärtigen, daß erst in den Jahren 1909-1912 der Boden tiefergelegt wurde, um die aus altchristlicher Zeit stammenden Mosaiken freizulegen. Diese sprechen heute in der Symphonie des Raumes erheblich mit, dessen Grundlage sie in jeder Hinsicht bilden.

Die Abwandlung und zugleich die Bereicherung, welche die Basilika im Mittelalter erfuhr, prägt vor allem die Ostpartie. Diese wird in Rom schon in den ersten, nach Konstantins Edikt erbauten Basiliken durch ein Querschiff bestimmt, und ein solches schiebt sich auch in Aquileia, jedoch erst seit dem späten 5. Jahrhundert, zwischen Langhaus und Chor, als Querriegel, der nicht nur für Klerus und Kultus praktische Bedeutung besaß, sondern auch eine ästhetische Funktion für das Auge erfüllt. Doch gibt es im christlichen Mittelalter nie etwas für das Auge allein. Durch dieses soll ein Erlebnis vielmehr in die Seele dringen. Der Längszug mit seiner mitreißenden Transzendenz wird durch das Querschiff unterbrochen und dadurch noch gesteigert. Die Apsis mit dem Hochaltar erscheint nicht mehr als unmittelbares Ziel, sondern als ein Gegenüber, das Abstand nimmt und durch die darunter-

← 1 *Kastell Cassaco bei Tricesimo*

2, 3 AQUILEIA: *Forum Romanum und Langhaus des Domes*

4, 5 CIVIDALE: *Westwand des Tempietto Longobardo und Callixtus-Baptisterium im Museo Cristiano*

DROGHERIA

6, 7 GRADO: *Basilica di S. Eufemia und Baptisterium*

← 8 *Küstennahe Landschaft bei Monfalcone*

9, 10 SESTO AL REGHENA: *Außenansicht sowie Chor und Dachstuhl der Klosterkirche*

11, 12 UDINE: *Piazza della Libertà mit Markuslöwensäule sowie Piazza Matteotti mit Cappella della Concezione*

13, 14 TRIEST: *Rosette in der Domfassade und Canal Grande mit San Antonio Nuovo*

TS 251

15, 16 TRIEST: *Tor der römischen Stadtmauer und Piazza Ponte Rosso*

17 *Schloß Miramare bei Triest, die Residenz Erzherzogs Maximilian*

18 *Der Hafen von Múgg*

DROGHERIA

19 *Colloredo di Monte Albano, das Schloß der Grafen Colloredo-Mels im Hügelland des Tagliamento, vor dem Erdbeben 1976*

20 *Die Villa Manin in Passariano, Sommerresidenz des letzten Dogen Ludovico Manin, erbaut 1738*

21 *Westfassade der Kirche von Meduno bei Spilimbergo*

22 *Das mittelalterliche Venzone wurde vom Erdbeben 1976 besonders heftig betroffen*

23 *Christophorusfigur an der Westfassade des Domes von Gemona →*

liegende Krypta zudem erhöht wird. Die große Treppe, in ihrer Mitte unterbrochen durch die kanzelartige Confessio und seitlich gefaßt durch kurze Balustraden, erhöht den Altarraum zur Bühne, die optisch das Längsschiff bis zum Eingang beherrscht und trotzdem in eine erhabene Ferne entrückt wirkt.

Wo das Mittelschiff des Langhauses das Querhaus durchdringt, markieren vier große Spitzbogen die Vierung. So wichtig dieser Raumteil in der französischen und deutschen Romanik wird – hier im Dom von Aquileia fehlen die Pfeiler und die den Bogen markierenden Kämpfergesimse, die sonst an dieser Stelle den eigentlichen Schwerpunkt der gesamten Raumkomposition ausscheiden. Vielmehr bleibt im Sinne altchristlicher Basiliken der Längszug fast alleinherrschend, und man muß das Langhaus verlassen und sich in die durch Säulen abgetrennten und in Apsiden ausmündenden Querschiff-Enden begeben, um das Eigendasein dieser Räume zu erfassen. Aber auch dann ist man noch sehr weit entfernt von jenen so reichen Chorbildungen, die mit Umgang und Kapellenkranz in Westeuropa schon mit dem vorkarolingischen Bau von Saint Martin in Tours beginnen, um schließlich in Nordfrankreich, doch auch in Köln das architektonische Wunder der hochgotischen Kathedralen zu zeitigen. Solchen gleichsam pflanzenhaft aufblühenden und ausreifenden Organismen des Nordens und Nordwestens gegenüber verharrt der Süden in einer mehr statisch-kristallischen Auffassung der Architektur, die schon das klassische Altertum prägte.

Der Chor. Zur Erhabenheit des Chores als Ort göttlicher Gnadenspende gehört der Schmuck durch Mosaiken, oder, wie in späterer Zeit, durch ein Fresko. In Aquileia, wenn auch im Laufe der Jahrhunderte stark angegriffen, bildet es seit der Zeit des Patriarchen Poppo den großartigen Abschluß des Dom-Inneren. In der namentlich für die Kunst des christlichen Ostens kennzeichnenden Würdeform der Mandorla stellt sich Maria mit dem Jesuskind als Patronin des Domes dar, nicht als schlichte Gottesmagd, auch nicht als Mutter, sondern als Himmelskönigin. Wohl schmiegt sich das Jesuskind an sie, doch ist es bekleidet und läßt in seiner Haltung die in Gewand und Krone als Herrscherin ausgezeichnete Madonna um so strenger in ihrer feierlichen Frontalität erscheinen. Die Erhabenheit eines himmlischen Hofstaates, wie er durchaus byzantinisch ist und in S. Vitale zu Ravenna auch Kaiser Justinian und seine Gemahlin Theodora in ihrer bildlichen Gegenwart ins Überirdische steigert, wird in der Apsis von Aquileia durch die drei Heiligen bekundet, die sich huldigend von den Seiten her nahen. Es sind auf der rechten Seite Hermagoras, Fortunatus und Euphemia, auf der linken Markus, Hilarius und Tatianus, Gestalten, die zum Teil unmittelbar mit Aquileia, zum Teil mit dem christlichen Osten verbunden sind. Auch weltliche Größe wird gegenwärtig, wenn auch in bedeutend kleinerem Maßstab: so rechts der Muttergottes die salischen Kaiser Heinrich III. und Konrad II., dieser mit seiner Gemahlin, Kaiserin Gisela; links außen gewahrt man mit dem viereckigen Nimbus, wie er Lebenden zugestanden wurde, den Patriarchen Poppo, der als Stifter und Bauherr der Madonna das Kirchenmodell überreicht; in der Figur rechts von ihm vermutet man Herzog Albert von Kärnten. Alle diese Figuren stehen auf dem Boden, dem die Himmelskönigin durch ihre Mandorla schon entrückt ist. Das Fresko, das die verschiedensten Bereiche, den irdischen wie den überirdischen, den weltlichen und den geistlichen umfaßt, erwähnt in einer Inschrift die am 13. Juli 1031 in Gegenwart zweier Kardinäle und zahlreicher Bischöfe vollzogene Weihe der Kirche, ein Datum, das durch den für das zweite Drittel des 11. Jahrhunderts bezeichnenden Flächenstil verbunden mit der strengen Geometrie der vielfach parallel verlaufenden Gewandfalten bestätigt wird. Die örtliche Nähe von Byzanz und die zeitliche der um das Jahr 1000 blühenden Ottonischen Malerei, wie sie sich als Fresko vor allem in St. Georg auf der Reichenau erhalten hat, treffen hier zusammen. Derselbe Stil äußert sich auch in den gleichzeitigen Figuren der Fensterzone, in denen Heilige aus dem Umkreis von Aquileia dargestellt sind.

Zeigt die Architektur samt dem Apsisfresko das Patriarchat auf der Höhe seiner mittelalterlichen Macht, so bildet dazu die übrige Ausstattung des Presbyteriums eine überraschend schöne Ergänzung, überraschend angesichts der zeitlichen Verschiedenheit, denn sie stammt aus der hier im Zeichen Venedigs stehenden Renaissance. Wir bemerkten schon, wie sich die große Freitreppe vor die Apsis legt, in ihrer Mitte durch die von einer Kanzel gekrönten Confessio unterbrochen und flankiert von Balustraden. Die Feinheit der Pilaster und der durch Bogen verbundenen Baluster, die preziöse Zierlichkeit, die bis in das sehr zarte und in der Fläche zurückgehaltene Ornament sämtliche Formen bestimmt, all das gehört zur oberitalienischen Steinmetzkunst um 1500, läutert sich hier jedoch zu einer Reinheit, die von einem besonderen Hauch der Antike berührt zu sein scheint. Es ist ein Stil, den Meister vom Luganersee nach Venedig gebracht haben, wo die 1489 von Pietro Lombardo vollendete Kirche S. Maria dei Miracoli das schönste Zeugnis dafür ablegt, und der dann auch ins Friaul gelangte. Der gleiche Dekorationsstil bestimmt im Dom von Aquileia auch den von vier korinthischen Säulen getragenen Ziboriumsaltar, der am Anfang des rechten Querschiffes steht und am Eingang zum linken Querschiff seit 1892 sein genaues Gegenstück in einem Orgelgehäuse besitzt. Der Hochaltar beschränkt sich auf die aus Marmortafeln zum schlichten Block gefügte Mensa, hinter der sich der alte Patriarchenthron befindet, genau im Scheitel der Apsis, als Ziel der den ganzen Kirchenraum bestimmenden Mittelachse, was dem der Gemeinde zugewandten Kirchenfürsten eine ungemeine Würde verlieh.

Die unter dem erhöhten Presbyterium gelegene *Krypta* barg ursprünglich die Reliquien der Märtyrer Hermagoras, Fortunatus und anderer Heiligen, die an dieser Stelle im Kerker schmachteten. Die Säulen mit den von Stichkappen angeschnittenen Tonnengewölben sind karolingisch; die Fresken zeigen an den Wänden Szenen aus der Passion Christi sowie den Tod Mariens, an den Wölbungen die Legende der Heiligen Hermagoras und Fortunatus. Der Stil der in der ersten Hälfte des 13. Jahrhunderts entstandenen Malereien veranschaulicht die ›veneto-byzantinischen‹ Eigenschaften besonders rein, nämlich byzantinische Provinzialkunst in den Händen einheimischer Maler: Die geometrische Strenge des von der Natur abstrahierenden Faltenstils samt dem sehr östlich anmutenden Eigenleben seines Kurvenspiels verbindet sich mit einer eigentümlichen Kraft des Ausdrucks in den Köpfen und einzelnen Gesten.

An das rechte Querschiff schließt östlich eine *Nebenapsis,* deren Rundung ein aus dem 17. Jahrhundert stammendes Fresko des bekleideten Gekreuzigten, des sogenannten ›Volto Santo‹ schmückt. Die Apsiswölbung zeigt im bewegten Faltenstil des gotischen Trecento den Thronenden Christus, umgeben von den Evangelisten, die aus den Öffnungen der komplizierten Thronarchitektur herausschauen. Vor der Nebenapsis ist die aus Marmor gehauene Schranke reich mit karolingisch-langobardischen Mustern geschmückt. Wir sehen das seit der Völkerwanderung beliebte Flechtband in immer wieder anderen Verknüpfungen und Verschlingungen auf den Randstreifen, welche die beiden großen Mittelfelder einfassen. Die Ornamentik umfaßt Pflanzen innerhalb ineinandergeschachtelter geometrischer Rahmen, sowie die Zeichen der vier Paradiesesströme.

Am Ende des rechten Seitenschiffs befindet sich vor einer Säule die *Steinpietà* eines deutschen Meisters. Ihre dem Weichen Stil des frühen 15. Jahrhunderts angehörenden Falten bilden gleichsam eine versöhnende Melodie zum Schmerz im Antlitz der Muttergottes und zum gemarterten Körper des toten Christus. Westlich schließt sich an das rechte Querschiff eine kleine Kapelle, in deren Altarnische eine farbig gefaßte Muttergottes dem gewandeten Jesuskind die Brust reicht. Das aus istrischem Marmor gehauene Werk steht künstlerisch zwischen dem aus Byzanz abgeleiteten Kurvenstil und jener unmittelbaren Menschlichkeit, die an den verschiedensten Orten Mitteleuropas das 13. Jahrhundert auszeichnet. Zum rechten Seitenschiff öffnet sich der von Kreuzrippen überwölbte Raum der *Cappella dei Torriani,* die sich die seit dem 15. Jahrhundert im Friaul ansässige Familie der Della Torre als Grabstätte schuf. Der Turm – auf italienisch ›torre‹ –, der mehrmals in den Sarkophagreliefs vorkommt, ist das Wappen der Torriani, wie die Familie volkstümlich genannt wird. Ihr

Ursprung ist in Mailand, von wo sie durch die Machtergreifung der Visconti vertrieben wurde. Doch erinnert die Architektur der Grabkapelle an die Zisterziensergotik der Abtei von Chiaravalle südlich Mailands, wo sich einst die Grablege der Della Torre befand.

Die Torriani-Kapelle findet ihr architektonisch bescheideneres Gegenstück im nördlichen Seitenschiff in der *Cappella del Rosario* mit Freskenresten einer Marienkrönung vom Ende des 14. Jahrhunderts. In der anstoßenden halbrunden Seitenkapelle stehen die Holzstatuetten einer um 1490 geschaffenen Beweinungsgruppe, das dazugehörende Vesperbild fehlt, wobei wir uns erinnern müssen, daß jenes, welches wir im rechten Seitenschiff sahen, wesentlich früher und anderer Herkunft ist. Vermerkt sei noch der kleine Rundbau im westlichen Teil des linken Seitenschiffes, der eine Nachbildung des Heiligen Grabes im Sinne einer abbildenden oder zumindest ein Zeichen setzenden Architektur darstellt.

Grado

Zwischen Land und Meer

Von Aquileia führt die Straße in nahezu gerader Linie durch die bepflanzte Ebene nach Süden, um bald nach dem Weiler Belvedere die Lagunen zu erreichen. In der leicht erhöhten Baugruppe, aus der der ganz kleine Ort besteht, hat sich venezianisches 18. Jahrhundert erhalten. Neben dem Herrenhaus und seinen Ökonomiegebäuden steht eine kleine Saalkirche mit einem Hauptwerk Guardis (um 1746) am Hochaltar, das die Rosenkranz-Madonna mit Heiligen zeigt.

Sehr bald sind wir nun mitten in der Lagune; sie ist von Inseln durchsetzt, die je nach Flut und Ebbe verschwinden und wieder hervortreten. Wir erleben hier jenes Zwischenland, das allen bekannt ist, die schon von Venedig nach Burano oder Torcello gefahren sind, jenes in Sumpf und Morast versinkende Gebiet zwischen Festland und offenem Meer. Besonders schön ist es, wenn man gegen Abend hinausfährt, der sinkenden Sonne entgegen, deren Licht die in den Schoß der Zeit zurückgesunkenen Städte ahnbar macht. Dieses Schicksal trifft für Grado nicht ganz so zu wie für Aquileia oder Torcello. Und doch vermag der Ort in seinem verfallenen Kern mit den verwinkelten Häusern, zu deren Obergeschoß oft eine Treppe von außen aufsteigt, Armut und Niedergang deutlich vor Augen zu führen. Um so kostbarer wirken in solcher Umgebung die beiden frühchristlichen Kirchen, der Dom und dicht daneben S. Maria delle Grazie.

Stadtgeschichte

Als Hafenort, der zu Aquileia in einem ähnlichen Verhältnis stand wie Ostia zu Rom, entwickelte sich schon in der römischen Kaiserzeit der Ort, der seinen Namen von den Stufen (lateinisch: gradus) der Hafentreppen ableitet. Die ganze Küste war damals noch nicht so verlassen, wie es infolge wechselnder Geschicke, vor allem durch die Malaria, später der Fall war, sondern es reihten sich hier einst aufwendige Villen aneinander, eingebettet in einen herrlichen Pinienhain, der von Ravenna bis Pola im südlichen Istrien reichte und von dem heute nur noch Reste erhalten sind, so bei dem eben durchfahrenen Dörfchen Belvedere.

Die Invasionen der Völkerwanderung, insbesondere das Eindringen der Westgoten 402 und 408, und der Hunnen 452, zwangen die Einwohner der römischen Städte, sich eine Zuflucht auf den Lagunen zu suchen. Noch nachhaltiger als diese Invasoren aber wirkte die Besetzung der gefürchteten Langobarden 568 auf die Städte des Festlands. Damals übersiedelte Patriarch Paulinus I. aus Aquileia samt seiner Gemeinde und dem Kirchenschatz endgültig auf das zu jener Zeit schon eine Insel bildende Grado.

Es war das Signal zur Gründung jener zahlreichen Lagunenstädte, deren bedeutendste Venedig wurde. Grado war dabei gegen die Angreifer besonders gut geschützt, gegen Norden mehr noch durch die Sümpfe als durch die weiten Strandseen der Lagunen, gegen das Meer durch den flachen Dünenstrand, der selbst kleinen Schiffen die Annäherung erschwerte. Der neue Patriarchensitz, der hier entstand, hielt sich als ›Aquileia nova‹, auch, als sich später das Patriarchat spaltete und neben jenem in Grado wieder eines in Aquileia bestand. Grado aber unterstellte sich dem kirchlichen Machtbereich von Ostrom und wurde durch Byzanz begünstigt, was auch in den Kirchenbauten einen gewissen Niederschlag fand.

Indessen wirkte die Lage zwischen Meer und Lagune nicht nur als Schutz, sondern sie führte auch zur wirtschaftlichen Absperrung vom Hinterland und damit zu einem Niedergang, der sich vom 10. Jahrhundert an nicht mehr aufhalten ließ. Dazu kamen häufige Sturmfluten durch den hier ungehemmt von Süden her einbrechenden Scirocco, wodurch die schützenden Dünen immer mehr abgetragen wurden, anders als es bei dem ungleich stärker durch den vorgelagerten Lido geschützten Venedig der Fall war. So wanderten immer mehr angesehene Familien nach Venedig aus, und schließlich folgte ihnen auch der Patriarch in der Person von Giovanni III. Gradenigo. In Grado aber verlandete die Lagune, und auf der anderen Seite versanken weite Teile der Stadt in das über die Düne vordringende Meer. Die Malaria tat das ihre, die noch vorhandenen Einwohner zu dezimieren. 1451 setzte Papst Nikolaus V. den später heilig gesprochenen Venezianer Lorenzo Giustiniani zum ersten regulären Patriarchen von Venedig ein.

Grado sank zu einem gewöhnlichen Fischerstädtchen herab, dessen jahrhundertelange Verkommenheit man noch heute in dem Gewinkel der Gassen spürt. Armseliger geht es höchstens in den entlegenen Teilen Venedigs oder in einzelnen, vom Tourismus noch nicht erreichten Orten in Istrien zu. Auf die Herrschaft Venedigs folgte die Österreichs zwischen 1815-1915. In diesem letzten Jahr besetzten Italiener nach dem Eintritt Italiens in den Ersten Weltkrieg das Städtchen. Dieses hatte sich inzwischen, und zwar vor allem in der zweiten Hälfte des 19. Jahrhunderts, zu einem der bekanntesten Seebäder entwickelt, was es bis heute geblieben ist. So legt sich mit modernen Bauten der Badestrand neben und vor die venezianische Altstadt, wie diese wiederum in ihrem Kern die ganz anders gearteten Bauwerke aus der Zeit der Patriarchen umschließt. Es sind dies die beiden genannten Kirchen mit einem dazwischenliegenden Baptisterium, das zur Zeit des Patriarchen Elias in der zweiten Hälfte des 6. Jahrhunderts an Stelle älterer Vorgänger errichtet wurde.

Die altchristliche Baugruppe

Man muß die modernen Hotel- und Villenquartiere mit ihren regelmäßigen Straßen und breiten Kaianlagen und den Bootshafen verlassen, man muß durch die in ihrer Art schon von der Zeit vergessenen Gäßchen und Winkel der Altstadt gewandert sein, um das inselartige Aus-der-Zeit-Sein zu erleben, das dieser Baugruppe ihren eigenen Stimmungswert verleiht. Sie haben ihre eigene Zeit bewahrt, die Zwischenzeit

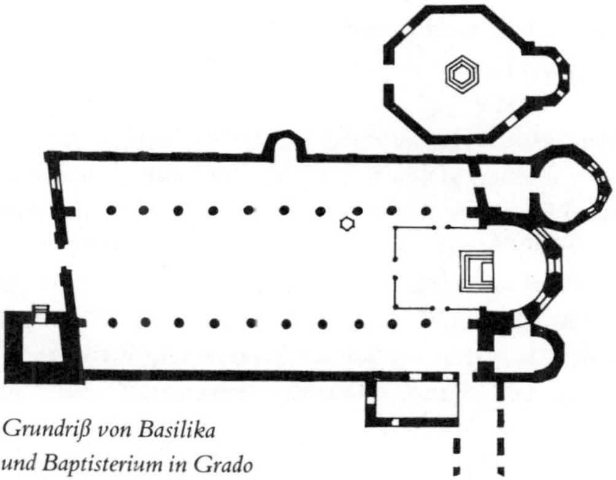

Grundriß von Basilika und Baptisterium in Grado

von Spätantike zu Frühmittelalter, an beiden teilnehmend und Eigenes herausbildend, wie Grado nicht nur topographisch, sondern auch geographisch im 5. und 6. Jahrhundert eine Zwischenstellung einnahm in der Lagunenlandschaft zwischen Festland und offenem Meer, zwischen dem byzantinischen Reich und den Resten des weströmischen Reiches in Italien.

Wie bei allen frühchristlichen Kirchen ist auch in Grado das Äußere der drei Sakralbauten in sehr einfachem Zustand auf uns gekommen. Schlichte Ziegelmauern, ohne Verkleidung und auch ohne gliedernde Lisenen bilden zusammen mit den schwach geneigten Rohrziegeldächern die Außenhaut der beiden Kirchen und des Baptisteriums.

Der heiligen Euphemia, die sich als römische Senatorentochter in Chalcedon unter den Verfolgungen Kaiser Diokletians zum Christentum bekannte, ist die Hauptkirche geweiht, die *Basilica di S. Eufemia,* die den Patriarchen als Kathedrale diente. Eindrucksvoll ist ihr Innenraum, durch den vielfach gemusterten Mosaikboden, die Marmorsäulen mit ihren zum größten Teil noch reich skulptierten Kapitellen, sowie die einzelnen aus späterer Zeit stammenden Ausstattungsstücke, vor allem die Kanzel und die Chorschranken. Die Architektur selbst aber ist auch im Inneren verhältnismäßig schlicht, im Sinne der frühchristlichen Basilika überhaupt, die sich als Typus grundsätzlich von dem viel größeren architektonischen und auch dekorativen Aufwand der altrömischen Tempel, Theater, Thermen und Paläste unterscheidet. Das liegt konstruktiv am Verzicht auf vollständige Einwölbung. Das Gewölbe hat sich auf den einzigen, jedoch heiligsten Ort, die den Hochaltar halbkreisförmig umziehende Apsis, zurückgezogen. Sonst sind die in Höhe und Breite gestaffelten Schiffe durch offene Balkendachstühle nach oben abgeschlossen. Die kostbaren Säulen wurden nicht eigens für diesen Bau zugehauen, sondern sind als sogenannte Spolien, wie so oft in jener Zeit, von älteren Bauten übernommen, hier aus dem römischen Aquileia. Die Kapitelle stammen, soweit sie der korinthischen Ordnung angehören, aus der römischen Kaiserzeit und wurden durch solche aus der Bauzeit der heutigen Kirche ergänzt. Sie bilden mit den sie verbindenden Bogen zwei lange Reihen, die sich nicht nur frontal der Mittelachse des Gesamtraumes zuwenden, sondern ebenso den Zug in die Tiefe gegen den Altarraum hin begleiten, was später von so vielen bedeutenden Gotteshäusern aufgenommen wird, besonders stattlich im nahen Dom von Aquileia, sowie in fast allen mittelalterlichen Kirchen des Friaul, dort freilich in den Bogenstellungen mehr zu hallenartiger Weite abgewandelt. Weiterentwickelt wird der gleiche Urtypus der Basilika auch nach der Höhe hin in den gotischen Kathedralen nördlich und westlich der Alpen, wozu im Friaul die steilen Proportionen des Domes von Venzone ein Vorbild boten.

Ansätze zu dieser Vertikalisierung gibt es bereits im Dom von Grado, und zwar in den Wandstreifen, die über jeder Säule emporsteigen und dadurch nicht nur je zwei Bogen zusammenfassen, sondern dem Obergaden, das heißt den Hochschiffwänden, einen gewissen Rhythmus geben. Man hat dieses gegenüber dem flächigen Wandzusammenhang der ravennatischen Basiliken neue Element schon als ein erstes Auftreten altromanischer Gliederung gedeutet (so Peter Tigler im Reclam-Kunstführer), doch sind es erst Ansätze, die wohl die Wände, noch nicht aber den Raum zu rhythmisieren vermögen. Sicher handelt es sich um eine bemerkenswerte Nuance innerhalb der frühchristlichen Basilika, doch kaum um etwas grundsätzlich Neues. Doch ist diese Gliederung immerhin stark genug, daß in den Hochschiffwänden auf jene Mosaikstreifen verzichtet werden kann, die in Ravenna und Rom den Zug der Säulen oft begleiten.

Die Mosaiken beschränken sich, wie in Aquileia und wie meist in der heidnischen Antike, auf den Boden, den sie wie ein Teppich überdecken. Ihre von Schrifttafeln durchsetzten Muster sind fast ausschließlich geometrisch und in fünf, vom Eingang zur Apsis führenden Rahmen angeordnet, doch zeigt sich bereits jene Aufweichung des Liniengefüges, das von Wellenformen durchsetzt wird, wie es für die vom Norden eingedrungene Kunst der Völkerwanderung kennzeichnend ist.

Im dreischiffigen Langhaus weist somit alles auf den Altar hin: die Bahnen des Fußbodens wie die Reihen der Säulenbogen, ebenso die Folgen der Fenster in den durch die schwach vorspringenden Wandstreifen nur wenig modifizierten Hochschiffwänden; auch die völlig gleichmäßig aneinandergereihten Fenster der Seitenschiffe begleiten diesen Zug, der für Auge wie Seele in der Apsisrundung des Altarraumes zur Ruhe kommt. Der Eindruck dieses Ortes höchster Weihe, von dem aus die Steinschranken des Presbyteriums bis ins erste Langhausjoch vorgeschoben sind, entspricht durchaus der altehrwürdigen Entstehung der Kirche. Dennoch sind es gerade bei den Chorschranken nicht originale Teile, welche die Ausstattung bestreiten, sondern solche, die zwar aus der gleichen Zeit, doch von anderen Orten stammen. Die ursprüngliche Einfassung des Presbyteriums, die bis ins 18. Jahrhundert vorhanden blieb, entstammte dem 9. Jahrhundert und besaß eine als Pergola, das heißt als durchbrochene Galerie gebildete Ikonostasis, und zudem zwei Ambonen, steinerne Lesepulte, ähnlich wie noch heute in S. Marco in Venedig, wofür Grado das Vorbild war.

Bei der Rekonstruktion von 1949 verwendete man Marmorplatten verschiedener Herkunft. Wie das Mosaik des Presbyteriums ist auch die einfache Mensa des Hochaltars modern. Die dahinter aufgestellte Pala, die mit arkadengesäumten Reliefs aus getriebenem Silber geschmückte Schauwand mit den Darstellungen von Christus, Maria, der Evangelisten und verschiedener Heiligen, schuf 1372 ein venezianischer Meister von künstlerisch eher bescheidenem Rang als Geschenk seiner Vaterstadt an den Dom von Grado. Auch die heutige Ausmalung der Apsiswölbung, die um 1400 entstanden sein mag, verrät den damaligen Niedergang der Stadt, gerade wenn man die Malerei mit den frühen Mosaiken an der gleichen Stelle im Dom von Parenzo vergleicht, die uns eine Vorstellung von den ursprünglich auch in Grado geplanten, wenn nicht sogar zeitweilig vorhandenen Mosaiken geben können.

Von eigenem Interesse ist die Kanzel, deren Datierung bis heute Schwierigkeiten bereitet. Die sechs Säulen, auf denen der sechseckige Kanzelkörper ruht, sind Spolien aus dem spätrömischen Aquileia. Die primitiv wirkenden Brüstungsreliefs mögen frühestens im 10. Jahrhundert entstanden sein; sie zeigen eine gewisse Verwandtschaft mit jenen in den Domen von Gemona und Venzone. Aus dem 13. Jahrhundert stammt, wie es einzelne verwandte Bogenformen am Markusdom vermuten lassen, die aus gotischen Lanzettbogen und einer osmanisch-maurisch anmutenden Rundkuppel seltsam gemischte Bekrönung.

Zum großen Domschatz gehören als Hauptwerk altchristlicher Goldschmiedekunst zwei silberne Reliquienkapseln, die im späten 4. oder frühen 5. Jahrhundert entstanden sind, ferner ein Schrein, in welchem 1340 die Reliquien der Heiligen Hermagoras und Fortunatus beigesetzt wurden.

Verschiedene Annexe des Domes, die heute um einen Meter tiefer liegen, gehen auf die Zeit des Patriarchen Elias, also auf das späte 5. Jahrhundert zurück. Erwähnt sei neben dem rechten Seitenschiff ein als Diakonikon dienender kleiner Saal, den ein Bodenmosaik schmückt. Dieses zeigt, ähnlich wie jene im Dom, die in das Ornament eingefügten Namen der Stifter. Der Saal diente als Sprechzimmer für den Bischof, dessen Palast sich an die Südseite des Domes anschloß. Vom Ende des nördlichen Seitenschiffs aus betritt man einen ebenfalls mit einem Bodenmosaik geschmückten Raum, der möglicherweise zur Aufbewahrung der Kirchengeräte diente. Auf der Nordseite des Domes reihen sich desgleichen mit Bodenmosaiken geschmückte Nebenräume an, und zwar am östlichen Ende des linken Seitenschiffs zunächst die zur Vorbereitung des Meßopfers dienende ›Prothesis‹ und anschließend ein kleiner, in Wand und Wölbung rekonstruierter Zentralbau, der sich in einer für den Osten üblichen Rundform aus dem Dreipaß entwickelt.

Nördlich des Domes liegt in derselben Achse die etwas kleinere Kirche *S. Maria delle Grazie*. Der heutige Bau, dem ein einschiffiger Saalbau des 4. Jahrhunderts vorausgeht, entstammt derselben Zeit des Patriarchen Elias wie der Dom, von dem er sich durch das kleinere Ausmaß, andererseits aber auch durch die regelmäßigere Anordnung der beiden sakristeiartigen Nebenräume unterscheidet. Diese sind je als Abschluß der Seitenschiffe in die rechteckigen Umfassungsmauern des Gesamtbaues einbezogen. Der Hauptraum zeigt die Dreiteilung der Basilika, doch kürzer in der Länge und steiler in der Höhe. Wie im Dom sind die Hochschiffwände durch flache Wandstreifen ganz leicht gegliedert. Chorschranken, von Säulen überhöht, deren Kapitelle wiederum ein Balken verbindet, fassen das Presbyterium ein. In den Seitenschiff-Arkaden tragen einzelne Säulen reiche korinthische Kapitelle, andere Kapitelle weisen in ihrer durchbrochenen Korbform auf byzantinische Arbeit hin; vermutlich als Spolien spätantiker Bauten. Um so einfacher wirken die ihnen aufgesetzten Deckplatten aus der Zeit des Patriarchen Elias. Ein Bodenmosaik besitzt nur das rechte Seitenschiff. Als Ganzes wirkt der Raum nicht nur kleiner, sondern auch schlichter, was auch darauf zurückgeht, daß er 1957 aus der Barockisierung des 17. Jahrhunderts herausgeschält wurde.

Zwischen den beiden Kirchen, deren Fassaden die schlichte Backsteinarchitektur nur wenig variieren, steht etwas zurückgesetzt das achteckige Baptisterium, das gleichzeitig mit der voreliasischen Kathedrale schon in der zweiten Hälfte des 5. Jahrhunderts erbaut wurde, also das älteste der noch stehenden Baudenkmäler Grados darstellt. Der sehr einfache Achtecksbau öffnet sich in verhältnismäßig großen Rundfenstern in einer oberen Zone nach außen. In dem ebenfalls schlichten

Innern hat man das Taufbecken rekonstruiert. Die Ähnlichkeit der ganzen Anlage mit den Baptisterien in Ravenna ist auffallend, nur die Mosaiken fehlen. Vor dem Taufbecken sind 1860 hier ausgegrabene Sarkophage aufgestellt, Zeugen der ältesten, noch heidnischen Epoche, als Grado noch Hafen des altrömischen Aquileia war.

Mittelalter, Renaissance und Barock haben im heutigen Grado, wenn man vom Apsisfresko des Domes und einzelnen Stücken der Ausstattung sowie des Kirchenschatzes absieht, keine Spuren hinterlassen. Erst im 19. Jahrhundert erfolgte der Wiederaufstieg der Stadt. Denn schon zur Zeit der österreichischen Monarchie entwickelte sich Grado zu einem beliebten Badeort, wovon die schönen alten Platanenalleen im Osten der Stadt Zeugnis ablegen. In jenem Teil haben sich aus der Zeit um 1900 geräumige Villen erhalten, einheitlich gestaltet und dennoch mit individueller Note, halb Schloß, halb Tirolerhaus. Unverkennbar ist der ›k.u.k.-Stil‹, der die verschiedensten Bautypen prägte. Dazu kommen in diesen Villen viktorianische Säulenbalkone; Giebel und Dächer sind südlich flach geneigt; Altanen beleben die Fronten, meist auch ein gerade geschlossener Turm. Alles ist umgeben von altgewordenen Gärten, doch frisch leuchtet der Verputz in schönstem Kaisergelb. Dann jedoch bricht die Idylle ab, und vor die Meersicht älterer Hotels legt sich wie ein riesiges Schiff, nicht ohne Geist in der Nachfolge von Le Corbusiers ›Unité d'Habitation‹ konzipiert, im Grunde jedoch brutal, ein mächtiger Betonbau mit Eigentumswohnungen.

Grado hat janusartig zwei Wasserfronten, die grundverschieden sind. Jene gegen die Lagune dringt in einzelnen, von Yachten und Fischerbooten belegten Hafenbecken tief in die Stadt ein und ist durch eine breite, unmittelbar ans Wasser grenzende Uferstraße gesäumt. Ungleich verschlossener, von einem durch aufgeschüttete Felsblöcke gegen die Flut geschützten Dammweg markiert, ist hingegen die Grenze gegen das offene Meer, die sich freilich östlich der Altstadt zu einem flachen, im Sommer stark belebten Sandstrand öffnet.

Cividale

Von Venedigs Herrschaft geprägt

Auf welchen der drei Straßen man sich Cividale nähert, immer erlebt man schon von der Bodengestalt her die Bedeutung, die dieser Ort in den Epochen der Römer, der langobardischen Herzöge, der mittelalterlichen Patriarchen und schließlich zu Beginn der Neuzeit unter den venezianischen Proveditoren hatte. Von Nordwesten her fährt man, die große, von Tarvis kommende Straße bei Tarcento verlassend, den Hügelrand entlang, um dann dessen Durchbrechung durch das hier bereits breite und sanft begrenzte Tal des Natisone zu erleben, und ähnliches erfährt man, wenn man von Südosten von Görz her über Cormons kommt. Nimmt man die direkte, von Udine nordostwärts führende Straße, gewahrt man, wie auch hier die Landschaft einen wesentlichen Akzent durch den Austritt des Natisone in die Ebene gewinnt. Es ist die Stelle, an der man eine wichtige Siedlung erwartet.

Die Stadt, die heute eher zu den kleineren und stilleren Orten im Friaul gehört, dehnt sich westlich und südlich in die Ebene aus, in der sie den Besucher mit Straßen und Plätzen empfängt, die von alten Baumreihen gesäumt sind. Auf der anderen Seite, gegen das Gebirge hin, bricht sie am felsigen Rand ab, den hier der zur Schlucht gewordene Lauf des Natisone bildet. Die Schlucht ist überspannt von den beiden ungleich weiten Bogen einer schon im 15. Jahrhundert erbauten Brücke, der *Ponte del Diavolo,* die zur südöstlichen Vorstadt hinüberführt. Von dort aus erschließt sich das Stadtbild besonders schön, beherrscht durch den Dom und im Süden flankiert von der stattlichen Franziskanerkirche. Zusammen mit anderen Türmen und einzelnen, das Stadtbild akzentuierenden Palästen bietet sich Cividale von hier aus so dar, wie es zu seiner Blütezeit ausgesehen hat, seitdem es kaum wesentlich verändert wurde, verschont von den fatalen Statussymbolen unserer Zeit, den immer häufiger auch in kleineren Orten aufschießenden Hochhäusern. Mit seinem ansehnlichen Dom, den anderen, zum Teil bedeutenden Kirchen, den Palästen und alten Bürgerhäusern ist Cividale im wesentlichen eine Schöpfung des 16. bis 18. Jahrhunderts – der letzten Blütezeit unter venezianischer Herrschaft. Den das Stadtbild bis heute bestimmenden Bauten aus jener Periode wollen wir uns zunächst zuwenden, bevor wir die eher verborgenen und nach außen wenig ansehnlichen Werke aufsuchen, die als Zeugen der Langobardenzeit den eigentlichen Ruhm dieses Ortes ausmachen.

Auch in Cividale zeigt der Stadtkern noch den Charakter eines gewachsenen Organismus. Die Straßen erweitern sich zu einzelnen Plätzen, die in wohlabgewogener Beziehung zueinander stehen, und von den Häusermassen heben sich im richtigen Verhältnis die Kirchen und öffentlichen Gebäude ab. Etwas seitab steht S. Francesco und im eigentlichen Herzen der Stadt der Dom mit seinem wuchtigen Campanile. Gegenüber der in ihrem unteren Teil noch gotischen Domfassade liegt der ebenfalls gotische *Palazzo Comunale,* das Rathaus, dessen spitzbogige Arkaden aus dem 15. Jahrhundert stammen und dessen Obergeschoß 1545 in Formen der Renaissance erneuert wurde. Neben dem Dom steht, den nach drei Seiten geschlossenen Platz beherrschend, der *Palazzo dei Provveditori,* in dem die venezianischen Beamten ihre Aufsichtspflicht über die im übrigen bis zu einem gewissen Grade selbständige Stadtverwaltung übten. Sein Erdgeschoß ist in ganzer Breite in Pfeilerbogen aufgelöst, so daß eine durchgehende, nach außen offene Halle entsteht. Das Obergeschoß gliedert eine Pilasterordnung, wobei die seitlichen Fenster mit geraden Profilen, die drei mittleren mit Rundbogen abgeschlossen sind. Der Anklang an venezianische Paläste, deren Hauptsaal die Mitte auf ähnliche Weise öffnet, äußert sich in einer Pilastergliederung, deren feine, straffe Proportionen einen hervorragenden Baumeister verraten. Man hat auch zumindest hinsichtlich des Entwurfs an Palladio gedacht. Ins

Mittelalter weisen einzelne Häuser mit gotischen und teilweise sogar romanischen Fenstern in der Nähe des Domes, vor allem aber der stattliche Bau der Franziskanerkirche S. Francesco mit seinem für die Bettelorden bezeichnenden Saalraum, den ein offener Dachstuhl überspannt und der in drei kreuzgewölbte Chorkapellen mündet. Ein Teil des einst vollständigen Freskenzyklus aus dem 14. und 16. Jahrhundert ist in Chor und Querschiff freigelegt worden, als man 1946 mit der heute noch nicht abgeschlossenen Wiederherstellung des lange Zeit profanierten Gotteshauses begann.

Der Dom. Wir kehren zum Hauptplatz zurück und besichtigen den S. Maria Assunta geweihten Dom, dessen heutige Architektur und Ausstattung im wesentlichen den nachmittelalterlichen Jahrhunderten entstammt, sofern man vom unteren, noch gotischen Teil der Fassade und den frühmittelalterlichen Denkmälern des Museo Cristiano absieht, das in einem Raum neben dem rechten Seitenschiff untergebracht ist. Dem heutigen Bau gingen zwei Vorläufer voraus. Eine Säulenbasilika mit vorgesetzter Taufkirche, die der Patriarch Callixtus um 737 unmittelbar nach seiner Übersiedlung von Aquileia nach Cividale errichtete, wurde 1186 zerstört. Ein zweiter, nunmehr romanischer Bau wurde um 1200 begonnen und um 1250 vergrößert, jedoch rund hundert Jahre später zuerst durch einen Brand, dann durch das große Erdbeben von 1348 schwer beschädigt. Das gleiche Unglück traf 1448 den inzwischen gotisch erneuerten Dom. Der Wiederaufbau zog sich über Jahrzehnte hinweg. Schuld an der Saumseligkeit war die Unentschlossenheit des Domkapitels, das mit mehreren Baumeistern verhandelte, darunter mit dem aus Villach stammenden Meister Erhard, der auch die Brücke über den Natisone errichtete. Aber das Unternehmen verzögerte sich durch Mangel an Geldmitteln, durch die Pest, die Türken, die damals bis ins östliche Friaul vordrangen, schließlich den Tod des endlich gewählten Baumeisters, für den man keinen geeigneten Nachfolger fand. Zu allem stürzte 1502 ein großer Teil des zu einem Drittel vollendeten Baues ein. Doch mit diesem Unglück schien der Bann gebrochen. Es gelang, einen der in jener Epoche in Venedig führenden Architekten, Pietro Lombardo (1435-1515), zu gewinnen und ihn zur Verstärkung der schon vorhandenen Pfeilerfundamente zu verpflichten. Aber Pietro Lombardo erlebte die Vollendung nicht mehr, so wenig wie sein Sohn Tullio. 1529 fand zwar die Domweihe statt, doch noch 1535 arbeitete man an der Fassade, und der Fußboden wurde sogar erst 1620 fertig.

Die gegen den Hauptplatz vorspringende *Fassade,* die die städtebaulich markante Stellung des Domes im Platz- und Straßengefüge schön zur Geltung bringt, gehört in ihrem unteren Teil dem ansonsten zerstörten gotischen Dom an. 1465 entstand das in reicher venezianischer Spätgotik gefaßte Mittelportal, das von einfachen Nebeneingängen flankiert wird. Im Unterschied zum glatten Mauerwerk der unteren Zone ist der durch ein kräftiges Gesims ausgezeichnete obere Teil durch eine Pilasterordnung und einen abschließenden Giebel schon ganz im Stil der oberitalienischen Renaissance gestaltet, wobei das zart behandelte Relief der Front die Formensprache des Pietro Lombardo bekundet. In fast zu heftigem Kontrast zur Fassade erhebt sich neben der Südseite des Domes der 1631 in barocker Wucht gestaltete Campanile; er blieb unvollendet, so daß der 1771 geschaffene Abschluß provisorisch ist.

Großartig ist in seiner Raumwirkung das *Innere.* Die Hallenform, die seit dem Mittelalter, etwa in S. Maria di Castello in Udine oder im Dom von Spilimbergo ihre für das Friaul charakteristische Prägung gefunden hatte, wird hier in der neuen Klarheit und Meßbarkeit der Renaissance deutlich. Tullio Lombardo, der Sohn Pietros, hat die mindestens in den Fundamenten vorgefundene Achteckpfeiler zu Säulen, die eigentlich Rundpfeiler sind, umgestaltet. Ihre Schäfte sind nach unten durch verhältnismäßig hohe Basen, nach oben aber durch noch halb gotische Kapitelle abgeschlossen. So abgesetzt, spannen sich in kühner Weite die Bogen, über deren Scheitel sich ein verkröpftes Gesims hinzieht. Pilaster, die über den Kapitellen ansetzen, unterteilen die Bogenzwickel. Sie finden sich in einer doppelten, auch das Untergeschoß gliedernden Ordnung im Chor wieder, der durch eine Krypta erhöht ist. Halbsäulen unterteilen die Wände der Seitenschiffe, Gurte tun dasselbe über dem Mittelschiff, in dem vom Eingang bis zur flachen Chorkuppel durchgehenden Tonnengewölbe, so daß der Raum in seiner Größe meßbar und auch in den hallenartigen Übergängen zwischen den drei Schiffen unterteilt bleibt, was dem intellektuellen, auf klare Übersicht gerichteten Geist der anbrechenden Neuzeit entsprach. Unverkennbar sind die Erinnerungen an Venedig, an die hallenartige Weite in den gleichfalls von Rundpfeilern unterteilten Räumen der großen Bettelordenskirchen, der Frari und der Dominikaner in SS. Giovanni e Paolo. Aber auch das Motiv der Chorkuppel wurde in Venedig ausgeprägt, so in den Frührenaissancekirchen S. Maria dei Miracoli und S. Zaccaria.

Der Eindruck klarer Überschaubarkeit, den der Dom von Cividale bereits durch die Renaissance erhielt, wurde im 18. Jahrhundert noch verstärkt, indem das alte Chorgestühl samt dem hölzernen Hochaltar entfernt wurde, und sämtliche, nunmehr in Marmor ausgeführten Altäre eine einheitliche architektonische Fassung bekamen. Es handelt sich um die für Venedig und sein ganzes östliches Gebiet üblichen Ädikula-Retabel, in denen sich auch während des Barock die klassische Komposition aus Säulen, Bogen und flachem Abschlußgiebel hielt, doch nun mit stärkeren Profilen und lebhafterer Marmorwirkung. Die Altargemälde stammen von Pordenone, Palma il Giovane und deren Nachfolger. Bemerkenswert ist das 1539 datierte Spätwerk von Pordenone vor allem durch die schöne Landschaft, die den Hintergrund zum ›Noli me tangere‹ bildet. Auch ein Flame ist vertreten, Pieter Meert, dessen allerdings nicht gerade qualitätvoll gemalte Heilige den letzten Altar im linken Seitenschiff füllen. Von hohem künstlerischem Rang sind einzelne Skulpturen, so das überlebensgroße romanische Holzkruzifix an der Wand des linken Seitenschiffs oder die von einem venezianischen Bildhauer des ausgehenden Barock geschaffenen Figuren am Aufgang zum Presbyterium.

S. Maria dei Battuti. Der einfache Saalbau dieser Kirche, der auf der anderen Seite der Natisone-Brücke in schlichten Formen der venezianischen Renaissance errichtet wurde, ersetzte seit 1520 ein mittelalterliches Bethaus. Bemerkenswert in seinem Inneren ist ein Triptychon des Pellegrino da San Daniele. Das 1527/28 entstandene Altarwerk gilt neben den Fresken des Meisters in S. Antonio Abate in S. Daniele als seine bedeutendste Leistung. Es zeigt in seiner Mitteltafel die Thronende Madonna, umgeben von heiligen Jungfrauen. Zu ihren Füßen sieht man neben Johannes dem Täufer den heiligen Donatus, der das Stadtmodell trägt. Peter Tigler, Spezialist für friulanische Malerei, glaubt in der Darstellung der Heiligen Michael und Sebastian auf den Seitenflügeln das leidenschaftlichere Temperament eines Schülers von Pellegrino, nämlich Sebastiano Florigerio, zu erkennen. Das mit der Kirche verbundene Spital wurde von der hiesigen, im 13. Jahrhundert gegründeten Bruderschaft der Flagellanten geführt, welche sich im Laufe der Zeit mehr und mehr karitativen Aufgaben zuwandte.

SS. Pietro e Biagio. Außerhalb des Zentrums über dem dort gestauten Natisone, vom hohen Campanile überragt, steht die Kirche SS. Pietro e Biagio, ein Bau, der zwischen 1482 und 1490 anstelle eines älteren, durch Überschwemmungen des nahen Flusses heimgesuchten Gotteshauses entstand. Die schlichte Front schmückt unter dem flachen Giebel der Riese Christophorus. Auch die Wände des in seinen Kapellen sich kreuzförmig ausweitenden Saalraumes sind mit Fresken des 13. und 14. Jahrhunderts geschmückt, die allerdings durch starke Restaurierung ihre Ursprünglichkeit verloren haben.

Palazzo Pontotti-Brosadola. Das 18. Jahrhundert, das für Venedig und seine Terra ferma eine so reiche Nachblüte zeitigte, hat in Cividale im Palazzo Pontotti-Brosadola an der Piazza S. Francesco ein ansehnliches Bauwerk hinterlassen, das weniger durch die schlichte Eleganz seines Äußeren als durch die reiche Dekoration im Inneren wirkt. Hier ist es neben den Fresken im Treppenhaus vor allem die 1785 entstandene Ausmalung des großen, mit seinen Galerien durch zwei Stockwerke gehenden Festsaals, die zu den großen Leistungen des Settecento Veneziano gehört. Der aus Cividale stammende

Maler Francesco Chiarottini (1748-1796) erweist sich hier trotz seiner in den frühen Klassizismus fallenden Schaffenszeit noch durchaus als Schüler von Giovanni Battista Tiepolo und damit noch der spätbarocken Tradition verbunden, die nicht nur in den Figuren-Kompositionen weiterlebt, sondern auch in den Architekturszenerien, mit denen er die Wände des Festsaals schmückte. Diese Architekturperspektiven sind wohl in den antikisierenden Einzelformen klassizistisch, aber in der Lichtführung, in ihrem bühnenmäßigen Illusionismus, entsprechen sie einem ähnlich übersteigerten, romantisch-phantastischen Spätbarock, wie er sich zur selben Zeit in vielen Bühnenprospekten sowie in den Radierungen von Giovanni Battista Piranesi offenbart.

Römer, Langobarden, Patriarchen

Folgen wir nun den Spuren, die aus tieferer Vergangenheit geblieben sind, vor allem aus der Zeit der Langobardenherrschaft. Im Jahre 52 v.Chr. durch Julius Cäsar gegründet, bildet das damals ›Forum Iulii‹ genannte Cividale mit dem ›Forum Iulium Carnicum‹, dem heutigen Zúglio bei Tolmezzo, eine Militärkolonie. Als ›Civitas Forum Iulianum‹ wurde unter Kaiser Augustus der Ort zum Municipium erhoben und erhielt dadurch seine Selbstverwaltung. Später scheint er durch das Vorrücken der Reichsgrenze an die Donau zumindest seine militärische Bedeutung verloren zu haben. An die Gassen des damaligen Castrum, des Militärlagers, erinnern heute noch die rechtwinklig den Corso Mazzini schneidenden Straßenzüge. Von den römischen Jahrhunderten zeugen außerdem die im Museo Archeologico aufbewahrten Schätze, darunter einzelne höchst eindrucksvolle Büsten.

Ins Licht der Geschichte rückt Cividale dann wieder im 6. Jahrhundert durch die Langobarden. Dieses Volk, das im Laufe der Völkerwanderung als letztes in Italien eindrang, hat ein Reich gegründet, das zumindest in Oberitalien von 569 bis 774 dauerte und in Cividale einen seiner wichtigsten Mittelpunkte besaß. Nach der Niederlage gegen Karl den Großen, 774, ging dieses Reich unter. Seine Geschichte aber hat der aus einer vornehmen Familie in Cividale stammende Paulus Diaconus aufgezeichnet. Um 720 hier geboren, lebte er zunächst am Hof der Langobardenkönige Aishulf und Desiderius, Namen, die das durch den germanischen Ursprung und das römische Ziel gezeichnete Doppelgesicht der Völkerwanderungsreiche verraten. Nachdem Paulus Diaconus am damaligen Langobardenhof von Benevent sein erstes Geschichtswerk, die ›Historia Romana‹ verfaßt hatte, trat er als Mönch in das Stammkloster der Benediktiner auf dem Monte Cassino ein. Von dort berief ihn Karl der Große an seinen Hof nach Aachen, und hier wurde er zu einem der hervorragendsten Mitglieder in der gelehrten Umgebung des Kaisers, die meist aus Geistlichen bestand. 787 kehrte Paulus Diaconus auf den Monte Cassino zurück, und dort entstand neben einer Erläuterung der Benediktiner-Regel das Hauptwerk seines Lebens, jene leider unvollendete ›Historia Langobardorum‹, ein Geschichtswerk, das sich sehr stark auch auf den Sagenschatz und die mündliche Überlieferung seines Volkes stützt und darin sehr anschaulich den Eintritt der Langobarden aus mythischem Dunkel in den Bereich faßbarer Geschichte zeigt. Bevor wir uns den in Cividale erhalten gebliebenen Zeugnissen aus der Langobardenzeit zuwenden, sei noch kurz auf das weitere Schicksal der Stadt bis zur Venezianerherrschaft verwiesen.

Unter Karl dem Großen wurde Cividale zum Sitz fränkischer Markgrafen. Zugleich wurde es Hauptort der östlichen Hälfte des damaligen Königreichs Italien und erhielt deshalb den Namen ›Civitas Austriae‹, wovon sich ›Cividale‹ ableitet. Schon seit 737 war es auch kirchliches Zentrum Oberitaliens, denn in jenem Jahr war der Patriarch Callixtus aus Cormons hierher übersiedelt und hatte Cividale damit zum Sitz der aquileiensischen Patriarchen gemacht, was es für die folgenden fünf Jahrhunderte blieb. Die Patriarchen residierten in einem Bau, der dem schon erwähnten, im 16. Jahrhundert völlig neu errichteten Palazzo dei Provveditori vorausging. Paulus Diaconus hat Größe und Ausstattung dieser Residenz gerühmt. Kaiser Heinrich IV. übertrug den Patriarchen 1077 auch die weltliche Macht über die Region. Einige von ihnen entstammten dem deutschen Hochadel, so Poppo, Graf von Traungau (1019-1042), Ulrich II., Graf von Treffen (1161 bis 1182), Wolfger von Leubrechtskirchen (1204-1218) und Berthold von Andechs, Graf von Meranien (1218-1251), der 1238 den Patriarchensitz nach Udine verlegte.

Vom Glanz dieser Epoche zeugen die mittelalterlichen Schätze des *Museo Archeologico Nazionale*. Es besitzt neben kostbaren Textilien ausgesuchte Werke der Buchmalerei sowie der Goldschmiedekunst, darunter eine einzigartige Sammlung an Goldkreuzen. Doch nicht nur Kunst und Kunsthandwerk blühten damals, sondern auch die Gelehrsamkeit wurde gepflegt, wie es die schon im 9. Jahrhundert gegründete und unter Kaiser Karl IV. 1353 bestätigte Hochschule bezeugt. Der Reichtum der Kultur wurde durch die Selbstverwaltung möglich, die Cividale gleich vielen anderen Städten während des Mittelalters innehatte.

Tempietto Longobardo

Schon der Weg zum Tempietto Longobardo, dem einzigen aus dem Langobardenreich erhaltenen Bauwerk, ist eindrucksvoll. Man verläßt den Domplatz auf seiner östlichen Seite, nicht ohne sich des begleitenden Kustos zu versichern, und wandert dann auf schmalem, leicht ansteigendem Pfad am grünüberwachsenen Felsufer des Natisone entlang hinauf nach ›S. Maria in Valle‹, unter welchem Namen der Tempietto Longobardo als christliches Gotteshaus figuriert. Es ist ein kleines, nicht allzuvielen Menschen Platz bietendes Oratorium, in den Felsen hineingebaut, so daß es nur von zwei Seiten, von Osten und Süden, Licht empfängt, was ihm etwas Höhlenartiges gibt, darin uralten Kultstätten des Mittelmeers verwandt. Man gelangt heute nicht mehr durch das ursprüngliche Portal von Westen her in den Raum, sondern betritt von der Südostecke durch eine kleine Türe direkt den Chor, der durch zwei unregelmäßig gestellte Säulenreihen in drei von Längstonnen überwölbte Schiffe unterteilt ist, damit trotz geradem Abschluß jenem Dreiapsidentypus entsprechend, den wir von Syrien über Dalmatien und Südtirol bis nach Graubünden finden. Man steht also zunächst im Sanktuarium und überblickt von diesem aus den in seinem unteren Teil mit einem schlichten Chorgestühl versehenen Hauptraum, der im Unterschied zu den verhältnismäßig niedrigen Paralleltonnen des Ostteils durch ein hochaufsteigendes Kreuzgratgewölbe seine Einheit gewinnt.

Was die ganze Anlage im Vergleich zur üblichen Ausrichtung eigentümlich desorientiert, ist die beherrschende Wirkung, die von der den ursprünglichen Eingang umgebenden Westwand ausgeht. Diese nämlich ist am reichsten geschmückt, einmal durch den überaus kunstvoll gefaßten Blendbogen, der das freskengeschmückte Tympanon über der rechteckigen Türe überhöht, zum anderen durch die Gestaltung des Bogenfeldes im westlichen Abschnitt des steil ansetzenden Kreuzgratgewölbes. Das Bogenfeld über der Türe, das Tympanon, erweist sich schon rein handwerklich als eine Meisterleistung der Stuckplastik. Statt des sonst üblichen Flachreliefs ist hier eine à-jour-Technik angewendet, in der sich in reizvollem Licht-Schattenspiel filigranhaft die Palmetten des äußeren Randes und die Weinblätter und Trauben des Hauptkranzes vom Grund anheben, voneinander gesondert und nach innen eingefaßt durch zierliche Perlschnüre. Vergleichbare Stuckarbeiten finden sich, laut Reclam, aus der Spätantike in Ägypten, Syrien und Mesopotamien, insbesondere an alexandrinisch-koptischen Kesselkapitellen des 6. Jahrhunderts, an denen, wie übrigens ähnlich, nur etwas gröber, an byzantinischen Korbkapitellen, der Kern von einem freischwebenden Netz von Weinranken mit Trauben und Laub umsponnen wird. Wenn schon Georg Graf Vitzthum, einer der besten Kenner der christlichen Spätantike, sagt, der Tempietto Longobardo sei das reinste Denkmal einer in allen Stücken vom Orient abhängigen Kunst auf oberitalienischem Boden, so entspricht dem durchaus das aus hohem technischen Können gewonnene Raffinement einer Ornamentik, die ebenso in den Motiven wie in ihrem formalen Reichtum die Stimmung orientalischer Paradiese beschwört. Es offenbart sich darin jener kulturell dem ganzen übrigen Mittelmeer damals überlegene Osten.

Nicht ganz so eindeutig verhält es sich mit dem Fries, der darüber den Schildbogen des Kreuzgewölbes schmückt. Wohl übernimmt der den Fensterbogen umfassende Schmuck den oasenhaften Reichtum stilisierter Pflanzenformen, wenn auch kompakter, weniger stark von der Wand abgelöst, doch die je drei Stuckfiguren, die auf einem mit Sternblumen ornamentierten Fries stehen und durch einen ebensolchen nach oben abgegrenzt sind, scheinen auf einen andern Ton gestimmt. Es sind weibliche Figuren – vier davon mit Kronen auf dem Haupt – in streng frontaler Stellung, während die beiden übrigen, schlichter gekleidet, sich mit entsprechenden Gesten leicht von beiden Seiten gegen das die Mitte einnehmende Fenster neigen. Nicht einfach zu deuten sind diese durch ihre Nimben als Heilige ausgezeichneten Frauen: So sichtbar der Bezug zur Spätantike ist, vermittelt durch die Mosaiken in S. Apollinare Nuovo und S. Vitale in Ravenna, so wirkt doch die Haltung um einen Grad schwerer und dumpfer, der Faltenwurf stilisierter und damit noch naturferner als in den genannten Beispielen, was alles freilich auch an der Gattung der dreidimensionalen Stuckplastik liegt. Man hat an den ottonischen Figurenstil, ja sogar an romanische Skulpturen des 11. bis 13. Jahrhunderts gedacht. Doch selbst wenn man nicht so weit gehen will, bleibt ein deutlicher Zeitunterschied namentlich zur Ornamentik des Eingangsbogens wahrscheinlich. Trotz allem bilden Figuren und Bogenornament eine Gesamtheit, begreifbar als Begegnung zwischen den Zeiten und Orten: der vom oströmischen Reich getragenen und im östlichen Mittelmeer verwurzelten Spätantike mit dem kommenden Mittelalter, dessen Wortführer die ›jungen‹ germanischen Völker waren.

Fresken haben sich in ihrer ursprünglichen, von späteren Übermalungen befreiten Schicht namentlich an der Eingangswand und den anstoßenden Seitenwänden erhalten. Ihr noch stark mit der Spätantike verbundener Stil, zu dem es in den römisch-byzantinisch beeinflußten Wandmalereien in S. Maria Antiqua auf dem Forum Romanum, doch auch in den Fresken in Mals im Vintschgau und im benachbarten Müstair im schweizerischen Münstertal Parallelen gibt, macht eine

Datierung des ganzen Heiligtums in die zweite Hälfte des 8. oder bereits in den Anfang des 9. Jahrhunderts, also in karolingische Zeit, wahrscheinlich. Auch sonst ist man in der zeitlichen Festsetzung in erster Linie auf stilistisch-künstlerische Erwägungen angewiesen. Aus diesem Grund ist denn auch der Tempietto Longobardo zum Schauplatz lebhafter wissenschaftlicher Auseinandersetzungen geworden, wobei es ebenso schwer ist, eine These eindeutig zu begründen, wie auch, sie völlig überzeugend zu widerlegen. Angesichts des den ganzen Raum schmückenden Stucks sowie der Fresken, ein Dekor, der sich freilich sehr eindrucksvoll auf die Westwand konzentriert, stehen wir in einem die verschiedensten Künste verbindenden Gesamtkunstwerk von hohem Rang. Man vermutet deshalb wohl mit Recht einen fürstlichen Auftraggeber, doch bleibt offen, ob es sich um einen Herzog handelt, den noch einer der letzten Langobardenkönige oder bereits Karl der Große hier eingesetzt hat.

Museo Cristiano

Das in seiner Art innerhalb des langobardisch-karolingischen Frühmittelalters so seltene Baudenkmal wurde durch bedeutende Skulpturen ergänzt, die sich heute in dem vom rechten Seitenschiff des Domes aus zugänglichen Museo Cristiano befinden. Zwei Hauptwerke der langobardischen Kunst fesseln hier unser Interesse. Da ist einmal die aus S. Martino in Cividale übertragene *Ratchis-Ara,* ein Altar, den Ratchis anläßlich seiner 734 erfolgten Ernennung zum Herzog und seiner 744 vollzogenen Wahl zum König der Langobarden stiftete. Es handelt sich um einen aus vier Steinplatten zusammengefügten Kastenaltar, den laut Inschrift Ratchis dem Andenken seines Vaters widmete. Während die Rückseite sich zu einer für die Aufbewahrung von Reliquien bestimmten Nische öffnet und im übrigen eine Ornamentik aufweist, die mit ihrem Sterne und Rosetten umschließenden Flechtbandrahmen für die Kunst der Völkerwanderung kennzeichnend ist, sind die Seiten und die Vorderfläche mit figürlichen Darstellungen geschmückt. Links sieht man die Heimsuchung, in der

Maria und Elisabeth durch einen Doppelbogen ebenso getrennt wie zusammengefaßt werden, dicht daneben wölbt sich ein kleinerer Bogen über einer Verkündigung; rechts die Anbetung durch die drei Magier, deren morgenländische Herkunft sich schon in der Tracht bekundet, nämlich in Hosen, Gamaschen, kurzem gegürteten Überrock und der phrygischen Mütze, deren Form später die venezianischen Dogen übernahmen. Am bedeutungsvollsten ist die der Gemeinde zugewandte Vorderseite des Altars. Hier stellt sich in strenger Frontalität zwischen je einem sechsflügeligen Seraph Christus dar, in einer aus Ranken gebildeten Mandorla, die auf jeder Seite von zwei schwebenden Engeln gehalten wird. Die Mandorla wird jedoch durch die Hand Gottes unterbrochen, die den Nimbus des Heilands berührt. Ein kunstvoll aus verschiedenen Streifen gestalteter Rahmen umschließt das Rechteck, dessen flachgeschnittene Figuren etwas Teppichhaftes haben, ein Eindruck, der ursprünglich noch durch die heute nur in Spuren vorhandenen Farben verstärkt wurde.

In diesem Altarwerk mischen sich Elemente einer hohen, alten Kultur, wie sie damals im byzantinischen Reich bestand, mit denen eines primitiven Volkes, das jetzt erst mit der am Mittelmeer schon seit Jahrtausenden bestehenden Kunst in Berührung kam. Byzantinisch ist das ikonographische Programm und möglicherweise auch die an einen Teppich erinnernde Ausbreitung in der Fläche, barbarisch-primitiv dagegen sind die Proportionen der menschlichen Gestalten mit ihren übergroßen Köpfen und Händen und den winzigen Füßen. Die Gewandfalten wie auch die Flügel verselbständigen sich zu einem Ornament von handwerklich beachtlichem Können, wie denn die Abweichungen von den klassischen Maßen des menschlichen Körpers viel weniger einem Nicht-Können als einem Nicht-Wollen entspringen. Die strenge Frontalität der Köpfe, die Art, wie Hände und Arme samt den Flügeln ohne jedes Empfinden für ein räumliches Hintereinander in die Fläche gepreßt wirken, steigern den Ausdruck in beinahe beklemmender Weise.

Allgemein gilt der Ratchis-Altar als ein Hauptwerk der langobardischen Kunst. Doch finden sich auffallende Parallelen in der westgotischen Kunst im gleichzeitigen Spanien, und die bis ins Monströse vom Menschenbild des klassischen Altertums abweichenden Figuren lassen sich gerade aus der Erfahrung unseres eigenen Jahrhunderts als Ausdruck einer autonomen Kunst begreifen, die auch ohne Einflüsse zustande gekommen ist. Am wahrscheinlichsten ist die Annahme einer ›Koine‹, einer übernationalen Gemeinsamkeit, die am Ausgang der Antike nicht nur die Mittelmeerländer, sondern auch die damals eingedrungenen Kelten und Germanen erfaßte, wobei Geben und Nehmen in einem heute kaum mehr zu entwirrenden Verhältnis zueinander standen.

Solche Überlegungen gelten auch angesichts des sogenannten *Callixtus-Baptisteriums,* obwohl uns hier eine deutlich andere, noch mehr durch die Völkerwanderung bestimmte Stilnuance vor Augen tritt. Es handelt sich um ein achteckiges Taufbecken, das von einem durch acht Säulen gebildeten Ziborium überhöht wird, und das – nach einer zwischen den Säulenbogen erhaltenen Inschrift – in dem unter dem Patriarchen Callixtus (734-740) errichteten, doch im 15. Jahrhundert durch einen größeren Neubau ersetzten Dom stand. In der handwerklich qualitätvollen Art, die sich stilistisch aus der byzantinisch-spätantiken Blüte Ravennas herleiten läßt, kann man schon die Vorstufe zum Weinlaubbogen des Tempietto sehen. Das Gehäuse, das ursprünglich wohl durch eine achteckige Steinpyramide abgeschlossen war, ist aus sehr verschiedenen Teilen zusammengesetzt: Die Säulenschäfte aus griechischem Marmor entstammen der Spätantike, doch schon die reichen korinthischen Kapitelle werden als vermutlich byzantinische Arbeiten ins 5. oder 6. Jahrhundert datiert. Die Bogenlaibungen mit den dazwischenliegenden Zwickeln sind auf mannigfache Weise geschmückt: mit Wellenranken aus Weinblättern, Trauben oder halbierten Palmblättern, oder mit Bändern, die sich zu einer Folge von einander überlagernden Kreisen verflechten, ferner findet man Rosetten und stilisierte Zweige. Dazwischen gibt es symbolisch zu deutende Tierfiguren: Greifen, Pfauen, Hirsche, Lämmer, doch auch mit vielen Flossen versehene Raubfische, die im Begriffe sind, kleinere Wesen zu verschlingen, und schließlich entdeckt man einzelne zum Ideogramm abstrahierte Zeichen für Berg, Quelle und Wein.

Während der Reliefschmuck der Bogenzone in die Zeit des Patriarchen Callixtus und damit in die Endphase der Langobardenherrschaft gehört, entstammen die beiden gleichfalls reliefierten Platten an der Außenwand des Sockels einer anderen, primitiveren Stilstufe, wobei das Primitive, sofern es durch die Völkerwanderung nach Italien gebracht wurde, zeitlich später liegt als die in ihrer Überreife ›späte‹ Kunst der ausgehenden Antike. Vor allem die sogenannte ›Sigwaldplatte‹, die laut einer Inschrift durch den Langobardenherzog Sigwald »restituiert«, das heißt, nach einer Reparatur wieder eingesetzt wurde, verdient unser Interesse. Sie zeigt in symmetrischer Anordnung ein aus Flechtband gebildetes Kreuz, flankiert von Palmetten, Rosetten und je einem Kandelaber. Unter dem Balken, der die erwähnte Inschrift trägt, sehen wir einen Lebensbaum, auf welchem Tauben sich an Trauben gütlich tun. Unten wenden sich Greifen dem Stamm zu, dessen oberen Äste in Tierköpfe übergehen. In dieser seltsamen Mischung hat man orientalische, insbesondere sassanidische Einflüsse erkannt. Von der modernen Tiefenpsychologie her gesehen, wäre man geneigt, hier seelische Urzustände zu sehen, bei denen Gut und Böse in unheimlicher Verschlingung erst auf ihre Scheidung warten. Daß aber eine solche Scheidung bereits im Gange ist, zeigt die klare symmetrische Aufteilung der ganzen Reliefplatte. So deutlich aber auch der Ort ist, den an den Seiten der Platte die von Efeukränzen umschlungenen Evangelistensymbole einnehmen, so sind die Symbole selbst doch von einer schaudererregenden Monstrosität. Ähnlich platt in die Fläche gepreßt wie im Ratchis-Altar sind die Zeichen, nur daß jetzt alles gröber und in den Proportionen noch deformierter ist. Namentlich Adler, Stier und Löwe sind ins Bestialisch-Ungeheuerliche verformt, was den Sinn der Evangelien, die übrigens mit gestreckten, dünnen Beinen umklammert werden, um so rätselhafter erscheinen läßt. Aber auch der Engel des Matthäus wird ins Tierhafte abgewandelt, indem Arme und Hände zusammen mit den Flügeln eher einem Vogel als einem Menschen zu gehören scheinen. Wieder ist man zu tiefenpsychologischer Deutung geneigt, und zwar im Sinn des allzu früh verstorbenen C.G. Jung-Schülers Erich Neumann, der in seiner Bewußtseinsgeschichte die innere Entwicklung des Individuums als Ontogenese mit der Phylogenese der ganzen Menschheit in Analogie setzt. So gesehen müssen die Langobarden, und mit ihnen auch die anderen Völker des Frühmittelalters eine Art Pubertätsstadium durchgemacht haben, in welchem ein noch vom ›Urdrachen‹ beherrschtes Chaos sich zum ersten Mal zu klären und zu ordnen beginnt, in einem Bildungsvorgang, an welchem die damals ihrem Ende sich zuneigenden alten Kulturen wesentlichen Anteil haben.

Wir haben hier einzelne Werke hervorgehoben, um bei ihrer Betrachtung den Schlüssel zu Bereichen zu finden, in denen ein nicht nur örtlich und zeitlich, sondern auch menschheitsgeschichtlich wichtiges Geschehen sichtbar wird. Von den anderen Exponaten des Museo Cristiano seien hier nur noch die aus dem Tempietto übertragenen Reliefplatten und Fresken erwähnt, die dort bis 1955 oder 1961 die nunmehr freigelegten älteren Fresken überdeckten, sowie ein Patriarchenkreuz aus dem 11. Jahrhundert.

Noch vor die Zeit der Römer gelangen wir, wenn wir das sogenannte *Ipogeo Celtico,* auch ›Carceri Romani‹ oder ›Prigioni Longobarde‹ genannt, aufsuchen. Jenseits des alten Ponte del Diavolo steigt man aus dem Garten des Hauses Via Monastero Maggiore Nr. 2 über teils neue, teils noch ursprüngliche Treppen unter dem Erdgeschoß der am Rand des Natisone stehenden Häuser durch die in Nagelfluh gehauenen Gänge fast bis auf die Tiefe des Flußbettes hinab. Man steht schließlich in einem System von Räumen, die möglicherweise keltische Grabkammern waren, auch wenn keine Funde darauf hinweisen und die in den Fels gehauenen Sitze auch eine andere Deutung zulassen, zum Beispiel, daß es sich um kultische Versammlungsräume handelte. Auf jeden Fall gehört der Ort zu den wichtigsten prähistorischen Zeugnissen Friauls – womit unsere Wanderung durch die uralte Stadt in tiefster Vergangenheit endet.

Udine

Stadtanlage

Von wo immer man sich Udine nähert, ist es der Schloßberg, der, für sich allein aus der Ebene steigend, den Blick auf sich zieht mit seinen steil abfallenden Flanken und dem flachen Plateau, auf dem der breit gelagerte Palast steht, überragt vom Campanile mit dem venezianischen Rundhelm, über dem die Figur des Erzengels schwebt, und darunter die kleine Kirche S. Maria di Castello. Gleich aber wird dem Näherkommenden dieses Ziel und Wahrzeichen der friulanischen Hauptstadt wieder genommen, denn ihn umgeben bald die Vorstädte, die beschaffen sind wie irgendwo: Fabriken, Tankstellen, Autowerkstätten, Einkaufszentren, dazwischen Felder, die auf Überbauung warten, Wohnhäuser, moderne Blocks nach dem sattsam bekannten Container-System, vielleicht ein wenig geschmackvoller gebaut, das Auge um eine Spur weniger beleidigend als in anderen Ländern. Dann ältere Häuser, hier und da noch eine Villa mit Resten eines alten Parks, Rudimente einer vom allgemeinen Wachstum überrollten Zeit. Mietskasernen der Jahrhundertwende, deren Jugendstilornamente, gerade weil sie unserer rationalen Bauweise hohnsprechen, nostalgische Gefühle wachrufen, und dort, wo sie weder erneuert noch gereinigt sind, eine eigentümliche Tristesse ausstrahlen.

Dann stoßen wir auf die ›Circumvallazione‹, den großen Verkehrsring, der die eigentliche Stadt umschließt und dem wir am besten folgen, bis wir zu unserem Hotel Richtung Stadtmitte abzweigen, sei es zum renommierten ›Stella d'Italia‹ an der Piazza XX Settembre oder zum einfacheren, aber gut geführten ›Commercio‹ an der Via Aquileia oder zum vielstöckigen ›Cristallo‹ an der Porta Aquileia oder einem der Häuser in der Nähe des Bahnhofs. Später wandern wir am

IHS

II

LEO VON KLENZE

Die Piazza Contarena in Udine

Öl auf Leinwand, 80 x 116 cm, 1850
Privatsammlung Armin Pertsch
Mannheim

Dom und an der Loggia auf der Piazza di Libertà vorbei zum Schloßberg hinauf, der uns schon von weitem als Ziel lockte, um uns von hier aus über Udine ins Bild zu setzen.

Wir haben den Palastbau des Kastells im Rücken, und, von Norden gegen Süden dem Terrassenrand entlanggehend, sehen wir über die Altstadt und die Vorstädte zu unserer Rechten gegen die sanften Moränenhügel des hier einst endenden Gletschers, der ebenso aus den Julischen Alpen kam wie heute der Tagliamento. Dahinter steigen bis zu rund 1800 Meter die Vorberge empor, nach Osten gegen das Isonzotal hin auslaufend und gegen Norden immer höher werdend, um dann im steil abfallenden Zirkel die Ebene Friauls zu umschließen, bis westlich hin zum Piave. Natürlich ist für das alles klare Sicht notwendig, und ganz besonders schön ist es im Frühling, wenn über dem frischen Grün der Ebene und der Hügel das eigentliche Gebirge noch in winterlichem Weiß erglänzt.

Handelsplatz im Schutze der Burg

Die Altstadt verbirgt von hier aus gesehen noch die meisten ihrer Geheimnisse. Kaum daß man den inneren und den äußeren Ring erkennen kann, der vom 10. und 13. bis ins 19. Jahrhundert die Stadt mit Mauern und Türmen umgab. Doch Udine ist noch älter: Auf der beherrschenden Hügelterrasse stehen wir über den Anfängen einer Siedlung, die bis in römische Zeit und noch weiter zurückreicht. Auch ohne entsprechende archäologische Funde glaubt man vermuten zu dürfen, daß die Römer diesen weithin sichtbaren Hügel benutzten, um die von Aquileia über die Pässe Karniens führende Via Iulia Augusta durch einen befestigten Wachtposten zu schützen. Ebenfalls zu vermuten ist die Existenz einer langobardischen Siedlung, zu der wohl auch eine Kirche gehörte. Vorher waren sicher auch die Hunnen hier, denn von ihrem Herrscher Attila wird berichtet, daß ihm seine Soldaten mit ihren Helmen so viel Erde zusammentrugen, bis aus der Ebene der Hügel stieg, so hoch, daß der Heerführer den Brand des von seinen Scharen verwüsteten Aquileia sehen konnte. Die Sage zeigt, wie sehr der seltsam isoliert der Ebene entsteigende Hügel die Phantasie beschäftigte und nach einer Begründung verlangte. Grabungen, die im Zweiten Weltkrieg für Luftschutzkeller vorgenommen wurden, haben übrigens normale Felsen gezeigt.

Urkundlich erwähnt wird Udine erst 983, als Kaiser Otto II. dem Patriarchen Roduald ›Udene‹ als Lehen bestätigte. Bis zum 12. Jahrhundert hören wir nur von einem Castrum, also einer Burg. In ihrem Schutz hat sich verhältnismäßig spät eine Stadt entwickelt. Unter den aus Deutschland stammenden Patriarchen, namentlich unter Berthold von Andechs (1218-1251), der dem Ort Stadt- und Marktrecht gab, entfaltete sich Udine zu einem bedeutenden Handelsplatz, hierin die Nachfolge von Aquileia übernehmend und als Rivalin von Görz. Zahlreiche Kaufleute, Florentiner und die durch ihre Geldgeschäfte sprichwörtlichen Lombarden siedelten sich an und halfen mit, ein wohlhabendes und selbstbewußtes Bürgertum zu schaffen. Doch auch der Adel war mächtig, vornehmlich seit dem 13. Jahrhundert. Er führte oft blutige Kämpfe mit den Patriarchen, die seit 1238 ihren Sitz nach Aquileia verlegt hatten. Auswärtige Große wie die Grafen von Görz oder die Herren von Treviso mischten sich ein, so daß auch Udine in jenes allgemeine Fehdewesen hineingerissen wurde, das besonders für die oberitalienischen Städte des 14. Jahrhunderts bezeichnend ist. Nutznießer war auch hier Venedig. Vollends seit dem Ende des 14. Jahrhunderts verfiel die durch innere Aufstände und äußere Angriffe geschwächte Macht der Patriarchen. 1420 endete mit der Kapitulation von Udine ihre weltliche Herrschaft, während die geistliche noch bis zur Mitte des 18. Jahrhunderts dauerte. Einige der bedeutendsten Patriarchen stammten, wie schon erwähnt, von jenseits der Alpen: Bertrand de Saint Ginnes, dem es gelang, den rebellischen Adel zu bändigen, förderte sehr wesentlich die Stadt; Filippo d'Alençon (1381-1387) mußte einer Liga feindlicher Adeliger weichen. So zeigt auch die Geschichte des Patriarchats, wie die Verstrickung in weltliche Macht die geistlichen Fürsten in die für das Spätmittelalter allgemeine Entwicklung zum Territorialstaat hineinriß, eine Entwicklung, bei der die überregionalen Mächte unterlagen.

Zu einer Territorialmacht wurde immer mehr auch Venedig, dessen überseeische Besitzungen in Dalmatien, Griechenland und Kreta durch die Terra ferma zunächst ergänzt und schließlich, soweit jene Gebiete an die Türken fielen, ersetzt wurden. Venedig herrschte über Udine und zugleich über Friaul – mit Ausnahme der inzwischen habsburgisch gewordenen Grafschaft Görz – bis 1798. Doch blieb zumindest der Form nach eine gewisse Autonomie erhalten, nämlich ein eigenes Parlament, in welchem in Udine die Vertreter der Stände zusammentraten, dazu kamen die Gerichtsbarkeit der adeligen Schloßherren auf dem Lande sowie andere Rechte. Auch wirtschaftlich war die Herrschaft Venedigs eine günstige Zeit, wovon zahlreiche Adelspaläste und die meisten der vor 1800 erbauten Bürgerhäuser zeugen. Von Hungersnöten, wie sie wegen des noch unausgebauten Transportsystems im Landesinneren häufig waren, blieb auch Udine nicht verschont, doch gab es, dank der aufgeklärten Verwaltung im 18. Jahrhundert, weniger Pestepidemien als anderswo.

Den großen Umbruch der napoleonischen Zeit erlebte Udine unmittelbar. Friaul bildete die letzte Phase des oberitalienischen Feldzuges, auf welchem Bonaparte die Erste Koalition schlug, vielmehr deren wichtigstes Glied, nämlich Österreich, und dabei fast nebenher das altersschwache Venedig zu Fall brachte. Im nahen Campoformido wurde der Präliminarfrieden geschlossen, und der Sieger ließ sich ganz persönlich in Udine feiern, wozu Arduino Cremonesi in seinem sympathischen ›Guida storico e artistico‹ sarkastisch die Frage aufwirft: »Wann haben jemals städtische Behörden eine wichtige und gefürchtete Persönlichkeit nicht festlich empfangen?« Bonaparte wohnte im stattlichsten der Paläste, in dem von Palladio erbauten Palazzo Antonini, und bei dem ihm zu Ehren veranstalteten Ball soll er angesichts der »mehr oder weniger verführerischen Damen« den zwar galant sein wollenden, doch nicht eben geistvollen Ausruf getan haben: »Welch schöne Versammlung!« Doch die Stadt durfte dem Sieger nicht nur Bälle, Galadiners und Konzerte bieten, sondern sie mußte schwere Kontributionen leisten, in deren Erhebung die französische Armee Meister war.

Ruhigere Zeiten kamen erst, als 1815 der Wiener Kongress Friaul zusammen mit dem übrigen Venetien der österreichischen Verwaltung überließ. Im Unterschied zu den übrigen Gebieten Italiens, die damals unmittelbar Österreich unterstanden, oder unter seinem Einfluß waren, zog Friaul besonderen Nutzen aus der Nachbarschaft zur habsburgischen Monarchie. Zwar war Udine die erste der oberitalienischen Städte, die sich im Revolutionsjahr 1848 gegen Habsburg erhob und durch die gleichzeitigen Unruhen in Wien zunächst auch Erfolg hatte, doch die österreichischen Truppen kehrten bald wieder zurück, und auf beiden Seiten befleißigte man sich nun eifrig, keine Märtyrer zu schaffen. Ein einziger Udinese wurde füsiliert, weil man bei ihm unerlaubte Waffen gefunden hatte.

Die nun folgenden Jahrzehnte brachten Udine Wachstum und Gedeihen. Noch herrschte im Habsburgerreich Völkerfriede, der erst gegen Ende des Jahrhunderts von verblendeten Nationalisten zum ›Völkerkäfig‹ umgedeutet werden sollte. Industrien wurden gefördert, die noch heute blühen: ein Eisenwalzwerk und eine Brauerei, deren Produkte bis heute den Namen ihres Gründers, Moretti, tragen. Und was wir heute mit Wehmut vermissen, damals aber für die Kultur der Donaumonarchie und ihrer Nachbargebiete besonders bezeichnend war: Das gesellige Leben wurde durch nicht weniger als drei Theater gepflegt! Wie gut übrigens das Einvernehmen mit Österreich schließlich wurde, zeigt der Empfang der italienischen Truppen, nachdem 1866 durch die Niederlage gegen das mit Italien verbündete Preußen Österreich auch Venetien verlor. Die einmarschierenden Soldaten »wurden von der Bevölkerung zwar mit Sympathie doch ohne überschwenglichen Enthusiasmus« begrüßt, wie Arduino Cremonesi schrieb. Das gute Einvernehmen mit Österreich war selbst im Ersten Weltkrieg nicht ganz vergessen, denn derselbe Cremonesi bemerkt im historischen Abschnitt seiner Guida, als die Mittelmächte vom Oktober 1917 bis zum November 1918 die Stadt besetzt hielten, hätten sie, abgesehen von den unumgänglichen Härten, der Bevölkerung keine Beschränkungen auferlegt, vielmehr hätten die Österreicher sich hier sogar ein wenig zu Hause gefühlt eingedenk der alten kirchlichen und wirtschaftlichen Beziehungen.

Aus der österreichischen Zeit erhielt sich auch nach 1866 ein reiches gesellschaftliches Leben. Von den drei erwähnten Theatern diente das ›Teatro Sociale‹ Konzerten und Bällen, das 1500 Plätze umfassende ›Minerva‹ Opern aller Art, und das kleine ›Internazionale‹ Marionettenspielen, an denen sich nicht nur die Jugend vergnügte. Dazu kamen eine Reihe glänzend ausgestatteter Cafés sowie altrenommierte Hotels und Restaurants. Daß sie inzwischen, und zwar erst in den Jahrzehnten nach dem Zweiten Weltkrieg, verschwunden sind, gleich so manchem zu seiner Zeit als Treffpunkt dienenden Cinema, entspricht einer leider allgemeinen Entwicklung. Andererseits nahm Udine schon früh am technischen Fortschritt teil. Schon 1860, also in der österreichischen Zeit, wurde die Stadt durch eine Eisenbahn mit Venedig sowie mit Triest verbunden. In Triest hielt die über Graz nach Wien führende Südbahn, doch wurde dieser Umweg überflüssig, seitdem die ›Pontebbana‹ über Pontebba, Tarvis, Villach eröffnet wurde. Aber dem Fortschritt glaubte man auch seinen Preis zahlen zu müssen, namentlich was den innerstädtischen Verkehr anbelangt. Ihm wurden die meisten Türme und Tore der beiden mittelalterlichen Mauerringe geopfert, ferner eine Reihe älterer Gassen sowie die Mehrzahl der meist von Grün gesäumten Wasserläufe, die den Stadtkern umzogen.

Auf dem Schloßberg

Gegenwärtig geblieben ist die Vergangenheit auf dem Schloßberg, auf dem wir nun die kleine, am Ende des Aufstiegs gelegene Kirche *S. Maria di Castello* besichtigen wollen. Die Fassade zeigt das von Leon Battista Alberti an S. Maria Novella in Florenz geprägte Schema der basilikalen Dreiteilung, die im Hauptgeschoß nun freilich in der lombardisch-venezianischen Form von Rahmenpilastern vorgeführt wird. Über den seitlichen Abschnitten leiten in elegantem Schwung spangenhaft dünn profilierte Voluten zum giebelgekrönten Mittelteil des Obergeschosses, das durch ein Rundfenster seine Mitte gewinnt. Kontrastierend steht für sich allein daneben der zwischen 1515 und 1539 erbaute Campanile, dessen lisenengegliederter Schaft sich in Biforien zur Glockenstube öffnet. Darüber folgt ein Achteck, auf dessen Kuppel der ursprünglich holzgeschnitzte, seit 1777 eherne Erzengel die Windrichtung anzeigt. Turm und Engelfigur, die zusammen sehr venezianisch wirken, bilden mit ihrer Höhe von 43 Metern ein weithin sichtbares Wahrzeichen.

Die Kirche selbst ist das älteste Gotteshaus von Udine. Seine Ursprünge gehen auf die Zeit der Langobarden zurück, ja gewisse Steinfragmente lassen ein bereits frühchristliches Gotteshaus vermuten. Das heutige Innere umfängt uns als Pfeilerbasilika, die auch hier die für Friaul bezeichnende Abwandlung zum Hallenraum erreicht, dank der weitgespannten Bögen über den weit voneinander stehenden Pfeilern. Die drei derart miteinander verbundenen Schiffe münden in drei basilikal gestaffelte Apsiden, auch hier eine schon in frühchristlicher Zeit übliche Form verwirklichend. Nach den offenen Balkendachstühlen über den drei Schiffen sind die Altarnischen die einzigen überwölbten Partien, was der höheren Weihe dieser Zone entspricht. Ähnlich ist auch die Bedeutung der Fresken aus mehreren Epochen: Die Marienkrönung in der Mittelapsis stammt vom Ende des 14. Jahrhunderts. Derselben Gotik gehört darunter der Apostelzyklus an, mit Ausnahme der Anbetung der Heiligen Drei Könige, die erst um die Mitte des 15. Jahrhunderts entstand. Durchbrochen wird die Apsis von einem kleinen Bogenfenster, von welchem sich das im 16. Jahrhundert geschnitzte Kruzifix eindrucksvoll abhebt. Besonders wichtig ist der Freskenzyklus in der rechten Chorkapelle, gemalt um die Mitte des 13. Jahrhunderts im Stil jener veneto-byzantinischen Strömung, die auch die Malereien in der Krypta des Domes von Aquileia bestimmt. »Die stilistischen und ikonographischen Grundlagen dieser Kunst sind byzantinisch, das stärkere Pathos der Gebärden, der schärfere Rhythmus der Linien, die Kraft der Komposition jedoch Anzeichen einer eigenständigen Weiterentwicklung im Anschluß an abendländisch-romanische Traditionen«, schreibt Peter Tigler. Hervorzuheben ist die Grablegung in ihrer tiefen Frömmigkeit. Von der ursprünglichen Ausmalung der linken Apsis und des Langhauses haben sich nur Spuren erhalten. Andere Fresken sind aus einigen im Ersten Weltkrieg zerstörten Kirchen hierher übertragen worden. Ferner sieht man im linken Seitenschiff Steinfragmente aus der vorromanischen Kirche sowie einzelne Funde aus römischer Zeit.

Westlich steht das Versammlungsgebäude der *Confraternità di S. Maria,* die die Kirche betreute. Das Haus öffnet sich gegen die Schloßterrasse in einer zweigeschossigen Loggia, deren Säulenbogen im Obergeschoß um einen Grad schlanker bemessen sind. Das Erdgeschoß birgt einen wappengeschmückten Saal mit stattlichem Kamin, alten, einfachen Möbeln und einer gerade durch die Schlichtheit ihrer Konstruktion charaktervollen Holzdecke.

Das *Kastell* entstand in seiner gegenwärtigen Form zwischen 1517 und 1567, nach dem Erdbeben von 1511, welches den früheren Sitz der Patriarchen fast völlig zerstört hatte. Der Bau, wie wir ihn heute sehen, ist das eigentliche Wahrzeichen des Friaul, doch zugleich auch der weithin sichtbare Ausdruck der venezianischen Macht, deren Generalstatthalter hier bereits seit 1420 residierten. Daneben diente das Kastell seit 1483 dem Parlament, das Venedig den Ständen Friauls zugestand, als Tagungsort. Ursprünglich war der Bau wohl als hofumschließendes Geviert geplant, worauf die in ihren Bogenhallen und der Freitreppe als Hoffront gedachte Westfassade schließen läßt. Auf dieser Seite imponiert vor allem die Doppeltreppe, deren zwei Läufe sich nach anderthalb Geschossen genau in der Mitte der aus fünfzehn rhythmisch verteilten Fensterachsen bestehenden Front vereinen. Um einen Grad reicher ist die gegen Südosten gerichtete Außenfront gestaltet. Auch hier gibt es eine in doppeltem Lauf geführte Freitreppe; sie ist ein Werk des auch als Maler und Theoretiker bedeutenden Giovanni da Udine, der auch die durch vier Halbsäulen auf hohen Sockeln ausgezeichnete Portalanlage schuf. Dazu sind auf dieser Seite die Fenster kräftiger profiliert, was zusammen mit ihrer verschiedenen Größe die ganze Wand in spannungsvollerem Rhythmus unterteilt. Gleiches gilt auch für die kurzen Querfronten.

Die großen Treppen führen von beiden Seiten in den die ganze Tiefe des Baublocks durchmessenden Hauptsaal, in welchem sich bis zum Ende des venezianischen Staates das Parlament versammelte. Der mit Fresken, reichem Wanddekor und noch reicheren Deckenstukkaturen ausgestattete Raum wirkt festlich wie im Dogenpalast oder in einem der großen Paläste, die in Venedig vom 16. bis zum 18. Jahrhundert entstanden. Hier in Udine ist es die Spätrenaissance, auf welche, wie im Dogenpalast, die Aufteilung der Längswände und der Decke in rhythmisch wechselnde Stuckrahmen zurückgeht. In diese komponierten einheimische Maler des ausgehenden 16., zum Teil auch noch des 17. und 18. Jahrhunderts ihre Gemälde historischen und allegorischen Inhalts.

Die übrigen Räume des Kastells dienen als *Museum,* das dank der hier zusammengebrachten Gemälde und Zeichnungen eines der schönsten und reichsten Italiens ist, freilich für Jahre der Öffentlichkeit entzogen durch die Erdbebenauswirkungen von 1976, die zwar dem Bau außen nichts antaten, doch durch Dachschäden das kostbare Kunstgut gefährdeten, das teilweise ausgelagert werden mußte.

Im Herzen der Stadt

Wir steigen vom Schloßberg hinab zur Stadt. Der gepflasterte Fahrweg ist auf seiner Außenseite von zierlichen Säulenarkaden mit Dreipaßbogen begleitet, und zwar in Terrassen abgesetzt, so daß die Arkaden waagrecht über der Schräge des Weges stehen und ein wenig an die Einfassung eines alten Friedhofs erinnern. So gelangen wir schließlich zu einem in der Art einer Festung mit schwerer Rustika gequaderten Tor und durch dieses hindurch auf die Piazza Contarena, die heutige *Piazza della Libertà.* Wir sind auf dem Hauptplatz von Udine, und, wenn wir den eben verlassenen Schloßberg mit dem Kopf vergleichen, im Herzen der Stadt. Säulenbogen säumen in Reihen auch hier den Platz; sie flankieren den Eingang der kleinen Kirche S. Giovanni und bilden ihr gegenüber das Erdgeschoß der ›Loggia del Lionello‹, des historischen Stadthauses. Von jeder der beiden Loggien erschließt sich durch die Säulenbogen hindurch eines der schönsten Architekturbilder nicht nur Udines, sondern des Veneto überhaupt. Vor allem trifft dies für die Nordseite zu, wo der zu einer breiten Fußgängerterrasse erhöhte Platz die kleine, nach dem Erdbeben von 1511 zwischen 1534 und 1539 neu errichtete ehemalige Kirche *S. Giovanni* abschließt. Den Eingang bildet eine hohe, gewölbte Vorhalle, die sich in einem von korinthischen Säulenpaaren getragenen Bogen nach außen öffnet. Von der Vorhalle führt ein verhältnismäßig niedriges Portal, das zwei von Segmentbogen bekrönte Fenster flankieren, in das kleine Heiligtum, das aus einem einzigen, von einer Kuppel überwölbten Raum besteht. Hier hatten im 19. Jahrhundert die Österreicher ihre Hauptwache. Heute jedoch dient die schon im 18. Jahrhundert profanierte Kirche als Ehrenmal für die in den Weltkriegen Gefallenen.

Wieder auf den Platz tretend, können wir von hier aus die Nordseite mit der gebotenen Distanz betrachten. Denn nur so sehen wir, wie die schlanken Säulenarkaden seitlich des hohen Eingangsbogens sich als weitausladende Flügel symmetrisch ausbreiten, wobei die Mitte jedes Flügels durch einen flach dem Hauptgebälk aufgesetzten Giebel nochmals leicht betont wird. Die ganze Anlage, die in der Lombardei ihre Vorbilder hat und auch von einem Lombarden, dem aus dem südlichen Tessin stammenden Bernardino da Morcote, geschaffen wurde, läßt sich letztlich von den durch Säulenhallen abgeschlossenen Vorhöfen frühchristlicher Kirchen ableiten, nur daß jetzt die Formensprache durch die konzise Eleganz der lombardo-venezianischen Frührenaissance bestimmt ist.

Hinter der Loggia steigt in reizvoller Asymmetrie der massige *Uhrturm* empor, dessen zwei die Stunden schlagenden Erzfiguren an die Torre dell'Orologio neben S. Marco erinnern, wie auch sonst die Hauptplätze im venezianischen Herrschaftsbereich auf den Markusplatz in der Serenissima bezogen sind. Sehr unterschiedlich zu Venedig ist jedoch die in verschieden hohe Terrassen aufgeteilte Lage des Platzes am Fuß des Schloßbergs, dessen Hang nicht nur einem Hain von Zedern, Zypressen und Tannen Raum gibt, sondern es auch ermöglicht hat, die Bauten kulissenhaft emporzustaffeln bis zum großen Abschlußprospekt des schräg in die Szene stoßenden Kastells, wozu aus dem Hintergrund noch der Glokkenturm der Schloßkirche mit seinem Erzengel tritt.

In den Vordergrund des halb unwillkürlich gewachsenen, halb schon in bewußter Szenographie gestalteten Platz- und Stadtbildes gehört auch das schon erwähnte Tor am Aufgang zum Kastell sowie die den Platz akzentuierenden Denkmäler, die beiden Marmorfiguren des Herkules und Kakus samt den als Wahrzeichen figurierenden Säulen mit dem Markuslöwen und der Statue der Justitia. Dazu setzt sich das für den Friedensschluß von Campoformido und ursprünglich für jenen Ort geschaffene Monument in Positur, das Kaiser Franz II. später Udine zum Geschenk machte und das in klassizistischer Kühle die thronende Göttin Pax darstellt. Ihr Gegenstück im Ostteil des Platzes ist der schöne Dreischalenbrunnen.

Doch darf man sich nicht zu sehr in Einzelheiten verlieren. Es ist die Gesamtheit der Platzes, die wirkt, gebildet aus sehr verschiedenen Elementen, und diese sind einander nicht in starrer Symmetrie zugeordnet, sondern in optisch freien Bezügen, die in gewisser Weise an ein Bühnenbild erinnern.

Von der Südseite her stellt sich in den Platz als dessen eigentliche Dominante der *Palazzo del Comune,* auch ›Loggia del Lionello‹ genannt, der wichtigste unter den mittelalterlichen Profanbauten Udines. Schon 1334 bestand hier ein Gebäude für Versammlungen, woraus 1353 ein Bau für die Sitzungen des Stadtrates wurde. 1448 beschloß man den heutigen Bau. Verschiedene Meister lösten einander ab, darunter auch der dem Stadtrat angehörende Goldschmied Niccolò Lionello, nach dessen Plan 1456 das Werk im wesentlichen vollendet wurde und dessen Name in der vom Volksmund geschaffenen Bezeichnung der Loggia weiterlebt. Im 16. Jahrhundert veränderte Giovanni da Udine das Hauptgeschoß, und der eigens aus Venedig herbeigerufene Andrea Sansovino schuf die Treppe, die zum großen Ratssaal hinaufführt. Von Palladio, der 1556 in Udine den Palazzo Antonini entwarf, stammt das Marmorportal. Das Dach, wie wir es heute sehen, die Balkonbalustrade sowie das Innere wurden nach einem

Brand im Jahre 1876 erneuert. Trotzdem wirkt das Ganze einheitlich, nämlich als ein im Obergeschoß von Fenstergruppen regelmäßig durchbrochener Block, der sich nach unten auf drei Seiten in Säulenhallen auflöst. Das relativ geschlossene Obergeschoß über einem zur Gänze als Halle gestalteten Erdgeschoß verwirklicht ein ähnlich die normale Geschoßfolge umkehrendes Prinzip wie der Dogenpalast in Venedig. Doch die durchgehende, also die ganze Fläche des Erdgeschosses einnehmende Loggia entspricht mehr den Kommunalpalästen auf der Terra ferma, und dasselbe empfindet man auch bei der Erhöhung der Erdgeschoßhalle, die einige Stufen über dem Platz liegt und auf der Ostseite einer vorgelegten Freitreppe bedarf. Die gotischen Säulenbogen sind um eine Spur gedrungener als am Dogenpalast, dessen so zierliche Spitzbogengalerien in Udine fehlen. Aber auch die Kielbogen, in welche die lanzetthaft schmalen Fenster des Obergeschosses münden, unterscheiden sich von den viel breiteren Öffnungen des Dogenpalastes. Trotzdem wirkt der ganze Habitus des Baues venezianisch, nicht zuletzt auch wegen der aus istrischem Marmor in Weiß und Lachsrosa wechselnden Schichten des Mauerwerks.

Neben der Südostseite des Palazzo del Comune weicht der Platz im rechten Winkel zurück gegen den modernen Palast, den sich 1911 in ebenso wuchtigen wie prunkvollen Formen die städtischen Ämter erbauen ließen. Auch in dem überaus pompösen, an malerischen Durchblicken reichen Treppenhaus sowie in den Vorsälen entfaltete der aus dem friulanischen Gemona stammende Architekt Raimondo d'Aronco zusammen mit verschiedenen zeitgenössischen Bildhauern einen ins Gigantische gesteigerten Neubarock, wie er im Vorfeld des Ersten Weltkriegs ein ganz Europa beherrschendes Selbstbewußtsein verriet. Auf andere Art, doch vielleicht nicht weniger fatal für die Haltung des 20. Jahrhunderts, ist die fabrikmäßig nüchterne Warenhausfront gegenüber, die dem Platz einen städtebaulich problematischen Abschluß gibt.

Der Dom S. Maria Annunciata

Das Äußere. Der Udineser Hauptplatz ruht in sich selbst und ist doch auch Ausgangs- und Durchgangspunkt des ganzen innerstädtischen Platz- und Straßengefüges. Ostwärts gelangt man, an nicht unsympathischen Neubauten vorbei oder durch Höfe und Passagen, zum Dom, der einen eigenen Platz um sich hat, ohne dabei doch allzusehr isoliert zu sein. Auch die Neubauten auf der West- und Nordseite stören nicht. Denn der Dom gilt als Monument für sich, wie dies in Italien schon seit dem Mittelalter üblich ist. Andererseits dürfen wir in Udine auch nicht einen jener überreich gestalteten Prachtbauten erwarten, wie sie als kolossale Marmorschreine in Pisa, Siena und Orvieto, in Mailand und Venedig stehen. Vielmehr ist es eine dem ortsüblichen Baustoff der Ebene verpflichtete Ziegelarchitektur, die ihren nüchternen Charakter keineswegs verleugnet, ohne sich freilich zu jener Großzügigkeit aufzuschwingen, welche den großen Bettelordenskirchen in Venedig, Treviso und in bescheideneren Maßen auch S. Francesco in Udine eigen ist.

Trotz solchen Einschränkungen hat der Dom von Udine Charakter. Zwar sind Portale, Rundfenster und Schmalfenster nicht zu einer restlos überzeugenden Harmonie vereinigt, doch um so markanter zeichnen sie die Fassade, zusammen mit der Blendarkade, die sich als Schmuckband oberhalb des Hauptportals über die Mitte spannt. Das mittlere der drei Portale ist von einem 1926 etwas zu grob wiederhergestellten, dreipaßförmigen Baldachin überspannt und hebt sich im Schmuck seiner zart und dennoch straff profilierten Formen als reiches Werk gotischer Steinmetzkunst von der ganz anderen Struktur des Backsteins ab. Schlanke Fialen und ein ebensolcher Wimperg ergänzen die mehrfach abgestuften Spitzbogen über dem Portal. Von dem für Archivolten und Laibungen ursprünglich vorgesehenen Figurenschmuck wurde im gotischen Trecento nur das Relief im Bogenfeld mit Geburt, Kreuzigung und Auferstehung Christi sowie dem Agnus Dei ausgeführt; auch hier war, wie des öfteren im Friaul, ein nördlich der Alpen entstammender Meister am

Werk. Auch das andere gotische Portal, das neben dem Campanile von Norden her einen Zugang bildet, ist im ausgehenden 14. Jahrhundert entstanden und stammt möglicherweise vom selben Meister.

Der stumpfe Campanile, der wuchtig und ungestaltet wie ein profaner Festungsturm wirkt, erhebt sich über der Taufkirche, deren von Rippen überwölbtes Vieleck schöne Proportionen hat. Von späteren Zutaten, die eine der Restaurierungen im Jahre 1909 stehen ließ, hat sich an der Süd- und Nordseite je ein kleines Portal erhalten, dessen scharf gebrochener Giebel mit den in beklemmender Platznot darauf plazierten Figuren einem Manierismus angehören, der letztlich auf Michelangelos Medici-Sarkophage zurückgeht. Insgesamt aber ist, wenn man von den Anbauten auf der Südseite absieht, durch die Restaurierung von 1909 wenigstens im Außenbau der mittelalterliche Zustand wiederhergestellt worden, wie er der Bauzeit zwischen 1225 und 1235 entspricht. Freilich war, auch wenn er am 16. Juni 1335 durch den Patriarchen Bertrand de Saint Ginnes geweiht wurde, der Bau infolge der damaligen politischen Wirren keineswegs vollendet. Dies war erst in der Mitte des 15. Jahrhunderts der Fall und auch dann nur vorläufig. Denn schon im 16. Jahrhundert wurde Andrea Sansovino zum Begutachten einer Erweiterung des Chores zugezogen. Diesen gestaltete man jedoch erst im 18. Jahrhundert um, wobei der gerade Abschluß der Chorkapellen im Sinn des mittelalterlichen Zisterzienserschemas erhalten blieb.

Innenausstattung. Auf Anregung des venezianischen Adelsgeschlechtes der Manin, dem Udine auch die schöne Familienkapelle im westlichen Teil der Altstadt und Friaul seine umfangreichste Schloßanlage, die Villa Manin bei Passariano, verdankt, wurden Chor und Querschiff zwischen 1710 und 1735 prächtig ausgeschmückt. Die Grafen Manin ließen sich an beiden Enden des Querschiffs aufwendige Grabmäler errichten, wie es das Patriziat in Venedig seit dem Mittelalter gewohnt war. In Udine wurden damit die führenden Meister des venezianischen Spätbarock betraut, so Domenico Rossi, der sich auf den Lagunen in den Gesuiti und in der Manin-Kapelle der Scalzi ausgezeichnet hatte. Nach umständlicher Planung, in welche sich auch die städtischen Behörden einschalteten, und unter Mitwirkung einer Reihe weiterer Künstler kam schließlich eine Schöpfung von imponierender Einheitlichkeit zustande, ganz im Sinne des Gesamtkunstwerks, wie es der Spätbarock durch das Verschmelzen der verschiedensten Gattungen erstrebte. Im Dom von Udine kam es zu einer Verbindung von Altarbauten und Grabbauten mit einer durch Stukkatur und Malerei aufgelockerten Architektur, wozu das Gestühl im Chor und vor den Grabmälern mit seinen reichen Schnitzereien wirkungsvolle Akzente setzt. Nach Bestimmung, Form und Maß jedes Mal verschieden, bilden diese Elemente dennoch ein eindrucksvolles Ganzes.

Die venezianische Spielart dieses, wie gesagt, auf Gesamtwirkung zielenden Spätbarock liegt in der besonderen Vorliebe für die Effekte des Theaters. Immer wieder nämlich stößt das Auge auf Vorhänge, die von den Engeln eben im Augenblick auf die Seite geschoben zu werden scheinen, um gerade jetzt das bislang Verborgene zu enthüllen. Selbst die Architektur nimmt an der Bewegung teil, indem sich die Pilaster gleich Versatzstücken zusammenschieben oder entfalten. Und durch die spiralig gedrehten Säulen – ein Motiv, das Domenico Rossi von Berninis St. Peter-Tabernakel schon in den Scalzi und den Gesuiti übernahm – scheinen die Altarbauten zu vibrierender Vision verwandelt. Diese Altäre, auch wenn sie an die von Rossi in Venedig ausgeführten erinnern, zeichnen sich durch eine eigentümlich zähflüssige Art der Bewegung aus, zusammen mit schwer und zugleich weich und körperhaft empfundenen Formen, was zusammen mit der Verbindung des Plastischen mit dem Malerischen über Italien ins Slawische weist, in jenes Element, das mit dem Deutschen und dem Alpenländisch-Ladinischen das östliche Venetien und insbesondere Friaul mitbestimmt. Dem Verfasser ist dies besonders stark bewußt geworden, als er einmal bei Nacht den nur von wenigen Lampen und Kerzen erhellten Dom betrat und erlebte, wie die Altäre und Grabmonumente durch das Halbdunkel noch bewegter wirkten. Angesichts eines solchen ins Phantastische gesteigerten Eindrucks fand man sich hier am Rand der bereits bekannten, zugleich aber auch am Anfang einer bisher unbekannten Barockprovinz.

Wie sich hier der Osten aber auch mit dem Westen trifft, zeigt in besonderer Art die Vierungskuppel, die sich zwischen den freskengeschmückten Kreuzgratgewölben öffnet; es handelt sich um das vor allem in Frankreich, doch auch in Bologna und einzelnen deutschen Schlössern sowie von den Asams in der Kirche von Weltenburg entwickelte Motiv des ›dôme percé‹, das heißt einer zur Kuppel ansetzenden Wölbung, die an ihren Rändern aufbricht, um den Blick in einen imaginären Bereich der Malerei von unbestimmter Höhe zu entlassen. Geschickt geführtes Licht, dessen Fenster von unten aus nicht sichtbar sind, steigern diesen barock-theatralischen Effekt. Das Motiv der in ihren unteren Schalen aufgebrochenen Doppelkuppel brachte der 1654 in Paris geborene Louis Dorigny nach Udine. Hier aber wurde das in seinem Ursprungsland vor allem von der Konstruktion her entwickelte Motiv zu einer Erscheinung umgedeutet, welche technische Überlegungen vergessen läßt, dafür aber das Gefühl überwältigt, durch einen Überschwang, wie er vor allem in den östlichen Kunstlandschaften Europas anzutreffen ist. Gleichfalls von Dorigny, der auch anderwärts für die Grafen Manin wirkte, stammen die großen, auf eher kühle Töne gestimmten Leinwandbilder an den Seitenwänden des Chors.

In der eigentlichen Chorkapelle, die eine niedrige Schranke gegen das so üppige Querschiff abschließt, steht heute halb verborgen der gotische Sarkophag des selig gesprochenen Bertrand. Es ist jener Bertrand de Saint-Ginnes, der, in der Nähe von Cahors geboren, seit 1314 an der Universität von Toulouse lehrte, um dann über den damals nach Avignon exilierten Hof der Päpste nach Friaul zu kommen, wo er 1334 Patriarch von Aquileia wurde. Er residierte in Udine und wurde 1350 in den Kämpfen zwischen den lokalen Machthabern bei S. Giorgio della Richinvelda von den Soldaten des Grafen Heinrich von Görz umgebracht und in der Arca beigesetzt, jenem freistehenden Hochgrab, das er noch zu seinen Lebzeiten für die Bestattung der einst in Aquileia für ihren

Glauben gestorbenen Heiligen Hermagoras und Fortunatus bestimmt hatte. Der in der strengen Gotik des Trecento gestaltete Sarkophag wird von fünf auf Sockeln stehenden Figuren getragen und zeigt in seinen Reliefs Szenen aus dem Leben der genannten Heiligen.

Auch im dreischiffigen, von Kapellen begleiteten Langhaus des Domes begegnen einander verschiedene Epochen und Meister. Als die von den Grafen Manin angeregte Ausstattung von Chor und Querschiff fertig war, verlangte auch das übrige Innere nach einer neuzeitlichen Gestaltung, und zwar nicht nur der einzelnen Kapellen, sondern ebenso des ganzen Raumes. Dessen für Friaul bezeichnende Hallenform mit weitgestellten Pfeilern blieb, nur wurden die bis dahin gotischen Stützen mit korinthischen Pilastern ummantelt und auch die Bogen und Wölbungen in einem vergleichsweise schlichten Barock profiliert, so daß der Pomp von Chor und Querschiff um so augenfälliger wirkt.

In den *Seitenkapellen* sind zum Teil bedeutende Altarbilder zu finden. Auf der linken, nördlichen Seite sind es Werke älterer Meister. Am ersten Altar vom Eingang her ist die Darstellung einer Versammlung von Heiligen zu sehen, gemalt unter venezianischem Einfluß von einem sonst als Holzschnitzer hervorragenden Meister, der sein Bild mit den bescheidenen Worten signierte: »Johannes Utinensis, parvo ingenio fecit«. Der in Udine vorübergehend tätige Veroneser Maffeo schuf die beiden großen Leinwandbilder der Vermählung Mariae und des Todes Josefs an der linken Wand derselben Kapelle, während die illusionistische Gewölbemalerei von Urbani kurz vor der Mitte des 18. Jahrhunderts entstand.

Dieses 18. Jahrhundert, das nicht nur von Venedig, sondern auch von Bologna, Mailand und Turin aus Oberitalien ungemein befruchtete und von hier auch über die Alpen wirkte, hat an den gegenüberliegenden Altären der südlichen Kapellenreihe seinen glanzvollen Niederschlag gefunden. Es sind nicht weniger als drei Altarbilder, die Giovanni Battista Tiepolo im Auftrag des Patriarchen Daniele Delfino für diese Kirche malte. Auf dem ersten Seitenaltar – vom Eingang her – ist die Dreifaltigkeit würdig und menschlich zugleich dargestellt, und zwar in jenem Realismus, den Tiepolo von Caravaggio und Ribera übernahm, jedoch psychologisch vertiefte, wobei er die Szene, die Hell-Dunkel-Kontraste mildernd, stärker durchlichtete. Gottvater erscheint als Greis, ehrfuchtgebietend und selbstbewußt, Christus als ein in den Himmel gehobener Mensch, und in der Landschaft findet der Goldglanz des Himmels seinen Widerschein, darin den großen Malern des venezianischen Cinquecento, Tintoretto und Palma il Giovane, folgend. Das zweite Altarbild zeigt die Heiligen Hermagoras und Fortunatus als irdische und doch ins Sakrale erhöhte Gestalten, was unmittelbar durch die Darstellung in Aufsicht geschieht, wodurch sie bei aller greifbaren Nähe ins Monumental-Erhabene entrückt sind. Was als Pionier neuzeitlichen Sehens schon Mantegna in seinen ähnlich von unten gesehenen Figuren erreichte, wird am Ende der großen neuzeitlichen Malerei Italiens durch Tiepolo vollendet, bereichert durch seine ungemeine Brillanz der Farben und vertieft durch die psychologische Schärfe seiner Menschenkenntnis.

Beide Bilder sind 1737/38 während des zweiten Aufenthalts des Meisters in Udine gemalt worden. Vom jungen Tiepolo, wie er uns auch in den Wand- und Deckenbildern des Erzbischöflichen Palastes begegnet, stammen die Fresken wie auch das Altarbild in der ostwärts folgenden Cappella del Sacramento. Sie ist die reichste unter den Seitenkapellen des Domes, dank der Verbindung der Malerei mit einer Architektur, die sich in den Wölbungsfresken auflöst, wobei der Maler geschickt auf das ungünstige Gegenlicht eingeht. Ähnlich wie es Bernini mit den Mitteln einer schon extrem malerischen Skulptur in seiner Kathedra Petri im Chor des Petersdomes gestaltete, scheint mit dem Licht, das uns entgegenflutet, auch die Schar der gemalten Engel und Putten in den irdischen Raum einzudringen, ihn in die Sphäre des Wunders verwandelnd. In der farbigen Zurückhaltung von Grisaillen sind an den Seitenwänden die Opferung Isaaks und der Engel vor Abraham dargestellt. Um so kraftvoller wird in dieser die Architektur und die Malerei verschmelzenden Umgebung das eigentliche Altarbild in Szene gesetzt, nämlich in einem eigenen Gehäuse, in der Art der venezianischen Altartabernakel, nach dem besonders prächtigen Vorbild, das Andrea Sansovino in der Rosenkranzkapelle von SS. Giovanni e Paolo in Venedig geschaffen hatte. Das Bild zeigt die Auferstehung Christi und ist in seinem schwungvollen Pathos das Gegenstück zum gleichzeitigen Deckenbild im Erzbischöflichen Palast: Dort stürzt sich aus höchster Höhe der Erzengel Michael auf die unter ihm in den Abgrund sinkenden Teufel, hier entschwebt Christus dem Grab, an dem die Wächter in hilfloser Ohnmacht das Wunder eher zu bestaunen als zu verhindern scheinen. Prachtvoll ist die Hellebarde, die von einem der Krieger in haarscharfem Umriß zur Hand des Heilands weist, dessen Fahne die Gegendiagonale bildet. Noch brillanter als im Fresko spielen die Farben zusammen, aus dem Kontrast der Lokalfarben im Vordergrund sich klärend und erhellend in der lichtumflossenen Gestalt des Auferstehenden.

Sosehr wir uns auf einzelne Hauptwerke in der reichen Ausstattung des Domes beschränken, so sollten wir ihn nicht verlassen, ohne einen Blick in die *Sakristeien* getan zu haben, die sich in einer ganzen Flucht an die Südseite des Gotteshauses anschließen. Wie so oft in Venedig sind sie auch hier wahre Schmuckstücke des Rokoko, mit dem ganzen zwischen dem Profanen und dem Sakralen schwebenden Reiz dieser Epoche. So fühlt man sich auch hier zwar noch durchaus im Bereich des Domes, doch zugleich schon wie in einer in weltliche Saloni hinüberspielenden Nebenwelt. Der erste Raum, den wir vom Ende des rechten Seitenschiffs aus betreten, ist mit Gemälden noch aus dem 16. und 17. Jahrhundert geschmückt. Der zweite wurde im frühen 18. mit Grisaillen ausgemalt, über den Türen wirkungsvoll ergänzt durch Marmorbüsten. Aber auch die erst im 19. Jahrhundert erneuerte Decke zeigt, wie sicher sich noch über Generationen hinaus die Tradition des Rokoko behauptete. Im dritten Raum stehen die für die Meßgewänder notwendigen Schränke, deren gediegenes Handwerk durch Rocaillen erhöht wird. Hier wird die Atmosphäre nicht nur optisch durch eine mit Lackmalerei in chinoiser Art geschmückte Standuhr bestimmt, sondern auch hörbar durch ihren Pendelschlag.

Südlich des Domes steht das *Oratorio della Purità,* ein einfacher Betsaal, den Tiepolo durch ein Deckenbild ausgezeichnet hat. Schon die Fassade zeigt in ihrer Architektur die Anmut des Settecento Veneziano in der Aufteilung ihrer reich gestuften Öffnungen, in der eleganten Bekrönung des Portals, die sich im Rahmenwerk des Obergeschosses abwandelt und in den kunstvoll geschmiedeten Gittern der seitlichen Rundbogenfenster ihre Ergänzung findet. In der Muschel über dem Eingang tummeln sich Delphine; es ist das Wappen der Familie Delfino, aus welcher der Bauherr des Bethauses, Daniele Delfino, stammt. Der damalige Erzbischof – in ein Erzbistum war 1751 das altehrwürdige Patriarchat verwandelt worden – gibt die mit diesem Bau verfolgte Absicht in der Inschrift kund, die anstelle eines Fensters den zierlichen Rahmen im Zentrum des Obergeschosses füllt: Es heißt hier, daß das Bethaus ein an der gleichen Stelle stehendes Theater ersetzen solle. Dort, wo seit der zweiten Hälfte des 17. Jahrhunderts ein von der Familie Mantica gegründetes Theater durch seine Aufführungen selbst einen Goldoni erfreute, wurden seit 1754 junge Töchter im Zeichen der Purità di Maria Santissima, d.h. der Reinheit der Allerheiligsten Jungfrau Maria, in die christliche Lehre eingeführt, eine Umkehr von irdischen Vergnügungen zu gläubiger Askese, wie sie in jenem so facettenreichen 18. Jahrhundert keineswegs selten war. Nicht nur, daß ein Dominikanerpater zelotisch gegen das Theater zu Felde gezogen war, auch das damals in Udine neu geschaffene Erzbistum beanspruchte sowohl für die Kanoniker wie auch für die Unterbringung der Archive in nächster Nähe des Domes Platz.

Doch der Genius loci des Theaters lebt trotz aller puritanischen Absicht in dem Betsaal weiter, nicht nur in der schmucken Fassade, sondern auch in dem Deckenbild, das Giovanni Battista Tiepolo auf der Höhe seines Ruhmes, 1759, bei seinem dritten Aufenthalt in Udine malte, kurz vor seiner Abreise von Italien nach Madrid, unterstützt von seinem Sohn Domenico. Das Hauptbild wandelt das Himmelfahrtsthema ab, das Tiepolo schon 1741 an der Decke der Scuola del Carmine in Venedig gestaltet hatte. Leichter, bewegter und gelöster schwebt jetzt die Himmelskönigin empor, weniger auf Wolken stehend, als von diesen getragen, in ekstatischer Hingabe die Arme ausbreitend und damit die Geste des Apostels aufnehmend, der unten auf das leere Grab hinabsieht. Wenn man vom Eingang des Saales auf das flache Deckengemälde sieht, ist der Apostel uns wohl, was die reale Distanz anbelangt, näher, doch er erscheint auch tiefer als Maria, die nicht nur weiter entfernt ist, sondern dank der virtuosen Perspektive auch erhöht und ins Unmeßbare entrückt wirkt. Engel lösen sich in einem höchst anmutigen Versteckspiel aus der Wolkenmasse, wobei, wie im Theater, die Sphären ineinandergleiten. Tiepolo gelingt auf künstlerisch höchster Stufe jene vom Barock immer wieder erstrebte Vereinigung des Irdischen mit dem Überirdischen.

Der Eingangsfront des Domes gegenüber stehen Neubauten, die im Unterschied zu jenen in Triest nicht allzu augenfällig ihre Entstehung in der Mussolini-Ära bekunden. Aber man ist doch erleichtert, wenn einige Straßen weiter wieder das alte Udine beginnt und uns in der Via Savorgnana ein Palast des Udineser Settecento durch seine wohlabgewogenen Stockwerke und die diskrete Betonung seiner Mitte durch das die Portalachse nach oben abwandelnde Palladio-Motiv erfreut. Gleich seinen Zeitgenossen strahlt der Palast jene noble Wohnlichkeit und dezente Anmut aus, wie wir sie ebenso auf der venezianischen Terra ferma wie im nahen Österreich noch bis weit ins 19. Jahrhundert finden.

Auch der vom Dom herkommende Straßenzug, in dem sich bescheidene Häuser zu einem lebensvollen Ganzen aneinanderreihen, gewinnt nun sein altes Gesicht. An seinem westlichen Ende liegt die *Piazza XX Settembre,* deren einst zum Marktplatz plattformartig erhöhte Fläche heute freilich als Parkplatz dient. Einzig ein Ziehbrunnen mit reich geschmücktem Aufbau erinnert an seine früheren Zeiten. Das nur im Grundriß regelmäßige Geviert, in das die Straßen, wie so oft bei alten Plätzen, an den Ecken einmünden, ist architektonisch auf jeder Seite anders gestaltet. Äußerlich am anspruchsvollsten wirkt ein Großbau aus der Jahrhundertwende. Zu seiner Rechten steht die sparsam durchfensterte Front der noch ins 15. Jahrhundert zurückreichenden ›Casa Veneziana‹, so genannt wegen der hier wie in Venedig schon ins Orientalische abgewandelten Gotik der dreipaßförmig gestalteten Fenster. Gegenüber steht neben dem Albergo Stella d'Italia der spätklassizistische Palazzo Kechler, dessen etwas starre Front ein palladianischer Tempelrisalit mit der ihm hinterlegten Loggia verhältnismäßig hart durchbricht. Die Ostseite wird um so lebendiger durch die Zeile älterer Bürgerhäuser abgeschlossen.

Von der Piazza XX Settembre – übrigens der Tag, an dem 1870 die Truppen König Victor Emanuels durch ihren Einzug in das bis dahin päpstliche Rom die Einigung Italiens vollendeten – gelangen wir in südlicher Richtung zur nahen Kirche *S. Francesco,* einem typischen Bettelordensbau, der sich in franziskanischer Einfachheit mit schlichtem Mauerwerk und nur sehr wenigen Fenstern auf der Kreuzform aufbaut und nur in der schön gestaffelten Chorpartie deutlicher die Formen der italienischen Hochgotik zeigt. Das Innere des 1266 geweihten Baues erhielt im 17. Jahrhundert im Zeichen des Hochbarock reichen Schmuck. Als dieser gegen Ende des Zweiten Weltkrieges von Bomben stark beschädigt wurde, entschloß man sich, den ursprünglichen gotischen Zustand wiederherzustellen. So bildet das Innere wieder einen einfachen Saalraum, den ein hölzerner Dachstuhl überdeckt; nur die Chorkapellen sind überwölbt. Darin finden sich Fresken aus dem 14. Jahrhundert, die zum Teil von einem Bologneser Meister, zum Teil von emilianischen Künstlern stammen.

Neben dem Chor ragt noch der wuchtige Campanile empor, doch von dem einstigen Kloster hat sich nichts mehr erhalten. Dafür stoßen wir südöstlich der Front von S. Francesco auf den umfangreichen Komplex des *Alten Spitals,* dessen unverputzte Eingangsfront sich in einer Arkade von fünf stämmigen Bogen öffnet und auch sonst durch die gegliederte Kraft des Aufbaues beeindruckt.

Wenige Schritte weiter, in der konzentrisch zur Stadtmitte verlaufenden Via Crispi, steht die 1738-42 erbaute Kirche

S. Spirito. Ihr Architekt ist Giorgio Massari, der sich in Venedig durch mehrere Kirchen und Paläste auszeichnete und seinen Ruhm als einer der führenden Meister des Settecento Veneziano auch hier beweist. Der Zentralraum bildet in seiner oktogonalen Form das Gegenstück zu der nur wenige Jahre früheren Cappella Manin, die wir im Westen der Stadt noch aufsuchen werden. Doch während sich dort die Wände in illusionistischen Reliefs zu öffnen scheinen, herrscht hier die Architektur vor und schenkt dem Raum den Charakter nobler Zurückhaltung. Diese wird auch durch die Deckenbilder nicht durchbrochen, in denen Francesco Zugno die Himmelfahrt Mariens und die Dreifaltigkeit malte.

Durch die Via Crispi weitergehend, sind wir in wenigen Schritten auf der durch bedeutende Bauten ausgezeichneten *Piazza Garibaldi,* die wir von der Piazza XX Settembre aus auch direkt durch die kurze Via Battisti erreichen können. Auf der Ostseite des trapezförmigen Platzes, gegen das seine Mitte beherrschende Denkmal des Nationalhelden gerichtet, steht der stattliche Bau der *Scuole Medie,* den um die Mitte des 19. Jahrhunderts der Udineser Architekt Valentino Presani in den schon reicher differenzierten Formen des späten Klassizismus erbaute. An barock-palladianische Palast- und Villenanlagen erinnert die Abstufung der Flügel gegenüber dem durch Säulen und Tempelgiebel hervorgehobenen Mittelbau. Gegenüber dem Schulpalast sehen wir die von einem breit vorspringenden Sparrendach überschattete Front des *Palazzo Del Torso,* gekennzeichnet durch die gleich dreimal nebeneinandergesetzten Palladio-Fenster, die auf balustradengeschmückte Balkone münden. Das Innere des 1577 errichteten Spätrenaissancebaues dient heute einem wissenschaftlichen Zentrum und birgt hinter einer weiten Vorhalle einen schönen, durch einen Ziehbrunnen akzentuierten Hof. An der Piazza Garibaldi steht auch das Geburtshaus des Giovanni da Udine (1487-1564), der in Venedig bei Giorgione lernte und vor allem durch seine Dekorationen bekannt geworden ist, die er unter Raffaels Leitung in den Loggien des Vatikan schuf. Nach seiner Rückkehr wirkte er in Udine sowie auf Colloredo di Monte Albano und anderen Schlössern.

Von der Piazza Garibaldi aus lohnt sich der Abstecher durch die noch von älteren Häusern gesäumte Via Grazzano zur Kirche *S. Giorgio,* einem schon in der Fassade nicht unbedeutenden Beispiel des römisch-venezianischen Spätbarock. Das Innere entwickelt von einer zentralen Vierung aus ein gestrecktes griechisches Kreuz, dessen kurze Querarme durch Säulenstellungen betont sind. Die Seitenkapellen öffnen sich weit und hoch gegen den Hauptraum, der in der Apsis mit einem vielfigurigen Gemälde schließt. Diesem vorgelagert, doch optisch durchaus mit ihm verbunden, ist der spätbarocke Tabernakel-Altar.

Von der Piazza Garibaldi aus führt die Via Brenari, die breite Via Poscolle kreuzend, zum *Museo Friulano delle Arti e Tradizioni Popolari,* das in einem Patrizierhaus des 18. Jahrhunderts untergebracht ist und in zum Teil originalen, zum Teil nachträglich eingebauten Zimmern mit ihrer Einrichtung über städtisches und ländliches Leben unterrichtet, wie es sich bis ins 19. Jahrhundert quer durch alle Schichten im Friaul abspielte.

Gegen die Stadtmitte hin folgt die Via Zanon einem Teil des inneren Mauerrings, begleitet auf der äußeren Seite von älteren Bauten aus dem 18. Jahrhundert in jenem Palaststil, der, wie man es im Friaul des öfteren sieht, zwischen Venetien und Österreich sympathisch die Mitte hält. Auf der Seite gegen die Stadtmitte hat sich einer jener in Udine häufigen Wasserläufe erhalten, die mit ihren von alten Häusern, Bäumen und kleinen Gärten gesäumten Ufern einen eigenen Reiz haben. Überschreitet man den Wasserlauf auf kleinem Steg, so steht man bald unversehens auf einem der schönsten alten Plätze, nämlich der *Piazza Matteotti,* die übrigens auch von der Piazza XX Settembre sowie vom Stadtkern aus zu erreichen ist. Wie bei der Piazza XX Settembre bildet der Platz ein im Grundriß regelmäßiges Geviert, doch fügen sich die umschließenden Bauten hier zu einer ungleich ansprechenderen Einheit zusammen als dort. Denn noch stört hier kein Neubau, noch ist hier jenes Geheimnis alter Plätze und Straßenbilder bewahrt, das darin beruht, daß die Vielheit nicht auseinanderfällt, sondern sich stets zu einer Einheit zusammenschließt, und diese doch nie monoton ist. Auch hier wird der Platz durch seine Zugänge nicht aufgeschlitzt, sondern die Straßen münden an den Ecken ein und führen an den Rändern des Gevierts entlang, dessen Fläche das seit Jahrhunderten nicht viel veränderte Bild des südlichen Marktes bildet. Der Platz ist auch hier durch mehrere Stufen zu einer Plattform erhöht, die den Markt von den ihm umgebenden Verkehr ausspart, wodurch sich das Leben zwischen den Verkaufsständen wie auf einer Bühne abspielt.

Der so geformte Schauplatz wird zudem durch zwei Schaustücke ausgezeichnet, eine Madonnenfigur auf hoher Säule, die 1487 vermutlich auf Anregung des damaligen venezianischen Statthalters Thomas Lipomanus errichtet wurde, und einen Brunnen, den 1542 in Form von zwei wohl aufeinander abgestimmten Schalen Giovanni da Udine schuf. Auf drei Seiten stehen Häuser, die ungleich hoch sind, doch in der Verteilung ihrer Fenster den gleichen Rhythmus abwandeln und zudem in ihren Erdgeschossen durch Arkaden verbunden sind. Der große Platz erweitert sich auf seiner Westseite zu einem kleinen, der durch einen von einer Säule eigentümlich überhöhten Ziehbrunnen seinen Akzent erhält. Zugleich gewinnt die ganze Platzseite durch die hier stehenden beiden Kirchen ihr Gewicht.

Die Kirche neben der genannten Platzausweitung ist *S. Giacomo*. Zusammen mit dem zierlichen Uhrturm, der unmittelbar aus dem Frontgiebel emporsteigt und dessen Glokkengeschoß durch ein flaches Zeltdach abgeschlossen wird, wirkt die zweigeschossige Fassade verhältnismäßig leicht und elegant. Sie wurde zwischen 1525 und 1533 von einem der lombardischen Steinmetzarchitekten erbaut, die sich durch die dekorative Anmut ihrer Bauten und Skulpturen auszeichnen: Bernardino da Morcote aus dem südlichen Tessin. Fast wie eine Zwillingsschwester, obwohl rund zweihundert Jahre jünger, wirkt daneben die 1710/11 von einem Udineser erbaute *Cappella della Concezione*. Die Aufteilung der Front ist eng verwandt, nur daß im Sinn des Spätbarock nun eine statuengeschmückte Balustrade den Abschluß bildet.

Das Innere von S. Giacomo ist erwähnenswert; es ist in der

Art eines Oratoriums als einschiffiger Saal mit eingezogenem Chor gebildet und wirkt vor allem durch seine reiche Ausstattung. Unter den barocken Altarbauten an den Seitenwänden zeigt der erste Altar rechts das Bild einer Madonna mit zwei weiblichen Heiligen, gemalt von dem Udinesen Fulvio Griffoni in der Art des jüngeren Palma, der sich seinerseits dem Spätstil Tizians anlehnte, eine Abstammung, die Qualität gewährleistet. Ohne besondere Qualität hingegen fügt sich das im mittleren 18. Jahrhundert entstandene Deckenbild von Venier in das Gesamtbild ein. Durchgänge führen in das anstoßende Oratorium, in dem nur noch der Hochaltar originaler Spätbarock ist. Wände und Decken hingegen wurden erst im 19. Jahrhundert in einem grauviolett getönten Neubarock ausgemalt; seine erstaunliche Qualität verdankt er der handwerklichen Tradition, die damals noch immer lebendig war.

Nördlich der Piazza Matteotti gelangen wir zu *S. Pietro Martire,* einem einfachen Saalbau, der seit dem 19. Jahrhundert die Kirche des einst hier stehenden Dominikanerklosters ersetzt. Davon erhalten hat sich der Glockenturm und das rechte Seitenportal. Auch einzelne Altäre der Spätrenaissance und des Barock stammen aus der ursprünglichen Kirche, so im Chor das 1578 datierte Spätwerk des Pomponio Amalteo oder der Rosenkranzaltar mit seinen mit Rosenzweigen spielenden Putten, Arbeiten des Giuseppe Torretti, der unter den friulanischen Bildhauern des 18. Jahrhunderts der bedeutendste ist und dessen Hauptwerk wir nun in der nahen Cappella Manin sehen werden. Der Weg dorthin führt uns am mittelalterlichen Torre di S. Maria vorbei, einem der Wehrtürme, der zum vierten der fünf Mauerringe gehörte. Links sehen wir die breite, in schwerem Frühbarock erbaute Front des Palazzo Torriani, der bis 1768 dem venezianischen Adelsgeschlecht der Manin gehörte, das sich im 18. Jahrhundert die großartige Villa bei Passariano anlegen ließ. Auch dort war Giuseppe Torretti beschäftigt. Die 1733 vollendete *Cappella Manin* trägt heute noch den Namen ihrer Stifter; sie gehört dank des Reichtums und der inneren Einheit ihrer Architektur und ihres Reliefschmucks zu den hervorragendsten Leistungen des venezianischen Spätbarock. Wohl kennt man den Bildhauer nicht, aber den Architekten. Die kostbaren Marmorinkrustationen an den Pilastern weisen auf Domenico Rossi, dessen Jesuitenkirche in Venedig auf ähnliche Weise geschmückt ist. Der mäßig große Raum hat die seltene Form des Sechsecks, wodurch die großen Wandreliefs noch ausgesprochener im Sinne eines Panoramas zur Schau gestellt werden. Die Reliefs, die mit ihren fast lebensgroßen Figuren Szenen aus dem Marienleben zeigen, sind in flache, mit runden Bogen schließende Nischen eingelassen. Sie täuschen jedoch verblüffend über die meßbare Realität hinweg. Mittels Hallen und Balkonen eröffnen sie einen weiten Handlungsort im Freien, und durch zu Gängen geöffnete Türen, wie bei der Geburt Mariens, einen großen Hausinnenraum. Nicht immer gelingt die Illusion vollkommen, vor allem dort nicht, wo es um die Einpassung der fast vollplastischen Figuren in die sehr flächig wiedergegebene Architektur geht. Immerhin bleiben die Effekte erstaunlich, und man erlebt, wie hier im Spätbarock alles zur Bühne und jedes Geschehen zum Schauspiel wird, dank einer überlegenen Szenographie, die wohl nach den Regeln des Jesuitenpaters Pozzo vorgeht, doch diesmal die Architektur nicht durch den Pinsel, sondern den Meißel vor Augen zaubert.

Wir wenden uns wieder der Stadtmitte, das heißt dem Schloßberg zu und gelangen an dessen nordwestlichem Fuß zum *Mercato Vecchio,* der im Unterschied zur früher Mercato Nuovo genannten Piazza Matteotti zwar seinen alten Namen bewahrt, doch die entsprechende Funktion eingebüßt hat. Geblieben ist eine breite Geschäftsstraße, die in leichter Krümmung den Schloßberg im Südwesten umzieht. Obwohl sich seit der letzten Jahrhundertwende einzelne Neubauten bemerkbar machen, ist im ganzen der alte Rahmen geblieben, dank der Arkaden und dem nur wenig abgewandelten Rhythmus der Fenster. Eine Ausnahme macht der einstige Palazzo del Monte di Pietà, das Pfandhaus, das in italienischen Städten gerne zu einem Repräsentationsbau erhoben wurde und als Bankhaus seine Bedeutung hatte. In der Nachfolge befindet sich heute im selben Haus die Sparkasse. Der Bau wurde 1690 vollendet und schließt sich mit den balustradengeschmückten Palladio-Fenstern an den Palazzo Del Torso an der Piazza Garibaldi an, doch ist im Sinne des Barock die gestaffelte Gruppe der Öffnungen beide Male durch Pilaster und Giebel zusammengefaßt, die sich fast zu wuchtig von der sonst glatten Wand abheben. Auch in den schweren Pfeilerarkaden des Erdgeschosses wird der Maßstab der übrigen Häuser durchbrochen. Eindrucksvoll ist die Kapelle, in die man vom Laubengang aus durch ein kunstvoll geschmiedetes Fenster blickt und deren auf engen Raum gedrängter Reichtum an Skulpturen und Gemälden besonders abends bei künstlichem Licht zur Geltung kommt.

An seinem nordwestlichen Ende erweitert sich der Mercato Vecchio um ein weniges zur kleinen *Piazza Marconi,* die gegen den Schloßberg hin durch den *Palazzo Bartolini* ihren bedeutenden Abschluß erhält. Der Bau, der seit 1866 die städtische Bibliothek beherbergt, wurde in der ersten Hälfte des 17. Jahrhunderts noch ganz in der Tradition Palladios erbaut, namentlich was die Gestaltung der Fassadenmitte anbelangt, in der die Fensterachsen auf venezianische Weise zusammenrücken und die dreiteilige Portalanlage mit dem säulengefaßten Bogenfenster des Obergeschosses mit souveränem Können in Beziehung gesetzt ist.

Wir verlassen den gerade in dieser Gegend an bürgerlichen Renaissance-Häusern reichen Kern der Stadt, die sich schon im Mittelalter weit in die Ebene ausbreitete bis zu jenem äußersten, noch heute durch einzelne Tore markierten Ring, dem heute die große Umgehungsstraße folgt. Durch die Via Bartolini gelangen wir zur gegenwärtigen Banca d'Italia, die sich einen der schönsten Paläste von ganz Friaul zu ihrem Sitz erkoren hat, den ehemaligen *Palazzo Antonini.* Begonnen wurde er 1556 für den Patrizier Floriano Antonini von dem damals wichtigsten der oberitalienischen Architekten und einem der bedeutendsten überhaupt: Andrea Palladio (1508–1580). Der große Vicentiner, der durch seine Paläste, Villen und Kirchen wie auch als Theoretiker in seinen ›Quattro Libri dell'Architettura‹ weiteste Bedeutung erlangte, weilte damals zum erstenmal im Friaul und schuf in Udine den einzigen

Stadtpalast außerhalb seiner Heimatstadt Vicenza. Doch wenn dort die Paläste im dicht überbauten Stadtkern fast ausnahmslos mit Nachbarhäusern verbunden sind, erhebt sich der Palazzo Antonini etwas außerhalb des Stadtzentrums als isolierter Block, den auf der einen Seite die Straße, auf der anderen Seite Gärten und ein kleiner Platz umgeben. Schon in dieser Lage zeigt sich eine Verwandtschaft mit den Hauptgebäuden vieler Villen Palladios. An diese erinnert, wie Peter Tigler nachgewiesen hat, das Schema des zweigeschossigen Portikus an der gegen die Straße gerichteten Fassade und die doppelgeschossige Säulenloggia gegen den Garten. Auch im Grundriß zeigen sich Übereinstimmungen mit einzelnen Villen, nämlich in der rhythmischen Verbindung verschieden großer und hoher Räume, woran auch das doppelt angelegte Treppenhaus Anteil hat. Ebenso hat das altrömische Wohnhaus, wie es Palladio durch die im 16. Jahrhundert neu herausgegebenen und kommentierten Bücher des Vitruv kannte, auf die Raumfolge gewirkt, worin das von vier Stützen unterteilte Atrium den dominierenden Auftakt bildet. Am Ende der Raumfolge öffnet sich eine Vorhalle gegen den Garten.

Der Bau ist als mächtiger Block konzipiert, der im Erdgeschoß an seinen Ecken durch roh behauene Quader gefaßt wird, die auch die vergitterten Fenster umschließen. Um so freier entfaltet sich darüber das Piano Nobile mit seinen edlen Fenstern. Ein Attikageschoß leitet schließlich zum weit vorspringenden Sparrendach, das an den übrigen Bauten Palladios fehlt, doch hier in Udine an ältere Paläste anklingt, wie den Palazzo Del Torso sowie an viele Bürgerhäuser. Doch über bürgerliche Maße weit hinaus sind die Verhältnisse zu heroischer Größe gesteigert, ohne dabei jedoch das menschliche Maß preiszugeben. Dieses menschliche Maß ist es, das im besonderen die Profile an Fenstern, Balustraden und Gesimsen bestimmt, und erst von solchen Ansatzpunkten aus läßt sich die innere Größe des Ganzen ermessen. Der Palast wurde erst am Anfang des 18. Jahrhunderts vollendet, in dem auch die noch in einzelnen Sälen erhaltene Ausschmückung entstand. Andere Räume, etwa die im Erdgeschoß, erhielten ihre Fresken und Stukkaturen erst im frühen 19. Jahrhundert.

Schräg gegenüber dem Palazzo Antonini liegt die kleine, auf das 14. Jahrhundert zurückgehende Kirche *S. Cristoforo*. Ihr schönes Renaissanceportal wurde von dem Tessiner Bernardino da Bissone gemeißelt. Über dem Portal steht in einer Nische eine Holzfigur des Christophorus. Das einschiffige Innere birgt Skulpturen eines venezianischen Meisters des frühen 18. Jahrhunderts, in welchem man eher einen Mitarbeiter als den damals in Udine tätigen Giuseppe Torretti selbst vermutet.

Stadtauswärts steht eine Reihe von Palästen, die hier von den freieren Baugründen Nutzen zogen. Sie haben dementsprechend langgestreckte Fassaden mit regelmäßig angeordneten Fenstern, die in der durch Portal und Balkon betonten Mitte auf venezianische Weise etwas zusammenrücken. Ein stattliches Beispiel bietet hierfür an der Via Prospero Antonini die heutige *Universität,* ehedem Palazzo Cornazzi. Paläste verwandter Art findet man an der Via Manin oder an der Via Palladio, so genannt übrigens nicht nach dem Architekten, sondern nach zwei friulanischen Historikern: Enrico und Francesco Palladio.

Wenn man wieder in Richtung auf die Stadtmitte bald nach dem Palazzo Antonini nach links abbiegt, gelangt man, durch kleine Gäßchen an noch nicht zugedeckten Kanälen vorbei, schließlich aus der Enge alter Häuser hinaus auf die nun um so eindrucksvollere Piazza Giardino Grande, heute *Piazza Primo Maggio*. Unmittelbar unter dem Schloßberg, auf dessen anderer Seite das älteste Udine entstand, breitet sich eine noch unüberbaute Fläche aus mit baumbestandenem Rasen, begrenzt von einzelnen Gärten sowie von Kirchen und Palästen. Der Platz, so formlos er ist, verglichen mit anderen im alten Udine, hat seine Geschichte und seine Atmosphäre. Hier lag im Mittelalter ein kleiner See, auf welchem, wenigstens nach den Berichten phantasievoller Lokalhistoriker, die Patriarchen im Nachen spazierenfuhren. Dann legte man den See trocken, wovon die Nachricht durch toskanische Kaufleute bis zu Boccaccio kam, denn er erwähnt das Unternehmen in einer der Erzählungen seines ›Decamerone‹. Was blieb, waren drei stinkende Tümpel, die als Schuttablage dienten. Doch die

Szene wandelte sich wieder zum Besseren: Es fand an diesem Ort die ›Fiera di Sa. Catarina‹, ein berühmter Jahrmarkt, statt, und dazwischen exerzierten und paradierten die Bürgerwehren samt ihrer Artillerie. In unserer Zeit zelebrierte auf diesem größten Platz von Udine beim Eucharistischen Kongreß Papst Paul im Freien die Messe. Heute haben Verkehrsströme von ihm Besitz genommen; doch heißt er im friulanischen Ladinisch noch immer ›Zardin Grant‹, nämlich ›Großer Garten‹, und Gärten geben selbst heute noch seinen Rändern das Gepräge, zusammen mit den hohen Bäumen, die die Rasenfläche in der Platzmitte beschatten. Hier kampierten im September 1976 nach dem Erdbeben viele Einwohner in Wohnwagen und Zelten, während sich im benachbarten kleinen Park die Funker der damals nach Friaul zur Hilfeleistung verlegten Elitedivision niedergelassen hatten. Doch auch ohne diese wechselnden Geschicke hätte der Ort seine besondere Atmosphäre. Man fühlt sich ganz in Udine, im Schutze seines Schloßbergs, an dessen Hang grüngesäumte Wege entlangführen, und man spürt zugleich auch eine Verwandtschaft mit Städten nördlich und östlich der nahen Alpen, so mit Graz, wo ebenfalls steil und unvermittelt ein Schloßberg aus der Ebene steigt.

Dort, wo die Piazza auf der Nordseite beinahe in die hier dem äußersten Befestigungsring folgenden Parkanlagen übergeht, liegt das ehemalige Kloster der Serviten mit dem schönen, von Säulenarkaden umzogenen Kreuzgang von 1478 und der Kirche *S. Madonna delle Grazie,* die als Wallfahrtsziel berühmt ist und mit ihrem leicht erhöhten Tempelportikus die Nordostseite des Platzes beherrscht. Während die Front dem späten Klassizismus des 19. Jahrhunderts angehört, entstand das Innere in zwei Etappen: 1730–1746 das als gestrecktes griechisches Kreuz zentralisierte Langhaus nach Plänen eines der namhaftesten Architekten des venezianischen 18. Jahrhunderts, nämlich Giorgio Massari, der eingezogene Chor jedoch erst ab 1785. Der Unterschied zwischen Rokoko und Klassizismus, wie er damit gegeben wäre, wird jedoch übertüncht durch die Ausmalung in einem schwülstig schweren Neubarock des späten 19. Jahrhunderts, so daß man des reichen

III

GIOVANNI BATTISTA TIEPOLO

Rahel verbirgt die Götzenbilder unter sich

Fresko im Erzbischöflichen
Palais in Udine
1726

Raumeindrucks nicht recht froh wird. An Bildern besitzt die Kirche außer dem byzantinischen Madonnenbild, welches das Ziel der Wallfahrt bildet, einige Werke des 18. Jahrhunderts und in der Apsis eine Thronende Madonna mit Heiligen, die 1522 ein sonst unbekannter Udineser Meister aus der Nachfolge des Pellegrino da S. Daniele in der Art des Giorgione malte.

Östlich wird der enger werdende Platz, der hier *Piazza Patriarcato* heißt, durch den Komplex des Erzbischöflichen Palastes und die anstoßende kleine Kirche *S. Antonio Abate* beherrscht. Die Kirche ist ein kleines Juwel des Rokoko und ruft in ihrer Eleganz verwandte Bauten in Venedig, wie S. Stae, in Erinnerung. Die 1734 vollendete Fassade steht auf hohem Sockel und bettet auf das anmutigste die korinthische Tempelfront in die Wand, wodurch für das von ionischen Halbsäulen gefaßte Portal sowie die verschiedenen Nischen ein straffer, doch keineswegs starrer Rahmen entsteht. Die schlank proportionierte Front will mit der statuengeschmückten Balustrade zusammen gesehen werden, die auf niedriger Terrasse der Kirche vorgelegt ist, so daß das Ganze durchaus die Wirkung eines Bühnenbildes gewinnt. Vermerkt sei noch, daß der skulpturale Schmuck von Giovanni Maria Morlaiter, dem führenden Bildhauer des venezianischen Spätbarock, stammt.

Tiepolos Fresken

Der Erzbischöfliche Palast, *Palazzo Arcivescovile,* wurde unter den letzten Patriarchen zwischen 1708 und 1740 in seine heutige Form gebracht und dient seit 1751 den damals in Udine die Patriarchen ersetzenden Erzbischöfen als Residenz. Der langgestreckte Baukörper gibt sich nach außen verhältnismäßig einfach; doch um so reicher ist der Aufwand in einzelnen Innenräumen. Denn kein Geringerer als der damals erst dreißigjährige Giovanni Battista Tiepolo erhielt von dem kunstinteressierten Patriarchen Dionisio Delfino, der die Bibliothek durch den Franzosen Dorigny hatte ausschmücken lassen, den Auftrag für die Fresken im Treppenhaus und in einzelnen Prunkräumen des obersten Geschosses.

Das Treppenhaus überwindet auf nicht allzu großer Grundfläche die Höhe der drei Stockwerke, indem die Läufe auf vier Seiten einen durch dekorierte Stützen eingefaßten Schacht umziehen. Zwischen diesen Stützen und den ebenfalls leicht stuckierten Decken über den einzelnen Läufen sieht man bereits vom Anfang des Aufstiegs an hoch über sich das Rechteck des reich gestalteten Muldengewölbes. Es schließt das Treppenhaus ab und öffnet es zugleich gegen einen imaginären Himmel. Wie in einer natürlich gewachsenen Laube spannen sich von den Ecken und den Seitenmitten aus breite Bänder, die mit Blättern, Blumen und Fruchtschalen geschmückt sind, zum länglichen Rechteck empor, welches das Fresko Tiepolos umschließt. Dieses überfällt und bestürzt uns in jedem Sinne des Wortes. Man glaubt durch den Rechteckrahmen, zu welchem sich die bewegte Hohlkehle festigt, in höchste Himmelshöhen zu blicken. Von dort aber schwebt mit gezücktem Schwert und ausgespannten Flügeln aus scheinbar fernsten Höhen der heilige Michael auf uns herab, besser: auf eine in verkürzender Untersicht gemalte Gruppe von Teufeln, darunter Luzifer, während einer der Verdammten, von der Schlange der Sünde gefesselt, hintenüber aus dem Bild herausgewirbelt wird, und zwar derart, daß Mantel und Arm als farbige Masse plastisch greifbar werden, wo sie die linke untere Ecke des Bildes überschneiden.

Nicht vor 1726 ist das Fresko entstanden, das in der Kühnheit seines Illusionismus die Jugendkraft des damals Dreißigjährigen bezeugt. Genährt ist diese Art des Illusionismus, in der das Kunstwerk beinahe zum Kunststück wird, durch die Lehre des Paters Andrea Pozzo und schon vor Tiepolo verwirklicht in Vorbildern in Oberitalien und Rom, wozu noch Anregungen der Hell-Dunkel-Malerei kommen, wie sie vor allem in Bologna gepflegt und in ihren dunkelbraunen bis hellgrauen Tönen namentlich durch Piazzetta, aber auch durch Federico Bencovich und Marco Ricci vermittelt wurde. Dem Braunrot und Olivgelb der Teufel und Verdammten antwortet um so leuchtender das Blau im Mantel des Erzengels, in dem sich der lichte Azur des Himmels verdichtet.

In das als Überleitung zur realen Architektur so wichtige

Rahmenwerk der Hohlkehle sind acht kleine, monochrom gemalte Szenen aus der Geschichte der ersten Menschen von der Schöpfung bis zum Sündenfall und der Vertreibung aus dem Paradies eingeschlossen.

Vom obersten Absatz der Treppe gelangt man in den großen Thronsaal, den man am besten bei künstlicher Beleuchtung sieht. Hier stand einst der Thron der Patriarchen, deren Bildnisse seit 1600 die Wände schmücken. Das Deckenfresko wurde 1859 völlig neu gemalt, nachdem vier Jahre vorher die Decke eingestürzt war. Sehenswerter als dieser Saal und auch als die anstoßende, mit einem Altarbild des jüngeren Palma ausgestattete Hauskapelle sind die Galerie und die sogenannte ›Sala rossa‹ (oder ›Sala del Tribunale‹), die beide zwischen 1727 und 1730 von Tiepolo ausgemalt wurden, hier, wie auch schon im Treppenhaus, unterstützt von einem Spezialisten der Scheinarchitektur, dem ›Quadraturisten‹, wie man damals sagte, Mengozzi-Colonna. Insbesondere die helle, in ihren Fenstern dem Nachmittagslicht geöffnete *Galerie,* in welcher Tiepolo sein Werk begann, ist in der Frische ihrer Erhaltung ein glänzendes Beispiel des spätbarocken Gesamtwerkes, namentlich was das Ineinandergleiten verschiedener Gattungen anbelangt: Wand- und Deckenbilder verschiedensten Formates sind unterbrochen von der Scheinplastik gemalter Nischenfiguren. Dazu kommt der Unterschied zwischen monochromer und polychromer Farbgebung, wobei jede auf ihre Art die Illusion einer anderen Wirklichkeit gibt, dargestellt sowohl als eine vor unseren Augen enthüllte Szenerie, wie auch als an die Wand fixierte Grisaille-Reliefs. Verschiedene Existenzformen spielen dabei ineinander in der Art jener ›Quid-pro-quo‹-Bilder, wie sie das 18. Jahrhundert auch nördlich der Alpen liebte. Das Rahmenwerk brilliert in komplizierten Überschneidungen und ist doch nur mit dem Pinsel aus der flachen Wand gezaubert.

Die Wirkung dieses überaus differenzierten Zusammenspiels ist bezaubernd, ähnlich, wie man es im Theater erleben kann. Denn die Wand scheint sich immer wieder zu figurenbelebten Szenen zu öffnen und bleibt trotz allem bühnenmäßigen Illusionismus doch als Fläche gewahrt, ähnlich wie dies, nur dort noch stärker, bei einem Wandteppich der Fall ist. Solche Wirkungen gelingen durch die lichte Farbigkeit, die dem Fresko den muralen Charakter gibt, aber auch durch die Eleganz der tänzerisch bewegten Figuren, bei denen die eine Bewegung die andere ruft und die Kurvatur der Rahmen im Bilde weiterklingt.

Doch so sehr hier alles zu einer Art Ballett wird, so individuell und erdennah sind die einzelnen Figuren, die uns die Geschichte von Abraham und Isaak vorführen. Als Hauptstück darf die große, auch durch einen halbgezogenen Vorhang als solche betonte Szene gelten, wie Rahel vor Jakob und Laban die von ihr gestohlenen Götzenbilder verbirgt. Durch zahlreiche Statisten, deren Beteiligung geschickt abgestuft ist, werden die Hauptfiguren noch hervorgehoben, wobei sich in Haltung und Ausdruck eine erstaunliche Psychologie verrät: Naiv und zugleich sehr bewußt wird hier gespielt; geschickte Regie, spontane Fabulierlust und Schwelgen in reiner Augenfreude, alles vereinigt sich hier wie in den übrigen Fresken zu einem Festmahl der Sinne (Farbtafel III).

Greifen wir aus dem gesamten Zyklus noch das Hauptbild aus der *Sala rossa* heraus: Deren Bestimmung als Gerichtssaal macht das Thema, ›Das Urteil Salomons‹, sinnfällig. Es handelt sich hier um ein Deckenbild und entsprechend sind die Verkürzungen auf den aus einiger Nähe aufblickenden Betrachter bezogen. Wieder fallen unvereinbare Gegensätze zusammen: Aus einem ›Gegenüber‹ wird ein ›Über uns‹ und die Wirkung ist ›erhebend‹ wieder in genauem Sinn des Wortes. So realistisch auch die Menschentypen gewählt sind – Salomon auf seinem von kostbaren Stoffen umwallten Richterthron könnte der noch jugendliche Patriarch sein – so entrückt in eine erhaben-zeitlose Sphäre sind sie, dank der Kunst der Perspektive, deren Kühnheit Tiepolo später nicht mehr übertroffen hat. Das alles vollzieht sich in Farben von einer Meisterschaft, zu der Tiepolo eben bei diesem frühen Udineser Aufenthalt fand. Von Anfang an beherrscht er die gleichmäßige Helligkeit des Mauertons. Doch wenn auch die beim Eintrocknen ausgeschiedene Kalkschicht nicht sichtbar wird, sondern die Farben dämpft, so gewinnt Tiepolo aus dem Ausgleich, aus der Dämpfung der Kontraste, eine eigene Schönheit. Es ist der Reiz der Halbschatten, die es erlauben, noch alle Feinheiten der Binnenzeichnung zu zeigen, wie denn der Meister hier überhaupt ein eigenes zeichnerisches Talent entwickelt. Die Linie wird gegen die Farbe ausgespielt, so wie es schon Rembrandt in seinen lavierten Federzeichnungen tat. Von jener bald milchigen, bald kaffeebraunen ›Melange‹, worin Tiepolo im Treppenhaus noch seinen venezianisch-bolognesischen Lehrern verbunden blieb, löst er sich bereits in den Fresken der Galerie. Doch in der Sala rossa differenziert und intensiviert er die Farben noch. Man hat in dieser Hinsicht auf den Einfluß von Paolo Veronese hingewiesen, der im ganzen Werk Tiepolos eine Rolle spielt, gerade was den Reichtum der Kostüme sowie der Bildaccessoires anbetrifft: Doch ist Tiepolo in seinen Verkürzungen kühner, im Stil pointierter und in den menschlichen Figuren von einer psychologischen Überlegenheit, die geradezu modern anmutet. Im selben Saal ergänzen farbige Stuckreliefs mit alttestamentlichen Szenen das Deckenbild.

In der nun folgenden *Sala gialla* ist die Decke durch weiße Stuckreliefs mit den allegorischen Darstellungen von Glaube, Liebe, Hoffnung und der vier freien Künste geschmückt. Die *Sala azzurra,* die als blauer Saal nach dem roten und gelben die Reihe der Säle im Piano Nobile fortsetzt, zeigt neutestamentliche Szenen, die gleich den sie umspielenden Grotesken der Überlieferung nach um 1538 von Giovanni da Udine gemalt wurden. Das heutige Mittelbild schuf jedoch erst im Jahre 1807 ein venezianischer Künstler.

Den Abschluß der Schauräume bildet die Bibliothek, deren Bücherwände durch eine Galerie gegliedert sind. Die Galerie faßt den langgestreckten Raum so ein, daß sie den rechteckigen Rahmen des Deckenbildes mit den Allegorien der Wissenschaften schon vorbereitet, das der Venezianer Niccolò Bambini malte. Schon unter Dionisio Delfini, doch noch vor Tiepolo, wurde die Bibliothek eingerichtet, die, später durch die Erzbischöfe stark vermehrt, heute rund zehntausend Bände, darunter achthundert Codices und mehr als hundertfünfzig Inkunabeln umfaßt.

In derselben Front wie der Erzbischöfliche Palast, nur wenige Schritte weiter, steht der Palast der Provinzialverwaltung, *Palazzo della Provincia*, der in der zweiten Hälfte des 17. Jahrhunderts für die Grafen Antonini erbaut wurde. Die aus Erdgeschoß, Piano Nobile und Mezzanin in schönen Proportionen unterteilte Front wird noch durch das Zusammenrücken einzelner Fenster belebt. Dazu kommt, durchaus im Sinne einer hochbarocken Villa des Veneto, ein Mittelrisalit, der zwar nicht aus der Fassade vortritt, doch diese mit einem giebelgeschmückten und pilastergegliederten Obergeschoß beinahe mit dem Pathos einer Kirche überragt. Die Gruppe palladianisch abgestufter Fenster wiederholt sich, durch eine Balkonbalustrade zusammengefaßt, über dem Portal. Während die Fassade sehr viel mehr Aufwand entfaltet als der nahe Palast des Erzbischofs, ist das Innere um so einfacher. Hier stand kein Tiepolo zur Verfügung, sondern dessen Vorläufer in Udine, Giulio Quaglio, der auch verschiedene andere Kirchen und Paläste in Udine wie im Friaul mit Fresken schmückte, die vergleichsweise altertümlich und in der Wirkung eher grob sind. Immerhin stellt, vorbereitet durch das Treppenhaus, der Hauptsaal eine der aufwendigsten Dekorationen der Stadt dar, wobei die Malereien von reichem Stuck begleitet sind.

Triest

Stadt mit Atmosphäre

Die Stadt, die ihren römischen Kern im Kastell auf dem Hügel von S. Giusto hat und von hier aus schon in der Antike bis zu dessen Fuß hinabwuchs, verharrte in diesem Umfang während des Mittelalters, um sich dann im 18. Jahrhundert als Hafen- und Handelsstadt dem Meer entlang auszubreiten, während des 19. Jahrhunderts in die Täler hineinzuwachsen und im 20. an den Hängen des Karstes wieder emporzusteigen.

Triest besitzt keinen alten Stadtkern in jenem überragenden Sinn wie Prag und Krakau oder auch Budapest mit Burg und Stephanskirche. Auch das Kastell dominiert trotz seiner Berglage nicht, wie es beispielsweise die Türme und Dächer der Nürnberger Burg tun. Denn das Triestiner Kastell ist ähnlich gedrungen wie jenes im benachbarten Görz, und die Tempel, die einst unmittelbar zu seinen Füßen einen Sakralbereich im Sinne einer Akropolis bildeten, sind nur in teilweise stark rekonstruierten Rudimenten erhalten. Von der mittelalterlichen Altstadt ist wenig übriggeblieben nach der Freilegung des römischen Theaters und der modernen ›Sistemazione‹, die zwar nur in Ansätzen fertig ist, doch architektonisch derartig brutal auftrumpft, daß man ihr die benachbarten, bis auf die Grundmauern der Häuser zerstörten Gassen vorziehen möchte, wo aus niedrigem Mauerwerk nun schon seit Jahrzehnten Gras und Büsche wachsen.

Die unter den österreichischen Herrschern des 18. und frühen 19. Jahrhunderts am Meer angelegten Hafenviertel sind streng regelmäßig und – abgesehen von dem großen Kanal, der senkrecht zum Ufer einige hundert Meter ins Landinnere auf die klassizistische Front von S. Antonio zuführt – städtebaulich wenig reizvoll, so wenig wie die großen Straßenzüge des späten 19. und die Durchbrüche des 20. Jahrhunderts als Leistungen der Stadtbaukunst angesprochen werden können. Dazu kommt, daß auch hier in jüngster Zeit die Stadt in der allgemein üblichen Weise ins Kraut schießt, daß da und dort Hochhäuser wild emporsteigen und Hänge, die noch vor wenigen Jahrzehnten mit Villen und Gärten prangten, in der heute oft geübten Rücksichtslosigkeit überbaut werden.

Und doch ist Triest eine schöne Stadt von ganz eigenem Zauber. Man muß diesen freilich erspüren und erwandern und an den entsprechenden Orten länger verweilen können. Darum sollte man für seine Wege am besten die Stunden des späten Abends oder des frühen Sonntagmorgens wählen. Man sollte versuchen, die Stadt nicht nur zu durchfahren oder sie in wenigen, abgezählten Stunden programmäßig zu besichtigen, sondern mit ihr ein wenig zu leben, sich in ihren Rhythmus einzufügen, die Stunde vor dem Essen in einem der altberühmten Kaffeehäuser, dem Caffè degli Specchi am Hauptplatz, dem Caffè Tommaseo neben der Börse oder dem Café im ›Tergesteo‹ gegenüber dem Teatro Comunale G. Verdi am Mittag oder Abend zu verbringen. Man sollte dort speisen, wo einheimische Bürger das Lokal füllen, was natürlich nur möglich ist, wenn man nicht einer Omnibus-Gesellschaft angehört. Nur als geduldiger, aufmerksamer Einzelgänger hat man Aussicht, jene Nuancen zu erspüren, die den Reiz einer Stadt gerade wie Triest ausmachen.

Das Wort ›unvergleichlich‹ – für Triest gilt es nicht. Vielmehr ist es jene auch sonst für Werte alter Kultur so wesentliche ›Vergleichbarkeit‹ – ein Begriff, den Rudolf Kassner als Auszeichnung für edle alte Bauten geprägt hat –, die für Triest eher zutrifft. Kommt man aus dem ›eigentlichen‹ Italien, so fühlt man sich hier durchaus an dessen Grenze, ja eigentlich schon jenseits davon. Kommt man aus Österreich oder auch aus Jugoslawien, so glaubt man sich an vielen Stellen noch in der alten Donaumonarchie, deren wichtigster Hafen ja Triest war. Und benutzt man beispielsweise am späten Nachmittag von Venedig her den alten Orientexpreß, dessen nach Athen, Sofia und Istanbul bestimmte Wagen sich erst in Triest richtig füllen, dann erlebt man auf dem dortigen, auch als Bau keineswegs mehr italienisch wirkenden Bahnhof Szenen, so volkstümlich wie sonst erst auf dem Balkan.

Stadtviertel

Einer der ersten Gänge sollte hinauf zum Hügel von S. Giusto führen. Die Rundsicht vom Kastell aus, auch vom einstigen Forum sowie den frühchristlichen und mittelalterlichen Zeugen der Sakralkunst, vermag uns die Geschichte ähnlich zu vergegenwärtigen wie in Udine. Als gegenwärtigen Mittelpunkt der Stadt werden wir die Piazza dell' Unità, den eigentlichen Hauptplatz mit seinen Palästen, erleben. Dorthin wird uns der Weg dann vom Kastell herab durch die Reste der Altstadt mit ihren römischen Monumenten, dem Amphitheater und dem ›Arco di Riccardo‹ führen. Vom Hauptplatz aus gelangen wir zu den Museumspalästen am Südende der Altstadt, von wo wir an den Hafenkais entlang zurückkehren können, oder wir gehen in nördlicher Richtung zum großen Kanal, der im rechten Winkel von der teilweise mit stattlichen Palästen besetzten Uferstraße ins Stadtinnere führt, wo sich als Abschlußprospekt die klassizistische Fassade von S. Antonio erhebt. Unmittelbar an die Südseite des Kanals fügt sich die durch den Markt, doch auch durch einen schönen spätbarocken Brunnen belebte Piazza del Ponte Rosso, an der die griechisch-orthodoxe Kathedrale und einzelne Repräsentationsbauten aus dem österreichischen 19. Jahrhundert stehen. Weiter südlich, gegen den Hauptplatz hin, bilden Börse, Theater und der große Baublock des ›Tergesteo‹ einen in seinem Klassizismus eindrucksvollen Platz, der in die Piazza dell' Unità übergeht. An deren Ostseite, wo das üppige Rathaus steht, beginnt die Platzfolge des Largo d'Italia und der Piazza della Borsa, aus welcher sich der Corso d'Italia entwikkelt. Während dessen Nordseite noch den durch einzelne Palastfronten ausgezeichneten Charakter des 19. Jahrhunderts hat, brüstet sich ihr gegenüber die Architektur der faschistischen Ära mit ihrem Hang zum Kolossalen. Über den Corso d'Italia gelangen wir zur Piazza Goldoni, die der monumentale Eingang des schon 1907 vollendeten Straßentunnels beherrscht. In wenigen Schritten sind wir beim Largo della Barriera Vecchia, dem einstigen Stadtzoll, wo die zum Teil noch dem 19. Jahrhundert angehörenden Vorstädte beginnen und die Autobusse nach Muggia und Istrien abfahren.

Stadteinwärts gelangen wir von der Barriera Vecchia aus zu einer anderen Hauptstraße Triests, der Via Giosuè Carducci, deren Verlauf bis zum Ende des 18. Jahrhunderts die Nordgrenze der Stadt bildete. Später hat dann das 19. Jahrhundert die breite Talsohle überbaut, nicht ohne im Talgrund den ausgedehnten Stadtpark auszusparen. Auch sonst ist hier das alte Österreich gegenwärtig, sei es in den Zinspalästen des späten 19. Jahrhunderts, deren Fenster gegen den Park blikken, sei es in der baumbestandenen Via XX Settembre, die in ihrem leicht ansteigenden Verlauf mit ihren Fronten die Entwicklung vom Biedermeier bis zum Jugendstil vor Augen führt. Die an sich schon breite Via Carducci weitet sich an ihrem Westende zur Piazza Oberdan, die von sehr verschieden gearteten Bauten vom frühen 19. bis zur faschistischen Zeit des 20. Jahrhunderts umstellt ist. Von hier geht es hinauf zu den Villenvierteln und den modernen Überbauungen der Karsthänge, oder an deren Fuß zum Bahnhof, der zusammen mit den ihn umsäumenden Straßen wieder das alte, in seinem einstigen Hafen so gegenwärtige Österreich evoziert.

Will man den weitesten Überblick gewinnen, so ist dafür am geeignetsten der Villenort Opicina, den man von der Piazza Oberdan auch mit der Straßenbahn erreichen kann. Von dort aus bieten sich Spaziergänge an, entweder auf gleicher Höhe oder in östlicher Richtung leicht absteigend zu der aussichtsreich und weithin sichtbar auf einen Bergvorsprung gestellten Universität, die 1938 im Stil der damaligen Ära begonnen wurde. Das Hauptgebäude ist nicht ohne monumentale Allüre. Die erst nach dem Zweiten Weltkrieg fertiggestellten Nebengebäude jedoch verzementieren die Landschaft in unglücklichster Weise und bedrängen auch den schönen alten Botanischen Garten, dessen Hauptgebäude in einer etwas spröden Romantik an normannische Kastelle erinnert.

Leicht zu erreichen ist die Triestinische Riviera, die schon bald nach dem Bahnhof beginnt und in breiter Uferpromenade zu ihrem Höhepunkt strebt, zu Park und Schloß von Miramare, woran sich das felsige Steilufer bis Duino schließt. Die dorthin führende hochgelegene Straße ermöglicht herrliche Aussichten auf den Golf und über diesen hinweg bis zu den Landspitzen Istriens und den Strandwäldern Grados.

Zwischen Österreich und Italien

Das römische Tergeste, das 104 v.Chr. zum erstenmal erwähnt wird, ist im Kranz der damals die nördliche Adria säumenden Städte die erste außerhalb Italiens, die schon zu Illyrien gehört. Der Ort wurde unter Augustus als Grenzfestung gegen die in den Ostalpen siedelnden Japyden und als Hafenort wichtig, von dem aus verschiedene Straßen sowohl an der Adria entlang wie über die Julischen Alpen führten, doch erlangte Triest nie die Bedeutung von Aquileia. Weniger reich an altrömischen Denkmälern wie Pola, besaß Triest doch auf dem heutigen Stadtberg von S. Giusto sein Kapitol, dessen Haupttempel die Stelle der heutigen Kathedrale einnahm. Ihr Schutzheiliger und zugleich der Schutzpatron der Stadt, St. Justus, erlitt im 3. Jahrhundert sein Martyrium, doch lebte der erste beglaubigte Bischof erst im 6. Jahrhundert.

Während der Völkerwanderung wurde auch Triest verwüstet, freilich nicht so gründlich wie Aquileia, dessen verkehrspolitische Rolle es übernehmen sollte, wenn auch sehr viel später. Ostgoten, Byzantiner und Langobarden folgten einander in der Herrschaft, bis die Stadt 774 dem Reich Karls des Großen als ein Teil der Mark Friaul einverleibt wurde. Unter den ottonischen Kaisern gewann der Bischof von Triest auch weltliche Hoheit über die Stadt, deren Streben nach Selbstverwaltung sich im 13. Jahrhundert aber gegen das Regiment der Bischöfe durchsetzen konnte. Zwiste mit den Nachbarn, den Patriarchen von Aquileia und den Grafen in Görz sowie mit dem eifersüchtigen Venedig, das für seine Kaufleute Sonderrechte verlangte und zeitweilig die Stadt besetzte, hemmten lange Zeit die gedeihliche Entwicklung der Stadt. Gegen die Machtentfaltung Venedigs, das sowohl Friaul wie Istrien in seine Hand brachte, suchte und fand Triest Schutz bei

Österreich, das von 1382 bis 1918 hier herrschte und dessen Protektorat bis zu den so unseligen Nationalitätenkämpfen des 19. Jahrhunderts für Triest im ganzen gesehen ein Glück bedeutete. Unter dem von österreichischen Herzögen eingesetzten Stadthauptmann blieb die Selbstverwaltung bestehen. Wohl wurde in den Kriegen der Kaiser Friedrich III. und Maximilian I. die Stadt wiederholt von den Venezianern besetzt, doch blieb sie von Plünderung verschont, dank ihres damaligen Bischofs, dem Humanisten Enea Silvio Piccolomini, des späteren Papstes Pius II., der auf seinen Reisen auch in Wien gute Aufnahme gefunden hatte.

Der Bestand mittelalterlicher Bauten beschränkt sich auf die Kathedrale von S. Giusto und die kleine romanische Kirche S. Giuseppe. Aber auch Renaissance und Barock haben bis zum 18. Jahrhundert keine eigentlich hervorragenden Werke hinterlassen. Der Druck Venedigs blieb bestehen, und erst mit dem Niedergang der Serenissima im 18. Jahrhundert begann Triest zu blühen und wurde zum Haupthafen der Adria. Eingeleitet wurde diese Entwicklung durch Kaiser Karl VI., der Triest zum Freihafen erklärte, was seine Nachfolger, Maria Theresia und Joseph II., bestätigten. Beiden sind die Anlage städtebaulich wichtiger Viertel zu verdanken, nämlich die Maria-Theresien-Stadt westlich des heutigen Hauptplatzes und die Joseph-Stadt östlich davon, wo an den rechtwinklig sich schneidenden Straßen noch manche Fassaden des ausgehenden Barock und frühen Klassizismus stehen.

Unter Napoleon wurde Triest den ›Illyrischen Provinzen‹ zugeschlagen und damit von 1809 bis 1814 französisch, Jahre, die genügten, eine eigene Blüte klassizistischer Baukunst zu begründen, vor allem durch den bei Piermarini in Mailand geschulten Matthäus Pertsch. Nach seinen Plänen entstanden Architekturen von erstaunlicher Monumentalität, so das städtische Theater und die private Residenz des Kaufmanns Carciotti. Ein Spätwerk Pertschs ist die ebenso eigenwillig konzipierte wie gelungene ›Rotonda Pancera‹ mitten im Gassengewirr der Altstadt.

Nach dem Ende der napoleonischen Ära, 1814, kehrte Triest zu Österreich zurück, und als dessen wichtigster Hafen erlebte die Stadt jetzt ihre reichste Zeit. Den Aufschwung des Handels beförderten die bald nach der Jahrhundertmitte angelegten Bahnverbindungen mit der Donaumonarchie. Triest wurde eines der bedeutendsten Zentren des in seinen letzten Jahrzehnten nach dem Orient expandierenden Habsburgerreiches. In einer Zeit, da die Geltung zur See sehr viel bedeutete, suchte auch das sonst ausgesprochene Binnenreich Kaiser Franz Josephs seine Zukunft auf dem Wasser, ja sogar in Übersee. Doch wie solche Träume endeten, dafür wurde Schloß Miramare zum Denkmal, denn von dort aus fuhr als Kaiser von Mexiko Erzherzog Maximilian einem unseligen Schicksal entgegen.

Triest wurde von Wien aus auf mannigfache Art gehegt, wofür die mit der Ringstraße der Haupt- und Residenzstadt wetteifernden Bauten des späten 19. Jahrhunderts noch heute beredte Zeugen sind. Die österreichische Regierung war trotz und wegen der ihr eigenen Schwerfälligkeit im Grunde genommen milde, sie beließ der Stadt ihre Selbstverwaltung, und wenn sie auch die klassische Bildung unterdrückte, indem sie lange Zeit die Einrichtung von Gymnasien unterband, so förderte sie doch die Ausbildung tüchtiger Kapitäne und Kaufleute. Doch neben Prag und Agram, dem heutigen Zagreb, wurde Triest auch zum Schauplatz jenes bösen Nationalitätenhaders, der Grillparzer zu dem Ausspruch veranlaßte: »Von der Humanität über die Nationalität zur Bestialität« und der nach den Worten verblendeter Nationalisten den in vielem eine bessere Zukunft vorwegnehmenden Vielvölkerstaat zum ›Habsburgischen Völkerkäfig‹ verzerrte. Die Stadt bildete den Mittelpunkt der italienischen ›Irredentà‹, jener Bewegung, die alle noch außerhalb der politischen Grenze liegenden Gebiete italienischer Zunge mit Italien vereinigen wollte. Auf diese Weise verlor Österreich 1859 die Lombardei, 1866 Venetien. Um so zäher hielt es bis 1918 an Triest fest, wobei außer den handfesten wirtschaftlichen Interessen auch das Prestige der in mancher Hinsicht in Frage gestellten Monarchie mitspielte.

Im Grunde war Triest seit dem Mittelalter eine italienische Stadt, und die Habsburger hatten dies durchaus gelten lassen, obzwar Kaiser Joseph II. in seinem rigorosen Rationalismus die Einrichtung eines italienischen Gymnasiums unterbunden hatte und in den gebildeten Schichten somit vorwiegend Deutsch gesprochen wurde. Doch blieb die Stadtverwaltung in den Händen der italienischen Mehrheit. Dieser gegenüber förderte die österreichische Regierung bewußt die in Triest bis heute stark vertretenen Slowenen, was umgekehrt Öl ins Feuer der italienischen Irredentisten goß. Der slowenische Bevölkerungsanteil, der in den Jahrzehnten vor dem Ersten Weltkrieg auch in Kärnten und der Steiermark im Wachsen begriffen war, demonstrierte 1866 gegen die Einwanderung italienischer Industriearbeiter aus Venetien und Friaul. Der Irredentismus seinerseits erreichte während des 19. Jahrhunderts seinen Höhepunkt, als 1882 die fünfhundertjährige Dauer der habsburgischen Herrschaft über Triest mit einer Ausstellung und einem Besuch von Kaiser Franz Joseph gefeiert wurde. Es gab nicht nur antiösterreichische Demonstrationen, sondern es wurde sogar ein Attentat auf den Kaiser versucht. Der Bombenanschlag mißlang, und einer der Beteiligten, Giuglielmo Oberdan, wurde zum Tod durch den Strang verurteilt. Die Zelle in der einstigen Kaserne, in der der Attentäter seine letzte Nacht verbrachte, wurde der Kern einer Art von Forumsanlage, zu der man seit 1932 die Nordseite der Piazza Oberdan umgestaltete, freilich in Formen, die deutlich die damalige Ära verraten. Trotz des Dreibundes, der 1887 zwischen Italien, dem Deutschen Reich und Österreich geschlossen wurde, der sich jedoch schon 1914 und vollends 1915 mit dem Kriegseintritt Italiens auflöste, blieb Triest im Nationalitätenkampf eine der heißesten Stellen. In den städtischen Behörden wie in den kulturellen Institutionen führte die irredentistische Partei. Eine Minderheit auch der italienisch sprechenden Triestiner suchte freilich eine Lösung, die das Verbleiben im Verband der Habsburgischen Monarchie ermöglicht hätte. Doch folgten weitere nationale Demonstrationen, so insbesondere bei einer Aufführung von Verdis Oper ›Ernani‹. Im selben Haus konnte man sich immerhin etwas später auch für die Werke Gustav Mahlers begeistern.

Friedlicher als in der Politik, und man darf behaupten, für

das Stadtbild glücklich, wurde die Auseinandersetzung in der Architektur geführt: durch Bauten, deren Haltung je nach Auftraggeber und namentlich nach Herkunft des Architekten entweder nach Wien oder nach Rom und Mailand weist.

Triestiner Schriftsteller

Zu Anfang unseres Jahrhunderts wurde Triest eine Zeitlang eine Stadt der Literatur. Zum Verständnis der besonderen Voraussetzungen, unter denen sich die Literatur hier entwikkelte, sei ein Passus aus dem Nachwort des Übersetzers Piero Rismondo für die 1959 in Hamburg erschienene deutsche Ausgabe von Italo Svevos Roman ›Zeno Cosini‹ zitiert.

Ein »Gewimmel von Menschen aller Kleidung und Sprache« stellte Grillparzer in seinem Tagebuch Ende März 1819 fest, als er zum ersten Mal nach Triest kam. Und so lange über der Adriastadt noch Habsburgs Fahnen wehten – bis zum Ende des Ersten Weltkrieges also – standen die Dichter hier vor der Entscheidung der Sprache. Auf diesem Territorium, wo sich, in Städten konzentriert, die italienische Bevölkerung und Kultur in ein von Slawen – Slowenen und Kroaten – besiedeltes Land vorschob, während die von Wien entsandte Beamtenschaft das deutschsprechende Element vertrat, hatten sie zu wählen: italienisch, slawisch oder deutsch. In Triest selbst sprach man – und spricht man zum großen Teil auch heute noch – ›Triestinisch‹: eine Spielart des venezianischen Dialekts, in der sich deutsche, slawische und friaulische Einflüsse geltend machen.

Die neuere Literaturgeschichte kennt zwei bedeutende Beispiele der Sprachenentscheidung auf dem Boden Triests: Theodor Däubler entschloß sich nach langem inneren Ringen für das Deutsche. Umberto Saba (der mit seinem wahren Namen Umberto Poli hieß), wählte aus Liebe zu Petrarca das Italienische. Beide waren Lyriker und beide schenkten der Sprache, in der sie schließlich dichteten, einen neuen, eigenartigen Glanz.

Als der Triestiner Kaufmannssohn Ettore Schmitz in sich die Berufung zum Schriftsteller empfand, gab es für ihn – nach den bisher bekannt gewordenen Zeugnissen über sein Leben zu urteilen – keinen Zweifel, welche Sprache er wählen sollte. Trotz seines deutschen Familiennamens betrachtete er sich, wie es schon sein Vater getan, als Italiener, also schrieb er seine Prosa auf Italienisch. Gerade daraus sollte einer der interessantesten Fälle in der Literaturgeschichte unseres Jahrhunderts entstehen.

Er ist als der ›Fall Italo Svevo‹ international bekannt geworden und besteht, äußerlich besehen, darin, daß einem Autor vorgeworfen wird, die Sprache, in der er geschrieben hat, nicht zu beherrschen. In Wahrheit geht der Fall wohl tiefer. In Wahrheit ist der Fall Italo Sveo ein besonderer Fall österreichischen Schicksals.

Die Familie Schmitz stammte aus dem Rheinland. Ettores Großvater kam als Finanzbeamter in das damals österreichische Treviso und heiratete hier eine Italienerin. Sein Sohn fühlte sich bereits als Italiener, wurde Kaufmann und heiratete wieder eine Italienerin, die ihm 1861 in Triest den Sohn Ettore gebar. Dieser wurde in einem Internat bei Würzburg erzogen. Zwar lernte er dort die deutschen Klassiker gründlich kennen, doch seine dichterischen Ideen wollte er in der Sprache Dantes verwirklichen. Der finanzielle Zusammenbruch seines Vaters zwang ihn indessen zum Geldverdienen; auch er wurde Geschäftsmann und fühlte sich in diesem Beruf geachtet, mißachtet aber als Dichter, als der er unter dem Pseudonym Italo Svevo, also: der italienische Deutsche, Romane schrieb. Deren Bedeutung wurde erst lange nach seinem Tode – er starb 1928 infolge eines Autounfalls – voll erkannt. Sein Ruf als Schriftsteller drang weit über Italien hinaus, seine Romane wurden in nicht weniger als siebzehn Sprachen übersetzt. Seine italienischen Landsleute, denen sein Triestiner Italienisch mißfiel, hatten ihm erst in seiner letzten Lebenszeit Anerkennung gezollt, und zwar vor allem die damals junge Generation der Silone, Pavese und Moravia, die zum offiziellen Pathos des Faschismus in Opposition stand und sich zu Svevos Nüchternheit bekannte, zu seiner Ironie und seiner Art, Literatur als Wahrheitsfindung zu verstehen. Mit »klarsehender Nüchternheit« (François Bondy), hat er in ›Zeno Cosini‹ von der Übervölkerung und Verschmutzung gesprochen, die jeden Quadratmeter Erde heimsuchen werden, sowie von einer vom Menschen selbst ausgelösten Explosion, so ungeheuer, »dass sie niemand mehr hören wird«.

In seinem Dichtertum bestärkt wurde Ettore Schmitz durch keinen Geringeren als James Joyce, der für seinen ›Ulysses‹ in der besonderen Atmosphäre des großen Adriahafens wesentliche Anregungen erhielt, ähnlich, wenn auch von ganz anderer Art, wie Rilke auf Schloß Duino. Joyce war aus Zufall nach Triest gekommen. Er hatte zuerst in Zürich als Sprachlehrer an der Berlitz School vergeblich eine Stelle gesucht und hoffte dann, an die Berlitz School in Pola zu kommen. Doch die Polizei duldete den Ausländer in dem österreichischen Kriegshafen nicht. Schließlich fand Joyce in Triest in der Filiale des großen Sprachschulunternehmens das gewünschte Unterkommen. Durch Privatstunden, die er daneben erteilte, lernte er Italo Svevo kennen, dessen irredentistischer Einstellung sich der in mancher Hinsicht rebellische Irländer verwandt fühlte. Joyce ist es denn auch gewesen, der Italo Svevo zum Schreiben ermutigte und später von Paris aus viel für seine Anerkennung tat. Beide bewegte beim Schreiben ein ähnlicher Drang, nämlich – wie 1925 der damals junge Dichter Eugenio Montale über Svevo schrieb – »in dem stetigen Bedürfnis jenseits des Anscheins jene unterirdische, dunkle Region zu erforschen, wo die sichersten Gewißheiten schwanken«.

Unter den Triestiner Schriftstellern war Italo Svevo der bedeutendste. An dichterischer Kraft kam ihm vielleicht noch Theodor Däubler (1876-1934) gleich, der damals hier in deutscher Sprache schrieb, obwohl er mit den italienischen Patrioten sympathisierte. Den Süden – sei es Italien oder Griechenland – hat er in seinen Gedichten in oft hymnischer Weise gefeiert. Ihm verwandt in der lyrischen Landschaftsschilderung war Scipio Slapater (1888-1915), dem der in ›Il mio Carso‹ besungene Karst zum Schicksal geworden ist, denn er fiel in den dortigen Kämpfen des Ersten Weltkrieges. Gleich Slapater trug Giovanni Stuparich, der neben Svevo zu den großen Triestiner Romanschriftstellern gehört, einen slawischen Familiennamen, was beide nicht hinderte, sich als italienische Patrioten auszuzeichnen.

So brachte diese Stadt, gerade weil sie am Rande des italienischen Kulturkreises liegt, damals einen besonderen Reichtum dichterischer Möglichkeiten hervor. Doch auch Historiker und Philosophen, wie Antonio de Giuliani und Domenico Rossetti, beides jüngere Zeitgenossen Goethes und diesem im enzyklopädischen Interesse nacheifernd, wirkten hier und erforschten Triests Vergangenheit, freilich vor allem im Sinne der Irredentà.

Wohlhabender Adriahafen

Nach den beiden Weltkriegen hatte sich Triest von neuem und auf andere Weise zu behaupten. Beide Male wurde es gleichsam an den äußersten Rand Italiens gedrängt, nicht nur politisch, sondern vor allem wirtschaftlich. Durch die Auflösung der Donaumonarchie und vollends durch den Anschluß der östlichen Nachfolgestaaten an den Ostblock rissen viele wirtschaftlichen Verbindungen zum Donaubecken ab. Von 1945 bis zum Vertrag von 1975, der die Grenze zwischen Italien und Jugoslawien endgültig regelte, war Triest nur provisorisch bei Italien. Trotzdem lebte die Stadt und baute auf ihre Zukunft.

Wenn in den meisten italienischen Büchern über Triest der Kampf für die Italianità im Vordergrund steht, so darf darüber nicht die in mancher Hinsicht international geprägte Entwicklung übersehen werden, die diese Stadt wirtschaftlich und kulturell vor allem im 19. und frühen 20. Jahrhundert so interessant und wohlhabend machte. Bereits der von Karl VI. geschaffene Freihafen bewirkte mit seinen Vorrechten bald einen sehr namhaften Aufschwung der Einwohnerzahl, vor allem durch den Zuzug von Italienern, Deutschen, Slowenen, Levantinern und Juden. In Triest ließen sich rasch große Vermögen erwerben. Neben tüchtigen und kühnen Unternehmern wie Carciotti und Revoltella, deren Paläste noch heute das Stadtbild bestimmen, gab es zahlreiche Glücksritter und Abenteurer, bis hinab zu Schelmen, Dieben und Mördern. Zahllose Straßenzüge tragen noch heute die Züge eines prosperierenden Großbürgertums, dessen Glanz und Fragwürdigkeit, wie noch zu zeigen sein wird, hier recht deutlich zur Anschauung gelangt ist.

Mittelpunkt der Entwicklung war und blieb der Hafen, um dessen Förderung sich die Habsburger Monarchie auf die verschiedenste Weise bemühte. Unter ihrem Schutz und mit ihrer finanziellen Beihilfe entfaltete sich der Österreichische Lloyd, der 1833 nach dem berühmten Londoner Vorbild als Versicherungsgesellschaft gegründet und schon 1836 in eine Aktiengesellschaft mit dem Ziel erweitert wurde, mit eigenen Dampfern den Verkehr in die Levante zu organisieren. Es waren dies zunächst noch Raddampfer, doch schon sehr bald wurden diese von Schiffen abgelöst, die durch die in Triest erfundene Schiffsschraube in raschere Fahrt kamen. Regelmäßige Kurse wurden nicht nur längs der Adriaküste und zwischen den Inseln der Ägäis eingerichtet, sondern darüber hinaus an der kleinasiatischen und syrischen Küste entlang bis Alexandria und – nachdem von 1859 bis 1869 mit wesentlicher Unterstützung durch Triest der Suezkanal gebaut worden war – durch das Rote Meer nach Ostafrika, sowie nach Indien, China und Japan. 1903 verteilte sich die sehr ansehnliche Gesamttonnage auf 69 Dampfer. Schon seit 1883 stellte der im monumentalsten Ringstraßenstil von Heinrich von Ferstel errichtete Direktionssitz das Ansehen des weitgespannten Unternehmens zur Schau. Dieses besteht nach dem Übergang von Stadt und Hafen an Italien in bescheidenerem Umfang auch noch heute. Die Hafenstadt wurde unter anderem auch zum Schauplatz wissenschaftlicher und technischer Fortschritte. Joseph Ressel erprobte hier 1827 die schon erwähnte, von ihm erfundene Schiffsschraube. Doch hatten die maßgebenden Behörden damals nicht den Weitblick, dieser für die spätere Schiffahrt epochemachenden Erfindung freie Bahn zu geben. Führende Hochschulen für Handel und Seefahrt wurden hier eingerichtet, eine Universität folgte allerdings erst nach dem Ersten Weltkrieg.

Colle di S. Giusto

Auf bequemer Fahrstraße oder zu Fuß, von der Piazza Goldoni aus neben dem monumental gestalteten Tunneleingang aufsteigend, gelangt man zur Nordseite des Stadtbergs, den man auf Ansichten des 18. und frühen 19. Jahrhunderts noch unverbaut sieht. Heute stellt er durch ein Ehrenmal und eine koniferenbepflanzte Anlage eine Erinnerungsstätte für die in den Weltkriegen Gefallenen dar. Den Berg krönt das *Kastell,* das mit Bastionen und starken Mauern weitläufig und breitausladend angelegt ist, doch abgesehen von einem einzigen gedrungenen Turm keine ragenden Akzente besitzt, sondern sich eher geduckt und gedrungen gibt. Wenn man auf dem von einzelnen Aussichtsplattformen unterbrochenen Zinnenkranz herumgeht, erlebt man die schönste Aussicht auf Stadt und Golf, die bewaldeten Karsthöhen und deren niedrigere Ausläufer gegen Istrien. Das Innere des Kastells birgt in alten Räumen eine Waffensammlung, doch auch eine kleine Schloßkapelle mit ausdrucksvollem, holzgeschnitzten Kruzifix aus dem Barock und Bildern verschiedener Epochen. Im Obergeschoß liegt der Festsaal, in dessen Holzdecke ein allegorisches Gemälde in der venezianischen Manier des späten 16. Jahrhunderts eingelassen ist. Denselben Raum ziert ein von Spiralsäulen eingefaßtes hölzernes Prunkportal. Ferner gibt es eine Dogenbüste aus Terracotta, wie denn überhaupt mit einer gewissen Absicht in dieser altösterreichischen Burg das venezianische Element ins Blickfeld gerückt wird.

Unter dem Kastell, das den stimmungsvollen Hintergrund bildet, liegt als Rest des antiken Forums die einstige Basilika, deren innere Säulenreihen mit Geschick rekonstruiert wurden. Was an Mauern fehlt, wird durch Zypressen und Tamarisken ersetzt. Sie bilden einen Gang zur ehernen Figurengruppe des Gefallenendenkmals.

Auf gleicher Höhe wie das Forum liegt die *Kathedrale S. Giusto,* nicht nur das älteste, sondern auch das ehrwürdigste unter den verhältnismäßig wenigen sehenswerten Gotteshäusern von Triest. An diesem Bauwerk verzahnen sich die Zeiten auf das seltsamste. Zu den Seiten des Portals sind die auseinandergesägten Teile eines römischen Grabsteins mit den Büsten der Familie Barbia eingemauert. Römische Spolien sind die korinthischen Säulen, eingelassen in den Unterbau des Turmes, der in gedrungenen, doch um so kräftigeren Proportionen neben der Fassade vortritt. Doch darüber steht im selben Marmor die gotische Figur des Stadtpatrons St. Justus, deren edle Haltung durch das lang herabfließende Gewand noch betont wird. Die grob behauenen Steinschichten der Fassade durchbricht in eindrucksvollem Kontrast das gleichfalls gotische Fenster, dessen streng gefaßtes Rund gleich einem großen Auge auf Platz und Stadt herniedersieht, doch ebenso als eine reich entfaltete Blüte erlebt werden kann. Blickt man näher hin, so erkennt man in einem äußeren Kranz die Speichen eines Rades, die sich zu einem ähnlich raffinierten Bogenspiel verflechten, wie wir es von den gotischen Fensterreihen venezianischer Paläste her kennen. Das Zentrum aber bildet eine Rose, die sich vor unseren Augen zu entfalten scheint. Sehr einfach sind die übrigen Öffnungen der Front, die in einem schlichten Giebel schließt. In die Vergangenheit der Kirche führen uns die 1862 geschaffenen Bronzebüsten dreier Bischöfe, darunter die des berühmten Enea Silvio Piccolomini.

Noch merkwürdiger fügen sich im Inneren die Epochen zu einer Einheit zusammen: Von einer sonst verschwundenen frühchristlichen Basilika stammen die ein wenig an Aquileia erinnernden Bodenmosaiken. Darüber bilden die vier Säulenbogenreihen eine fünfschiffige Basilika, die beim ersten Anblick durchaus als Einheit erscheint und bei der nur die außerordentliche Breite erstaunt. Dann aber entdeckt das Auge in den beiden Dachstühlen der inneren Seitenschiffe sowie in den Hochschiff-Fenstern einzelne Abweichungen, und man erfährt – ohne es an der Architektur selbst ablesen zu können –, daß nach der Zerstörung des ersten, auf das 5. Jahrhundert zurückgehenden Baues während der Völkerwanderung später nacheinander je eine Basilika entstand, zunächst im 11. oder 12. Jahrhundert die nördliche, S. Maria Assunta geweiht, und rund hundert Jahre danach eine südliche für den Stadtpatron St. Justus. Als im 14. Jahrhundert im Laufe der Wechselfälle ihrer damaligen politischen Geschichte die Stadt ihr Selbstbewußtsein mit einem größeren Dom demonstrieren wollte, genügte es, die beiden vorhandenen Kirchen durch ein Mittelschiff zu verbinden, zu welchem außer einer Apsis eigentlich nur ein neues Dach nötig war. Dieses wurde dafür um so kunstvoller konstruiert, und zwar in Form eines mehrfach geknickten Holzgewölbes, wie es auch der Dom von Aquileia oder S. Stefano in Venedig aufweisen.

Die Hauptapsis entstand in ihrer heutigen Ummauerung erst 1843, das Mosaik der Krönung Mariens sogar erst im Expressionismus des frühen 20. Jahrhunderts. In den Seitenapsiden, die ursprünglich je für eine eigene Kirche geschaffen worden waren, sehen wir Mosaiken in noch durchaus altchristlicher Tradition: links die Muttergottes, das segnende Jesuskind zur Verehrung darbietend, umgeben von den Erzengeln Michael und Gabriel, darunter ein als Palme gebildeter Lebensbaum, die Reihe der Apostel unterbrechend, deren Weiß zusammen mit dem Grün des Bodens und dem Gold des Hintergrundes die Farben bestimmt, während darüber das herrlich tiefe Blau im Mantel von Maria herrscht. Die Apsis, die heute das rechte Seitenschiff schließt, ist durch eine Blendbogenarkade gegliedert, deren Zwischenstücke Fresken mit der Darstellung der Justus-Legende schmücken (um 1350). Darüber steht hoch und feierlich vor goldfunkelndem Mosaikgrund der lehrende Christus und zu seinen Seiten die Heiligen Justus und Servulus. Schön ist an der Apsis auch, wie die erst im 13. Jahrhundert geschaffenen Mosaiken noch immer der byzantinischen Tradition folgen und gleich einem Teppich sämtliche Rundungen der Wölbung überziehen. Vor der Apsis öffnet sich nach den Seiten wie nach oben eine Vierung, die auf byzantinische Art mit Tromben und einer Blendbogengalerie im Tambour gebildet ist. Nach unten ist das baldachinartige Gebilde durch vier Säulen abgestützt.

In diesem Raume vermutet man einen dem Martyrium des heiligen Justus geweihten Memorienbau, der möglicherweise etwas später durch die Apsis und das basilikale Langhaus ergänzt wurde. Nach der Seite öffnet sich der dadurch kreuzförmige Kuppelbau zu einer Art Querschiff. Durch dessen rechten Arm gelangt man in die Kapelle, die seit der Mitte des 19. Jahrhunderts einzelnen Mitgliedern der spanischen Bourbonen als Grablege diente, und zwar bis in die allerjüngste Zeit. Denn die jüngste Platte ist dem am 9. Mai 1975 verstorbenen Anwärter auf den spanischen Königsthron gewidmet, dem Erzherzog Don Francisco José Carlos von Habsburg-Lothringen und Bourbon, Herzog von Madrid, Großmeister des Ordens vom Goldenen Vlies und Träger anderer hoher Würden. Man traut seinen Augen kaum: Ein habsburgischer Erzherzog, in Wien gestorben und mit allen ihm zukommenden Ehren in Triest beigesetzt, sozusagen unter der Trikolore, die über dem nahen Kastell weht! Wenn dies zustande kam, so freilich nur nach Überwindung bürokratischer Widerstände, dank hoher verwandtschaftlicher Beziehungen. Damit wurde nicht nur ein Herzenswunsch des Verstorbenen erfüllt, sondern es geschah auch eine versöhnliche Geste seitens jener Stadt, die in oft verblendetem Nationalismus sich gegen ihre habsburgische Vergangenheit aufgelehnt hat.

Die westlich anstoßende Kapelle, die mit ihrem Kreuzrippengewölbe und ihren gotischen Dreipaßfenstern im 15. Jahrhundert angefügt wurde, birgt ein romanisches Holzkruzifix, sowie eine aus istrischem Stein gemeißelte Beweinungsgruppe. Der reichfließende Faltenwurf verrät den Weichen Stil der Zeit gegen 1430; der Meister könnte aus dem österreichischen Alpengebiet stammen.

Neben den beiden linken Seitenschiffen, die ursprünglich zur Kirche der S. Maria Assunta gehörten, liegt an der Stelle der linken Nebenapsis die *Cappella dell'Addolorata,* das heißt der Schmerzensreichen Muttergottes, die in einer Pietà des 16. Jahrhunderts dargestellt ist. Daneben ist durch ein reichgeschmiedetes Gitter die *Cappella del Tesoro* abgeschlossen. Der hier verwahrte Domschatz birgt Kleinodien vom 13. bis 19. Jahrhundert, darunter die berühmte Hellebarde, die, wie die Legende berichtet, der heilige Sergius zur Bestätigung seines Martyriums den Triestinern aus dem Himmel sandte. Vom linken Seitenschiff aus gelangt man auch in das Baptisterium, welches das achteckige, aus dem 11. Jahrhundert stammende Taufbecken umschließt.

Vom Dom führt eine Allee abwärts zum nahen *Lapidarium,* dessen Garten mit altrömischen Architekturfragmenten sich bis zum Domplatz hinaufzieht. Es ist hier so stimmungsvoll wie in einem Friedhof, und von bedeutenden Erinnerungen erfüllt ist auch das Lapidarium selbst. An dieser Stätte, an der

Rom und geistig auch Griechenland gegenwärtig sind, hat Johann Joachim Winckelmann ein würdiges Denkmal gefunden. Es steht als Kenotaph, auf dem sich ein Genius lagert, auf hohem, reliefgeschmücktem Sockel in einem eigenen Ehrenraum und erinnert an diesen bahnbrechenden Archäologen, der einer der bedeutendsten Männer des so erleuchteten 18. Jahrhunderts war und hier in Triest auf unselige Weise sein Schicksal fand.

Winckelmann wurde 1717 in Stendal geboren. Über Dresden kam er nach Rom, um dort als Konservator der Sammlungen des Kardinals Albani der bisher rein antiquarisch betriebenen Altertumskunde eine neue, für die gesamte Kunstwissenschaft wirksame Richtung zu geben. Er formulierte sie vor allem in seiner ›Geschichte der Kunst des Altertums‹, die 1764 erschien und den ersten Versuch darstellt, in der Kunst eine sich organisch vollziehende Entwicklung zu sehen – gleichsam ein selbständiges Geschehen, wie der Wechsel der Jahreszeiten seinen inneren Gesetzen folgt. Es waren die Skulpturen der Griechen und ihr Abglanz in den Plastiken der Römer, woran Winckelmann die Normen des Schönen sowohl in ihrer ewigen Dauer wie in ihrer Zeitgebundenheit erforschte. Die Wirkung bei den Zeitgenossen war ebenso groß in Zustimmung wie Kritik. Herder und Lessing und danach Goethe, Diderot, Voltaire und Rousseau, der Comte de Caylus und Madame de Staël, wer immer geistig hervorragte in jenem kosmopolitischen 18. Jahrhundert, hat sich mit Winckelmann auseinandergesetzt und ist durch seine Ideen beeinflußt worden. Und wenn auch das positivistische 19. Jahrhundert in ihm eher den blassen Klassizisten sah, so ist ihm im 20. Jahrhundert Wilhelm Waetzold in seinen ›Deutschen Kunsthistorikern‹ gerecht geworden:

Seine Person ist größer als seine Lehre; er hat seine Ideale nicht nur gepredigt, sondern vorgelebt, und die Gestalt des Stendaler Schustersohnes, den sein Dämon sicher auf die Höhe des Lebens führte, bis ihn der Mordstrahl eines Buben jäh aus dem Glanze riß, ist in ihrer edlen Einfalt und stillen Größe, in ihrer Verkettung von Glück, Schicksal und Willen ewig erzieherisch im höchsten Sinne.

Im Frühjahr 1768 hatte Winckelmann von Rom aus seine

deutsche Heimat wiedersehen und insbesondere Dessau und Berlin besuchen wollen. Er befand sich in einem Zustand der Überreiztheit, die seinen Reisegefährten, den italienischen Bildhauer Cavaceppi, gelegentlich an Geistesstörung denken ließ. Erfüllt von schlimmen Vorahnungen, brach er in Regensburg die Reise ab, um über Wien und Triest in sein geliebtes Italien zurückzukehren. Bereits ohne den Freund übernachtete er in Triest in einem Gasthof, wo ein Italiener, den er zufällig kennengelernt hatte, sich ihm mit kleinen Gefälligkeiten anschloß. Der Zufallsbekannte hörte von den Goldmünzen, die Kaiserin Maria Theresia dem Gelehrten bei seinem Besuch in Wien als Ehrengabe überreicht hatte, und suchte mit heimtückischer Gewalt, sie zu rauben. Im Handgemenge, das sich entwickelte, stach er mit dem Messer auf sein Opfer ein. Doch ließ er von ihm ab, als ein Kellner erschien. Dieser lief nach einem Arzt, während der Halberdrosselte und aus fünf Wunden Blutende sich ins untere Stockwerk schleppte. Vor dem Anblick des Verletzten flüchtete ein junges Stubenmädchen entsetzt. Winckelmann blieb allzu lange allein. Die Hilfe kam zu spät. Noch konnte er sein Testament aufsetzen und die letzte Ölung empfangen, dann starb er, sechs Stunden nach dem Anschlag, von fremden Menschen umgeben. Das Begräbnis war karg, fand ohne Trauergepränge statt. Mit dem würdigen Ehrenmal im Lapidarium hat Triest das damals Unterlassene 1871 nachgeholt.

Wir verlassen das Museum und gehen bergab auf aussichtsreicher Straße, von der wir bald abbiegen, um auf steilen Gäßchen zur Jesuitenkirche *S. Maria Maggiore* zu gelangen. Diese beherrscht den Hang mit ihrer aus Kolossalordnung und Attika gebildeten Fassade, die in manchem mit jener in Görz verwandt ist, nur daß an der Front die Zwiebelhauben fehlen. Venezianisch sind die Gitter an den reich profilierten Fenstern. Das Innere ist im späten 19. Jahrhundert in einer von Wien beeinflußten Neorenaissance ausgemalt, doch wirkt in dem groß bemessenen Raum noch immer der Zusammenklang von Wand- und Wölbungszone. Kraftvoll faßt die flache Kuppel die Kreuzarme zusammen.

Neben der Jesuitenkirche, in deren von Rom geprägtem

Raumschema der neuzeitliche Kirchenbau eine seiner triumphalsten Ausprägungen fand, steht der kleine, mittelalterliche Bau von *S. Giacomo,* dessen unverputztes, doch präzis geformtes Äußeres durch seine Schlichtheit beeindruckt. Nach rechts gehend, gelangt man zum *Römischen Theater.* Die Anlage, die aus der Zeit Kaiser Trajans stammt, lag einst außerhalb der Stadtmauer und baute sich am Berghang auf. Erhalten sind noch die Sitzreihen des amphitheatralischen Zuschauerraums, die Orchestra und die Grundmauern der Scena. Die Sicht auf das Meer, die sich dahinter einst bot, und die für viele Theater insbesondere der griechischen Antike bezeichnend war, ist längst durch die Stadterweiterungen des 18. und 19. Jahrhunderts verbaut, woran auch das 20. seinen nicht zu übersehenden Beitrag leistete.

Seitlich des Theaters liegt noch ein Stück Altstadt, das eigentümlich verkommen wirkt. Denn durch etliche der engen, auf- und abwärtsführenden Gassen zwängen sich fast ununterbrochen Autos, die hier einen keineswegs für sie geschaffenen Durchschlupf suchen, während dicht daneben andere Gassen völlig verlassen liegen. Hier stehen halb zerfallene Häuser auf der einen Seite, während auf der anderen Seite nur noch von Gras und Buschwerk überwachsene Grundmauern vorhanden sind; man weiß nicht, ob von einer Bombardierung des letzten Weltkriegs her, oder von einer Sanierung, die steckenblieb. Und vielleicht fühlt man sich hier, zumindest als Besucher, glücklicher als zwischen den brutal überdimensionierten Neubauten der an anderen Stellen schon fertigen ›Sistemazione‹.

In dieser zwiespältigen Triestiner Altstadt trifft man auf den *Arco di Riccardo,* den reich profilierten, jedoch nur noch zum Teil freistehenden Bogen eines der Stadttore aus augustäischer Zeit. Und in der Nähe erhebt sich, geschickt in das Gassengefüge eingepaßt, die schon erwähnte *Rotonda Pancera,* ein spätes, heute sorgfältig restauriertes Werk des großen Triestiner Klassizisten Matthäus (Matteo) Pertsch, der hier als Abschluß eines bürgerlichen Wohnbaues eine von ionischen Wandsäulen gegliederte und mit Reliefs geschmückte Rotunde schuf.

Von der Piazza dell' Unità zum Bahnhof

Durch Lage, Bauten und geselliges Leben ist die *Piazza dell' Unità* der Hauptplatz von Triest, der das Besondere dieser Stadt in jeder Hinsicht unterstreicht. Der rechteckige, doch durch seine Bauten keineswegs gleichförmige Platz öffnet sich gegen das Meer. Zwar bleibt das Wasser verdeckt durch den Verkehr auf der Uferstraße, doch ahnt man seine Weite und gewahrt bisweilen einzelne Schiffe, so daß der Eindruck des Hafens wie auf einer Bühne beschworen wird. Die Rückseite des Platzes nimmt der 1875 von dem Italiener Giuseppe Bruni erbaute *Palazzo Comunale* ein. Seine Architektur ist aus Motiven der venezianischen Renaissance, namentlich aus säulengefaßten und von Segmentbogen überdachten Doppelfenstern derart zusammengestoppelt, daß von besonderer Qualität nicht die Rede sein kann; aber die Architektur will hier in erster Linie jene ›Italianità‹ demonstrieren, wie sie auch der Name des Platzes seit 1918 offiziell betont, und die schon vorher die Irredentisten hier manifestierten. Das Rathaus war, wie wir uns erinnern, Sitz einer in der Mehrheit antiösterreichischen Kommunalverwaltung.

Architektonisch nobler ist hier Österreich vertreten. Allerdings macht das an der Nordseite gegen das Meer stehende Regierungsgebäude dem Genius Loci ebenfalls Konzessionen: Mit seinen ungegliederten, glatten Mauerflächen, die dafür durch Mosaiken geschmückt sind, beschwört es den Orient, mit welchem sich Triest vor allem seit dem Bau des Suezkanals verbunden fühlte. Wie sehr diese Evokation von opernhaftem Pathos getragen ist, zeigt besonders die weit vorspringende Loggia mit ihren marmorschimmernden Säulenbogen. Dem Regierungsgebäude gegenüber ist Österreich noch unmittelbar gegenwärtig im *Palazzo del Lloyd Triestino.* Der von Heinrich von Ferstel, dem Erbauer der Universität und der Votivkirche in Wien, errichtete Palast könnte auch an der Ringstraße stehen mit seiner Großen Ordnung korinthischer Pilaster, die sich über einer zweigeschossigen Sockelzone entfaltet und sich in einem fünfachsigen Mittelrisalit sowie den einachsigen Seitenrisaliten zu Halbsäulen steigert. Das schwere Abschlußgebälk ist mit einer Balustrade geschmückt und erhöht sich über dem Mittelrisalit zu einer wuchtigen Attika. Doch im Vergleich mit Wien sind die Proportionen um einen Grad gröber; es fehlt jene letzte Feinheit maßstäblicher Beziehungen, wie sie hier die Umgebung eigentlich verlangte.

Klein- und feinteilig sind nämlich die Paläste, die seitlich gegen das Rathaus den Platz begrenzen. Jener im Süden gehört noch in den Ausgang des Barock und faßt die in den Fensterverdachungen leicht gegeneinander abgehobenen Stockwerke durch eine Große Ordnung ionischer Pilaster zusammen. Der gegenüberliegende Block gibt sich in den Formen eines schon biedermeierlich gelösten Klassizismus. In seinem Erdgeschoß befindet sich das altberühmte *Caffè degli Specchi,* benannt nach den Spiegeln, die bei der Gründung im Jahre 1839 seine besondere Attraktion ausmachten. Seine gepflegten Räume sind noch heute ein gesellschaftlicher Mittelpunkt der Stadt, und man fühlt sich hier ebenso im alten Österreich wie in Italien.

An den Hauptplatz stößt nördlich die *Piazza Verdi,* der Theaterplatz. Das Triestiner Opernhaus steht architektonisch noch am Anfang der für das 19. Jahrhundert bezeichnenden Entwicklung dieser Gattung. Noch sind nämlich sämtliche Notwendigkeiten des Theaters wie Foyer, Wandelgänge, Zuschauerraum und Bühnenhaus in einem einzigen Baukubus zusammengefaßt, der an seiner Eingangsseite als Palastfront gestaltet ist. Ein durch wuchtige Quadern in seiner Schwere betonter Sockel trägt die zwei Obergeschosse zusammenfassende Kolossalordnung ionischer Pilaster, die sich in den drei mittleren Achsen zu Halbsäulen verstärken. Die Art, wie die im einzelnen strengen Elemente sehr überlegt eingesetzt sind, wie Sockel und Obergeschoß gegeneinander abgesetzt und auch die beiden Obergeschosse unterschieden werden, aber auch die von den Seiten gegen die Mitte sich steigernde Achsengliederung – alles verrät einen bedeutenden Architekten. Es ist wiederum der aus Deutschland stammende, jedoch im Mailänder Klassizismus Piermarinis geschulte Pertsch, der hier ein 1798 begonnenes Frühwerk schuf.

Gegenüber der Eingangsseite des übrigens auch in seinen Innenräumen sehenswerten Theaters erhebt sich in weniger anspruchsvoller Gliederung der Block des *Tergesteo,* was auf ›Tergeste‹, den römischen Namen von Triest, anspielt. Der 1840, also am Ausgang des Klassizismus, vollendete Bau, der als Geschäftshaus dient, barg von Anfang an in seinem Erdgeschoß eine jener glasüberdachten Galerien, wie sie um die Mitte des 19. Jahrhunderts fast in ganz Europa aufkamen. Sie ist in jüngster Zeit schonend modernisiert worden und dient, ähnlich wie das Caffè degli Specchi, als geselliger Treffpunkt, wobei Jugend und Alter durchaus nebeneinander Platz finden.

Den Hintergrund des Theaterplatzes bildet die *Börse.* Im Wettbewerb zu ihrem Bau unterlag Pertsch gegen Antonio Molari, und zwar nach langen Diskussionen, in denen schließlich die Akademie von Parma als Schiedsrichter auftrat. Das Äußere zitiert in seiner gegen Osten, nämlich die Piazza della Borsa gerichteten Hauptfront eine dorische Tempelfront, verbindet aber dabei geschickt den von vier mächtigen Säulen gebildeten Portikus mit der Pilastergliederung des eigentlichen Baublocks. So entstehen zwar deutliche Anklänge an die griechische Sakralarchitektur, doch gehen sie nicht so weit, daß ein ›Tempel des Mammon‹ beschworen würde wie in Paris oder Brüssel. In ihrem Innern besitzt die Börse aus ihrer Erbauungszeit einen der schönsten Säle von Triest. Vor der Börse steht auf hoher Säule übrigens die Statue Kaiser Leopolds I., der gleich manchen anderen Habsburgern am Aufschwung der Stadt beteiligt war.

Nördlich der Börse schiebt sich gegen den Hafenkai das renommierte *Caffè Tommaseo.* Sein niedriger, in viele Winkel unterteilter Raum entstammt noch dem frühen 19. Jahrhundert, doch auch die einzelnen Karyatiden, welche die Belle Epoque zur Verschönerung anbrachte, wirken durchaus historisch. Historisch ist auch die Bedeutung als einstiger Treffpunkt der gegen Österreich agierenden Irredentisten, ähnlich wie dies auch im Caffè degli Specchi der Fall war. Heute sitzen hier Jugendliche und alte Leute einträchtig beisammen, umsorgt von einem alten Kellner, der, als spiele er auf einer Bühne, mit weißer Schürze herumschlurft.

Wir folgen der Uferstraße in nördlicher Richtung und gelangen zum *Palazzo Carciotti,* der 1805 von Pertsch für den aus Griechenland eingewanderten Kaufmann Demetrio Carciotti erbaut wurde. Der architektonische Aufwand ist für ein Privathaus erstaunlich, größer als beim Theater, doch künstlerisch bewältigt. Aus Flügeln von je drei Fensterachsen entwickelt sich nach je einer Zwischenachse ein durch dorische Wandsäulen ausgezeichneter Mittelrisalit, der von einer statuengeschmückten Balustrade bekrönt wird. Zudem wird der Mittelrisalit von einer im Detail schlicht gehaltenen Kuppel überhöht. Immerhin bleibt es bemerkenswert, wie dieses ursprünglich dem Sakralbau, dann dem fürstlichen Palast vorbehaltene Motiv hier auf einen bürgerlichen Wohnbau übertragen wird, dessen Bauherr es in einer Zeit des allgemeinen Umbruchs den Fürsten gleichtun wollte. Auch dieser Palast, der heute als Sitz des Capitano del Ponte, der obersten Hafenaufsicht, dient, hat sehenswerte Innenräume im Empirestil.

Der Palast des erfolgreichen Kaufherrn liegt städtebaulich an bedeutender Stelle, nämlich an der Einmündung des *Canal Grande,* der rechtwinklig zur Uferstraße in die Stadt führt und im Zug der unter Kaiserin Maria Theresia vorgenommenen Stadterweiterung in der zweiten Hälfte des 18. Jahrhunderts angelegt wurde. Einst fuhren hier bei geöffneten Drehbrükken größere Schiffe ein und aus. Die Brücken wurden im späten 19. Jahrhundert durch gewöhnliche Straßenübergänge ersetzt. Anstelle der Segelschiffe traten Ruderboote, und zudem wurde der innerste Teil des Kanals aufgefüllt, um einen Vorplatz für die vorher unmittelbar am Ende der Wasserbahn stehende Kirche S. Antonio zu schaffen. Trotz allem ist der Kanal samt den ihn säumenden Bauten und Plätzen eine der schönsten Partien von Triest geblieben, als ein dem Meer zugewandtes Herzstück der Stadt, ähnlich wie es die Piazza dell' Unità ist, die vor ihrer ›Sistemazione‹ durch das spätere 19. Jahrhundert sehr viel malerischer war.

Stadteinwärts auf der linken Seite des Kanals öffnet sich als größeres Geviert die *Piazza del Ponte Rosso.* Allein schon der Markt, der hier viele Typen aus dem slowenischen Hinterland versammelt, schafft eine überaus anregende Atmosphäre.

IV

LEO VON KLENZE

(Zuschreibung)

Piazza della Borsa in Triest

Öl auf Leinwand, 65,5 x 100,5 cm, um 1850
Privatsammlung Ingo von Klenze,
Berg-Haarkirchen

Dazu kommt der spätbarock beschwingte Brunnen mit seinen Putten, und eine Reihe von Fassaden, die gerade durch ihren Kontrast zum Markt, doch auch zum anliegenden Kanal und zum nahen Hafen verfremdet wirken. Denn namentlich der Bankpalast auf der Hafenseite ist reine Ringstraßen-Architektur mit der pompösen Säulenordnung seines Mittelrisalits, welche bei allem Aufwand doch nicht ganz die gedrängte Stockwerksfolge zusammenfassen kann. Wien, die Haupt- und Residenzstadt, grüßt hier Triest, wie in vielen anderen Bauten des späten 19. Jahrhunderts. Wiener Architektur tritt als Gast und zugleich als eigentlicher Herr hier auf und mischt sich in die so andere Atmosphäre des ehemaligen ›Österreichischen Küstenlandes‹, wie in der Monarchie Istrien und Dalmatien offiziell genannt wurden.

Stadtwärts reiht sich in die Kanalfront *S. Spiridone,* die 1860–1868 von Carlo Macciachini erbaute serbisch-orthodoxe Kirche. Der Architekt ist Italiener, doch könnte die Kirche irgendwo im heutigen Jugoslawien stehen, so sehr befleißigt sie sich in ihren über dem griechischen Kreuz emporwachsenden Kuppeln byzantinischer Erinnerung, was noch mehr als für das steinbaukastenmäßige Äußere für den mit goldgrundierten Mosaiken geschmückten Innenraum gilt.

Längeres Verweilen verdient die Hauptkirche *S. Antonio Nuovo,* deren Fassade den Kanal bis zum Hafen hin beherrscht, und zwar als Kontrast zu den sie umgebenden Wohn- und Geschäftshäusern aus dem mittleren und späten 19. Jahrhundert. Sechs ionische Säulen tragen über einer sechsstufigen Freitreppe einen Tempelgiebel, dessen Schrägen sich klar und deutlich von der durch eine statuengeschmückte Balustrade abgeschlossenen Rückwand abheben, ähnlich wie die Säulen von ihrem dunklen Hintergrund. Es sind dies architektonische Vorstellungen, die Karl Friedrich Schinkel in seiner Berliner Neuen Wache und in St. Nicolai in Potsdam verwirklichte und die nun hier Pietro Nobile in seinem 1840 entstandenen Spätwerk eindrucksvoll übernimmt. Nobile stammte aus dem südlichen Tessin, bildete sich in Rom aus und wurde später Direktor der Architekturabteilung an der Akademie in Wien, wo er den Theseustempel im Volksgarten und das Äußere Burgtor errichtete. Er gehört mit Pertsch zu den führenden Architekten des Triestiner Klassizismus.

Sein Genie offenbart das Innere von S. Antonio, das in einer Folge zentralisierter Räume zwischen je ein Kreuzgratgewölbe eine tambourlose Kuppel setzt, wobei zu dieser Mitte verhältnismäßig schmale Tonnengewölbe den Übergang schaffen. Mit schlichten, doch um so wirkungsvolleren Elementen sind Wölbungs- und Wandzone rhythmisch gestaltet. Aus der Not der für die ursprünglich reicher geplante Dekoration nicht ausreichenden Mittel wird die Tugend eines abwechslungsvoll geformten und trotzdem strengen Raumes. Die asketische Seite des Klassizismus, der auch der Preuße Schinkel verpflichtet ist, wird hier spürbar und führt uns zurück in ein architektonisches Urerlebnis, nämlich zum Raum als Höhle. So sehr Pietro Nobile durch Karl Friedrich Schinkel und darüber hinaus durch die gewaltigen Raumvisionen der französischen Revolutionsarchitektur beeinflußt ist, im Raum als Höhle lebt daneben auch – nur vielleicht unbewußt – die byzantinische Überlieferung weiter. So achtbar die einzelnen Altarbilder in ihrer nazarenisch-romantischen Frömmigkeit sind, so bleibt doch als wesentliches Erlebnis eben dieser Raum. Er nimmt uns gefangen durch das Bleibende und Dauernde, auf das diese Architektur gestimmt ist. Die ›Höhle‹ schließt sich um uns zum Gefängnis, ja sie wird zum Grab; wir sind wie in einem Purgatorium, doch der Hölle mit ihrer ewigen Verdammnis näher als der Seligkeit des Himmels. Seltsam, wie dieses Gotteshaus zum Monument der Einkehr, ja der Umkehr wird inmitten einer Stadt, deren Reichtum zur selben Zeit über alles bisherige Maß hinauszuwachsen begann.

Durch die engen, vom Verkehr durchfluteten Straßen wenden wir uns nordwärts, vorbei an den verhältnismäßig niedrigen Fassaden eines noch schlichten Klassizismus, neben dem dann freilich das ausgehende 19. Jahrhundert um so mehr in die Höhe schießt, in Formen, die ihre Herkunft hier aus Wien, dort aus Mailand verraten. Deutsche Renaissance, wie sie in Graz, ja selbst in Berlin stehen könnte, vertritt das große, um 1880 erbaute Postamt mit seinen überreichen Details, deren, man möchte sagen: preußisch-großdeutsche Disziplinierung hier in Triest merkwürdig fremd berührt.

Vom Postgebäude ist es nicht weit bis zur *Piazza Oberdan,* an deren Südseite das alte Hotel Posta sympathisch vor Augen führt, wie Pertsch sich auch bescheideneren Aufgaben mit Würde entledigen konnte. Den Unterschied dazu demonstrieren Großbauten des ausgehenden 19. und des 20. Jahrhunderts an der hier beginnenden *Via Carducci.* Diese breite Straße, die heute eine der wichtigsten Verkehrsachsen ist, noch im 18. Jahrhundert aber den Stadtrand bildete, zeigt auf ihrer Nordseite noch die schlichten Fronten eines nur halb südlich anmutenden Klassizismus. Im Unterschied dazu betont an ihrem westlichen Anfang die Piazza Oberdan gegenüber dem eben erwähnten Hotel Posta die Italianità auf das eindeutigste, und zwar in einer nicht einmal ganz qualitätslosen Anlehnung an den Stil der Futuristen des frühen 20. Jahrhunderts.

Die Straßen, die zum Bahnhof führen, und der Bahnhofsplatz selbst zeigen dafür um so mehr das Wien des mittleren ›Franzisco-Josephinum‹, wie ein österreichischer Kunsthistoriker das letzte Drittel des 19. Jahrhunderts nicht ohne Caprice genannt hat. Das Stationsgebäude stellt mit seinem Außenbau und der großen, im ursprünglichen Zustand erhaltenen Schalterhalle innen ein Musterbeispiel dieser für das 19. Jahrhundert so bezeichnenden Gattung dar. Zusammen mit den palastartigen Fassaden des Bahnhofsplatzes und der baumbestandenen Esplanade ergibt sich ein typisch altösterreichisches Bild, das sich fast ebenso im heutigen Zagreb bietet. Wieder einmal erlebt man, wie die k. u. k. Monarchie ihre Klischees prägte, und zwar, was Takt und Geschmack anbelangt, auf erstaunlich hohem Niveau. Wohl sind es Bauten, die aus wirtschaftlichen Spekulationen errichtet wurden, aber dazu gehörte damals auch die Rücksicht auf das Ansehen, und dieses äußerte sich im Ausssehen, im noblen Auftreten, um das sich sowohl der Graf wie auch der Kaufherr, der Kellner wie der Kutscher bemühten. Noch war die betonte Ungezwungenheit, die Hemdsärmeligkeit, nicht zum Prinzip geworden. Man pflegte ›Haltung‹ auch in sozial niedrigeren Schichten, lebte bewußt und unbewußt über seinem Stand, und die Wohn- und Gebrauchsarchitektur, wie sie sich hier in Triest dem Auge darbietet, war ein Beispiel dafür; sie verdeckte gleichsam schamhaft ihren praktisch-alltäglichen Zweck hinter sonntäglich repräsentativen Fassaden. Man hat in dieser Hinsicht später dem 19. Jahrhundert nur zu oft die Unehrlichkeit des falschen Scheines, des Talmiglanzes, der Maske vorgeworfen, doch im einstigen Österreich blieb dank der alten feudalen Tradition vieles noch im Rahmen eines Spiels. Wohl war es ein Spiel, doch dieses, darin dem alten Venedig verwandt, war im Volk verwurzelt.

So sind die Bauten des Triestiner Bahnhofsviertels oder die gegen den Stadtpark gerichteten Häuserzeilen, auch jene am Großen Kanal, bei allem inneren Zwiespalt ihrer Architektur doch von einer gewissen Würde geprägt. Etwas von Grund auf Neues tritt erst mit dem Jugendstil ein, dessen vulkanische Ausbrüche auch in Triest ihren Niederschlag gefunden haben, so in der Eingangsseite des Kino Eden an der Via XX Settembre. Vergleicht man den Jugendstil mit der betont schmuckfreien Zweckarchitektur unseres Jahrhunderts, die auch Triest nicht verschonte, so hat sich in dieser zwar eine gewisse Befreiung vollzogen, aber gleichzeitig ging auch manche sinnerfüllte Formvielfalt verloren, sei es an Fassadenschmuck oder an gesellschaftlichen Konventionen, worum wir jene Jahrzehnte heute nostalgisch beinahe beneiden.

Rund um Revoltellas Kaufherrenpalast

Rechts neben dem Rathaus öffnet sich in der *Via Cavana* der Zugang zum noch erhaltenen Teil des ältesten Triest. Man schlendert durch eine Fußgängerzone, von der aus bergseits enge Gassen abzweigen. An der Via Cavana steht als Nr. 15 der schlichte Palast, in welchem 1820 Fouché starb. Der einst gefürchtete Polizeiminister Napoleons, von diesem zum Herzog von Istrien erhoben, blieb auch nach dem Sturze seines Herrn in Triest. In der nahen Via Pozzo del Mare finden wir das Haus, wo 1797 Napoleon selbst, freilich noch nicht als Kaiser, sondern als siegreicher General, unmittelbar nach seinem oberitalienischen Feldzug wohnte. Meerwärts der Via Cavana liegen die regelmäßigen Straßenzüge jenes Stadtteils, den zwischen 1780 und 1790 Kaiser Joseph II. anlegen ließ. Die meisten Häuser sind im späten 19. Jahrhundert erneuert worden; dies geschah auch hier in einer sehr an Wien erinnernden Weise. Bevor die Via Cavana sich zur langgestreckten Parkanlage der Piazza Martis erweitert, steht bergwärts ein Palast, der mit seinem portalgeschmückten Erdgeschoß und den beiden wohlproportionierten Obergeschossen eines der vielen Beispiele darstellt, wie ansprechend während des ausgehenden Barock in Triest gebaut wurde: nobel und schlicht zugleich, mehr noch als wir es in Udine sahen, dem österreichischen Norden verbunden, doch dies nicht laut demonstrierend wie hundert Jahre später im Zeichen des Nationalitätenkampfes.

Für die Art des 19. Jahrhunderts findet sich eines der aufwendigsten Beispiele unweit südlich der Piazza Martis an der Piazza Venezia. Hier steht das heutige *Museo Civico Revoltella,* ein für einen bürgerlichen Kaufherrn errichteter Bau, jedoch von durchaus fürstlichen Ambitionen. Das 1854 von dem Berliner Architekten Friedrich Hitzig vollendete Gebäude schiebt sich trapezförmig zwischen zwei konvergierenden Straßen gegen den genannten Platz, der ähnlich wie die Piazza dell' Unità ein gegen das Meer sich öffnendes Geviert bildet. Der Bau stuft sich in ein Erdgeschoß mit kleinen, in die Quaderfläche gebrochenen Fenstern, sowie in ein erstes und ein sehr dominierendes zweites Obergeschoß. Dieses ist durch große, von Pilastern eingefaßte Fenster ausgezeichnet, wozu sich auf der gegen den Platz gerichteten schmalen Hauptfront eine altanartig aus der Mauer tretende Loggia mit drei Säulenbogen gesellt. Statuen schmücken darüber das stattliche Kranzgesims, das mit seinen Balustraden den ganzen Bau nach oben abschließt. So überlegt die hier verwirklichten Gedanken sind, so fehlt doch dem Bauwerk jene Wärme, wie sie dem Spätbarock gleichsam angeboren war, doch ebenso auch die in ihrer Askese großartige Monumentalität des Klassizismus. Mehr auf dem Reißbrett mit dem Verstande konzipiert als für eine lebendige Wirklichkeit auch aus dem Gefühl heraus gestaltet, wirkt das Ganze merkwürdig standortslos. Es könnte in der Nachfolge Schinkels in Berlin, woher ja Hitzig stammte, oder sonst irgendwo entstanden sein. Doch gerade solche Irritation ist für die Zeit wie für den Bauherrn bezeichnend, was sich erst recht im Innern offenbart.

Wir betreten das Palais eines der größten Industrie-Barone, wie sie nicht nur in dem an solchen Gestalten damals besonders reichen Triest, sondern in ganz Europa lebten. Hausherr war Pasquale Revoltella (1795-1869), der aus seiner Geburtsstadt Venedig schon in jungen Jahren nach Triest kam und sich hier dank seines wirtschaftlichen Genies und seiner Kenntnisse der jeweiligen Börsensituation zu einem der begütertsten und einflußreichsten Unternehmer entwickelte. Mit dem ihm eigenen Weitblick förderte er unter anderem den Bau des gerade für Triest so wichtigen Suezkanals, an dessen Finanzierung er führend beteiligt war und dessen Gesellschaft er als Vizepräsident vorstand. In einer Wandnische des ersten Obergeschosses hängt über einem Kamin sein 1862 von Tito Acujace gemaltes Bildnis. Wir sehen den Kaufherrn bereits in reifen Jahren auf der Höhe seiner Erfolge, das schlichte Ehrenkreuz, mit welchem ihn Franz Joseph adelte, an langer goldener Kette, in Frack und weißer Hemdbrust als reichen Bürger, doch vor dem Hintergrund eines wallenden Vorhangs, wie er sonst nur barocken Fürstenbildnissen zukommt. Alles trägt säkularisiertes Gottesgnadentum zur Schau, das sich jedoch auf seine äußeren Zeichen beschränkt, auf die quasi fürstliche Haltung und Aufmachung. Denn der Dargestellte hat sein Reich, besser gesagt: seinen Reichtum durchaus aus eigener Kraft erworben, nach Idealen, die auf dem Neorenaissance-Epitaph an der Mittelwand des Treppenhauses symbolisiert sind, nämlich Ehre, Besinnung, Unabhängigkeit und Beharrlichkeit. Seine Haare sind schon leicht ergraut, ebenso die ›Koteletten‹. Buschige Brauen überschatten die von den Lidern leicht verhängten Augen. In ihnen herrscht ein etwas unheimliches Glimmern, das zusammen mit dem energischen Mund dem Ausdruck etwas nicht ganz eindeutig Heroisches gibt.

Die Fama umhüllte bald das Haus, bei dessen Einweihung

ein Erzherzog zugegen war. Man aß bei großen Festen von goldenen Tellern, und jede der geladenen Damen erhielt ein Schmuckstück als Geschenk. Sämtliche Räume waren mit Damast und Seide oder mit kostbaren Tapeten ausgekleidet. Die wertvollsten Kunstgegenstände sowie die Gemälde der damals führenden Meister füllten die Gemächer, wovon, namentlich was die Bilder des 19. Jahrhunderts anbelangt, noch heute vieles geblieben ist, was die Atmosphäre eines reichen Kunstsammlers in Erinnerung ruft. Mit seinem Hause vermachte Revoltella der Stadt nicht nur seine eigenen Sammlungen, sondern darüber hinaus die Mittel zu einem ansehnlichen Museum moderner Kunst. Pasquale Revoltella ließ sich von Hitzig auf der Höhe außerhalb der Stadt auch eine Villa errichten, die sich mit ihren maurischen Bogenreihen und ihren blumengeschmückten Terrassengärten in der sonst öden Karstlandschaft wie ein Märchenschloß ausnimmt.

Im Stadtpalais Revoltellas gehen Treppenhaus, in der Mittelachse angeordnete Festsäle und die übrigen Räume fast allzu zwanglos ineinander über. Wohl ist das zweite Obergeschoß auch im Inneren um einen Grad repräsentativer, aber die feste Ordnung, welche Adelspaläste und Fürstenschlösser des Barock auszeichnete, wird jetzt beinahe geflissentlich vermieden. Das ist für das gerade in Triest so üppig sich entwikkelnde 19. Jahrhundert aufschlußreich. So wie die Gäste nun zwanglos durch die Räume fluten, beginnen auch Vermögen wie Gesellschaft zu flukturieren. Die Wirtschaftskapitäne steuern ihre Schiffe jetzt durch starken Wellengang. Revoltella selbst hat durch kluge Vorsicht den zu jener Zeit in mancher Hinsicht häufigen Schiffbruch vermieden; er hat sein Ziel erreicht und auch seinen ›Hafen‹, wenn wir die freilich hoch über dem Meer gelegene Villa so bezeichnen dürfen, in deren prunkvoller Kapelle sein Leichnam ruht.

Gegenüber dem Palazzo Revoltella liegt der noch im strengen Triestiner Klassizismus erbaute Palast, der das *Naturgeschichtliche Museum* und die *Stadtbibliothek* umschließt, hochbedeutend durch die von Triestiner Sammlern gestifteten Schätze, darunter die Petrarca-Sammlung von Domenico Rossetti, illuminierte Handschriften und Gemälde.

Von der spätbarocken Kirche *S. Antonio Vecchio,* deren einfacher Saalraum einzelne in ihrer Fassung schon nach Slowenien weisende Altäre birgt, führt die Straße schräg hinauf zum spätklassizistischen *Palazzo Vivante,* der durch seinen breiten, von Säulen gegliederten Tempelrisalit beeindruckt. Ihm gegenüber liegt auf der Talseite in einem ansehnlichen Bau des ausgehenden 18. Jahrhunderts das *Museo Civico Sartorio.* Wieder treffen wir auf die Stiftung eines reichen Triestiners, dessen kostbare Sammlung von Ikonen, mittelalterlichen Tafelbildern, Zeichnungen Tiepolos, Porzellan und Keramik, zusammen mit den Möbeln privates Mäzenatentum sympathisch zur Schau stellt, denn der Rahmen bleibt angemessener als bei Revoltella.

Etwas oberhalb liegt im großen alten Park die 1790 erbaute *Villa Principe Napoleone,* in welcher der Sohn des Bruders Napoleons zur Welt kam. Er hieß, wie sein Vater, Gerôme und sollte später durch seine Heirat mit Prinzessin Klothilde von Savoyen die für den Kampf um die italienische Einigung wichtige Verbindung zwischen Piemont und dem zweiten französischen Kaiserreich dynastisch untermauern.

Man kann nun zum Hafen hinabsteigen und dort am Anfang der Via Campo Marzio das *Museo del Mare* mit seiner fesselnden Sammlung von Modellen historischer Schiffe besuchen. Geht man dann am Kai entlang zur Stadtmitte zurück, so bleibt man auch, was die Museen anbelangt, im Bann des Meeres: Kurz vor der Piazza Venezia ist das bekannte Meerwasser-Aquarium, *Aquario Marino,* zu besichtigen.

Ausflüge nach Muggia und Miramare

Wer von Triest aus als Halbtagsausflug etwas von der istrischen Küste und ihren historischen Stätten kennenlernen möchte, ohne die Grenze nach Jugoslawien zu überschreiten, der findet in dem noch auf italienischem Boden liegenden nahen *Muggia* ein schönes Ziel. Man fährt auf derselben Straße wie nach Capodistria (Koper) mit dem Wagen oder mit dem Überlandbus vom Largo Barriera Vecchia aus zunächst durch Vorstädte, dann zum Teil durch freies Land in die nächste Bucht südlich von Triest und findet hier die kleinste, jedoch schmuckste der ›venezianischen‹ Städte Istriens.

An Venedig erinnert nicht nur der Markuslöwe, der als Marmorrelief in das erneuerte gotische Rathaus eingemauert ist und ein Symbol im doppelten Sinn darstellt, nämlich für den Evangelisten und für die sich nach ihm nennende Lagunenrepublik, sondern erinnert auch das Ambiente der ›Calli‹ mit den hier meist verputzten Häusern, deren fast quadratische Fenster den Triestiner Haustypus widerspiegeln. Ebenso gibt es die in Jugoslawien weiterlebende Einrichtung des ›Stadtkaffeehauses‹, das hier wie im nahen Koper oder im fernen Dubrovnik im Rathaus untergebracht ist. Es gibt einen äußeren und einen inneren, von Segeljachten und Fischerbooten belegten Hafen, die voneinander durch ein Tor geschieden sind. Etwas weiter zurück liegt der Hauptplatz, hinter dem sich Gassen und Gäßchen hinziehen, über die sich im Westen das stark erneuerte venezianische Kastell erhebt. Das alles formt sich zwanglos und mit unverkennbarer Selbstverständlichkeit zum Organismus.

Muggia hat eine vom nahen Triest sehr verschiedene Geschichte: Der schon von den Römern befestigte Ort geriet 931 unter die Lehenshoheit der Patriarchen von Aquileia. Die kommunale Selbständigkeit, so die Wahl eines eigenen Podestà, konnte sich der Ort bewahren, auch als die Oberhoheit vom Patriarchen an Venedig überging, das sich hier bis zu seinem Untergang behauptete, trotz der unmittelbaren Nachbarschaft des schon seit dem 14. Jahrhundert österreichischen Triest. Sein eigenes Leben bewahrt Muggia bis heute, und zwar vornehmlich in seinen Festen. So gewinnt der Karneval, vielleicht vom Vorbild des alten Venedig her bestimmt, seinen besonderen Glanz. Auch sonst fühlen sich die Bewohner auf ihrem Hauptplatz wie im eigenen ›Salotto‹, und bis heute wird die zwanglos festliche Stimmung gerühmt, die an schönen Sommerabenden Muggia erfüllt, das italienische Dichter als leuchtende Perle im Geschmeide der istrisch-dalmatinischen Städte priesen.

Der *Dom SS. Giovanni e Paolo,* so am Hauptplatz gelegen wie das Rathaus samt seinem Café, ersetzt seit 1467 einen älteren Bau und wirkt in seinem Inneren stark erneuert. Doch besonderes Augenmerk verdient noch immer die Fassade, die mit ihrem dreipaßförmigen Abschluß an venezianische Kirchen in der Art von S. Giovanni in Bragora erinnert und sich durch ein besonders schönes Radfenster auszeichnet. Denn die Speichen entspringen einer sternförmigen Mitte, die ein Madonnenrelief umschließt, und sie münden in Bogen, die ein ähnliches Wechselspiel zwischen Spitzbogen und übergreifenden Rundbogen entfalten wie im Maßwerk venezianischer Paläste. Überragt wird der Dom durch einen Glockenturm, dessen aus dem Achteck entwickelte Spitze auf einem vierkantigen Schaft steht, darin dem Campanile von Aquileia nachgebildet, unter dessen Patriarchen die Stadt ja lange stand.

An der alten, von einem Turm verstärkten Stadtmauer entlang führt der Weg empor nach dem rund zwei Kilometer entfernten *Muggia Vecchia*. Zu Beginn des Sträßchens sieht man durch eine Mauerlücke in einen kleinen Pfarrhof mit dem gotischen Chor und dem beinahe zierlichen Campanile der Franziskanerkirche. Die Straße steigt auf einem Hügelkamm empor und gewinnt immer mehr Aussicht, bis man schließlich das Maria Assunta geweihte Heiligtum der *Basilika SS. Ermacora e Fortunato* erreicht, das dank seines Alters und seiner Aussicht den Abstecher lohnt. Denn der Blick geht über die Bucht von Muggia hinüber nach Triest und seinen Golf, von dessen felsdurchsetzter Waldküste sich Schloß Miramare abhebt, und nach der anderen Seite in das schon an den Balkan gemahnende Innere Istriens. Denn ähnlich spärlich bewachsene, flache Täler zwischen stumpfen Höhen wird man von hier aus ostwärts bis Serbien und Mazedonien, ja bis Kleinasien, immer wieder antreffen. Die ein wenig überrestauriert wirkende Kirche ist in warmbraunem Kalkstein errichtet, mit flach geneigten Ziegeldächern, die in der typischen Staffelung eine kleine, querschifflose Basilika bedecken. Im Inneren verrät die primitive Art der Arkaden das hohe, vermutlich auf das 11. Jahrhundert zurückgehende Alter, denn es gibt keine eigentlichen Pfeiler; was diesen entspricht, sind viel eher stehengebliebene Teile der Wand, ähnlich wie dies im Inneren von S. Maria in Cosmedin in Rom der Fall ist. Noch älter als die Architektur ist das steinerne Lesepult, dessen Rundpfeiler in archaisch strengen Köpfen gipfeln. Langobardisch-karolingisches Flechtband schmückt die Schranken des weit ins Schiff hinaustretenden Chores. Die strenge, architektonisch wenig gegliederte Apsis, die einst wohl ausgemalt war, schmückt die barocke Holzfigur einer Madonna. Offene Balkendachstühle über den drei Schiffen schließen den stimmungsvollen Raum.

Die sogenannte ›Triestiner Riviera‹ ist unter den übrigen Rivieren des Mittelmeers die unwirtlichste. Wohl bietet sie die herrlichsten Aussichten über den Golf von Triest, aber die felsigen, vom Nordwind, der berüchtigten ›Bora‹, heimgesuchten Karsthänge lassen nicht viel mehr als buschige Föhrenwälder wachsen. Und doch besitzt dieser Uferstreifen ein Juwel besonderer Art, nämlich Schloß und Park von *Miramare*. Der Name, verbraucht und banalisiert durch zahllose Hotels und Pensionen, wo nur immer ein Meer zu bewundern ist, benennt hier nicht nur einen der schönsten Aussichtspunkte, sondern auch einen Ort, der eine Fülle ästhetischer Eindrücke und historischer Erinnerungen bietet.

In dem schönen, eine ganze Landspitze einnehmenden Park findet man Steineichen und Zypressen; für Palmen ist die winterliche Bora zu rauh. Dafür entschädigt in der warmen Jahreszeit der reichste Blumenschmuck, auch auf den Freitreppen, deren Brüstungen mit Blumenvasen besetzt sind. Allerdings ist alles ein wenig schematisch angelegt und dadurch etwas kalt und spröde und erinnert an die anonyme Repräsentation, welche die Grand Hotels an den verschiedenen Rivieren und auch am Garda- und am Genfersee zur Schau tragen, um dem wandernden Strom der Gäste die Illusion eines fürstlichen Daseins zu geben. Für diesen Stil wirkten Garten und Schloß von Miramare als Vorbild, wobei es hier durchaus um einen echten Fürstensitz und um das sehr einmalige Schicksal eines Schloßherrn geht.

Erbaut wurde Miramare 1858-1860 von dem Wiener Carl Junker für den Bruder von Kaiser Franz Joseph, den zeitweiligen Vizekönig der Lombardei, Erzherzog Maximilian. Der Welt bekannt wurde Maximilian als Kaiser von Mexiko. Von Miramare aus nahm 1864 jene Tragödie ihren Ausgang, die 1867 in Querétaro mit des Kaisers Erschießung endete, was auch die höchsten Stellen in Europa nicht zu verhindern vermochten. Denn hier, wo er mit seiner Gemahlin, Prinzessin Charlotte von Belgien, residierte, empfing Erzherzog Maximilian Anfang Juli 1863 eine mexikanische Delegation, die ihm die Kaiserkrone antrug. Er fuhr am 14. April 1864 auf dem österreichischen Kriegssschiff ›Novara‹ in eine Zukunft, deren Ungewißheit ihm durch zum Teil falsche Informationen geflissentlich verheimlicht wurde. Es war Napoleon III., der, ständig nach neuen Einflußgebieten Ausschau haltend, den hochangesehenen Bruder des habsburgischen Kaisers für seine ehrgeizigen Pläne in der neuen Welt brauchte. Nutzen ziehend aus dem Sezessionskrieg, der damals den Vereinigten Staaten die Hände band, mischte sich das Zweite Französische Kaiserreich in die inneren mexikanischen Wirren, zog seine den neuen Kaiser beschützende Armee aber wieder zurück, als die Vereinigten Staaten nach Beendigung ihres Bürgerkrieges die europäische Intervention auf ihrem Kontinent nicht mehr duldeten. Die klerikale Partei, die in Mexiko Maximilian zu ihrem Kaiser gemacht hatte, unterlag. In Querétaro, ihrem letzten Stützpunkt, mußte sich der unglückliche Kaiser mit seinen wenigen Getreuen ergeben und wurde bald darauf zum Tode verurteilt. Furchtlos, würdig seiner hohen Abkunft, fiel er am 19. Juli 1867 unter den Schüssen eines Militärkommandos. Das Ereignis, dem Manet eines seiner großen Gemälde widmete, erregte ungeheures Aufsehen, und seither ist Miramare vor allem durch das unselige Geschick seines Schloßherrn berühmt als eine jener Stätten, die, gleich Mayerling, dem Quai Montblanc in Genf oder dem Milijaka-Ufer in Sarajewo, den letzten Weg des Hauses Habsburg markieren, ein Geschick, dem heute auch die gebildete Welt Italiens ihr Mitgefühl nicht mehr versagt.

Dabei ist Miramare nicht erst durch seine Geschichte zu einem Märchenschloß geworden, sondern schon durch seine wahrhaft märchenhafte Entdeckung: Der Erzherzog, der mit einem kleinen Boot in einen Sturm geraten war, suchte hier bei einem Fischer Schutz und Obdach und war anderntags, als wieder die Sonne schien, von der herrlichen Lage des Ortes tief beeindruckt. In ein sagenverklärtes Mittelalter führt auch der maurisch-gotische Stil des Schlosses, der damals freilich auch an Bahnhöfen und Kasernen und nicht viel später, wie schon angedeutet, auch an Schloßhotels verwendet wurde. Der Bau, an dessen Plänen Maximilian sich in eigener Person beteiligte, ist mit malerischer Unregelmäßigkeit, doch spröde, in einzelne Blöcke aufgeteilt, durch Zinnen gekrönt und von einem stattlichen Eckturm überragt. Er wird von säulengetragenen Erkern belebt und trägt Balkone, von denen man eine herrliche Sicht genießt, denn das Schloß ist auf vorspringenden Felsen errichtet. Trotz allem aber wirkt das Ganze ein wenig gekünstelt, wie ein aus lebloser Masse gefertigtes Modell, ähnlich wie jene Miniaturburgen, die zum Spielen mit Zinnsoldaten gehörten.

Die Aussicht aus den Schloßräumen ist allerdings nur beschränkt möglich, denn die meisten sind schon seit ihrer Entstehungszeit derart museal mit Möbeln, Spiegeln, Stoffen und Bildern angefüllt, daß man davon fast bis zum Ersticken in Besitz genommen wird, sich auf jeden Fall aber von der so faszinierend schönen Umwelt weitgehend abgeschlossen fühlt. So treffen sich bereits in der Art des Schlosses Weite und Enge, Aufgeschlossenheit nach Außen und das Versponnensein in eine irreale Welt in seltsam symbolischer Weise.

Das Innere des Schlosses muß schon von Anfang an museale Züge getragen haben, denn im Grunde erscheint hier nur weniges unmittelbar gegenwärtig. Vielmehr wirkt sozusagen alles verkleidet und ›von weither geholt‹, wie dies dem Eklektizismus des 19. Jahrhunderts entsprach. Dies gilt nicht nur für die Chinesischen und Japanischen Salons mit entsprechenden Porzellanen und Wandbespannungen, sondern auch für die in aufwendiger Renaissance, oder was man darunter um 1860 verstand, eingerichteten Prunkgemächer, in denen einzelne ›echte‹ Möbel, vornehmlich des holländischen Barock, ihre Originalität inmitten des irgendeinem Vorbild nachempfundenen Wandgetäfels und der schweren Vorhänge nur mühsam behaupten. Ein äußerstes Maß von Überspielung zeigen im Erdgeschoß das Schlafgemach und das Studierzimmer des Erzherzogs, die Kajüten des österreichischen Kriegsschiffes ›Novara‹ nachgebildet sind. Auf diesem Schiff, dessen Name an einen der stolzesten Tage Habsburgs erinnert, an den 29. März 1849, als Feldmarschall Radetzky über König Karl Albert von Piemont bei Novara siegte, lernte schon in jungen Jahren der Erzherzog das Meer kennen. Die ›Novara‹ wurde für ihn gleichsam zum Schicksalsnachen, als sie ihn am 14. Mai 1864 von Miramare aus durch die Adria und über den Atlantik nach Mexiko in sein so tragisch endendes Kaisertum führte.

Nicht nur in den zu Kabinen stilisierten Räumen, sondern auch ein wenig im übrigen Schloß fühlt man sich eingeschlossen wie auf einem Schiff. Denn nur wenige Fenster verlocken zu einem Blick hinaus ins Freie. Die Bilder an den Wänden stammen aus früheren Jahrhunderten und der Zeit, da Maximilian und Charlotte das Schloß bewohnten, ähnlich wie jene in den mit Kunstschätzen überladenen Palästen der reichen Triestiner Kaufleute. Ein Raum hängt voll mit Bildnissen von Mitgliedern der um 1860 in Europa regierenden Häuser, Bildnisse, in denen die Porträttreue der damaligen Photographie sich mit den Accessoires – denn dieses Wort drängt sich statt des Begriffs ›Attribute‹ auf – fürstlicher Würde nicht immer überzeugend vereinen. In dieser Reihe von Persönlichkeiten, unter denen neben Repräsentanten des altehrwürdigen Hauses Habsburg auch die der etwas rascher emporgestiegenen Macht Napoleons III. figurieren, spürt man eine seltsame Mischung aus familiärer Zusammengehörigkeit und zugleich Distanz einer bereits bedrohten Klasse.

Solche Irritationen verfolgen den Besucher durch den ganzen Bau, dessen Gemächer weder eindeutige Säle noch Zimmer sind, denn ähnlich wie im Palazzo Revoltella in Triest wirken die Räume zufällig aneinandergereiht. Dort gehörten sie einem sich zum Fürsten emporstilisierenden Bürger, dessen Pläne, so großzügig sie waren, immer auf der Grundlage sicherster ›Informationen‹ konzipiert wurden; hier einem Erzherzog, der sich zum Großbürgertum herabließ und wie so mancher Spekulant dieser Klasse schließlich Schiffbruch erlitt, weil er sich, obwohl Sproß des ehrwürdigsten Kaiserhauses, schlecht beraten in das Abenteuer eines schon in der Entstehung fragwürdigen Kaisertums einließ.

Man wandert durch Räume, die einst den verschiedensten Bestimmungen dienten und doch alle irgendwie gleich wirken: die intimeren Wohnräume auf der Südseite gegen das Meer hin, die ein wenig öden Festräume auf der dem Land zugewandten Nordseite. Hier stößt man fast mit Erstaunen auf die Schloßkapelle, die in kleinstem Maßstab an die Heilig-Grabkirche in Jerusalem erinnern soll, doch in ihrer Architektur aus dunklem Zedernholz seltsam intim wirkt, zugleich profan trotz aller kirchengeschichtlicher Erinnerungen, wie dies auch sonst gerade den Sakralräumen des historisierenden 19. Jahrhunderts eigen ist.

Durch ein sehr steil und hoch proportioniertes Treppenhaus, dessen Wände mittelalterliche und exotische Trophäen schmücken, steigt man ins Obergeschoß, um hier durch einen ähnlichen Kranz von Räumen zu wandern. Von ihnen dienten die meisten einer mehr repräsentativen Bestimmung, doch bleibt trotzdem die so seltsame Mischung von bürgerlichem und fürstlichem Geschmack. »Gusto Viennese« nennt ihn der Führer, nicht ohne einen gewissen Respekt in der Stimme. Dann aber ändert sich der Eindruck, wenn man am Schluß des Rundganges das Arbeitszimmer betritt, das sich in den dreißiger Jahren unseres Jahrhunderts der ›Duca d'Aosta‹, der Herzog Amadeo von Savoyen-Aosta, einrichten ließ, ein Raum von betonter Nüchternheit, Ausdruck eines Lebensstils wie eines Schicksals, das dem Bewohner dieses Raumes ebenfalls ein Ende fern der Heimat bereitete: Im Zweiten Weltkrieg mußte er sich in Äthiopien nach tapferer Verteidigung den Engländern ergeben. Schwer erkrankt, teilte er freiwillig das Los seiner Waffengefährten und starb im Frühjahr 1942 in einem afrikanischen Gefangenenlager. In Miramare wohnte er als Kommandeur eines Triestiner Regiments.

FRIULANISCHE FAHRTEN

Am Alpenrand nach Friaul

Ausgangspunkt Vicenza

Der übliche Weg von Westen nach Friaul führt auf der Autobahn über Mestre/Venedig und Treviso. Bei Conegliano kann man auf die Staatsstraße hinüberwechseln, um dann bald darauf bei Sacile das eigentliche Friaul zu betreten. Conegliano und Sacile sind aber auch auf einer ungleich lohnenderen Nebenstraße zu erreichen: Schon bei Vicenza verläßt man die Autobahn, um am landschaftlich verlockenden Alpenrand entlangzufahren und Villen und kleine Städte zu besuchen, die neben ihrer Lage auch hohen künstlerischen Reiz besitzen.

Der Ausgangspunkt dieser Annäherung, Vicenza, lädt mit den Bauten des Palladio, mit seinen mittelalterlichen Palästen, mit seinen Kirchen natürlich zum längeren Verweilen ein, das wir uns aber hier versagen müssen. Verzichten müssen wir auch auf die Beschreibung der gartenreichen Umgebung Vicenzas, der ›Rotonda‹, jener vollkommenen unter den Villen Palladios, oder der mit Fresken Tiepolos geschmückten Villa Valmarana, von der man zur aussichtsreichen Madonna del Monte-Berico hinaufsteigen kann. Doch sei durch diese Andeutungen der Aufenthalt in der auch heute noch verhältnismäßig ruhigen Atmosphäre dieser eher kleinen Stadt warm empfohlen, die inmitten einer schönen Landschaft sich eine große künstlerische Vergangenheit bewahrt hat.

Von Vicenza aus fahren wir zunächst über die Ebene nordwärts nach Thiene und sehen unterwegs in *Caldogno* eine von Palladio erbaute und mit Fresken des 16. Jahrhunderts geschmückte Villa, während etwas weiter in Villaverla die ebenfalls mit Wandmalereien ausgestattete *Villa Verlato* von Palladios Schüler Vincenzo Scamozzi erbaut wurde. Noch jünger, doch noch immer die Traditionen des Cinquecento bewahrend, ist der große, durch eine Hofanlage erweiterte Palast der benachbarten *Villa Ghellini*. Hinter Thiene, wo sich ein mittelalterliches Kastell erhalten hat, überqueren wir den hier aus den Bergen tretenden Fluß und erreichen weiter nordwärts Lonedo di Lugo, wo auf den Ausläufern des eigentlichen Gebirges gleich zwei bedeutende Villen des Palladio zum Besuche locken: die im Inneren mit Fresken geschmückte *Villa Godi-Malinverni,* der Erstling des großen Baumeisters, und die erst nach seinem Tode, doch noch vermutlich nach seinen Plänen erbaute *Villa Piovene,* die mit ihrer, von abgestuften Flügeln eingefaßten Tempelfront einen aussichtsreichen Terrassengarten beherrscht.

Von hier aus folgt die Straße, bald ansteigend, bald sich senkend, dem Auslauf des Gebirges. Am Hang oder auf Anhöhen bilden schon im Vorfrühling die Gärten mit Lorbeer, Steineichen, Pinien und Zypressen einzelne grüne Oasen. Villen im Stil des venezianischen Settecento erheben ihre statuengeschmückten Fassaden. Leider wird das einst so paradiesische Ambiente dieser Villeggiaturen immer wieder von Neubauten unterbrochen, von Fabriken, Garagen und banalen Wohnbauten, in denen sich ein ehernes Zeitalter gegen das goldene durchsetzt.

Während die Ebene im Dunst verschwimmt, schwingt sich das Gebirge zu den im Frühling schneebedeckten Höhen empor und staffelt sich in deutlich unterscheidbaren Ketten hintereinander. Man könnte dieses landschaftliche Geschehen mit dem Auslaufen einer Brandung vergleichen, angesichts der gegen die Ebene schwächer werdenden und schließlich verebbenden Wellen, die der Alpensüdrand bildet. Doch immer wieder ist das Landschaftsbild durch Menschenhand akzentuiert, durch die Gehöfte, Villen und Kirchen, die auf den Hügeln thronen.

Maróstica

Weiter östlich, gegen das Tal der Brenta hin, wird der Berghang steiler und der Gegensatz zur Ebene ausdrucksvoller. Wie um dies nochmals zu betonen, steigen die mittelalterlichen Mauern von Maróstica steil zu einer hochgelegenen

Burg empor, der unten in der Ebene ein einst von Wasser umflossenes Kastell antwortet. Mauern umfassen die Stadt, die auch in ihren Gassen, Straßen und Plätzen im wesentlichen altertümlich geblieben ist und deren Tore noch die Mauerschlitze für das Aufziehen der Zugbrücken bewahrt haben. Zum oberen Kastell, dessen zerfallene Mauern weithin die Ebene überschauen, führt ein steiler Fußweg. Das untere Kastell beherrscht den großen, von Arkaden gesäumten Hauptplatz, auf dem das Herrschaftszeichen Venedigs, der Markuslöwe, auf gedrungenem Pfeiler steht. Das Kastell ist wohlerhalten. In seinem Mauerwerk erkennt man auch hier die Schlitze für die Zugvorrichtung der ursprünglichen Holzbrücken. Heute betritt man über eine von Obelisken flankierte Steinbrücke den Hof, den ein mächtiger Turm überragt. Sein zum Teil von Efeu überwachsenes Mauerwerk zeigt, wie an den Außenseiten, die reizvolle Verbindung von Haustein, Bruchstein und einzelnen Backsteinstreifen. Hoch über dem Eingang ist das Zeichen der Republik von S. Marco zu sehen, die sich schon im 15. Jahrhundert die bisher von einem selbständigen Adelsgeschlecht regierte Stadt unterwarf. Man kann im Obergeschoß ein kleines ortsgeschichtliches Museum besichtigen, dessen Räume durch alte Balkendecken und einzelne Kamine ihre Stimmung gewinnen.

Vor dem Kastell liegt der Hauptplatz, auf dessen Pflaster mit farbigen Steinplatten ein Schachbrett eingelassen ist. Die Ortsbewohner spielen als Schachfiguren in der Tracht des 15. Jahrhunderts alle zwei Jahre eine zur Legende gewordene Schachpartie nach. Jene hatte ausnahmsweise mit den Waffen des Geistes den Zweikampf um die Hand des schönen Schloßfräuleins von Maróstica ausgetragen.

Bassano del Grappa

Dort, wo die Brenta den Alpensaum durchstößt, um in die Ebene des Veneto zu treten, liegt die alte, schon seit vorrömischer Zeit besiedelte Stadt Bassano. Der Name geht auf die ausgehende Antike zurück und verbindet sich in der Spätrenaissance mit einer Malerschule, die sich neben den großen venezianischen Manieristen, Jacopo Tintoretto und Paolo Veronese, selbständig behauptet hat. Namentlich Jacopo Bassano vertritt im venezianischen Cinquecento auf ausdrucksvolle Weise das ländlich-bäuerliche Element. Sein eigentlicher Name lautet Jacopo da Ponte, was auf das Wahrzeichen des Ortes, auf die alte gedeckte Brücke über die Brenta Bezug nimmt. Die Brücke heißt heute *Ponte degli Alpini,* nicht nur weil sie nach ihrer Zerstörung im Zweiten Weltkrieg 1948 durch italienische Gebirgstruppen, die ›Alpini‹, wiederaufgebaut wurde, sondern auch zum Andenken an diese Elitetruppe, die im Ersten Weltkrieg den die Stadt überragenden Monte Grappa verteidigte. Die Brücke wurde schon im Jahre 1209 erwähnt; 1569 schuf Palladio das Modell für einen nicht ausgeführten Neubau, der aber trotzdem für die späteren Erneuerungen vorbildlich blieb. Die Brücke ist im ganzen achtmal durch Krieg oder Hochwasser zerstört worden. 1524 wollte man die bisherigen Holzkonstruktionen durch einen Steinbau ersetzen, der aber schon zwei Jahre später einstürzte. Was wir heute sehen, ist zwar wieder aus Holz errichtet, doch erreicht das balustradenförmige Geländer zusammen mit dem von stattlichen Stützen getragenen Dach eine eigene Monumentalität, und vor dem Hintergrund der zum Kastell emporsteigenden Altstadt ergibt sich von der Westseite des Flusses aus eines der schönsten Stadtbilder Oberitaliens.

Das *Kastell* ist zum ersten Mal in ottonischer Zeit genannt, nämlich 998, und wurde später sowohl von weltlichen wie von geistlichen Mächten erbittert umkämpft. Ezzelino III. da Romano, der im Rufe eines besonders grausamen Gewaltherrschers stand, dehnte im 13. Jahrhundert von hier seine Macht aus, die freilich nach dem Tode Kaiser Friedrichs II. wieder ihr Ende fand. Nur kurze Zeit behauptete die Stadt ihre Selbständigkeit, um sich 1402, vermutlich damit das kleinste Übel wählend, freiwillig der Republik Venedig zu unterwerfen, die damals dabei war, ihre Herrschaft über die Terra ferma, das heutige Veneto samt Friaul, auszudehnen. Das Kastell nimmt den höchsten Punkt innerhalb der Stadt ein, die sacht von Süden nach Norden, steil vom Fluß her gegen Osten ansteigt. Vom einstigen Sitz der ›Ezzelini‹ sind noch ein Torturm und halbzerfallene Umfassungsmauern erhalten. Sie umschließen den seit dem 16. Jahrhundert in mehreren Phasen erneuerten Dom *S. Maria in Colle;* in seinem, in der einfachen Art venezianischer Saalkirchen gebauten Inneren sind ein romanisches Holzkruzifix aus dem 12. Jahrhundert sowie einzelne Altäre sehenswert. Der Rosenkranzaltar an der südlichen Seitenwand zeigt ein Altarblatt des Leandro Bassano, des jüngeren Bruders Jacopo da Pontes. Von Leandro stammt auch das farbig eindrucksvolle Altarbild rechts vom Chor mit der Steinigung des heiligen Stephanus.

Vom großen Platz südlich des Kastells führt die Via Matteotti leicht abwärts zur Piazza della Libertà. Auf dem Wege dorthin sieht man linkerhand die *Prefettura,* deren noch mittelalterlich anmutender Hof durch einen schönen überdachten Treppenaufgang beherrscht wird. Das Hofportal gehört mit seinen diamantartig zugeschliffenen Quadern und dem reliefgeschmückten Giebelfeld dem 16. Jahrhundert an. In die seitlich sich fortsetzende Pilastergliederung ist auf kapriziöse Art ein spätbarockes Kapellenportal gesetzt, dessen ineinandergeschobene und gegeneinander bewegte Rahmen einen fremd anmutenden Reichtum ausstrahlen.

Dort, wo die Via Matteotti auf die Piazza della Libertà mündet, steht das in zierlicher Frührenaissance erbaute *Rathaus.* Andere Profanbauten von architektonischem Interesse findet man – vom Hauptplatz nordwestlich in Richtung des Flusses gehend – an der *Piazza del Monte Vecchio.* Auf ihrer Nordseite steht das historische Staatsgefängnis mit seinen vergitterten Fenstern. Wappen und Inschriften beleben die sonst so abweisenden Mauern. Offener und lebensbejahender gibt sich daneben ein Palast in der für die ganze östliche Terra ferma typischen Art des venezianischen Seicento. Diese Palastform, die durch zierliche Bogenstellungen ausgezeichnet ist, ist auf der Ostseite des Platzes ebenfalls vertreten; an vielen Fronten sind noch Reste von Fresken zu sehen.

Der eigentliche Hauptplatz ist die schon erwähnte, rechteckige, von Westen nach Osten leicht ansteigende *Piazza della Libertà,* an die sich östlich die freilich nicht mehr ganz so regelmäßige Piazza Garibaldi anschließt. Er wird auf seiner

Nordseite von älteren Bürgerhäusern belebt, von denen sich einzelne durch ihre venezianisch zierlichen Bogenfenster sowie durch verblichene Wandmalereien auszeichnen. Die Gestaltung wechselt im einzelnen von Front zu Front, doch sind sie alle durch den verwandten Rhythmus ihrer Fenster miteinander verbunden. Davor steht auf hohem Steinpfeiler die Ende des 17. Jahrhunderts von dem einheimischen Bildhauer Orazio Marinali geschaffene Statue eines Bischofs; es ist der Stadtpatron Bassiano. Auch der steinerne Löwe, das Wahrzeichen der Lagunenrepublik, fehlt hier nicht.

Die Südseite des Platzes wird beherrscht von der zwischen 1747 und 1785 gebauten Kirche *S. Giovanni Battista,* dem Hauptwerk des aus Bassano stammenden Architekten Giovanni Miazzi. Die Fassade, die fast die ganze Länge des Platzes einnimmt, entfaltet sich zu einer Breite, der wir sonst nur bei einem Palast begegnen, und entwickelt mit ihrer von Seitenrisaliten symmetrisch flankierten Mittelfront eine Komposition, die bei aller bereits klassizistischen Strenge des Einzelnen im ganzen doch noch bemerkenswert reich ist. Noch stärker wirkt sich die Tradition des Spätbarock im Inneren aus. Hier nämlich überrascht das Gegenspiel von Längs- und Querachse, von denen jede die Hauptrichtung beansprucht. Wenn man die Kirche durch den Haupteingang betritt, so glaubt man, in der gegenüberliegenden Kapelle den Hochaltar zu sehen; doch befindet sich dieser in einer eigenen Chorkapelle am östlichen Ende der langgestreckten Querachse, die parallel zur Fassade und damit zum Hauptplatz verläuft und sich schließlich als die Hauptachse entpuppt. So reich und reizvoll dieses noch sehr barocke Spiel ist, vorgetragen wird es mit dem bereits etwas trockenen Ernst des beginnenden Klassizismus, der als wesentliche Strömung innerhalb der venezianischen Architektur seit Palladio nie ganz versiegt ist. So sind es denn die deutlich gliedernden Pilaster und die scharf profilierten Gesimse, die im einzelnen das trennen und unterscheiden, was sich im ganzen zu optisch faszinierenden Durchblicken vereinigt, in einem spannungsvollen Reichtum szenographisch gestalteter Perspektiven, die in die gleiche Endphase des Barock gehören wie die Raumphantasien eines Piranesi.

Im Kontrast zur Architektur steht die Ausstattung der dem Eingang gegenüberliegenden Sakramentskapelle. Das Gesamtkunstwerk, das hier der von Statuen flankierte venezianische Tabernakelaltar noch ganz im Sinne eines malerischen Spätbarock entfaltet, wird gekrönt durch das Altarbild, in welchem Giambattista Piazzetta aus gelbbraunem Helldunkel den roten Mantel von Johannes dem Täufer leuchten läßt.

Östlich von S. Giovanni Battista liegen an der Piazza Garibaldi Kirche und Kloster *S. Francesco,* wie sie in keiner größeren Stadt Oberitaliens fehlen. Die von der Ordensregel der Franziskaner geforderte Armut demonstriert die gegen Ende des 13. Jahrhunderts errichtete Kirche, deren zierliche Vorhalle 1306 in den Formen eines aus Säulen und Rundbogen gefügten Baldachins angefügt wurde. Das Innere wirkt durch seine eindrucksvolle Klarheit: Das von einem offenen Balkendachstuhl überdeckte Langhaus endet an der quergestellten Front der in ihrer Höhe gestaffelten Chorkapellen. Der Raum hat zwar nicht den mitreißenden Zug nach oben wie die Dominikanerkirchen in Venedig und Treviso, dafür dehnt er sich, in Franziskaner-Art mehr der Erde verbunden, wohlig in die Breite.

Im anstoßenden ehemaligen Kloster befindet sich heute das *Städtische Museum* (Museo Civico), dessen Räume sich um den Kreuzgang ordnen. Dieser birgt ein Lapidarium mit Architekturfragmenten aus verschiedenen Epochen. Die übrigen Sammlungen enthalten Gemälde des 15. bis 18. Jahrhunderts, wobei der Hauptsaal den Werken des Jacopo Bassano aus allen Schaffensperioden sowie seinen Schülern und Nachfolgern gewidmet ist. Einer der Räume zeigt Handzeichnungen Antonio Canovas, des großen klassizistischen Bildhauers, der 1757 unweit nordöstlich von Bassano in Possagno geboren wurde, doch später fast ausschließlich in Rom wirkte.

Auf dem Platz vor S. Francesco steht als eigenwilliges Werk des Hochbarock ein Brunnen, der unsere Aufmerksamkeit verdient: Vier große Schalen betonen ein Achsenkreuz; kleinere Schalen, über denen Delphine aufsteigen, entwickeln sich aus den Diagonalen, so daß sich Polygon und Stern miteinander verbinden. Gekrönt wird das Ganze von einer kreisrunden Schale, deren Form durch die Stufenringe des Sockels vorbereitet wird. Die vom Hauptplatz aus nach Süden ziehenden Straßen sind durch einzelne Paläste ausgezeichnet, deren Stil, durch die venezianische Spätrenaissance festgelegt, sich im 17. und 18. Jahrhundert nur wenig abgewandelt hat.

Asolo

Die Fahrt von Bassano aus nach Osten führt weiter am Alpenrand entlang, der von hier bis Conegliano seinen vielleicht schönsten Reichtum an Gärten, Villen und kleinen Städten entfaltet. Unter diesen ist Asolo durch seine Lage, Bauten und Geschichte gleichermaßen berühmt. Doch vorerst muß man die etwas öden Vororte von Bassano hinter sich bringen. Dann aber folgen einander gärtenumwachsene Landsitze, architektonisch oft von der Nachfolge Palladios geprägt. Ob als geschlossener Block der ›Rotonda‹ in Vicenza nachgebildet oder in mehreren Risaliten mit verbindenden Flügeln angelegt, stets ist es das feierliche Motiv der von Säulen oder Pilastern gegliederten, giebelgekrönten Tempelfront, das bald strenger, bald reicher diesen Villen ihre Würde gibt.

Rund vierzehn Kilometer hinter Bassano zweigt die Straße nach dem hochgelegenen Asolo ab. Das von Gärten und gartenhaft bebautem Bauernland umgebene Städtchen ist an den reich bewegten Kamm einer gegenüber den eigentlichen Voralpen isolierten Hügelkette gebettet und bietet immer wieder die schönsten Aussichten sowohl gegen die Berge wie auch in die weithin gebreitete Ebene, von der sich im Westen die Monti Berici und im Süden die Vulkankegel der Monti Euganei abheben und im Glanz klarer Tage die Städte Padua, Vicenza und Treviso aufleuchten, ja, inmitten der fernen Lagunen sogar Venedig zu ahnen ist. Teile dieses Panoramas erblickt man schon vom Hauptplatz aus. Steigt man weiter hinauf, an einer schönen, großen Villa vorbei, die, mit ihren Giebeln das venezianische Settecento nicht verleugnend, sich halb als Landsitz, halb als Stadtpalast über dem Terrassengarten aufbaut, so gelangt man zunächst auf die Nordseite des Berges von Asolo, um dann ostwärts vorerst mit dem Blick auf die Alpen und ihre Vorgebirge, dann schließlich südwärts mit dem Blick auf die Ebene zu den verfallenen Mauern der stattlichen Festung *Rocca* zu gelangen.

Asolo war schon in vorgeschichtlicher Zeit besiedelt. Die Römer hatten hier ein bedeutendes Municipium. Abhängig von geistlichen und weltlichen Herren, bewahrte sich der Ort im Mittelalter dennoch eine gewisse Selbständigkeit, um diese im frühen 15. Jahrhundert, wie etwas später auch Bassano, freiwillig aufzugeben und sich der Republik Venedig zu beugen. Seine paradiesisch schöne Lage wurde von den dem Landleben zugeneigten Patriziern der Lagunenstadt hochgeschätzt. Im Jahre 1489 wurde Asolo der verwitweten Königin von Zypern, Caterina Cornaro, als Aufenthalt zugewiesen, nicht ganz nach ihrem Willen, da sie im Begriffe stand, eine zweite Ehe mit dem Prinzen Alphons von Neapel einzugehen, was den Plänen der Republik zuwiderlief. Doch Caterina machte aus ihrer Residenz einen ausgesprochenen Ort der Musen, indem sie Maler, Dichter und Gelehrte hierher zog.

Unter ihnen verdient Pietro Bembo sowohl als Persönlichkeit wie als Schriftsteller unser besonderes Interesse. 1470 in Venedig geboren, lernte er zwischen 1492 und 1494 in Messina Griechisch, und zwar aus erster Quelle. Denn dort hielt sich damals einer der prominentesten Flüchtlinge aus dem Byzantinischen Reich auf, Konstantin Laskaris, der 1454 nach der Eroberung von Konstantinopel durch die Türken mit vielen anderen Vertretern der byzantinischen Kultur nach Italien gekommen war und dort die Gunst von Fürsten und Kardinälen fand. Pietro Bembo trat kurz darauf in den geistlichen Stand, doch widmete er sich ungeachtet dessen den weltlichen Wissenschaften, zunächst in Ferrara, dann in Venedig. 1506 ging er an den damals noch immer berühmten Hof von Urbino. 1513 wurde er Privatsekretär des kunstfreundlichen, vor allem an schönen Büchern interessierten Medici-Papstes Leo X. Sein geistlicher Stand hinderte Bembo nicht, sich 1521 nach Padua zurückzuziehen, weil dort seine Geliebte, Morosina, lebte. Später wurde er Bibliothekar der Markus-Bibliothek in Venedig und schrieb über die zwischen 1487 und 1513 in der Lagunenrepublik vorgefallenen Ereignisse eine Geschichte in lateinischer Sprache, wie er überhaupt zu den wichtigsten Erneuerern der klassischen Sprachen gehörte. 1539 kehrte er nach Rom zurück, wo er 1544 als Kardinal starb. Sein Leben war charakteristisch für das oft sehr weltmännische Wesen der italienischen Humanisten, im Unterschied zur Stubengelehrsamkeit der meisten ihrer deutschen Zeitgenossen. So ist sein persönlichstes Werk ein Traktat über die Liebe, nämlich das berühmte ›Gli Asolani‹ (›Asolaner Gespräche‹), das er nach seiner Rückkehr aus Messina verfaßte und das 1505 in Venedig erschien. Anlaß und Widmung sind bezeichnend. Gewidmet ist die Schrift Lucrezia Borgia, der Gemahlin von Alfonso d'Este, Herzog von Ferrara, die der Verfasser geliebt haben soll. Angeregt wurde der Traktat durch das humanistisch-philosophische Gespräch, das im Schloß der ehemaligen Königin von Zypern in Asolo im Zeitraum von drei Tagen zwischen drei venezianischen Edelleuten und drei Damen stattgefunden hatte: Die Zahl Drei spielt also eine wichtige Rolle. Am ersten Tag wird dabei die These entwickelt, daß die Liebe die Ursache aller menschlichen Leiden sei; ihr wird am zweiten Tag entgegengehalten, daß durch die Liebe die Kraft zu aufrichtigen Gefühlen und edlen Taten erwache. Die Widersprüche der zunächst gegeneinander geführten Thesen lösen sich am dritten Tag und gelangen zur Synthese, indem zwischen der Unheil verhängenden sinnlichen und der gnadenreichen geistigen Liebe unterschieden und die spirituelle Liebe als Krönung allen Gefühls dargestellt wird. Es ist das Lob der platonischen Liebe und des ›Dolce stil nuovo‹ Dantes, das Bembo erfüllt, angeregt durch die Liebesdichtung Petrarcas und den Neuplatonismus des Philosophen Marsiglio Ficino und beeinflußt durch die Tradition des Minnedienstes mittelalterlicher Höfe, die im Haus der ehemaligen Königin von Zypern in Asolo ganz unmittelbar weiterlebte.

Die bezaubernd schöne Landschaft lebt auch in Gemälden weiter, am reinsten im ›Ländlichen Konzert‹, das der Louvre besitzt. Das Bild, das wechselweise Palma il Vecchio, Sebastiano del Piombo, Giorgione und Tizian zugeschrieben wurde und jetzt im Louvre als Tizianwerk figuriert, zeugt bereits durch diese Vielzahl der in Frage kommenden Meister für die enge Verbundenheit des Asolaner Kreises untereinander, in welchem, ähnlich wie auch in anderen Zirkeln des damaligen Venedig, orientalische Geheimwissenschaften, Kabbala, Astrologie und Alchemie zusammen mit neuheidnischen Schönheitskulten und der Naturverherrlichung des abendländischen Humanismus esoterisch miteinander verschmolzen. Das genannte ›Ländliche Konzert‹ scheint unmittelbar durch die Landschaft um Asolo angeregt zu sein. Von baumbestandenen Hügeln geht der Blick an einem Gehöft vorbei zur Ebene und über diese hinaus zu einem einzelnen Berg, dessen Kegel an die Vulkanformen der Monti Euganei bei Padua erinnert, bis hin zum Meer, das ganz in der Ferne als heller Streifen aufleuchtet. In verwandtem Licht glänzt der Himmel zwischen dunklen Wolken. Im Vordergrund lagern Menschen: Ein Edelmann bringt einem Schäfer das Lautenspiel bei. Daneben sitzt eine junge, nackte Frau mit einer Hirtenflöte in der Hand. Eine andere Frauengestalt lehnt sich an einen Brunnen, aus dem sie Wasser schöpft. Auch sie ist von einer Nacktheit, die in ihrer Unbefangenheit ebenso natürlich wie göttlich wirkt. Die Formen der beiden Körper bilden eine eigene Melodie, während die Farben sich zu Harmonien vereinigen. Musik erklingt nicht nur aus dem Instrument, sondern die Malerei selbst ist Musik geworden, darin eine sehr venezianische Möglichkeit erfüllend (Farbtafel v).

In Asolo lebte vier Jahrhunderte nach Caterina Cornaro die große Tragödin Eleonora Duse, deren Ruhm auch heute noch nicht ganz verklungen ist. Sie entstammte einer armen, wandernden Schauspielerfamilie, kam 1859 in einem Eisenbahnwaggon in der Nähe Venedigs zur Welt. Unterwegs ist die Duse dann auch den größten Teil ihres Lebens geblieben. Sie hat in den großen Städten Italiens gespielt, mit ihrer Kunst Paris, Wien und Petersburg erobert und unternahm Gastspielreisen durch Nord- und Südamerika. Schon als vierjähriges kleines Mädchen stand sie auf der Bühne und gab die Cosetta in ›I Miserabili‹ nach Victor Hugo. Ihre späteren Erfolge erlangte sie in Stücken von Dumas Fils und Sardou, Sudermann, Ibsen, Maeterlinck, schließlich d'Annunzio, mit dem sie eine wenig glückbringende Liebe verband. Niedergedrückt von schweren persönlichen Erlebnissen, entsagte sie 1909, auf der Höhe ihres Ruhmes, dem Theater und zog sich für mehr als zehn Jahre nach Asolo zurück. Die Not nach dem Ersten Weltkrieg führte sie wieder auf die Bühne, nach Italien, Wien und schließlich nach Amerika, wo sie krank und gebrochen 1924 in Pittsburgh starb. Doch begraben ist sie auf dem kleinen Friedhof von S. Anna in ihrem geliebten Asolo.

Kurz vor seinem Tode lebte hier auch Robert Browning (1812-1889), der Asolo in seinem ›Asolando‹ ein dichterisches Denkmal setzte. Die Stadt hat eine ihrer schönsten Straßen nach dem englischen Lyriker benannt, für den Italien zur Wahlheimat geworden war und der besonders an Asolo hing.

Von dem vielbesungenen ›Castello della Regina‹ ist der mächtige, von einem weiten Mauerring umgebene Turm, *Torre dell' Orologio* genannt, auf der westlich des Hauptplatzes vorspringenden Hügelkuppe übrig geblieben.

Das geistliche Wahrzeichen, *S. Maria Assunta,* liegt unterhalb des Kastells und auch etwas tiefer als der Hauptplatz, von dem aus man auf einer Freitreppe zum Haupteingang hinabsteigt. Die Fassade des früheren Doms ist neugotisch, ihr ist im Sinne des eklektizistischen 19. Jahrhunderts ein Neorenaissance-Portal vorgesetzt. Das Innere der jetzigen Pfarrkirche, die nur in ihren frühmittelalterlichen Anfängen die Kathedrale eines Bischofs war, stellt sich heute als Neubau von 1747 dar. Ihr Architekt war einer der Hauptmeister des venezianischen Spätbarock, Giorgio Massari, dessen Qualitäten sich hier weniger in originellen Raumkompositionen äußern als in den Proportionen und in der zarten Gliederung der dreischiffigen Pfeilerbogen-Basilika, die sich in ihrer wohlig lichten Weite einer Halle nähert. Einem bereits späten Rokoko entstammt der etwas spröde Schmuck der sparsam dekorierten Kreuzgewölbe. Der Dom birgt, zum Teil in alten geschnitzten Rahmen, einzelne schöne Bilder, vor allem an der nördlichen Seitenwand. 1506 datiert und von Lorenzo Lotto signiert ist die Darstellung der Himmelfahrt Mariens mit den Heiligen Antonius Abbas und Ludwig. Das eindrucksvolle Frühwerk zeigt in seiner Predella eine stimmungsvolle Berglandschaft. Von der Komposition Lorenzo Lottos angeregt, malte Jacopo Bassano dasselbe Thema rund sechzig Jahre später in einer völlig anderen Farbgebung, bei der Hell und Dunkel heftig kontrastieren und nervös gespannte Bewegungen die einzelnen Figuren beherrschen. Es sind dies Merkmale, in denen der Hauptmeister der Familie da Ponte durchaus eigenwillig seine Zugehörigkeit zum venezianischen Manierismus bekundet, wie ihn der große Tintoretto prägte. Das Hochaltarbild ist eine Kopie des berühmtesten aller Himmelfahrtsbilder, nämlich jenes Tizians in der Frarikirche zu Venedig.

Wir verlassen die Kirche durch das südliche Seitenportal, einem von Rundstützen getragenen Vorbau, der noch der späten Trecento-Gotik des alten Domes angehört und finden diesem gegenüber ein kleines, 1738 im Stil des venezianischen Settecento errichtetes Oratorium, dessen Altar von einem riesigen Kruzifix überragt wird. Kleine, elegant modellierte Figuren des Trevisaner Bildhauers Giuseppe Torretti (1682 bis 1743) schmücken die Seiten des Altars. Neben dem Oratorium verdient die etwas später, 1763, von einem unbekannten Meister stammende Figur des Erzengels Michael Beachtung.

Der Hauptplatz, *Piazza Garibaldi,* zu dem wir von der Kirche wieder hinaufsteigen, ist reizvoll durch die weitgehend offene Lage: Am Dom vorbei geht der Blick hinaus auf Teile der großen Ebene, flankiert im Vordergrund durch den hohen kubisch gestalteten Glockenturm und auf der anderen Seite durch den Schloßturm des Castello della Regina. Die Seiten des Platzes sind von Häusern gesäumt. Der westlichen Gruppe gibt das Rathaus einen gewichtigen Akzent. Seine Arkaden setzen sich in den anstoßenden Häusern bis in die Gassen hinein fort. Im Rathaus ist übrigens das Museo Civico mit prähistorischen Funden sowie Skulpuren und Gemälden verschiedener Epochen untergebracht. Schaut man vom unteren, durch den tieferliegenden Dom maßvoll begrenzten Rand der Piazza empor, so wird der Vordergrund durch den 1516 aufgestellten Renaissance-Brunnen bestimmt, dessen Löwe freilich erst dem 19. Jahrhundert entstammt. Der Platz setzt sich fort in bergwärts führenden Straßen sowie in den Terrassenmauern und -gärten der schon erwähnten Villa

Scotti-Pasini. Von den weitläufigen Herrenhäusern an den Rändern des Ortes sei nur die aus dem 16. Jahrhundert stammende *Villa Contarini,* auch ›degli Armeni‹ genannt, erwähnt, weil sie heute einem armenischen Priesterseminar gehört, sowie die aussichtsreiche *Villa Cipriani,* in deren teilweise auf das 16. und 17. Jahrhundert zurückgehenden Räumen man seit vielen Jahrzehnten den diskreten Luxus eines gepflegten, freilich auch nicht billigen Hotels genießen kann.

Villa Barbaro in Maser

Von Asolo aus fahren wir zwischen üppigen Gärten wieder hinab und folgen dem Fuß der Hügelkette entlang, doch nicht auf der von Bassano nach Montebelluna und Conegliano führenden Hauptstraße, sondern auf einer nördlich davon verlaufenden Nebenstraße, die uns an Weilern und Landhäusern vorbei nach Maser zu der schönsten der Villen führt. Was wir hier treffen, atmet höchste künstlerische Vollendung. Dies gilt bereits für die unmittelbar an den Auslauf der Berge angeschmiegte Anlage. Das Landhaus entfaltet sich mit Risaliten in der Mitte und an den Seiten samt den verbindenden Trakten vor einer dunklen Baumkulisse, die mit vielen südlichen Koniferen als Park emporsteigt. Davor liegt ein Rasenparterre, das dem zunächst noch sanft sich senkenden Hang folgt und in der zum Villenbau parallel vorbeiziehenden Straße sein vorläufiges Ende findet, vorläufig, denn die Straße erweitert sich gleichsam in einer Geste des Respekts genau an jener Stelle zum Halbkreis, wo die große Achse auf sie trifft, die in Form eines mauergesäumten und von Statuen akzentuierten Weges vom Mittelbau der Villa herabkommt. Jenseits der so entstandenen Exedra setzt sich die Achse als Allee in die Ebene fort.

Die Architektur. Die Villa, wie sie sich von jenem zur Rast einladenden Halbrund aus darstellt, ist architektonisch kunstvoll gestaffelt: Die Mitte nimmt der Wohn- und Repräsentationstrakt ein. Bestimmungen, die in eins zusammenfallen bei einem Geschlecht, das, wie Goethe es bei Palladios ›Rotonda‹

V

TIZIAN

(auch Giorgione zugeschrieben)

Ländliches Konzert

Öl auf Leinwand, 110 x 138 cm, 1511

Paris, Louvre

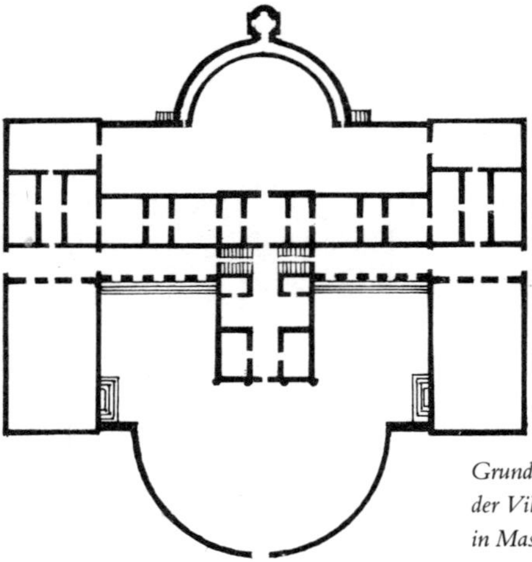

Grundriß der Villa Barbaro in Maser

empfand, mehr ein Geschlecht von Heroen als von gewöhnlichen Sterblichen zu sein scheint. Dementsprechend ist dieser Bauteil durch seine von Wandsäulen gegliederte Giebelfront zum Tempel idealisiert. Die reale Tiefe des Baukörpers jedoch kann durch den auf die Mittelachse hin kanalisierten Blick nicht wahrgenommen werden, so daß man die Distanz zu den zurückliegenden Verbindungstrakten zwar spürt, doch nicht mit dem Auge nachmessen kann. Die Flügel sind mit ihren rustikal einfachen Pfeilerarkaden sehr viel schlichter gestaltet als der Mittelbau, und ähnliches gilt auch für die Seitenrisalite, deren bauliche Erscheinung sich von einem Gutshof nur durch die strengere Ordnung und in dieser wiederum durch den Bezug auf die dominierende Mitte unterscheidet. Diese Mitte wird in mehrfacher Hinsicht sehr eindrucksvoll hervorgehoben: als architektonisches Zentrum einer weitausgreifenden Anlage, sodann als Haus der Herrschaft, das sich abhebt von den rückwärtigen Gebäuden, die der Wirtschaft und dem in ihr beschäftigten Gesinde dienen.

Doch wie in patriarchalischer Weise die Herrschaft mit dem ihr anvertrauten Gesinde verbunden blieb, so bleibt auch vom Kunstwerk her gesehen dem Mittelbau ein hohes Maß von Einordnung. Sie vollzieht sich nach jenen Prinzipien des ›Bildhaften‹, wie sie für die künstlerische Kultur Venedigs ganz allgemein kennzeichnend sind, indem insbesondere in Venedig selbst alles zum schönen Bild und jedes Geschehen zur optisch reizvollen Szene wird. Palladio hat diese echt venezianische Bildhaftigkeit nicht nur zwischen den Lagunen in seinen großen Kirchen gestaltet, sondern vor allem in seinen Villen auf der Terra ferma, wofür Maser eines der schönsten Beispiele ist. Palladio baut hier sein ›Bild‹ aus den Elementen einer zwischen Klassik und Klassizismus, doch auch zwischen Manierismus und Frühbarock spielenden Architektur, in der die Unentschiedenheit der Prinzipien sowie die Zweideutigkeit der Stimmungen gerade durch ihre Ambivalenz ins Positive gewendet sind und zu fesseln vermögen. Dies gilt auch für den zwischen Bau und Bild zunächst bestehenden Widerspruch. Das Ergebnis dieses ›gebauten Bildes‹ jedoch bezaubert durch den eigentümlichen Schwebezustand, den hier die Architektur erreicht, nicht nur im Sinnfälligen, sondern auch im Geistigen. So wie das Dasein der Bewohner gleichsam zwischen Göttern und Menschen seinen Platz suchte, so scheint die Villa über der schiefen Ebene des Gartenparterres zu schweben, so löst sich der Mittelbau heraus, ohne dabei die in ihrer Gesamtheit als Fläche wirkenden Flügel zu verlassen; er bleibt ›im Bild‹.

Merkwürdig für sich allein, nur von der Straße durch ein kleines Ausbiegen respektiert, steht das zur Villa gehörende Gotteshaus, der ›Tempietto‹, ein als römische Erinnerung von Palladio dem Pantheon nachgebildeter Rundbau von eher zierlichen Ausmaßen. An das römische Vorbild schließt sich im Außenbau die flach getreppte Kuppel an, die sich darin von jenen in Venetien üblichen unterscheidet. Ganz venezianisch ist dagegen die große, aus dem Kuppelscheitel emporwachsende Laterne, die zusammen mit den flankierenden Glockentürmchen die bereits als Schaustück gestaltete Tempelfront auch hier zum ›Bild‹ ergänzt. Daß es wie das der Villa von einer Mittelachse aus betrachtet werden soll, dafür sorgt die genau in der Achse auf den Bau zuführende Straße, die erst kurz vor der Front nach links ausbiegt. Die statuengeschmückten Mauern, welche die Freitreppe seitlich fassen, oder die Einrahmung der korinthischen Säulen durch mit dem Bau verbundene Pfeiler – das sind von Palladio mehrfach verwendete Elemente, um die Fassade zu einem sublimen Bild zu machen. Das Innere ist wieder wie im Pantheon aus einem kreisförmigen Grundriß entwickelt, der sich in den Hauptachsen zu Altarnischen erweitert. Über dem Wandzylinder und seinem reichen, balustradengeschmückten Gebälk schwebt in reinem Weiß die gleich den übrigen Kuppeln Palladios ungegliederte Kalotte.

Die Bauherren. Wenn man in der Nähe des Tempietto von der Straße abzweigt, um auf einem kurzen Fahrweg zur Villa zu gelangen, deren Besichtigung normalerweise Dienstag, Samstag und Sonntag-Nachmittag möglich ist, so fühlt man sich kaum als Besucher eines Museums, sondern eher als privilegierter Gast. Denn die Villa ist noch immer in privatem Besitz. Das Haus ist zwar, wie es sein Schmuck bezeugt, den Musen geweiht, doch dient es im übrigen dem Leben, freilich in einer hohen Form.

Erbaut wurde die Villa 1557–1558 von Andrea Palladio für seine Gönner und Freunde, die Brüder Daniele und Marc' Antonio Barbaro. Beide gehörten zu jenem Teil des venezianischen Patriziates, der sich intensiv mit humanistischen Studien beschäftigte, vielleicht nicht mehr ganz so esoterisch wie jener Kreis um den Maler Giorgione, dem auch die ›Asolani‹ nahe standen, dafür aber stärker dem politisch-religiösen Leben verhaftet. Daniele Barbaro wurde von Papst Paul IV. zum Patriarchen von Aquileia ernannt. Auch in dieser Stellung beschäftigte er sich mit dem klassischen Altertum; er übersetzte und kommentierte den altrömischen Architekturtheoretiker Vitruv und verfaßte einen eigenen Traktat über die Perspektive. Auf solche Weise konnte er an der Planung seiner Villa engsten Anteil nehmen. Marc' Antonio war als Diplomat und Prokurator von S. Marco in der Politik Venedigs tätig und bekleidete in der Aufsicht der Universität von Padua ein wichtiges Amt. Unter seiner Oberleitung wurde in Venedig die Rialto-Brücke in ihre heutige Form gebracht und der Bau der Neuen Prokuratien am Markusplatz sowie der Festung Palmanova zwischen Udine und Aquileia begonnen, was alles eingehende Kenntnisse im Bauwesen voraussetzte.

Nach dem Aussterben der männlichen Nachkommen Marc' Antonios im 17. Jahrhundert wechselten die Besitzer mehrmals. Während des Ersten Weltkrieges lag die Villa im Schußfeld österreichischer Artillerie, wurde jedoch geschont, dank der Mahnung des Wiener Kunsthistorikers Hans Tietze, der an der italienischen Front als Kunstschutz-Offizier wirkte. 1934 gelangte die Villa, deren Name noch immer nach ihren Erbauern Barbaro lautet, in den Besitz des Grafen Giuseppe Volpi, der sich um die Erhaltung dieses in seiner Gesamtheit fast einzigartigen Kunstgutes große Verdienste erwarb.

Die Skulpturen. Die verschiedenen Künste haben sich hier auf höchster Ebene vereinigt. Was Palladio, beraten von den Brüdern Barbaro, als Architekt errichtete, wurde durch den Skulpturenschmuck von Alessandro Vittoria und die Fresken Paolo Veroneses kongenial ergänzt. So ist es ein wahres Dreigestirn der Künstler, das zusammen mit den Absichten der beiden Bauherren ein Werk schuf, auf dessen innere Harmonie unsere Zeit nur mit Wehmut blicken kann. Von Alessandro Vittoria stammen die Statuen vor dem Hauptgebäude und dessen Giebelrelief, in welchem Genien die Wappen der Barbaro tragen, ferner die olympischen Götterfiguren, welche die im Halbkreis angeordneten Nischen des Nymphäums einnehmen. Dieses ist als ›Giardino Segreto‹ auf der Schattenseite zwischen Bau und Park in den hier bereits steileren Berghang eingegraben und bot mit seinem auch als Fischteich dienenden Wasserbecken sommerliche Erfrischung. Darüber hinaus überrascht das Ganze als architektonisches wie auch skulpturales Capriccio. Denn so, wie auf der anderen Seite die Große Achse in der Straße eine ähnliche Exedra formt und als Allee in eine unbegrenzte Weite zielt, so verschwindet dieselbe Achse im Scheitel des Nymphäums im gestaltlosen Dunkel einer Grotte, deren Eingang von zwei Atlanten flankiert wird, die angeblich eigenhändige Werke des Marc' Antonio Barbaro sind. So bedeutungsvoll die Statuen und Reliefs sind, mit denen Alessandro Vittoria als führender Bildhauer des dritten Viertels des venezianischen Cinquecento die wesentlichen Punkte der ganzen Anlage weit über das Hauptgebäude hinaus akzentuiert und zugleich interpretiert, so haben sie innerhalb des Ganzen doch eher eine schmückend-dienende Funktion, im Unterschied zu den Fresken, mit denen Paolo Veronese 1561 oder 1562 die Innenräume ausmalte. Denn in diesen Wand- und Deckenmalereien scheint sich das Gesamtkunstwerk, als welches sich die Villa von Maser darstellt, recht eigentlich zu vollenden.

Die Fresken. Unterstützt von seinem Bruder Benedetto und ganz wenigen Gehilfen schuf Paolo eine Scheinarchitektur ionischer und korinthischer Wandsäulen, deren Ordnung illusionistisch von Statuennischen und Ausblicken in verschiedene Landschaften unterbrochen wird. Die gleiche Scheinarchitektur öffnet sich in den gewölbten Decken zu Ausblicken in einen von Göttern und allegorischen Gestalten belebten Himmel, es sei denn, dieser leuchtet uns durch eine täuschend gemalte Weinlaube entgegen, wie es im ›Zimmer des Bacchus‹ der Fall ist.

In solchem Rahmen entstand eine »Wunderwelt, gemischt aus Mythos und Wirklichkeit« (Alba Medea). Denn es sind nicht nur schöne Täuschungen, wie sie gerade in der oberitalienischen Malerei eine lange, von Mantegna bis Tiepolo reichende Tradition haben, sondern zugleich wirkt gerade durch die immer wieder mögliche Desillusion in diesen Räumen eine eigentümliche Verzauberung. Das Bild ist hier mehr als die greifbare Wirklichkeit realer Säulen; diese sollen auch keineswegs auf billigere Weise ersetzt, sondern durch die Malerei in ein höheres Dasein versetzt werden. Der Maler zaubert hier schon lange bevor der Jesuitenpater Pozzo es als Theorie erklärte, in ähnlicher Weise Architektur herbei, wie umgekehrt Palladio im Außenbau der Villa die Architektur zum Bild verwandelt. Ein höheres Dasein verkörpern vollends die Götter des Olymp, denen an zentraler Stelle, nämlich gegenüber dem Nymphäum, ein eigener Saal gewidmet ist.

Die Huld der Götter gilt auch den Hausbewohnern ganz

persönlich; sie sind gegenwärtig unmittelbar unter den Olympiern hinter der gemalten Balustrade des genannten Saales: als Giustiniana Barbaro mit ihrer alten Amme, und auf der gegenüberliegenden Seite als zwei junge Männer, möglicherweise die Söhne des Hauses. Der Blick der beiden Frauen scheint uns – ein nicht erst vom Barock verwendeter Kunstgriff – überallhin zu folgen. Über der Mitte des Saales öffnet sich das Tonnengewölbe zu einer illusionären Achteckkuppel, in deren gemalten Himmel als oberste Figur die ›Sapienza divina‹, die göttliche Weisheit, schwebt. Sie bestimmt den Lauf des Weltalls, verkörpert in den Gottheiten der sieben Planeten, unter denen die Tierkreiszeichen angedeutet sind: Mars mit Widder und Skorpion, Jupiter mit Fischen und Schütze und so weiter. In den Bogenfeldern sind die Jahreszeiten als auf Wolken thronende Allegorien gegenwärtig: Auf der Seite des Nymphäums Sommer und Herbst, gegenüber Winter und Frühling. In den Ecken des Tonnengewölbes sehen wir die Personifikation der vier Elemente: Neptun als Beherrscher des Wassers, Kybele mit den Früchten der Erde, Juno beobachtet einen Putto, wie er mit einer durch die Luft gespannten Schnur den Flug einer Schwalbe zu hemmen sucht, Vulkan als Schmied versinnbildlicht das Feuer. So ist es ein ganzer Kosmos, der durch das Auge das Gemüt anspricht und zur Meditation anregt. Zwischen den Elementen sind in den Hauptachsen in kameenartigen Grisaillen jene Kräfte personifiziert, die den bereits in den Jahreszeiten angedeuteten Lauf des menschlichen Lebens beeinflussen, nämlich Glück und Liebe, Reichtum und Fruchtbarkeit.

Die Vorstellung einer kosmischen Weltordnung herrscht in allen Räumen mit ihren überirdischen Göttern und Allegorien wie mit ihren Ausblicken auf eine irdische Umwelt durch die realen Fenster der Villa. Doch zum größeren Teil gibt es auch Blicke in gemalte Landschaften, die eigentümlich zwischen Ideal und Wirklichkeit schweben und mit den realen Fenstern durch die Scheinarchitektur verbunden sind. In diesen Landschaftsfresken, die zum bedeutendsten gehören, was diese in Oberitalien reich vertretene Gattung geschaffen hat, auch wenn sie in Maser nur zum Teil von Paolo Veronese selbst gemalt wurden, erkennt man beispielsweise das Piave-Tal bei seinem Austritt in die Ebene, auch den Gardasee. Aber das Topographische ist ins Flächige und Murale umstilisiert, etwa durch das Fehlen einer eigenen Luftperspektive, so sehr auch der Himmel mit Wolken illuminiert ist. Dazu kommt der besondere Charakter der in den Landschaftsfresken evozierten Architektur. Neben altrömischen Ruinen sind es tempelartige Paläste, deren Idealität sich mit den damals von Palladio erbauten Villen berührt; doch erinnern sie noch mehr als diese an Schöpfungen des Hellenismus und nehmen in ihrer heroisch-phantastischen Art die Architekturphantasien des großen österreichischen Barockarchitekten Johann Bernhard Fischer von Erlach vorweg.

Zur flächenhaften Stilisierung, die den gemalten Landschaften etwas von der Schönheit von Wandteppichen schenkt, steht die Tiefenwirkung der illusionistisch gemalten Fensternischen in Kontrast. Die Vortäuschung realer Tiefe wird in dem Zimmer unmittelbar östlich neben dem ›Saal des Olymp‹ durch einen kleinen, in die Nische gesetzten Hund scheinbar bestätigt, doch in dem Augenblick wieder aufgehoben, in welchem sich der Hund, der übrigens dem Zimmer seinen Namen gegeben hat, als gemalt entpuppt. Manieristisch möchte man dieses Capriccio gerade darin nennen, daß hier das Prinzip der Täuschung derart auf die Spitze getrieben wird, daß es wieder in sich selbst zusammenbricht.

Doch Paolo Veronese, der hier eine erste Reife vor seinen großen Werken in Venedig bekundet, darf gerade in Maser nur bedingt dem Stil des Manierismus zugerechnet werden. Paul Hofer, einer der einfühlsamsten Kenner der oberitalienischen Landschaftsmalerei des 16. Jahrhunderts, erläutert seine Stellung: *»Im Gegensatz zur mittelitalienischen Malerei der Zeit bewegt sich das Schaffen Veroneses gleichsam auf der Tagseite des Stils, seine Kunst hat nichts Hintergründiges, bis an die Schwelle des Spätwerks bleibt sie hell wie das Märchen und heiter wie die südliche Novelle. In allem Festlichen liegt ein Flächenhaftes; reich durchwirkt legt sich der Fries der unmittelbarsten Gegenwart vor die tieferen Gründe, die wohl durchscheinen wie die Mauer durch die locker gefügten Wandmalereien von Maser, aber nirgends zum Ver-*

lassen der erfülltesten Gegenwart und des vordergründigsten Lebens auffordern. Es ist das Bezaubernde der großen Kunst Veroneses, daß ihr Atem stets kraftvoll und leicht zugleich bleibt; nichts hemmt das Spielende ihrer Bewegung, und so flechten sich die Elemente in wundervoller Dichte ineinander, ohne jemals schwer zu werden.«

Veronese hat im ›Zimmer des Hundes‹ aber auch die Gefährdung der Harmonie dargestellt: durch den Streit zwischen Reichtum und Macht, dem von unten her die im Schatten lauernde Figur des Neides beiwohnt. Der als Konsolenfries gemalte Rahmen dieses Bildes wird überschnitten von je einem Figurenpaar, der Macht, die von der Wollust gekrönt wird, und von Kronos, der als Gott der Zeit den Ruhm wegwischt, während die Allegorie der Geschichte auf die ewige Wahrheit hinweist. Es ist bezeichnend, daß gerade in diesem Raum, der die unser Wirken bestimmenden Mächte auch in ihrer Fragwürdigkeit, nämlich nicht nur als Tugenden zeigt, das Christentum präsent ist in einer Heiligen Familie, zusammen mit der heiligen Katharina, und daß in den Landschaften das Vergänglichkeitsmotiv der Ruine im Vordergrund steht.

Auch im entsprechenden Raum auf der anderen Seite des ›Saales des Olymp‹ nämlich im ›Zimmer der Lampe‹ – so genannt nach der in diesem Fall nicht gemalten, sondern realen Lampe, die vor dem Bild von der Decke herabhängt – findet sich unter den Fresken eine Heilige Familie. Das übrige Bildprogramm ist hier positiver: So ruft der Glaube zum Tun der Nächstenliebe auf, und die Leidenschaft wird von der Klugheit gebändigt.

Wenn man von diesen Zimmern aus durch die ganze Flucht blickt, scheint am östlichen Ende aus einer eben geöffneten Türe ein Jäger zu treten, in welchem Paolo Veronese sich selbst dargestellt hat. Ihm blickt vom gegenüberliegenden Ende eine modisch gekleidete Frauengestalt entgegen; nach der Überlieferung ist es Paola, die Geliebte des Künstlers. Doch auch diese scheinbar so zufällig uns entgegentretenden Gestalten nehmen teil am Ganzen, allein schon durch ihre enge Beziehung zur Architektur, die – um es nochmals zu betonen – gemalt sein muß, um das Dasein in sublimem Spiel von Illusion und Wirklichkeit zu überhöhen.

Die Raumgliederung. Auch die übrigen Räume, so verschieden das Programm ihrer figürlichen Darstellung ist, sind durch die gleiche gemalte Säulenordnung und eine verwandte Aufteilung der Decke mittels gemalten Rahmenwerks gegliedert. Gleich ist auch hier die Illusion der Ausblicke in Landschaften auf Wandbildern wie in Aussichten auf die wirkliche Umgebung der Villa. Die Räume fügen sich zu einem ägyptischen Kreuz zusammen. Der sehr lange Querbalken besteht aus einer Flucht verhältnismäßig kleiner Zimmer. Der Kreuzesstamm, der zugleich Teil der großen Achse ist, besteht aus zwei größeren Räumen im Haupttrakt, dem erwähnten ›Saal des Olymp‹, an den südlich der ›Kreuzförmige Saal‹ stößt, also ein Raum, der nochmals die Kreuzform, diesmal in der lateinischen Gestalt aufnimmt und in den Diagonalen auf der Südseite zwei kleinere Räume in sich schließt: das ›Zimmer des Bacchus‹, der den Menschen den Weinbau lehrt, und das ›Zimmer des Liebesgerichts‹, an dessen Decke die Götter über ein Liebespaar Gericht halten.

Man kann die Räume durchwandern und sich ganz naiv an den Farben und Formen freuen; man kann sich verzaubern lassen durch die Scheinarchitektur und die in schönstem Augentrug aus ihnen wie echt heraustretenden Figuren, man kann die kühnen Verkürzungen bewundern, in denen Götter und Allegorien an die Decke gemalt sind. Doch bald spürt man, wie sehr das alles von Sinn und Zusammenhang durchwoben ist und in jeder Hinsicht ein Ganzes bildet, wie allem ein geistiges Programm zugrunde liegt, wie die Zimmer und Säle miteinander verbunden sind, nicht nur durch das Achsensystem des architektonischen Grundplanes und die alle Wände gliedernde Scheinarchitektur der ionischen und korinthischen Säulenordnung. Ein geistiges Programm ist es auch, das uns in den bereits durch ihre Formen, Farben und kompositorischen Einfälle so reizvollen Fresken über den Augengenuß hinaus anspricht, uns, die wir uns auch als moderne Besucher mit den einstigen Bewohnern, für die das alles geschaffen wurde, identifizieren können. Denn wenn dieser Himmel von Göttern und Allegorien auch eine eigene, höhere Welt bedeutet, so stellt sie sich mit den Mitteln einer bühnenmäßigen Illusion doch dem Betrachter dar, und ebenso nimmt sie in den Ausblicken durch die Fenster auf die Umgebung Bezug, um diese jedoch in den gemalten Landschaften alsbald zu verfremden. Auf solche Weise kann man sich in einen Zaubergarten versetzt fühlen, in jene Märchenstimmung, die in der dem Orient so nahen Kultur Venedigs eigene Legitimität besitzt.

Conegliano

Von Maser kann man auf Nebenstraßen zuerst westlich, dann östlich des Austritts des Piave in die Ebene nach Conegliano fahren. Man kommt dabei durch ein weinbepflanztes und von Landhäusern und kleinen Dörfern belebtes Hügelgebiet, was bei schönem Wetter den größeren Zeitaufwand durchaus lohnt. Man kann aber auch die direkte, jedoch stark von Lastwagen befahrene Straße nach Montebelluna wählen, ein Ort, dessen wohlklingender Name mehr verspricht, als es der Straßenknotenpunkt hält, und man kann nachher auf der Durchgangsstraße, den hier nach Osten ausweichenden Piave überquerend, die alte Stadt Conegliano erreichen.

Der Name leitet sich von ›Colle di Giano‹ ab. Giano aber ist die italienische Umbildung von Japhet, so hieß der dritte Sohn Noahs, der der Legende nach hier eine Stadt gründete, für die er nach gerade überstandener Sintflut die Lage auf dem Hügel, dem ›Colle‹, jener in der Ebene vorgezogen haben soll. Das, was wir in der Villa Barbaro in Maser und ihrem Vorgelände in höchster Deutlichkeit erlebten, vollzieht sich hier im Rahmen einer in Jahrhunderten gewachsenen Siedlung: Die alte Hauptstraße folgt genau dem Rande zwischen Ebene und Hügel und bildet die Begrenzung der mittelalterlichen Stadt, was noch heute durch einen schmalen Streifen von Gärten und öffentlichen Grünanlagen unterstrichen wird. In die Ebene hinaus erstrecken sich die neueren Teile, während der älteste Kern sich auf dem Kastellhügel befand.

Man gelangt auf gewundener Fahrstraße oder auf mauergesäumtem Fußweg zwischen Gärten hinauf und hat von einer weiten Plattform aus eine großartige Rundsicht auf die rund 1500 Meter hohen Berge, aus denen die Täler des Piave und seines erdgeschichtlichen Vorläufers treten, der einst seinen Weg unmittelbar südwärts über das heutige Vittorio Veneto nahm. Von der einstigen Oberstadt ist nicht viel mehr übrig geblieben als ein zypressenumstandener Platz, an den eine im frühen 19. Jahrhundert erbaute Villa mit klassizistischer Tempelfront grenzt, sowie die Hauptkapelle als letzter Rest der 1757 abgebrochenen barocken Kirche des Stadtpatrons S. Leonardo und ein mittelalterlicher Turm, in welchem das kleine, doch erlesene Stadtmuseum namentlich wegen seiner Bilder den Besuch lohnt.

Die tatsächliche Geschichte Coneglianos reicht weder in biblische noch – wie es eine andere Überlieferung will – in klassisch-mythologische Zeit zurück, sondern beginnt erst im Mittelalter. In Urkunden zum erstenmal 1112 erwähnt, nimmt Conegliano an den Kriegen teil, wie sie im 12. und 13. Jahrhundert unter den Städten üblich waren. Im 14. Jahrhundert gerät der Ort unter die Macht Veronas, dessen durch sein Prunkgrab berühmter Gewaltherrscher Cangrande della Scala die Bürgerschaft zwingt, unter härtesten Opfern den Kastellhügel zu befestigen. Das damals durch seine Mauern, Türme und Zinnen imponierende Stadtbild, wie es noch zur Zeit der Renaissance bestand, hat uns der in Conegliano geborene Maler Giovanni Battista Cima auf einzelnen Hintergründen seiner Bilder geschildert. Das unter dem Druck der Skaliger schmachtende Gemeinwesen stellte sich gleich anderen im späten 14. Jahrhundert freiwillig unter die Herrschaft Venedigs. Es ist seither zwar nicht einer der bedeutendsten, aber ein sehr malerischer Ort der Terra ferma.

Während die Oberstadt zerfiel, gedieh die Stadt am Fuß des Hügels. Gegen die Ebene hin wurde die Stadtmauer schon im 16. Jahrhundert durch die im einzelnen abwechslungsvolle Reihe der Wohnhäuser ersetzt. In ihre geschlossene Arkadenfront fügt sich die Hauptkirche *S. Maria dei Battuti e S. Leonardo* mit dem ihr vorgelegten Gebäude der Scuola dei Battuti. Es handelt sich um eine der frommen Bruderschaften, die wir von ihren künstlerisch aufwendigen Residenzen vor allem in Venedig kennen. Die Battuti, das heißt ›die Geschlagenen‹, waren eine Flagellanten-Gemeinschaft, wie sie der

Bußgesinnung des von Krieg und Pest belasteten Trecento entstammten und sowohl südlich wie nördlich der Alpen verbreitet waren. Diese Art von Scuolen behielt ihre religiös-soziale Bedeutung auch noch in Zeiten, als die Kasteiung längst nicht mehr geübt wurde. Die Fassade der Scuola gibt sich halb sakral, halb profan, doch unterscheidet sie sich von den benachbarten Häusern durch die Breite, indem sie sich in einer Arkade von neun Spitzbogen öffnet. Das Obergeschoß bereichert den Rhythmus durch Balkontüren und gruppenweises Zusammenrücken der übrigen Fenster. Dahinter liegt der große, mit Fresken des ausgehenden 16. Jahrhunderts geschmückte Saal. Das Wahrzeichen der Bruderschaft, die Geissel, sieht man schon in der Vorhalle, nämlich in den Medaillons des Frieses, der sich unter der schweren Holzbalkendecke hinzieht.

Durch diese Vorhalle betritt man die von der Straße her nicht sichtbare Kirche. Der Chor ist in neuester Zeit umgebaut worden, während das dreischiffige Langhaus mit seinen wohltuend proportionierten Arkaden den Übergang zwischen Gotik und Renaissance andeutet. Doch der Besuch lohnt sich in erster Linie wegen des großen, den Hauptraum beherrschenden Altarbildes, das als einziges Werk des sonst in einzelnen Kirchen Venedigs sowie in vielen Museen vertretenden Cima in seiner Heimatstadt geblieben ist. Es stellt als Sacra Conversazione eine Versammlung von Heiligen in jener herben Kraft dar, die ein wenig an Skulpturen erinnert, wie dies für Cima charakteristisch ist. Doch wie in seinen übrigen Bildern löst sich die spröde, etwas trockene Schönheit der Figuren im milden Glanz der Landschaft. In der weichen Anmut ihrer Höhenzüge und im zarten Blau des Himmels erkennen wir die Heimat des Künstlers wieder, der in solchen Landschaftsgründen sein Bestes gab.

Sacile

Zwischen den Flüssen Piave und Livenza fährt man von Conegliano aus ostwärts, vorbei an den sanften Ausläufern des Bosco del Cansiglio genannten Bergmassivs, das zu der hier in Meeresnähe schon stattlichen Höhe von 2250 Metern aufsteigt. Die Livenza, die in diesen Bergen entspringt, bildet die ungefähre Grenze des Friaul, dessen große Ebene wir nun von Westen her betreten. Die Berge weichen nach Norden aus, um, in weitem Bogen gegen Osten und schließlich gegen Süden streichend, die Ebene zu umfassen, die ungefähr in ihrer Mitte vom Tagliamento durchflossen wird. In dieser Ebene und in dem östlich anschließenden Hügelland liegen die geschichtlich und kunstgeschichtlich wichtigsten Orte. Beeindruckend ist die Weite und zugleich Geschlossenheit dieses Teils der großen oberitalienischen Ebene, eine Geschlossenheit, wie man sie zwischen Adria, Apennin und Alpen ähnlich und doch nicht verwandt sonst nur noch in Piemont erlebt.

Die erste kleine Stadt Friauls ist Sacile, halbwegs zwischen Conegliano und Pordenone reizvoll an der Livenza gelegen, die sich hier mäanderhaft zwischen Häusern und Gärten windet und in deren ruhigem Wasser sich das viele Grün der Ufer sowie einzelne alte Bauten spiegeln. Dank der modernen Umgehungsstraße atmet der Ort eine gewisse Stille, so daß man das Ineinander von Straßen und Plätzen im Zusammenspiel mit dem von Brücken überquerten Wasser genießen kann und manches wie ein zum Garten verwandeltes Venedig empfindet. So rühmt sich denn auch Sacile als ›Giardino della Serenissima‹. Dazu kommt eine ebenfalls ruhmvolle Geschichte: Die Stadt, der Sage nach von dem Trojaner Antenor nach seiner Flucht aus Kleinasien zusammen mit Padua gegründet, wird in der Geschichte erstmals nach dem Eindringen der für Friaul so bedeutsamen Langobarden erwähnt. Während des Mittelalters konnte sie an der Grenze zwischen dem Patriarchat von Aquileia und den westlich anstoßenden kleinen Landesherrn eine gewisse Selbständigkeit behaupten, welche auch Venedig repektierte, obwohl es 1419 Sacile unterwarf. Auf die Zeit der Venezianer gehen die Befestigungen samt dem Kastell zurück. Im 16. und 17. Jahrhundert wetteiferte Sacile dank der Anwesenheit zahlreicher Humanisten mit dem durch seine Universität berühmten Padua. 1809, im Zuge der napoleonischen Kriege, gelang den Österreichern unter dem populären Erzherzog Johann der Sieg gegen die vom Vizekönig des cisalpinischen Königreichs, Eugène Beauharnais, geführten Franzosen.

An Venedig erinnert der *Dom* mit seinem sehr schlanken Campanile und durch den Dreiklang der die Fassade nach oben schließenden Bögen. Das durch ein offenes Sparrendach gedeckte Innere, das aus dem 15. Jahrhundert stammt, wird durch gotische Säulenbogenreihen in drei Schiffe unterteilt. In einem Nebenraum der Sakristei hängen große Gemälde von Andrea Vicentino und Jacopo Bassano. An der inneren Eingangswand des Hauptraumes erinnert eine Grabinschrift an den Sohn des Sultans Murad Dâwûd II., der 1454 in Sacile starb, nachdem er wegen seines Übertritts zum Christentum aus der Türkei hatte fliehen müssen, ein Schicksal, das die religiöse, politische und militärische Spannung beleuchtet, wie sie zwischen dem damals mohammedanischen Osten und dem christlichen Westen bestand.

Die venezianische Vergangenheit beschwören auch einzelne Paläste, so neben dem Dom der *Palazzo Carlis,* den die schon erwähnte Caterina Cornaro angeblich nach ihrer Rückkehr in die venezianische Heimat erbauen ließ, oder an der Via Cavour der *Palazzo Flangini-Bilia,* der sich einer Reihe illustrer Besucher rühmt, nämlich 1452 Kaiser Friedrichs II. und 1532 Kaiser Karls V., ferner 1547 König Heinrichs III. von Frankreich, 1782 Papst Pius VI. auf seiner Reise nach Wien, und schließlich noch Napoleon Bonapartes, den die Kämpfe und Siege gegen Österreich bis Friaul führten.

Pordenone und seine Umgebung

Von Sacile führt die große Straße in östlicher Richtung weiter nach Pordenone, das man erst nach dem Passieren moderner Vorstädte mit Garagen, Fabriken, Wohnblöcken und Einkaufszentren erreicht. Gerade in Pordenone stoßen Alt und Neu besonders schroff zusammen, im Unterschied zu dem hierin versöhnlicheren Udine. Doch haben wir einmal die Ansammlung der architektonisch oft nicht einmal schlechten Hochhäuser um die zentral gelegene Piazza Cavour und die südöstlich davon aufragende Hauptpost hinter uns gebracht, dann führt uns der *Corso Vittorio Emanuele II* nicht nur zum Dom und anderen Baudenkmälern, sondern auch zurück in eine bedeutende Vergangenheit.

Der mäßig breite Corso, den wir am besten zu Fuß durchwandern, ist in seiner leichten Biegung auf beiden Seiten von Arkaden begleitet, die auch der kaum merklichen Steigung und dem Gefälle des Pflasters folgen. Die Häuserfronten verwirklichen aufs schönste jenes für so viele alte Städte wesentliche Prinzip der Vielheit in der Einheit, ein Grundsatz, den hier höchstens einzelne neuere Bauten durchbrechen, und zwar weniger durch ihre Einzelformen, die sich meistens streng an historische Vorbilder halten, als durch die etwas großsprecherischen Proportionen.

Sonst aber fügen sich die Zeugen verschiedener Zeiten harmonisch zusammen. Am Haus Nr. 25 hat sich eine gotische Fassade mit Freskenspuren erhalten. Ein gotischer Palast steht an der Westseite der Straße in der Nähe des Palazzo Comunale. Andere Häuser erhalten ihr Gesicht durch die arkadenförmigen Fenstergruppen der venezianischen Früh- und Hochrenaissance, und derselbe Einfluß herrscht noch bis ins 18. Jahrhundert, so in dem großen Palast, der an der Westseite zwar den Corso unterbricht, doch darum keineswegs sprengt. Durch die in stärkerem Relief gefaßten Rundbogenfenster, die einzeln und gruppenweise angeordnet sind, wird die langgestreckte Fassade rhythmisch gegliedert und durch die Balustraden der flach anliegenden Balkone plastisch akzentuiert. Eine prächtig gefaßte Wappenkartusche hebt im Attikageschoß die Mitte hervor. Schräg gegenüber antwortet dem 18. das 16. Jahrhundert in der bemalten Renaissancefront des *Palazzo Ricchieri,* der heute die kleine Bildersammlung des Stadtmuseums birgt. Vieles an dieser Straße mag an das Bild eines Kanals in der Lagunenstadt denken lassen.

Der Corso hat sein Ziel im Rathaus, dem schönen *Palazzo Comunale,* der im wesentlichen zwischen 1291 und 1365 durch den Meister Jacopo da Gemona errichtet wurde, doch erst nach 1542 seinen turmartigen Vorbau erhielt. Beide Teile ergänzen einander im richtigen Kontrast, denn die der Backsteingotik vorgelegte Haussteingliederung des durch Säulenloggia und Uhr bestimmten Turmes ist durch die gleiche Zierlichkeit gekennzeichnet und folgt damit einer Haltung, wie sie für Oberitalien im allgemeinen und den venezianischen Bereich im besonderen charakteristisch ist. Venezianisch sind bereits am gotischen Baukörper die auf den Islam weisenden Zirkelschläge in den Profilen über den schlanken Lanzettöffnungen der dreiteiligen Fenster. Venezianisch ist auch der wellenförmige Abschluß der Front, die mit den an den Uhrturm am Markusplatz erinnernden beiden Geschossen des Turmaufbaus reizvoll kontrastiert. Den gleichen Kontrasteffekt vollziehen auch die seitlich gleich Tabernakeln die Front krönenden Türmchen, die unmittelbar von den gotischen Kirchen Venedigs übernommen zu sein scheinen. Die gotische Pfeilerhalle, die das ganze Erdgeschoß aushöhlt, findet sich in dieser Tiefe freilich nicht am Dogenpalast, sondern in anderen Kommunalpalästen der venezianischen Terra ferma bis nach Cremona und Bergamo.

Das Innere des nach dem Erdbeben wiederhergestellten Rathauses zeigt in der Sala del Consiglio, dem einstigen Ratssaal, eine kleine städtische Gemäldesammlung. Deren wichtigstes Werk ist zweifellos das auch in den Maßen stattliche Altarbild, das aus der abgebrochenen Kirche S. Gottardo stammt und trotz mehrfacher Restaurierung zu den Hauptwerken des Pordenone gezählt werden darf. Der heilige Gotthard, der unter dem Namen Godehard 1022 Bischof von Hildesheim war und 1131 heiliggesprochen wurde, gab durch das nach ihm benannte Hospiz seit dem 14. Jahrhundert dem Alpenpaß im Herzen der Schweiz seinen Namen. Auf dem Altarbild thront er in reichem Bischofsornat zwischen dem schwärmerisch emporblickenden Sebastian und dem modisch gekleideten Rochus, den Stab und Muschelhut hier als Santiago-Pilger charakterisieren. Die Figuren sind in einer für Pordenone kennzeichnenden Art ganz an den vorderen Rand der gemalten Halle gerückt, deren Säulenreihen und von Abhänglingen geschmückte Kassettendecke eine fast zu jähe Perspektive demonstrieren, im Sinn der übertriebenen Tiefenflucht des frühen Manierismus, denn das Werk wurde 1525 von der

Confraternità di San Gottardo dem Künstler in Auftrag gegeben.

Östlich des Stadthauses erhebt sich auf einer kleinen Anhöhe über dem die Südseite der Altstadt umziehenden Wasserlauf der *Dom S. Marco,* der in seinem heutigen Bestand im wesentlichen in die zweite Hälfte des 15. Jahrhunderts gehört. 1591 fanden Vergrößerungen, 1718 und 1813 Veränderungen statt, doch blieb die Wirkung einheitlich; sie ist im wesentlichen durch die von schlichten Blendarkaden belebte Backsteingotik bestimmt, die hier fast bis zum Ende des 15. Jahrhunderts, also bis tief in die Zeit der Frührenaissance hinein, lebendig blieb. Von der Fassade, für die verschiedene Projekte bestanden, ist nur das Hauptportal ausgeführt. Ein durch gotische Fenster und Bogenfriese gegliederter Aufbau über der Vierung, der sogenannte ›Tiburio‹, erinnert an ähnliche Motive in der Lombardei und hat in der unweit gelegenen Abteikirche von Sesto al Reghena einen romanischen Vorläufer.

Vor allem aber fesselt der für sich allein stehende Glockenturm, der zu den schönsten in ganz Italien gehört und in seinen den Backsteinflächen vorgeblendeten Friesen und Arkaden von der islamischen Kunst beeinflußt ist. Romanisch dagegen ist der kubisch feste und geschlossene Kern, und zwar auch noch im Oberteil des Turmes samt der Dreiergruppe der Rundbogenfenster auf jeder Seite des Geviertes, das die Glockenstube bildet. Die Gotik bestimmt die kristallhaft geschliffenen Friese des oberen Geschosses, aus dessen Oktogon die sehr steile Achteckspitze emporsteigt. Die gotische Schlankheit dieses Turmabschlusses wird jedoch schon durch die Proportionen und das rillenartige Blendbogensystem des langgestreckten Turmschaftes vorbereitet. Alle diese auf sehr verschiedene Stilbereiche weisenden Elemente fügen sich zu zwingender Einheit zusammen.

Das Innere des Domes ist im wesentlichen durch den Spätbarock des 18. sowie den Klassizismus des frühen 19. Jahrhunderts bestimmt. Die jüngsten Renovationen, durch die Erdbeben von 1976 bedingt, haben die gotischen Elemente wieder herausgearbeitet, nämlich die Kreuzgewölbe in den Querschiffarmen und die im Spitzbogen geschlossenen Fenster.

Während der Wiederherstellungsarbeiten waren die Altarbilder in der Villa Manin bei Passariano ausgestellt. Unter ihnen steht an erster Stelle die ›Madonna della Misericordia‹, wiederum von Pordenone. Das Bild, das seinen normalen Standort auf dem ersten Seitenaltar rechts hat, zählt zu den berühmtesten des venezianischen Cinquecento. Es zeigt Maria zwischen den Heiligen Christophorus und Joseph, wie sie mit beiden Händen schützend ihren Mantel über den Stifter und seine vor ihr kniende Familie hebt. Es handelt sich bei den in minutiöser Kleinheit dargestellten Figuren um den Geistlichen Giovanni Francesco di Tiezzo, der in seinem am 15. Dezember 1514 abgefaßten Testament für das Malen dieses Bildes 30-50 Dukaten aussetzte und auch bereits den Standort am Altar der Barmherzigen Muttergottes im Dom bestimmte. Das Jesuskindchen erscheint auf dem Bild gleich zweimal, nämlich auf der Schulter des zu ihm aufblickenden Riesen Christophorus und auf den Armen von Joseph, der als freundlicher Greis als einziger aus dem Bild heraus zum Betrachter blickt. Um so gefaßter ist in seiner stillen Schönheit das Antlitz der in jugendlicher Anmut dargestellten Muttergottes, unter der sehr klein die Stifter knieen. Die reichen Bewegungen und der fast brüske Wechsel in den Charakteren finden ihr Echo in der motivisch reichen, von Licht und Schatten überspielten Landschaft, in welcher Pordenone sich besonders stark an den jungen Tizian sowie an Giorgione und Palma Vecchio anlehnt. Namentlich im sanften Leuchten der Farben kommt hier die erste Reife der venezianischen Cinquecento-Malerei zum Ausdruck, während die nur wenig miteinander verbundenen und mehr vor statt in die Landschaft gesetzten Figuren eher altertümlich provinziell berühren.

Etwas später, nämlich 1527, ist das Bild über dem dritten Altar rechts gemalt; es ist ein Werk des aus Vicenza stammenden Marcello Fogolino und zeigt die Heiligen Franziskus, Johannes den Täufer und Daniel. Daniel gehört zu den sogenannten ›Großen Propheten‹ des Alten Testaments und ist berühmt durch seine Errettung aus der Löwengrube, in die ihn der Mederkönig Darius warf. Im Friaul wird er als Heiliger verehrt, woran insbesondere der Ortsname S. Daniele erinnert. Die anstoßende Cappella Mantica zeigt an ihren Wänden Szenen aus dem Leben Mariens und Jesus; sie wurden gemalt zwischen 1555 und 1570 von Giovanni Maria Zaffoni, genannt ›Il Calderari‹. In der gleichen Kapelle sehen wir auf dem Altarbild die Flucht nach Ägypten, datiert 1565 und signiert von Pomponio Amalteo, dem bedeutendsten Schüler Pordenones. Von Amalteo stammen auch die Fresken am südwestlichen Vierungspfeiler, die trotz ihrer schlechten Erhaltung Beachtung verdienen, denn im Pestheiligen Rochus, der neben dem Bischof Erasmus steht, hat sich der Künstler porträtiert.

Nach der reifen Kunst des Cinquecento in den Altarbildern und Fresken von der Hand der Pordenone, Calderari und Amalteo öffnet sich am Ende des rechten Querarms in der 1368 erbauten Cappella SS. Pietro e Paolo ein 1938 freigelegter Freskenzyklus aus dem frühen Quattrocento, der leider nicht mehr vollständig erhalten ist. In einem Stil, der in seinem Übergang von der Gotik zur Renaissance an die höfische Eleganz des damals in Verona tätigen Pisanello anknüpft, erkennt man in den vier Abschnitten des gotischen Kreuzgewölbes die für diese Stelle üblichen Medaillons mit den Symbolen der vier Evangelisten, ferner, wenn auch schlecht erhalten, einzelne Heilige, darunter Benedikt und Franziskus sowie das erste Menschenpaar. Die Lünetten, das heißt die in Spitzbogen endenden Wandteile, sind schon in der Art der Frührenaissance mit Landschaften und Stadtbildern geschmückt.

Schon kurz nach der Mitte des 15. Jahrhunderts sind die 1883 freigelegten und damals restaurierten Fresken in der Cappella S. Nicolò rechts neben dem Hauptchor gemalt worden; sie zeigen Szenen aus dem Leben des heiligen Nikolaus.

Nochmals auf Pordenone, und zwar auf ein Hauptwerk seiner Spätzeit, stoßen wir hinter dem Hochaltar in dem großen, zwischen 1533 und 1535 gemalten Bild, das die Weihe eines Priesters durch den heiligen Markus zeigt. Die Szene ist umkreist von einem geisterhaft anmutenden Reigen von Heiligen, nämlich Johannes dem Täufer, Sebastian, Hieronymus und Alexander, welche durch die Erscheinung Christi erregt und, wie es scheint, erschreckt sind. Vor dem dritten Seitenaltar links, dessen Altarbild die Madonna mit den Heiligen Blasius und Apollonia zeigt und 1525 von dem gleichen Marcello Fogolino aus Vicenza gemalt wurde wie das Heiligenbild auf dem gegenüberliegenden Seitenaltar, steht in provisorischer Aufstellung ein von Domenico da Tolmezzo und dessen Sohn Giovanni geschaffener Schnitzaltar, der ursprünglich für das bereits am Alpenrand gelegene Valeriano bestimmt war. In der Sakristei wurde 1940 ein 1503 entstandenes Wandbild freigelegt, das die Auferstehung Christi darstellt und wahrscheinlich ein Jugendwerk des Pordenone ist.

Östlich des Corso Vittorio Emanuele II liegt am Rand der heutigen Altstadt die kleine gotische Kirche *S. Maria degli Angeli,* genannt ›Chiesa del Cristo‹. Der schlichten Ziegelfront vorgestellt ist das zierliche Marmorportal von 1510, dessen Bogenfeld eine Madonna mit zwei Engeln schmückt. Das saalförmige Innere zeigt an den Wänden stark beschädigte Fresken aus dem frühen 15. Jahrhundert, die durch die Spätrenaissance-Altäre heute überschnitten werden. Der eingezogene Chor wird eindrucksvoll beherrscht durch ein aus der Mitte des 16. Jahrhunderts stammendes Holzkruzifix, das der Kirche ihren Beinamen verlieh.

Alt und Neu liegen nebeneinander am *Corso Garibaldi,* der von der Piazza Cavour nordwestwärts zum verkehrsreichen Largo S. Giovanni führt und der zwar noch einzelne Paläste des 16. und 17. Jahrhunderts, doch keineswegs mehr die Geschlossenheit des Corso Vittorio Emanuele II aufweist. Zwischen den Gebäuden und einzelnen vorläufig noch verschonten Gärten erhebt sich die 1852 erbaute Kirche *S. Giorgio* mit dem als riesige toskanische Säule gestalteten Glockenturm, der als seltsame Spätschöpfung des Klassizismus gleich der architektonisch qualitätsvollen Kirche von dem nicht unbedeutenden Giovanni Battista Bassi stammt. Die den Campanile krönende Skulpturengruppe, vier Atlanten, die einen Globus mit der Figur des heiligen Georg tragen, wurde erst 1914 geschaffen. Die Altarbilder im saalförmigen Inneren entstammen dem 17. bis 19. Jahrhundert.

Auch wenn die neueste Zeit, die mit Metall, Beton und

Glas ins Kraut schießt, dem einstigen Pordenone viel von seinem Gesicht genommen hat, so darf darüber doch nicht die reiche Geschichte dieser Stadt vergessen werden. Schon die Römer hatten hier ihren Handelsplatz. Das Kastell, von dem es aus dem frühen Mittelalter Nachrichten gibt, dient seit 1883 als Gefängnis. Die Stadt entwickelte sich durch ihre Verbindung mit dem Meer. Der am Fluß Noncello schon im Altertum angelegte Hafen hat ihr den Namen ›Portus Naonis‹ gegeben, woraus später ›Pordenone‹ wurde. Vom 10. bis zum 16. Jahrhundert bildete die Stadt, deren älteste Satzungen 1291 datiert sind, zwischen dem Patriarchat von Aquileia und der Republik Venedig ein eigenes Territorium, das zunächst den Herzögen von Kärnten und den Grafen von Steiermark, später den Babenbergern und schließlich den Habsburgern unterstand. 1508, in den Kämpfen mit Kaiser Maximilian, eroberten die Venezianer Pordenone, das dem siegreichen Feldherrn Bartolomeo d'Alviano sowie dessen Nachfolgern zu Lehen gegeben wurde. Damals erlebte es seine Blüte im Zeichen des Humanismus, als dessen Förderer sich der Eroberer betätigte. Er gründete, anderen Gewaltherrschern der Renaissance nacheifernd, die ›Accademia Liviana‹, die den dem berühmten römischen Geschichtsschreiber entlehnten Namen seines Sohnes Livius trug und sich der Pflege der klassischen Schriftsteller widmete. Noch mehr trug zum Ruhm der Stadt der schon vielgenannte Giovanni Antonio de Sacchis bei, der sich nach seinem Heimatorte Pordenone nannte.

Die nähere Umgebung der Stadt ist reich an Kunstwerken, doch sind die Gemälde und Skulpturen nach dem Erdbeben entweder verlagert worden oder in Ausstellungen unterwegs. Durch die Verlagerung kann wenigstens eine Auslese des Besten während der Sommermonate in Passariano besichtigt werden. Die historischen Bauten, auch wenn sie in diesem Teil Friauls intakt blieben, wurden vielfach durch aufwendige Straßenbauten und Überbauungen mit Wohnblöcken, Fabriken oder Sportanlagen aus ihrem früheren Zusammenhang gerissen und sind mit Hilfe der heute meist überholten Straßenkarten oft nur sehr schwer aufzufinden.

Torre. Erwähnt sei nördlich der Stadt in Torre die einst älteste Pfarrkirche des ganzen Gebietes, SS. Ilario e Taziano; sie besitzt – sofern nicht ausgelagert – ein unter dem Einfluß Raffaels um 1520 von Pordenone gemaltes Altarbild.

Cordenons liegt weiter nordöstlich an derselben Straße. Die frühklassizistische Pfarrkirche S. Maria, die 1780 begonnen wurde, beeindruckt durch einen stattlichen Saalraum, der in der Art palladianischer Gotteshäuser durch eine Kolossalordnung gegliedert ist. Daran stößt ein Chor, den in venezianischer Weise eine Kuppel überwölbt. Dem Chor zunächst zeigt der rechte Seitenaltar ein Bild des Gaspare Narvesa mit einer vielfigurigen Komposition, die von venezianischer Farbigkeit durchwärmt ist, alles in einem Stil, der neben dem Einfluß Pordenones, dessen Schüler Narvesa war, auch Elemente aus der Kunst Tintorettos und Veroneses aufweist.

Noncello. In dem südlich von Pordenone gelegenen Dorf finden wir ein stattliches Beispiel der in dieser Gegend noch zahlreich erhaltenen Villen aus venezianischer Zeit, von einem alten, heute leicht vernachlässigten Park umgeben. Vorläufig noch für sich allein steht auf schwacher Anhöhe das zierliche gotische Gotteshaus SS. Simeone e Guida mit Fresken aus der Zeit von 1470 bis 1480. Nicht ganz leicht zu finden sind zwei kleine romanische Bauten, nämlich S. Giovanni dei Gerosolimitani und S. Maria dei Battuti. In einem durch Schnellstraßen erschlossenen Teil von Noncello, das dadurch aber für den Kunstfreund um so schwerer zugänglich geworden ist, liegt die Pfarrkirche, in der neben den Giovanni Maria Calderari zugeschriebenen Fresken am Hochaltar ein Hauptwerk des Pordenone zu sehen ist. Weiter westlich hat die Landschaft noch eher ihren ursprünglichen Charakter bewahrt. Unter den Gärten und Landhäusern sei die stattliche Villa Correr-Dolfin erwähnt, die zu Beginn des 17. Jahrhunderts errichtet wurde, während das daneben stehende Kirchlein hinter einer Fassade aus dem 18. Jahrhundert Fresken des 12. und 16. Jahrhunderts verbirgt.

In dem noch etwas weiter westlich gelegenen *Porcia* lohnt

die im frühen 19. Jahrhundert erbaute Pfarrkirche durch die stimmungsvolle Neugotik des in Pfeilern und Gewölben reich und zugleich spröde gegliederten Hallenraumes den Besuch, doch ebenso wegen der Komposition des 1521 von Francesco da Milano gemalten Altarbildes auf dem ersten Seitenaltar im rechten Seitenschiff.

Pasiano. Fährt man von Porcia über Prata weiter nach Süden, dann trifft man in wieder freier Landschaft in Pasiano di Pordenone auf ein Dorf von echt friulanischem Liebreiz, wie ihn übrigens noch viele Orte haben, die bislang noch von einer allzu rücksichtslosen Industrialisierung verschont blieben. So vieles strahlt in einem solchen Ort gepflegte Anmut aus. Reihen kleiner Zierbäume begleiten die Hauptstraße. Hinter hohen Gartenmauern, die nur durch einzelne Tore und Einfahrten den Einblick erlauben, liegen von hohen Bäumen umgebene Landhäuser des 18. und 19. Jahrhunderts. Gepflegte Anlagen steigern den Eindruck der klassizistischen Kirchenfront. Das weiträumige Innere erweist sich als Neubau des frühen 19. Jahrhunderts, doch mit einzelnen älteren Altären. Ein venezianischer Marmorretabel umschließt ein Bild des Giovanni Antonio Guardi.

Sesto al Reghena

Über Azzano oder Chions erreicht man die alte Hauptstraße, die neben der Autobahn in Richtung Portogruaro führt. Noch vor dieser, übrigens nicht mehr zu Friaul gehörenden Stadt nach links abzweigend, gelangt man nach Sesto al Reghena. Der kleine, einsam in der Ebene liegende Ort ist berühmt durch seine alte Abtei, deren romanische Kirche zu den bedeutendsten friulanischen Denkmalen des Mittelalters gehört. Der einstige Ortsname ›Sextus in Silvis‹ hat in ›Sesto‹ überlebt – die Wälder nicht. Im Jahre 762 stifteten drei langobardische Edle hier ein Kloster, das von Benediktinerinnen bewohnt wurde. Die reich dotierte Gründung wurde später von den Kaisern bestätigt und gemehrt. Dazu kamen Stiftungen des einheimischen Adels, so daß hier zwischen dem 11. und 14. Jahrhundert eine der wichtigsten Abteien entstand.

Ihre Beziehungen reichten bis nach Karnien und über Friaul hinaus nach Istrien und vermutlich ins Cadore-Tal. 1441 übernahm auch hier Venedig die Oberherrschaft und schuf aus der Abtei eine Pfründe für vornehme Familien wie die Barbo, Michiel, Morosini, Zorzi, Badoer, Grimani, Cornaro und andere. 1776 wurde das Kloster aufgehoben, 1921 wiederhergestellt.

Durch einen Torturm gelangt man in den eigentlichen Klosterbezirk, der trotz der großenteils neueren Bauten noch manches von seiner Abgeschlossenheit und Stille bewahrt hat. Überragt wird der weite Platz durch den aus dem 12. Jahrhundert stammenden Campanile, der auch hier allein steht und mit seinen emporstrebenden Mauerstreifen gerade durch den Gegensatz zur Weite des Flachlandes seine Geltung gewinnt. An die Abtswohnung schließt sich die Kirche, deren zweigeschossige Vorhalle freilich eher profane Züge aufweist. Wir haben es mit einem Konglomerat zu tun, das in seinen ältesten Teilen noch auf das 8. bis 11. Jahrhundert, also auf karolingisch-ottonische Zeit, im übrigen aber auf die Frührenaissance des 15. zurückgeht. Zum frühmittelalterlichen Bestand gehört vermutlich die Außentreppe, über die man die über der inneren Vorhalle gelegene einstige Pilgerherberge erreicht. Aus der Romanik des 12. Jahrhunderts stammen die in Form von Triforien, das heißt als Dreiergruppen gestalteten Bogenfenster des loggienförmigen Vorbaues neben dem Eingang. Möglicherweise zur gleichen Zeit wurden Eingang, Treppe und Vorbau durch ein gemeinsames Dach überdeckt, das auf hölzernen Stützpfeilern ruht. Das Portal wurde zwischen 1441 und 1464 bereits in den Formen der Frührenaissance einem älteren, noch spitzbogigen vorgelegt und mit Fresken geziert. Die Fresken in der Vorhalle entstammen dem beginnenden 16. Jahrhundert und stellen an der linken Wand die von einem riesigen Teufel beherrschte Hölle, auf der rechten das Paradies dar.

Aus der Vorhalle, die auf ihrer Südseite von romanischen Bogengruppen durchfenstert ist, tritt man in die eigentliche Kirche. Sie stammt im wesentlichen aus dem späten 10. oder dem frühen 11. Jahrhundert, also aus ottonischer Zeit, doch erfuhren die östlichen Teile im 14. Jahrhundert einzelne Erneuerungen. Der erste Eindruck ist der einer Vielzahl von Räumen, die sich jedoch bald zu innerer Einheit zusammenschließen. Man befindet sich zunächst in dem dreischiffigen Langhaus, dessen basilikal gestaffelte Schiffe von Balkendachstühlen nach oben mehr geöffnet als abgeschlossen werden. Das Mittelschiff öffnet sich im Stützenwechsel von Säulen und Pfeilern gegen die Seitenschiffe. Die letzten Bogen gegen Osten sind auf jeder Seite etwas kleiner. Hier stößt gegen die Säulen die Front der unter den Chor gebetteten Krypta. Neben ihr führen von beiden Seitenschiffen aus Treppen zum erhöhten Chor. Dieser überragt samt Querschiff und Apsis das Langhaus, das seinerseits schon schmal und hoch proportioniert ist. Man möchte hierin einen Zug des germanischen Nordens sehen, im Unterschied zu den breitgelagerten Proportionen der frühchristlichen Basiliken, wie sie sich in Ravenna ausbildeten und von dort nach Grado und Parenzo gelangten. Im Hinblick auf diese Unterschiede hat man von einer Beziehung zu Monte Cassino gesprochen, jenem in Süditalien gelegenen Stammkloster aller Benediktiner, wobei dann die große äußere Distanz durch die inneren Verbindungen des Ordens überbrückt wären, ein Vorgang, der auch anderweitig bei mittelalterlichen Klöstern zu beobachten ist.

Die steilen Proportionen in Querhaus und Chor werden im Erlebnis noch gesteigert, wenn man neben der Krypta eine der Treppen hinaufsteigt. Der Blick wird emporgerissen und findet erst in der an ein kieloben liegendes Schiff erinnernden Holzkonstruktion des Dachstuhls sein Ziel. Das Hochgetürmte, die Steilung von Innenräumen, entspricht der ottonischen Baukunst, die sich als eigene Phase um das Jahr 1000 vor die romanische Epoche schiebt. Ebenfalls vorromanisch ist, daß die Vierung noch nicht ›ausgeschieden‹, das heißt: noch nicht durch Verstärkung mit verschiedensten Architekturgliedern als Zentrum der gesamten Raumanlage herausgearbeitet ist. Demgegenüber hat in Sesto al Reghena die Vierung noch keinen quadratischen Grundriß, und auch die vier Bogen besitzen noch keine gleichen Ansätze und sind auch nicht gleich groß, so daß alles noch ein wenig den Charakter des Regellos-Zufälligen trägt. Im Unterschied zum gerade geschlossenen Außenbau rundet sich der Chor in seinem Inneren in drei Apsiden aus, ein Motiv, das während der christlichen Spätantike in Syrien entstand und über Dalmatien und den östlichsten Teil Italiens bis in den Vintschgau und noch weiter bis Müstair und Mistail in Graubünden sowie in die kürzlich wiederentdeckte Friedhofskirche St. Stephan in Chur gelangte.

Fresken des 14. Jahrhunderts, in der Nachfolge Giottos entstanden, bedeckten ursprünglich alle Wände; sie sind schlecht erhalten, am besten noch im Chor. Während sie im Langhaus in den illusionistisch gemalten Marmorplatten zum Teil eine nur dekorative Aufgabe erfüllen, dabei aber die geometrische Struktur der Wände zum Ausdruck bringen, zeigen sie im Chor Darstellungen aus dem Leben des heiligen Benedikt. Bemerkenswert ist auch der Lebensbaum an der Südwand des rechten Querschiffs.

Bedeutend ist die Krypta, in die man vom Mittelschiff aus hinabsteigt. Die eindrucksvolle Stimmung, die den Besucher unten umfängt, läßt vergessen, daß auch hier, wie in der Oberkirche, die Säulenkapitelle 1912 stark überarbeitet wurden. Man steht in einer kreuzähnlichen Anlage mit weit ausladendem Querschiff und drei Apsiden als östlichem Abschluß. Die Säulen unterteilen in verhältnismäßig engen Abständen den von Kreuzgraten überwölbten Raum. Alles wird durch kleine Maßstäbe bestimmt, wodurch der Raum größer und komplizierter wirkt als er ist und den in der Mitte aufgestellten Marmorsarkophag der heiligen Anastasia gut zur Geltung bringt. Der Sarg der im Jahre 304 unter Kaiser Diokletian zum Feuertod verurteilten Märtyrerin ist aus verschiedenen Reliefs langobardischen Ursprungs zusammengefügt. Doch das Hauptstück bildet eine schöne Verkündigung aus dem 13. Jahrhundert.

S. Vito al Tagliamento. Von Sesto al Reghena aus nordwärts über kleinere Straßen, oder auch von der Hauptstraße, die von Pordenone aus ostwärts führt, kann man S. Vito al Tagliamento erreichen, einen größeren Ort, der sein altertümliches Aussehen bewahrt hat, ohne in der Zeit stille zu stehen. Die im Mittelalter von den Patriarchen verliehenen Privilegien wurden später von den Venezianern bestätigt, was auch der baulichen Identität der kleinen Stadt zugute kam. Torbauten, darunter die ›Torre Raimonda‹ im Westen der Piazza del Popolo mit einem kleinen Museum, schließen den langen, in seiner Mitte zum Hauptplatz sich weitenden Straßenraum ab, an welchem die wichtigsten Gebäude stehen. Sie werden überragt von dem stattlichen Dom und namentlich dem Campanile, die beide wirkungsvoll die Piazza nach Osten beschließen. Die dem 18. Jahrhundert entstammende Giebelfront der Kirche ist durch ein Portal in der schlichten Eleganz jenes venezianischen Jahrhunderts ausgezeichnet.

Venezianisch ist auch der Typus des in seinen Ausmaßen sehr stattlichen Saalraumes, in welchem dem mächtigen Schiff ein eingezogener Chor mit zentralisierendem Kreuzgewölbe entgegengestellt wird. Die Ausmalung gehört freilich dem späten 19. Jahrhundert an, doch offenbart sie, wie glücklich der damalige Zeitgeschmack des Neobarock an die handwerkliche Tradition des 18. Jahrhunderts anknüpfen konnte. Echter Spätbarock sind die Altarbauten, die Altarblätter stammen zum Teil noch aus älterer Zeit. Der Hochaltar verzichtet, wie dies in Venedig und seiner Terra ferma üblich, auf einen architektonischen Aufbau in Form eines Retabels und stellt dafür auf ausladender Mensa das von Statuen flankierte Tabernakel wirkungsvoll in den Raum; die den Chor ausfüllende Orgel ergänzt diese Anordnung zu einem schönen Gesamtbild.

Von den Bildern der Seitenaltäre seien genannt: die Darstellung der Heiligen Rochus, Apollonia und Sebastian von Pomponio Amalteo, einem Zeitgenossen Pordenones, signiert und 1533 datiert, ferner eine Unbefleckte Empfängnis mit den Heiligen Franz von Paula und Sebastian, gemalt von Gaspare Diziani in jenen etwas süßlichen Tönen, wie wir es von den Venezianern des 18. Jahrhunderts, namentlich Pellegrini, und den Franzosen, besonders Boucher, kennen.

In den Dörfern nördlich von S. Vito befinden sich in allerdings nicht immer ohne weiteres zugänglichen Kirchen sehenswerte Fresken, so in *Prodolone* solche von Amalteo, 1539 und danach gemalt, sowie östlich des Dorfes *S. Giovanni* in der Kirche S. Antonio Abate solche aus dem 14. und 15. Jahrhundert. Auch in *Casarsa della Delízia,* wo die von S. Vito kommende Straße auf die große Durchgangsstraße stößt, gibt es in S. Croce Wandbilder sowohl der Spätgotik wie auch der Hochrenaissance, letztere von Amalteo, zu betrachten.

Die Straße, die von Casarsa aus nordwärts dem Lauf des Tagliamento folgend nach Spilimbergo führt, berührt aneinandergereihte Dörfer mit verschiedenen Kirchen. In ihnen sind gute Fresken und Altarbilder zu sehen, sofern man das Glück hat, die Kirchen offen und die Bilder noch am Ort zu finden. Dies war bei einem Besuch 1976 in *S. Martino al Tagliamento* der Fall, wo die von einem romanischen Glokkenturm überragte Pfarrkirche in ihrem klassizistischen Saalraum einen Hochaltar von Amalteo besitzt. Er zeigt Christus in der Glorie, umgeben von Heiligen in der großmenschlichen Auffassung der venezianischen Hochrenaissance, die hier noch in der provinziellen Vergröberung zu spüren ist.

Von Casarsa aus führt die Straße ostwärts über das breite, doch den größten Teil des Jahres wasserarme Flußbett des Tagliamento nach Codróipo, dessen Name sich vom lateinischen ›Quadruvium‹ ableitet. Denn hier kreuzte die altrömische Via Postumia einen von Norden nach Süden verlaufenden Weg. Heute verzweigt sich hier unsere von Westen her kommende Straße nach Palmanova und Grado sowie nach Triest, und linkerhand nach Udine, der Hauptstadt des Friaul, wo uns gute Unterkunftsmöglichkeiten erwarten. Von dort aus werden wir in einem Ausflug sowohl Codróipo wie das nahe Passariano mit der großartigen Villa Manin oder Mortegliano mit seinem sehenswerten Schnitzaltar besuchen.

Sternfahrten um Udine

WESTWÄRTS ZUM TAGLIAMENTO

Man verläßt die ›Circonvallazione‹ bei der Piazza Porta Canonica in Udine und fährt auf der breiten Via Martignacco westwärts durch ausgedehnte Vorstädte und an dem Ziegel- und Betonkörper einer modernen Kirche vorbei, deren Dächer wie aus gefaltetem Karton aufgestülpt wirken. Nach dem Überqueren der Autobahn gelangt man nun immer mehr in ländliche Gefilde. Maulbeerbäume säumen die Straße und durchqueren in Reihen die Felder und Äcker. Dazwischen liegen regelmäßige Pflanzungen, über denen man bei klarem Wetter die nun schon nahen Ketten der Voralpen erblickt. Bald erheben sich aus der Ebene auch schon die ersten Hügel, die den Kranz der Endmoräne jenes gewaltigen Gletschers bilden, der seine Zunge in der Richtung des heutigen Tagliamento in die Ebene schob. Längst sind die einstigen Schuttmassen überwachsen von reichen Kulturen und bekrönt von weithin sichtbaren Kirchdörfern, deren meist sehr schlanke Glockentürme als Zeichen einer noch insgesamt intakten Sakrallandschaft zum Himmel ragen. Villen und Kastelle geben dem Bild die historisch-feudale Ergänzung, wie auch sonst in den schönsten Landschaften Italiens.

Moruzzo. Bei Martignacco zweigen wir nach rechts ab, um S. Daniele nicht auf der Hauptstraße, sondern auf lohnenden Umwegen zu erreichen. Der Hauptplatz in der von Gärten und Villen meist aus dem 19. Jahrhundert durchsetzten, halb ländlichen Ortschaft macht hier wie auch sonst im Friaul mit seinen Baumreihen und dem Brunnen einen sympathisch gepflegten Eindruck. Am nördlichen Dorfende, wo in Richtung Moruzzo die ›Strada turistica‹ beginnt, liegt gegenüber dem alten Park eines Landsitzes zwischen Zypressen eine verfallene Kirche, deren schmale Front mit neugotischem Ornament bemalt ist. Von nun an umfängt uns die Hügellandschaft mit allen ihren Reizen. Die Sicht nach Südwesten wird durch das Kastell von Villalta beherrscht, das auf einer Anhöhe über dem gleichnamigen Ort liegt. Doch gegen Norden hin erheben sich noch höher Hügel und Schloß von Moruzzo.

Es ist der südlichste Vorsprung eines kleinen, von Villen und Gärten bedeckten Massivs. Die Kirche von Moruzzo betont ihre Berglage durch eine Kolossalfigur des Erzengels Michael auf der Achteckkuppel des nach venezianischer Art gebildeten Glockenturms. Von der Kirche und ihrer Umgebung aus öffnet sich eine großartige Rundsicht: gegen Süden auf die Ebene, hinter welcher man im lichten Dunst das Meer ahnt, oder bei klarem Wetter den Wasserspiegel der Lagunen in der Ferne aufglänzen sieht. Auch das Amphitheater der Voralpen ist zu erkennen, die von Westen bis nach Südosten die Ebene sowie die Hügelzone des Friaul umfassen und in deren Einschnitten man die einzelnen Pässe ausmachen kann: im Westen den Passo di S. Osvaldo und im Norden, bei Venzone, den Austritt des Tagliamento in die Ebene, überragt im Hintergrund durch den markanten Gipfel des Monte Amariana. Davor lagern sich als leichte, jedoch mannigfaltige Erhebungen die Moränenhügel gegen S. Daniele. Dort allerdings liegen bereits die südlichsten der 1976 vom Erdbeben heimgesuchten Orte.

Fagagna. Durch reichgegliederte Landschaft führt nun die Nebenstraße nach Fagagna. Über dem Ort liegen auf einer Anhöhe, die nach Süden steiler, gegen Norden flacher abfällt, in einer wieder zu weiter Sicht ausgesetzten Lage die Reste eines Kastells, dessen Ursprünge auf römische Zeit zurückgehen und das im Mittelalter den Patriarchen gehörte. Neben einem in moderner Zeit erneuerten Turm, der eher wie ein Bergfried als ein Campanile aussieht, steht eine kleine Kapelle, deren schlichtem Äußeren der steinerne, dem Giebel aufgesetzte Glockenträger sein Gesicht gibt. Den Burghügel krönt an seiner höchsten Stelle gegen Osten hin ein Mauerring, der jedoch trotz seiner Halbkreisform nicht eine Kirchenapsis,

VI

PAOLO VERONESE

Brenta-Szenerie

Fresko in der Villa Barbaro in Maser
1561/62

sondern ein noch heute mit Geschützöffnungen versehenes Bollwerk bildet.

Die Pfarrkirche liegt am östlichen Dorfende unterhalb des Kastellhügels. Sie ist eine dreischiffige Basilika, deren Inneres sowohl durch die Betonung des Chores durch schwere Säulen wie auch durch Ausstattung und Ausmalung das dritte Viertel des 19. Jahrhunderts verrät, wobei damals noch immer – oder bereits wieder – die Traditionen des Barock lebendig waren. An der Front steht zwar über dem Mittelportal die Jahreszahl 1558, doch ist auch der Außenbau im 19. Jahrhundert erneuert worden.

Castello d'Arcano. Wir fahren am Fuß der Hügel entlang über Madrisio nach Rive d'Arcano. Hier beherrscht die Kirche mit ihrer klassizistischen Tempelfront sehr wirkungsvoll eine Anhöhe, dank der monumental gestalteten Treppe, die von der Fortsetzung des Dorfplatzes her emporführt. Sie ist am Anfang von Kriegerdenkmälern flankiert und von schönen Zedern beschattet, später von Zypressen, Steineichen und anderen südlichen Bäumen begleitet. In Rive d'Arcano weisen Schilder zum Castello d'Arcano, das man auf kleinen, zum Teil nur geschotterten Nebenstraßen erreicht, eine dennoch lohnende Mühe wegen der ungemein reizvollen Landschaft, die hier noch ganz unberührt ist. Das Schloß, das zu den schönsten gehört, die das Mittelalter im Friaul hinterlassen hat, erhebt sich auf einem nach Westen steil abfallenden Hügel, der sich vom Rande des Moränengürtels gegen die Ebene des Tagliamento hin absondert. Noch mittelalterlich geschlossen und abweisend ist der Anblick, den das Kastell mit seinem mehrfachen Mauerring bietet. Die äußere Ringmauer umschließt eine Art Vorburg, an deren westlicher Spitze sich die Kapelle befindet. Im alles überragenden Kern der Anlage liegt der Wohntrakt, dessen nach Westen gehende Fenster mit doppeltem Säulenbogen auffallend zierlich gebildet sind. Glücklicherweise waren die Erdbebenschäden hier nicht erheblich.

San Daniele del Friuli

Wir fahren weiter nach Nordwesten und erreichen S. Daniele, das wir auf seinem hohen, schloßbestandenen Hügel schon von weitem sehen. Der Ort ist der wichtigste im westlichen Teil des Moränengebietes, das sich neben dem Tagliamento ausbreitet. Trotz der recht schweren Erdbebenschäden, trotz des Monumentalgebäudes, das eine Versicherungsgesellschaft ausgerechnet hierhin stellen zu müssen glaubte, ist S. Daniele dank der sakralen und profanen Baudenkmäler, die innerhalb der Bürgerhäuser ihre Akzente in den städtebaulich reizvollen Zusammenhang setzen, einer der schönsten Orte dieses Gebietes.

Von Süden steigt die Straße steil empor und biegt dann kurz nach Osten hinauf zum *Dom S. Michele.* Die breitgelagerte Fassade aus istrischem Marmor ist 1708 durch den venezianischen Architekten Domenico Rossi erbaut worden und wandelt in ihrem Mittelteil die Tempelfront Palladios im Sinne des 18. Jahrhunderts ab; noch nicht zu jener Beruhigung des kommenden Klassizismus wie in Tolmezzo oder Cormons, sondern zur spätbarocken Bewegung durch skulpturale Akzente und gesprengte Giebel über den Portalen. Der ebenfalls 1708 begonnene, doch erst 1780 vollendete Raum, der sowohl über dem dreischiffigen Langhaus wie über der Vierung eine Kuppel trägt, bewahrt im übrigen noch viel von der schon im 16. Jahrhundert in Venedig durch Palladio und Scamozzi, ja eigentlich schon durch Sansovino geschaffenen Formensprache. Die Kirche ersetzt einen aus dem 14. Jahrhundert stammenden gotischen Vorgängerbau. Von der beachtlichen Ausstattung, wie sie vor dem Erdbeben vorhanden war, seien erwähnt das Taufbecken, das von einem im Friaul zur Zeit der Renaissance tätigen Tessiner, Carlo da Carona, 1510 geschaffen wurde, ein 1535 von Pordenone gemaltes Altarbild mit der Heiligen Dreifaltigkeit im linken Seitenschiff, zwei von Amalteo signierte und 1569 datierte Orgelflügel im Chor mit den Darstellungen der Vermählung Mariens und der Beschneidung des Jesuskindes, sowie im rechten Querschiff drei frühe, zwischen 1730 und 1735 entstandene

Entwürfe Giovanni Battista Tiepolos für die dann von anderer Hand ausgeführten Deckenbilder, die wir in S. Giovanni Battista in Spilimbergo sehen werden.

Rechts vom Dom steht an der Platzecke das ehemalige Rathaus, in welchem sich heute, zusammen mit dem Stadtarchiv, die berühmte *Biblioteca Guarneriana* befindet, die jetzt in kommunalem Besitz ist. Sie wurde 1464 von dem Humanisten Guarniero d'Artegna gegründet, der zugleich päpstlicher Protonotar und Generalvikar des Patriarchen von Aquileia war. Er legte den Grundstock zu einer Sammlung von heute achtzehntausend Bänden, davon rund sechshundert Codices, von denen er selbst allein hundertsiebzig besessen hat. Es handelt sich bei der fast vollständig zusammengebliebenen Sammlung um eine der sehr seltenen Humanisten-Bibliotheken, die von ihrem Ursprung bis heute am selben Ort und seit 1743 im selben Haus erhalten blieb.

An der Südseite des Domes steht der wuchtige Campanile; ihm gegenüber liegt ein gotisches Haus, das mit seinen Arkaden auf das 14. Jahrhundert zurückgeht. Vor und neben dem Dom weitet sich die Straße zum Hauptplatz, von dem aus die übrigen Sehenswürdigkeiten bald zu erreichen sind. Nördlich des Domes, wo die Straße sich bereits wieder senkt, steht als Schmuckstück der späten Gotik die kleine, doch um so feiner durchgebildete Kirchenfront von *S. Antonio Abate*. Ihr elegantes Spitzbogenportal ist durch schlanke Rundstäbe profiliert und im Bogenfeld mit einem Relief der Heiligen Antonius Abbas, Johannes des Täufers und Antonius von Padua geschmückt. Je ein ebenfalls sehr schlankes gotisches Fenster betont zu seiten des Portals die Senkrechte. Die Fassade wird in ihrem oberen Teil durch einen zarten, nur wenig aus der Wandfläche vortretenden Konsolenfries unterteilt. Darüber öffnet sich eine Art von Attika zu einem großen Radfenster, dessen Speichen als Säulen gestaltet sind und aus einer kleinen Rose entspringen, in welche Maria mit dem Kind eingebettet ist. Ein schwach geneigter Giebel mit flach profiliertem Dreipaßfries beschließt das Ganze, dessen Schönheit in der Intimisierung sonst monumentaler architektonischer und skulpturaler Motive besteht.

Das Innere von S. Antonio Abate ist ein saalartiges Schiff, das ganz im Sinne gotischer Bettelorden von einem schlichten Holzdachstuhl abgeschlossen wird. Daran schließen sich ein von Kreuzrippen überwölbtes Chorjoch und eine polygonale Apsis, ebenfalls durch ein Rippengewölbe ausgezeichnet. An den Wänden des Langhauses, an der Querwand, die sich in ihrer Mitte zum eingezogenen Chor öffnet, sowie an den Wänden und Gewölbekappen von Chor und Apsis befand sich vor dem Erdbeben einer der umfangreichsten und wichtigsten Freskenzyklen Friauls. Seine Wiederherstellung wird wohl Jahre in Anspruch nehmen.

Die ältesten Fresken an der linken Schiffswand zeigen die Geburt Christi, die Anbetung durch die Heiligen Drei Könige und die Flucht nach Ägypten und stammen von einem Meister des frühen 15. Jahrhunderts, der aus der Emilia kam und zusammen mit anderen Malern damals auch den Dom von Spilimbergo ausschmückte. Doch ungleich wichtiger ist der Anteil jenes Pellegrino, der 1497 von der die Kirche betreuenden Bruderschaft den Fresken-Auftrag erhielt und die ersten Teile seines Werkes signierte und datierte: die Gewölbekappen über dem Altar mit den thronenden Gestalten Christi und der vier Kirchenväter, denen in kleinerem Maßstab Engel zugeordnet sind. Der Maler, der aus Udine kam, hat nach Vollendung der Fresken im Apsisgewölbe S. Daniele wieder verlassen. 1513 kehrte er zurück, um den weitaus größeren Teil der Ausmalung bis 1522 zu vollenden. In jenen Jahren hat er den noch quattrocentistisch altertümlichen Einzelfiguren in den Gewölbekappen die große, vielfigurige Kreuzigungsszene an den darunterliegenden Wänden entgegengesetzt, bei der der Raum eine Einheit bildet und sich illusionistisch zur Landschaft öffnet. In dieser Szene sind die Akteure reich bewegt und in überlegener Regie zu Gruppen zusammengefaßt. Links außen ist Maria zusammengesunken, umringt und umsorgt von den ihr Nahestehenden. In der Mitte umklammert Maria Magdalena mit niederfließendem vollem Blondhaar und wallendem Gewand den Kreuzesstamm. Rechts außen schart sich die Menge um das Kreuz des verblendeten Schächers. Eine Vielzahl von Gestalten sehen wir auch unter dem

Kreuz des guten Schächers. Die Verteilung der Figuren, gemäß ihrer inneren und äußeren Teilnahme an der Kreuzigung, zeigt eine sichere Regie, wie sie erst unter der nicht nur auswählenden, sondern überlegen ordnenden Kunst der Hochrenaissance möglich wurde. Diesen Vorgang kann man hier sehr schön in den beiden Arbeitsphasen des Meisters Pellegrino erkennen, wobei einzig der Gekreuzigte mit den ihn umgebenden kleinen Engeln noch dem mehr zierlichen Stil der früheren Periode angehören könnte.

Den Rang, den Pellegrino unter seinen Zeitgenossen einnimmt, ein Rang, der ihn, nach Peter Tigler, in die Nähe des Giorgione rückt, beweisen auch viele der übrigen Fresken in dieser Kirche, so vor allem jene, die als triumphaler Abschluß des Schiffs den Choreingang umgeben. Hier öffnet sich über dem Bogenscheitel die bemalte Fläche zu einer perspektivisch kühnen Raumbühne, auf welcher der Engel in weit ausladenden Gewändern seine Botschaft an die Jungfrau verkündet. Darunter sehen wir zu beiden Seiten des Triumphbogens die Anbetung der Hirten und der Heiligen Drei Könige vor einem Stall mit liebevoll gemaltem Holzwerk und einer Landschaft, die bis zu den Gebirgsstöcken der Dolomiten aufsteigt. Reifer als diese noch etwas altertümlich ›zusammengesetzte‹ Landschaft wirken die Figuren, die weiter unten links und rechts des Choreingangs in je eine in Renaissanceformen geschmückte Nischenarchitektur hineingesetzt sind. Die ganzen Wandstreifen sind durch reich geschmückte, doch gleich den Nischen nur gemalte Pilaster eingefaßt. Hier gibt Sebastian schon in der vollkommenen Schönheit der Hochrenaissance seinen Körper den Pfeilen preis, kontrastiert durch Hiob, der sich ihm als gebeugter Greis zuwendet. Der Dritte dieser Gruppe ist Rochus, der in beherrschter Theatralik die Pestbeulen an seinem Oberschenkel zur Schau stellt. Doch auch die übrigen Figuren verkörpern in Haltung und Gewandung die reife Klassizität des frühen Cinquecento, wohl von Venedig mitbestimmt, doch in einer Abwandlung, die keineswegs ins Provinzielle absinkt, auch wenn im einzelnen gewisse Unterschiede zwischen Meister und Gesellen erkannt werden können.

Die Seitenwände des Chores zeigen auf der linken Seite die Fußwaschung Petri und auf der rechten die Verleumdung durch Petrus: Szenen, die Pellegrino zwischen 1513 und 1521 schuf. Der Freskenschmuck der Apsis wird durch einen Altar ergänzt, dessen acht holzgeschnitzte Figuren die Beweinung Christi darstellen, in einer szenisch durchkomponierten Gruppe, wie dies in der oberitalienischen Skulptur des 15. und 16. Jahrhunderts nicht selten ist. Hier war ein deutscher Meister am Werk, denn in der mit Heiligenfiguren bemalten Predella findet sich neben dem Datum 1488 die Signatur »magist. Leonardus Thanna«. Ein ›Meister Thaner‹ oder ›Thoner‹ ist von 1465 bis 1482 in Udine und bis gegen 1500 in Cividale nachweisbar, einer jener vielen Maler und Bildschnitzer, die während der Renaissance von Norden her die Alpen überschritten, um in Italien ein Wirkungsfeld zu finden.

Ein Gegenstück zur Fassade von S. Antonio Abate findet man am Ende einer Gasse im südlichen Teil der Oberstadt in der Front der *Madonna della Fratta,* die ebenfalls der Gotik, doch einer noch etwas späteren Phase dieses Stils entstammt. Denn hier treten die weicheren, mehr pflanzenhaft gewachsenen und organisch bewegten Formen des ›Gotico fiorito‹ hervor. Das Portal ist breiter und schließt dementsprechend in seitlich stärker ausladendem Kielbogen. Das Tympanon zeigt in seinem Relief die von Engeln verehrte Madonna. Das Rundfenster ist auch hier von der Portal- und Fensterzone abgetrennt, und zwar durch einen Zackenfries, doch ist das Rund nicht mehr als Rad und Rose, sondern als offenes Auge gebildet. Das Innere ist wie in S. Antonio Abate ein einfacher Saalraum, doch ohne besonderen Schmuck.

Die Oberstadt krönt ein stattlicher Palast in der Art des venezianischen Settecento, umgeben von einem schönen alten Park mit Pinien, Zedern, Steineichen und anderen Bäumen. An diesem Bau vorbei gelangt man durch ein Tor, das Venus und Adonis behüten, zu einer Villa aus dem frühen 19. Jahrhundert in etwas schwer geratenen Formen von palladianischem Klassizismus. Daneben liegt, etwas erhöht, eine barocke Kirche, deren aus Kalkstein gemeißeltes Portal sich kräftig vom hellen Verputz abhebt und zudem noch durch eine Freitreppe in seiner Wirkung gesteigert wird. Vom Plateau des Stadthügels aus genießt man die weite Aussicht gegen Süden und Westen auf die äußersten Ausläufer des Moränengürtels und auf die Ebene.

Doch auch die gegenüberliegende Seite erschließt sich in weiter Rundsicht, wenn man der Via Garibaldi abwärts gegen Norden folgt. Man gelangt dann zur Porta Palladio, die um 1580 der berühmte Baumeister einem älteren Turm anfügte. An der Piazza Dante beginnt die ›Passeggiata al Colle‹, von der man über das von Gehölzen und Ortschaften belebte Hügelland gegen die Voralpen sieht.

Pinzano. Von S. Daniele aus fahren wir westwärts, die Hauptstraße nach Gemona kreuzend, in die Gegend von Ragogna und Muris, wo ein lieblich in Wälder und Wiesen eingebetteter kleiner See zum Verweilen lockt. Er liegt am sanften Auslauf des *Monte di Ragogna,* der sich 510 Meter über dem Meeresspiegel erhebt und von einem alten Bergheiligtum bekrönt ist. Jenseits der sanften Südosthänge fließt der Tagliamento, der sich hier den Voralpen entlang einen engen Durchgang gegraben hat, bevor er sich in vielen Armen in breitem Kiesbett einen Weg durch die Ebene sucht. Unmittelbar am Tagliamento liegt das Dorf S. Pietro. Von hier aus überqueren wir auf einer Brücke den Fluß genau an jener Stelle, wo er sich aus seiner Schlucht in die Ebene ergießt, und gelangen an noch aus dem Ersten Weltkrieg stammenden Befestigungen vorbei nach Pinzano.

Das Dorf liegt herrlich der Weite ausgesetzt auf einer letzten Bergterrasse steil über der Ebene, an deren östlichem Rand der Fluß nun entlangfließt. Leider hat Pinzano 1978 durch die Erdbeben stark gelitten, so auch die St. Martin geweihte Kirche, die als dreischiffige Basilika mit frühklassizistischer Fassade gestaltet ist. Von Pinzano aus führt unsere Straße in einiger Höhe über die Ebene auf einer zunächst schmalen, dann breiteren Terrasse der Voralpenausläufer westwärts. In der Ebene leuchtet das von Wasserläufen durchzogene breite Kiesband des Tagliamento hell in der Sonne. Während die Straße in vielen Windungen den schluchtartigen Einschnitten des stark erodierten Berghangs folgt, werden die gleichen Hindernisse von der Bahn in gerader Linie auf zahlreichen Brücken überwunden, und wieder einmal erstaunt man über den technischen Aufwand, welcher das vergangene Eisenbahnzeitalter auch Nebenlinien widmete.

Valeriano. Auch Valeriano, das weiter westlich auf derselben Terrasse liegt, ist vom Erdbeben mitgenommen, so auch die Pfarrkirche S. Stefano, in der sich frühe Fresken des Pordenone befinden. Verschont blieb die benachbarte gotische Kapelle S. Maria dei Battuti, mit Ausnahme der Fassade, deren Fresken vorläufig abgenommen sind. Der kleine, langgestreckte Raum, den im Schiff eine Tonne und im Chor ein Kreuzgratgewölbe abschließen, bewahrt die Reste bedeutender Fresken, die von verschiedenen Händen stammen und Wand und Wölbung einst vollständig bedeckten. Die älteren werden einem Meister aus dem Umkreis des Tomaso da Modena zugeschrieben. In einem Stil, der in seinen schematisch vereinfachten Figuren räumliche und plastische Werte zugunsten der Flächigkeit vernachlässigt, doch gerade durch solche Abstraktion seine Eindruckskraft gewinnt, sind an der rechten Wand Szenen aus dem Marienleben dargestellt. Sie setzen sich fort am Tonnengewölbe, das durch seine Geschlossenheit zur Ausmalung besonders geeignet ist. Links erkennt man Christus in der Mandorla, von anbetenden Heiligen umgeben.

Die späteren Malereien sind 1527 von Pordenone mit der ganzen selbstherrlichen Sicherheit der Hochrenaissance geschaffen worden. Wir sehen Maria, wie sie, assistiert von zwei Heiligen, das Kind anbetet. Joseph darf diesmal im Vordergrund bleiben. Die beiden Heiligen sind ganz der Szene integriert. Der Stall wird im Zustand des Zerfalls gezeigt. Durch das Strohdach scheint in vielen Stellen der Himmel, von dem nicht etwa durch das Dach, sondern vor dem Gebäude kleine Engelkinder herabschweben. Die Landschaft, die den Hintergrund bildet, ist deutlich durch die Hügel und Berge Friauls inspiriert. Ein in reichen Renaissanceformen gemaltes Gesimse auf der Nordseite des Raumes setzt sich seitlich des Chorbogens fort.

Travesio. Über das breite Kiesbett des hier in die Ebene tretenden Flüßchens Cossa fahren wir hinaus ins flache Land nach Lestans und genießen dabei nach Westen den schönen Blick auf die in Wellen ansteigenden Berge. Bei der Straßenkreuzung schlagen wir die Richtung nach Norden ein, wieder gegen die Berge auf Travesio zu. Bald nach dem Bahnübergang, noch vor der Ortschaft, steht auf kleiner Anhöhe die stattliche Pfarrkirche, die wegen ihrer glücklicherweise unversehrten Fresken den Abstecher lohnt. Das schon durch seine Lage ansehnlich wirkende Gotteshaus lehnt sich in seiner klassizistischen Fassade an Palladios Redentore in Venedig an. Der neugotische Turm hingegen wurde erst 1889 errichtet. Klassizistisch ist auch das als dreischiffige Säulenbasilika errichtete Langhaus. Der Chor jedoch ist älter und enthält Fresken, die trotz starken Zerstörungen durch die Jahrhunderte von bedeutender Wirkung sind. Sie werden sowohl Pordenone wie Amalteo zugeschrieben. Von links nach rechts erkennt man zunächst die Reste einer Verlobung der heiligen Katharina mit dem Jesuskind; es folgen eine Anbetung und in der als Scheinarchitektur gemalten Apsis eine Beweinung Christi, darauf als die am besten erhaltenen Szenen die Enthauptung des heiligen Jukundus und die Bekehrung Pauli. Die Gewölbezwickel zeigen Szenen aus dem Leben Petri, während die Stichkappen durch Medaillons mit den Propheten und Sibyllen geschmückt sind, ein Bildprogramm, das sich an dieser Stelle in sehr vielen Kirchen der ausgehenden Gotik findet und hier noch vom frühen 16. Jahrhundert übernommen wird. In der Mitte der Apsiswölbung sehen wir Christus als Salvator und über ihm Gott-Vater.

So sehr sich der Zyklus um eine innere Einheit bemüht, fallen die großen Stilunterschiede zwischen den Wandbildern und jenen im Gewölbe doch auf. So ist die Enthauptungsszene noch stark dem Quattrocento verpflichtet, sowohl in den schlanken Gestalten wie auch in der Betonung der Perspektive. Was diese anbelangt, möchte man angesichts der stark verkürzten Hauswand an den Einfluß Mantegnas denken; anderes erinnert an lombardische Maler, die ebenfalls am Alpenrand, doch weiter westlich tätig waren, so namentlich an Bernardino Luini und den Piemontesen Gaudenzio Ferrari. Auch die Paulusszene besticht durch kühne Verkürzungen, vor allem bei den Pferden; in der Landschaft sieht man einen Berg mit Kastellen, daneben einen Fluß, in dem man den Tagliamento wiedererkennen möchte. Am frühklassizistischen Hochaltar flankieren die Schutzheiligen der Kirche, Petrus und Paulus, als gedrungene Statuen auf venezianische Art den die Mensa krönenden Tabernakel. Das Altar-Ensemble wirkt, obwohl Jahrhunderte später entstanden, eindrucksvoll abgestimmt auf den freskengeschmückten Hintergrund des Chorraumes. Wir fahren auf derselben Straße wieder etwas zurück und dann hinaus in die Ebene. Hier führt in dem kleinen Vacile eine kurze Zypressenallee zu einem Kirchlein, dessen einfaches Spätrenaissanceportal durch einen schon frühbarocken Sprenggiebel ausgezeichnet ist.

Spilimbergo

Die Straße führt uns weiter südwärts nach Spilimbergo, das auf dem hier steil gegen den Tagliamento vorspringenden Rand der großen Ebene liegt und trotz der Erdbebenschäden, an deren Behebung 1978 eifrig gearbeitet wurde, zu den wichtigsten der kleineren Kunststätten des Friaul gehört.

Am äußersten Rand steht der Dom und überblickt mit seiner Westseite das breite Flußbett. Auf noch weiter vorspringender Plattform erhebt sich das Kastell, dazwischen breiten sich Grünanlagen, an deren nördlichem Rand der Palazzo Comunale liegt. Das Kastell, das durch einen heute mit Bäumen bepflanzten Graben vom nahen Platz und seinen Anlagen getrennt ist, liegt vermutlich an der Stelle, wo bereits die Römer für ihre Truppen ein Winterlager angelegt hatten. Im Hochmittelalter besaßen die im Gefolge des Patriarchen Ulrich um 1100 von Norden her eingewanderten Herren von Spengenberg hier eine Burg; aus dem Namen des Geschlechts leitet sich das immer noch unitalienisch klingende ›Spilimbergo‹

ab. Der Lehensbesitz der Familie wurde mit der Zeit so bedeutend, daß Kaiser Karl v. ihr die Würde von Pfalzgrafen verlieh. Die Malerin Irene da Spilimbergo, die durch ihre Freundschaft mit Tizian bekannt geworden ist, entstammte dieser Familie. Ebenfalls im 16. Jahrhundert wurde die Stadt durch Kriege verwüstet und durch Taddeo di Spilimbergo wieder aufgebaut.

Das *Kastell,* das wir nun durch einen Torgang betreten, bildet um seinen Innenhof ein reiches Ensemble; es öffnet sich gegen den Fluß hin, wo in der Ferne die langgestreckte Brücke zu sehen ist. Den mäßig großen Schloßhof umstehen palastartige Hausfronten, die sich nicht nur architektonisch voneinander unterscheiden, sondern auch in der Richtung leicht divergieren, so daß sie sich einander zuwenden. Links vom Tordurchgang sehen wir den Spätrenaissancepalast des Podesta mit regelmäßig angeordneten Fenstern und einem von bombierten Quadern eingefaßten Portal als Mittelakzent. Über dem Portal öffnet sich eine als Palladio-Motiv gestaltete Fenstergruppe, in welcher der Mittelbogen von einem Giebel bekrönt ist. Südlich daneben ragt eine Front in der Art der venezianischen Frührenaissance-Paläste mit reichgegitterten Fenstern im ersten Obergeschoß auf. Die äußerste Achse hat gotische Fensterkreuze bewahrt. In der anschließenden Front geben wieder die venezianischen Bogenfenster den Ton an. Dann folgt jener oft abgebildete Palast, der nach seinen Fresken ›Palazzo Dipinto‹ heißt. Seine in der baulichen Substanz noch mittelalterliche Fassade ist durch unregelmäßig verteilte Fenster charakterisiert, unter denen eine Dreiergruppe in venezianischer Gotik auffällt, sowie im dritten Stock eine zierliche Rundbogengruppe auf schlanken Säulchen. Während die Architektur um 1390 unter der Herrschaft Wenzels von Spilimbergo wiederhergestellt wurde, stammen die Andrea Bellunello zugeschriebenen Fresken aus dem frühen 16. Jahrhundert; sie zeigen unter anderem eine Triumphbogen-Architektur, vor welcher junge Adelige ein Pferd vorführen. Auf den stark zerstörten Wandbildern des zweiten Obergeschosses sieht man Berittene.

Den Grundstein zum *Dom S. Maria* legte im Jahr 1284

Walterpertoldo II. von Spilimbergo, dessen Name deutsche Anklänge hat, wie sie im Friaul nicht selten sind. Er tat es »im Einvernehmen mit dem Volk«, wie es in der Urkunde heißt. Da die Ausführung vermutlich durch das Erdbeben von 1348 unterbrochen wurde, kam es erst 1359 zur Weihe und 1376 zur Vollendung der reichen Ausstattung.

Der langgestreckte Bau zeigt das Schema der Basilika in jener für Friaul charakteristischen Form, in welcher das Mittelschiff die Seitenschiffe nur wenig überragt. Gegen Norden öffnet sich das schöne Seitenportal in reicher Abstufung, im Bogenfeld ein Relief mit der Marienkrönung umschließend. Die Steinarbeit ist das Werk des Meisters Zenone aus Campione am Luganersee, von dessen Ufern schon im Mittelalter, dann aber vor allem in der Frührenaissance, eine große Zahl von Steinmetzen, Bildhauern und Baumeistern sich weit über Italien hinaus bis in den Norden und Osten Europas verbreitete. Zum Bauschmuck des Domes gehört auch der den ganzen Außenbau umlaufende Bogenfries.

Im Innern nähert sich die dreischiffige Basilika insofern dem Eindruck einer Halle, als die Pfeiler der Spitzbogen-Arkaden verhältnismäßig weit auseinanderstehen. Aber auch die offenen Balkendachstühle, die sämtliche Schiffe überspannen, tragen dazu bei, den Raum in erster Linie als Einheit zu sehen. Andererseits deuten an den Pfeilern Ansätze auf nicht ausgeführte Gewölbe hin. Nachdem im 18. Jahrhundert der ganze Raum einheitlich übertüncht wurde – ein Vorgang, der in Zeitaltern der Aufklärung häufig vorkam –, wurde 1958 die ursprüngliche gotische Ornamentmalerei freigelegt. Dazu kommen einzelne Fresken des 14. und 15. Jahrhunderts an Wänden und Pfeilern, sowie eine vollständige Ausmalung der Chorkapelle. Diese ist um 1400 von einem Nachfolger des Vitale da Bologna freskiert worden, wobei sich auch Einflüsse aus der Romagna und aus Siena feststellen lassen. Dies entspricht der ›Internationalen Gotik‹ jener Zeit, doch ist der Stil der Fresken auffallend volkstümlich und realistisch. Im rechten Seitenschiff birgt die Rosenkranzkapelle eine um 1500 gemalte Altartafel, deren Rahmen mit Medaillons geschmückt sind, die Mysterien des Rosenkranzes darstellen.

Durch den alten Stadtkern führt von Torturm zu Torturm die *Via Roma*. Sie ist gesäumt von venezianisch-gotischen Palästen, die sich gegen die Straße in Arkaden öffnen. Der eine der Tortürme ist auf seiner Innenseite mit malerischen Holzgalerien versehen. Weiter westlich, doch noch immer innerhalb der einst befestigten Altstadt, steht *S. Giovanni Battista*. Die Kirche wurde 1346–1361 erbaut und erhielt im 16. Jahrhundert ihre Giebelfront, die im 18. Jahrhundert in venezianischer Art mit schönen Fenstergittern geschmückt wurde. Im 18. Jahrhundert, das im Friaul unter dem Einfluß Venedigs steht, erhielt der schlichte Saalraum durch die Deckenbilder – nach den im Dom von S. Daniele aufbewahrten Entwürfen Tiepolos – den Charakter eines venezianischen Betsaales.

In der Nähe von S. Giovanni wandelt *SS. Giuseppe e Pantaleone* den Typus der Bettelordenskirche zum einschiffigen Saalraum ab, den ein offener Balkendachstuhl deckt. Im Osten, gegenüber dem Eingang, teilt sich der Raum in drei nach der Mitte gestaffelte Chornischen, von denen jede mit Kreuzgraten überwölbt ist, was hier, wie in vielen ähnlichen Beispielen, gegenüber dem Schiff schon durch die anspruchsvollere Konstruktion die höhere Weihe betont. Davor erweitert sich das Langhaus zu einer Art Querschiff, das links durch einen Altarretabel in reichem venezianischen Spätbarock ausgezeichnet ist, während das rechte Querschiff sich zu einer großen Kapelle öffnet. Diese wurde 1760 in der zierlich bewegten Art des venezianischen Rokoko dekoriert. Zur Ausstattung gehört ein schönes, durch reiche Bekrönung ausgezeichnetes Chorgestühl von 1477, in dessen Ornamenten sich das ›Gotico fiorito‹ schon mit einzelnen Renaissance-Motiven verbindet, ähnlich wie im Chorgestühl der Frari zu Venedig, das vom selben Meister, Giovanni Marco Cozzi aus Vicenza, stammt. Aus dem Dom kommt die von Bernardo Vicentino geschaffene Orgel mit ihren von Pordenone 1514/15 gemalten, doch schlecht erhaltenen Tafelbildern.

Von Spilimbergo aus fahren wir hinab in das breite Tal des Tagliamento, dessen meist spärliche Rinnsale wir auf langer Brücke überqueren, um vom anderen Ufer aus uns noch einen Rückblick auf die eben besuchte Stadt zu gönnen.

ZUR VILLA MANIN BEI PASSARIANO

Von Udine aus geht es diesmal südwestlich in Richtung Pordenone – die Straße führt durch eine der schönen, alten Alleen, wie sie für die friulanische Ebene noch immer bezeichnend sind und mit den Schatten ihrer Baumkronen und den schnellen Durchblicken zwischen den Stämmen auf die fruchtbaren Felder immer wieder erfreuen. Wir fahren bis *Codróipo,* dem ländlichen, von der Antike bis zur Gegenwart aus der fruchtbaren Tiefebene Nutzen ziehenden Markt- und Handelszentrum mit seinem langgestreckten Hauptplatz, der vom stattlichen Turm der Pfarrkirche beherrscht wird. Wer einen Blick hineinwirft, wird in dem klassizistischen Saalraum der Kirche ein Holzkruzifix finden, das Alessandro Vittoria, dem führenden Bildhauer des venezianischen 16. Jahrhunderts, zugeschrieben wird, ferner ein Altarbild, auf welchem wir in der weichen Atmosphäre des venezianischen Rokoko den heiligen Petrus zwischen Johannes dem Täufer und Johannes dem Evangelisten sehen. Es ist ein Spätwerk des Piazetta-Schülers Gaspare Diziani, den wir nicht mit dem bekannteren Landschaftsmaler Antonio Diziani verwechseln dürfen.

Von Codróipo führt in südöstlicher Richtung eine Nebenstraße zu dem nur wenige Kilometer entfernten Passariano, von wo Wegweiser zur Villa Manin leiten. Unter den vielen Villen, die den Ruhm der venezianischen Terra ferma ausmachen, ist sie eine der ansehnlichsten, in ihrer Größe einzig dastehend insbesondere im Friaul, das reich vor allem an Burgen und Schlössern war und es trotz der Erdbebenschäden noch immer ist, während die Villen, wie sie im 16. bis ins 19. Jahrhundert in der Nachfolge Palladios entstanden, hier eine eher kleine Zahl bilden. Hierhin gehört als eine der schönsten Blumen im Strauß der venezianischen Nachblüte die 1738 vollendete Sommerresidenz der Grafen Manin.

Die Familie der Manin war ursprünglich in Florenz beheimatet, von wo im Jahre 1312, also im Zeitalter Dantes, ein Zweig ins Friaul übersiedelte. Hier standen die Manin zunächst im Dienste der Patriarchen, dann der Republik Venedig; doch gibt es im 17. Jahrhundert den Namen Manin auch unter den Offizieren des Kaisers. Im 18. Jahrhundert haben sie sich und dem Land auch durch die Kunst die schönsten Denkmäler gesetzt. Der letzte und, wenn auch in einem tragischen Sinn, berühmteste dieser Reihe war Lodovico Manin, der von 1726 bis 1802 lebte und zunächst auf der Terra ferma hohe Ämter bekleidete. Schon 1751 wird er ›Capitano‹ von Vicenza, 1757 von Verona, 1764 von Brescia; 1784 führt ihn seine Laufbahn nach Venedig, wo er zunächst ›Procurator‹ von S. Marco wird und in dieser Würde an der Deputation teilnimmt, die unter festlichem Gepränge Pius VI. auf seiner Durchreise nach Wien empfängt, wo der Papst erfolglos versucht, Kaiser Joseph II. zur Rücknahme seiner Klosteraufhebungen zu bewegen. 1789, im Jahr der Französischen Revolution, wird Lodovico Manin zwar gegen seinen Willen, doch einstimmig zum Dogen gewählt. Als solcher muß er am 15. Mai 1797 mit seiner Abdankungsurkunde auch das Ende der Republik besiegeln. Er tat dies, wie berichtet wird, mit Festigkeit und Würde, indem er sich weigerte, die ruhmvolle Vergangenheit des Staates zu verleugnen und damit zu beleidigen.

Im übrigen bedurfte es damals fast keiner äußeren Gewalt, um die einstige Großmacht von der Landkarte zu streichen. Venedig hatte zwar in seiner im Zeichen des Rokoko stehenden Spätzeit, was das Raffinement der Künste und darüber hinaus der Lebensformen angeht, den sublimsten Beitrag zur europäischen Kultur geleistet, der dem 18. Jahrhundert seinen besonderen Glanz schenkte. Aber so fürsorglich das patriarchalische Regiment der Serenissima damals auch den Interessen des Volkes entgegenkam, die innere Kraft des Staates war aufgezehrt, und es fehlte der politische Wille, den neuen Mächten der Französischen Revolution energisch zu begegnen. Hierfür ist die Abdankung des letzten Dogen, bei aller Würde, mit der Lodovico Manin sie vollzog, ein Sinnbild.

Die Villa, die weit mehr ein Schloß ist, und, wie schon gesagt, zu den umfangreichsten Anlagen dieser Art im ganzen Veneto gehört, wird unter den Herrenhäusern des 18. Jahrhunderts an künstlerischer Bedeutung nur noch durch den

Landsitz der Pisani in Strà unweit von Mestre überboten, und zwar durch die Deckenfresken, die Tiepolo dort malte. Im Vergleich zu Strà ist das Innere der Villa Manin bescheiden ausgestattet, doch bietet es bis heute den passenden Rahmen für bedeutende Ausstellungen vor allem von vergangener Kunst. So fand hier 1971 eine große Tiepolo-Ausstellung statt, wurde nach dem Erdbeben eine repräsentative Auswahl der beweglichen Kunstschätze Friauls gezeigt.

Erbaut wurde die Villa, die dem letzten Dogen, nämlich Lodovico Manin, als Sommerresidenz diente, schon von seinen Eltern, und zwar nach Plänen, die sehr wahrscheinlich der auch anderweitig für die Grafen Manin tätige Venezianer Domenico Rossi schuf. Die Ausführung besorgte der sonst nicht bekannte Baumeister Giovanni Ziborghi, den eine Inschrift mit dem Datum 1738 im Dachboden eines der Nebengebäude nennt. Damals muß also die Anlage zumindest im Rohbau fertig gewesen sein; doch wird sie bereits 1763 renoviert.

Die architektonische Bedeutung der Villa Manin liegt weniger im Hauptgebäude, das im Unterschied zu den meisten palladianischen Villen auf einen eigentlichen Tempelportikus verzichtet, als in der überaus großzügigen Gesamtanlage, in der Unterordnung weitläufiger, als Ökonomiegebäude dienender Flügel unter den Wohnbau. Dessen Querachse ist es, die sich, durch Eingang und Giebel betont, zur Hauptachse sowohl des Gartens wie auch des großen inneren und äußeren Hofes entwickelt. Die beiden Höfe werden durch die Straße getrennt, welche ihrerseits den Schloßbezirk durch je ein triumphbogenartiges Portal betritt und wieder verläßt. Hier, wie auch in den abgeflachten Pfeilern der Arkaden, die den inneren Hof in geraden Linien, den äußeren jedoch in hufeisenförmigen Kurven einfassen, spürt man noch jenes Element der Szenographie, wie es für den Spätbarock im allgemeinen, insbesondere aber für Oberitalien und hier wiederum für Venedig und seinen Umkreis kennzeichnend ist. Denn gleich Kulissen eines Theaters sind die Wände, aber auch die Torbauten, gleichsam zu Prospekten zusammengestellt, und gleiches gilt auch für die beiden Türme, welche den Austritt der Hauptachse in die freie Landschaft flankieren. Alles ist mehr oder weniger auf Ansicht, man möchte sagen: auf szenischen Auftritt hin stilisiert. Alles hat dementsprechend seine repräsentative Vorderseite und seine weniger ansehnliche Rückseite, mit Ausnahme des Hauptgebäudes, das nicht nur die Eingangsfront gegen den Hof mit seinen dem Erdgeschoß als Mittelrisalit vorgelegten Halbsäulen sowie mit der das hohe Attikageschoß gliedernden Pilasterordnung betont, sondern das auch auf der Gartenseite architektonisch durchgestaltet ist. Das Bühnenhafte an der Architektur, sofern man es von der richtigen Seite her sieht, betonen auch die zahlreichen Statuen, Obeliske und Vasen, die gleichsam vor den Dächern sich in Szene setzen.

Unter den Innenräumen zeichnen sich jene des Hauptgebäudes durch Fresken und Tempera-Wandbilder aus, die von dem auch in Udine tätigen Louis Dorigny stammen. Sie werden ergänzt durch die Stukkaturen des Abbondio Stazio. Besonders stattlich ist der große, hier sogar durch drei Stockwerke gehende Festsaal, in dessen Mitte sich die Gärten und Höfe verbindende Längsachse mit jener des Hauptgebäudes kreuzt. Beachtenswert ist auch das Innere der Schloßkirche, deren großformatige und vielfigurige Reliefs in polychromem Marmorschmuck Giuseppe Torretti geschaffen hat, der auch die zahlreichen Skulpturen des Schloßparks gestaltete. Auch im Dom und in der Cappella Manin in Udine war er mit denselben Gehilfen im Auftrag der Grafen Manin tätig.

»Zu groß für einen Grafen und zu klein für einen König«, bemerkte Napoleon maliziös über die Villa, als er im Oktober 1797 darin Quartier nahm, um den Verhandlungen beizuwohnen, die zunächst im nahen Campoformido und später in Leoben in der Steiermark den oberitalienischen Feldzug und zugleich den ersten Koalitionskrieg beendeten.

Von Passariano fahren wir auf der alten, an den Dörfern vorbeiführenden Landstraße über Bertiolo und Talmanssons nach Castions di Strada – Namen, die im Friulanischen wurzeln –, um im letztgenannten Ort in der auch durch ihren Campanile bemerkenswerten Kirche S. Martino einen in den Formen der Frührenaissance gestalteten Schnitzaltar zu sehen. Doch ist dieser nur ein Vorspiel zu dem größten Beispiel seiner Gattung, das uns nördlich von Castions in *Mortegliano* erwartet. Der eher kleine Ort, den wir von der Straße nach Palmanova in Richtung Udine abzweigend erreichen, besitzt außer der älteren, in bescheidenem, doch ansprechendem Spätbarock erbauten Pfarrkirche den 1864 begonnenen Dom SS. Pietro e Paolo. Der in Eisenbeton konstruierte Campanile wurde sogar erst 1955-1959 hinzugefügt und erreicht die außergewöhnliche Höhe von 113 Metern. Doch bizarr mutet auch die Kirche selbst an, die in reicher, jedoch eigentümlich spröder Neugotik errichtet wurde. In dem düster, ja fast unheimlich wirkenden Inneren steht, das ganze linke Querhaus füllend, eines der bedeutendsten Altarwerke der friulanischen Frührenaissance. Es ist das Hauptwerk des hier als Holzschnitzer, doch sonst auch als Maler tätigen Giovanni Martini, der wahrscheinlich aus Tolmezzo stammte und von 1455 bis 1535 nachweisbar ist. Der Altar baut sich in drei Geschossen auf, in denen, wie auf einer mehrstöckigen Bühne, Szenen aus dem Marienleben dargestellt sind, ergänzt durch einzelne Heilige und gefaßt durch dünne Säulchen und Gesimse, die gegen die Vielzahl der Figuren nicht recht aufkommen können.

Von Mortegliano führt die Straße nunmehr in gerader Linie zum rund zwölf Kilometer entfernten Udine.

IN DEN NORDEN BIS TARCENTO

Wir fahren von Udine aus nordwärts auf der großen Ausfallstraße Richtung Gemona, oder, sofern wir Zeit haben, auf der etwas östlich durch kleine Dörfer führenden Nebenstraße über Reana nach Tricésimo. In Reana gibt es in der Apsis der Pfarrkirche Fresken aus dem 15. Jahrhundert, in der nahen Cappella degli Angeli solche von 1519 zu sehen.

Tricésimo. Der Ort liegt zwar am Rand des Erdbebengebietes, doch sind hier nur wenige Schäden entstanden. So erleben wir den ganzen intimen Reiz einer friulanischen Kleinstadt. Ihre Lage am Saum des Hügelgebietes hat den Bau einiger schöner Landsitze sowie eines mittelalterlichen Kastells begünstigt. Dessen Geschichte geht bis ins 13. Jahrhundert zurück. In den folgenden Jahrhunderten stritten sich die Grafen von Görz mit den Patriarchen von Aquileia um seinen Besitz. In diesen Kämpfen, sowie durch die Türkeneinfälle, die Friaul 1477 und 1499 heimsuchten, wurde der Ort mehrmals zerstört. Immer von neuem wieder aufgebaut, macht das Städtchen einen überaus schmucken Eindruck mit seinem alten, organisch gewachsenen Kern, dem Hauptplatz, auf dem ein angenehmes Café zum Verweilen einlädt.

Von hier aus kann man die Fassade der etwas zurückgesetzten Pfarrkirche studieren; sie zeichnet sich durch ein reiches Seitenportal aus, dessen kunstvolle Steinmetzarbeit im Stil der lombardo-venezianischen Renaissance Bernardino da Bissone schuf, aus jenem Dorf am Luganersee, von dessen Ufern so viele bedeutende Künstler stammen. Die Kirche wurde 1770-1784 in einem palladianischen Klassizismus errichtet, der sich gerade hier noch etwas von der weichen Eleganz des venezianischen Rokoko bewahrt hat. Zur Innenausstattung gehören Altarbilder des 16. bis 18. Jahrhunderts und ein Kirchenschatz mit Stücken des 15. und 17. Jahrhunderts.

Ostwärts des Ortskerns beherrscht das ursprünglich gräfliche Valentinis-Schloß den Park, der sich den Hügelhang hinab bis zur Straße erstreckt. Von ihr aus gewinnt man einen schönen Blick auf den Bau, der im Stil des venezianischen Barock im 17. Jahrhundert errichtet wurde. Er dient heute als geistliches Exerzitienhaus.

Colloredo di Monte Albano. Wir überqueren die Hauptstraße und fahren von Tricésimo aus rund sechs Kilometer in westlicher Richtung nach Colloredo di Monte Albano. Das Schloß krönt einen der vielen Moränenhügel. Es mag uns durch den Namen der berühmten Adelsfamilie, die in Schillers Wallenstein verewigt ist, ebenso vertraut sein wie durch Photographien, die die Schönheit seiner Lage immer wieder ins rechte Licht rückten. Leider ist es 1976 vom Erdbeben völlig zerstört worden. Der Verlust wiegt schwer, denn Colloredo war unter den Schlössern des Friaul vielleicht das schönste, und zwar nicht nur durch die äußere Erscheinung, die sich rekonstruieren läßt, sondern auch durch seine schwer ersetzbaren Fresken und Stukkaturen, wozu die Schäden in der kleinen, doch einst kostbar ausgestatteten Schloßkirche kommen.

Gemona und Venzone

Die Ortschaften Gemona und Venzone, die östlich neben der großen Durchgangsstraße liegen, waren bis zum Erdbeben wichtige Zeugen für die Architektur des Mittelalters im Friaul. Sie sind am schwersten von der Katastrophe heimgesucht worden. Doch ist man bemüht, sie wiederaufzubauen und ihre bedeutenden Dome wiederherzustellen. Sie werden als sorgfältige, freilich als solche kenntliche Rekonstruktionen wiedererstehen. Da wir bei unseren Studienreisen für dieses Buch nur noch vor Ruinen standen, uns aber auf die Eindrücke von früheren Reisen nicht verlassen wollen, berufen wir uns bei der nachfolgenden kurzen Beschreibung beider Dome auf den hier schon vielfach genannten Kunsthistoriker Peter Tigler, der diese Provinz in Reclams Kunstführer von Oberitalien-Ost bearbeitet hat.

Gemona und Venzone spielten als Grenzstationen und Warenumschlagplätze zwischen Friaul und dem Norden das ganze Mittelalter hindurch eine wichtige Rolle. Beiden war von den Patriarchen der Status einer freien Kommune verliehen worden, den sie hartnäckig zu behaupten suchten, was ihnen bis ins 16. Jahrhundert hinein gelang, freilich in beständiger Rivalität untereinander. Beide legten ihren Ehrgeiz in den Bau ihrer Dome, die beide auf das 13. Jahrhundert zurückgehen und in einer kurzen Periode der Ruhe zwischen den erbitterten Rivalitätsfehden vollendet wurden, Gemona 1337, Venzone 1338, und zwar unter der Leitung desselben Meisters Johannes, der sich inschriftlich über den Portalen verewigt hat. Beide Kirchen waren ausgezeichnet durch ihren Skulpturenschmuck an den Portalen, die als reichste und qualitätvollste Bauplastik des Hochmittelalters im Friaul galten.

S. Maria Assunta in Gemona. »Die Fassade verrät – neben auffallender Vorliebe für gehäufte Kreuzbögen (in Radfenstern und Friesen) – französischen Einfluß in der ›Königsgalerie‹ über dem Portal, deren Dreipaßbogen auf dünnen Säulchen sich erheben. Das dreieckige Obergeschoß wird beherrscht von dem riesigen Radfenster des Meisters Buzeta, einem gotischen Steinfiligran von fast spitzenhafter Feinheit (1334-1336).

Die Skulpturen dieser Front bilden, zusammen mit denen von Venzone, den bedeutendsten Komplex hochmittelalterlicher Plastik, der sich im Friaul erhalten hat. Einige von ihnen sind älter als der Neubau von 1290, so die primitiven Flachreliefs des Stufenportals, das wahrscheinlich von der älteren Kirche in den Bau von 1290 übernommen wurde (Ende 12. Jahrhundert). Das Relief im Tympanon zeigt in äußerst vereinfachter Ikonographie die Darstellung des Jüngsten Gerichts: Man sieht Christus thronend, in Frontalansicht, mit ausgebreiteten Armen. Zu seinen Seiten die Passionswerkzeuge. Zwei niedere Brüstungen (Särge?) flankieren den Thron, auf denen je drei Auferstehende mit bedeckten Häuptern und erhobenen Händen dargestellt sind. Hinter den Brüstungen erheben sich, in gleicher Stellung wie die Oranten, Maria und Johannes der Täufer. Die Pfeiler des Gewändes sind mit Weinranken verziert. Links und rechts der Archivolte die Heiligen Petrus und Paulus.

Die Galerie enthält, in rundplastischen Figuren, die Darstellungen der Madonna (unter dem größeren Mittelbogen), des heiligen Joseph, des Traumes der drei Magier (rechts) und deren Anbetung, mit einem die Pferde haltenden Pagen (links). Unter der Galerie ein Fries mit Apostelköpfen. Diese Skulpturen gehören deutlich einer späteren Stilstufe an als jene des Portals; sie dürften – wie die Figuren, welche die Lisenen bekrönen – der Werkstatt des Dombaumeisters Johannes entstammen (um 1290). Unter dem rechten Radfenster dominiert die etwa 7 Meter hohe, fast rundplastische Christophorus-Statue des Meisters Griglio (1331). Unter dem linken Fenster zwei kleinere Reliefs, darstellend die Kreuzigung und die thronende Madonna zwischen zwei Heiligen (erst 1825 hierher versetzt), darunter eine Nische mit einer Figur des thronenden Christus, Werke eines unmittelbar vor dem Neubau von 1290 tätigen Meisters.

Im Inneren sind von der Anlage des 13./14. Jahrhunderts nur mehr die Grundzüge vorhanden. Je fünf mit Würfelfriesen eingerahmte Spitzbogenarkaden auf mächtigen Rundpfeilern teilen den Raum in drei fast gleich breite Schiffe. Von den niedrigen, mit einfachem Blattornament besetzten Kapitellen steigen im Mittelschiff flache Wandvorlagen zu Gesimsen empor, auf denen das nachmittelalterliche Kreuzgewölbe aufsitzt. Ein Querhaus fehlt. Vor dem mit drei Seiten eines Sechsecks schließenden Chor erhebt sich eine Kuppel auf Pendentifs (16. Jahrhundert).«

S. Andrea in Venzone. »Am Außenbau treten die Bestandteile der Anlage klar in Erscheinung: das einfache ältere Langhaus, zwei seitenschiffartig anschließende Eckkapellen und der zu reicher Gruppierung sich entfaltende Chorbau mit drei gestaffelten, durch Strebepfeiler verstärkten Kapellen und zwei an die Stirnwände des mächtigen Querhauses anschließenden Türmen, von denen nur der nördliche emporgeführt wurde. Den Stirnwänden des Langhauses und des Querschiffs sind plattenartige Portalvorbauten mit Dreieckgiebeln vorgeblendet. Die hohen, nur an der Südseite und an den Chorkapellen angebrachten Spitzbogenfenster sind teils ein-, teils zweiteilig; ihre Bogenfelder durchbrechen Kreise, Sterne und Kreuze. Der Hauptchor, niedriger als der übrige Bau, ist mit fünf Seiten eines Zwölfecks abgeschlossen; die Nebenchöre zeigen den seltenen Abschluß mit vier Seiten des Zehnecks, wodurch sich keine gerade Schlußwand ergibt, sondern die Achse auf eine Ecke trifft. Die Strebepfeiler, im Grundriß halbierte Sechsecke, treten massig vor und sind dadurch, daß sie durch keine Gesimse unterbrochen werden, sondern unverjüngt bis zur Dachhöhe aufsteigen, von schwerfälligem Aussehen. Oben laufen sie spitz zu; diejenigen des Hauptchors tragen freistehende Figuren (Adam und Eva, Engel der Verkündigung, kniende Maria).

Von größter Wichtigkeit für die Frühgeschichte der Friauler Skulptur sind die spätromanischen Reliefs der drei Stufenportale. Den reichsten bildnerischen Schmuck trägt das Nordportal. Die Ausstattung der Archivolte mit Wülsten ist der romanischen Baukunst der Lombardei und Emilia entnommen; in den venezianischen Ländern behauptet sich das Motiv noch im 14. Jahrhundert. Über dem äußeren, mit einer Ranke verzierten und von einem Rauten- und Würfelfries umrahmten Bogen die Patere mit der Künstlerinschrift des Meisters Johannes (1308). Das Tympanonrelief zeigt den segnenden Christus, thronend in der mit Sternen besetzten Mandorla, umgeben von den vier Evangelistensymbolen. Links und rechts der Archivolte Petrus und Andreas, beide mit Schriftrollen. Die liegenden Gestalten mit Schriftbändern unter den Füßen, von deren Häuptern die Kronen herabfallen, bedeuten ohne Zweifel das gestürzte Heiden- und das besiegte Judentum; die eine wird in der Inschrift als Nero bezeichnet. Die zu beiden Seiten des Giebels auf Konsolen mit phantastischen Köpfen stehenden Figuren stellen die Verkündigung dar.

Am Südportal erscheint dasselbe, wenn auch nicht so reich ausgestattete Schmuck-Motiv. Im Tympanon die Krönung Mariae: Christus und die Muttergottes sitzen auf einem Doppelthron, der von zwei schwebenden Engeln getragen wird. Das Relief, in dessen Stil sich französische und byzantinische Elemente durchkreuzen, mag gleichfalls der Werkstatt des Meisters Johannes entstammen (um 1300). Die Architektur des Westportals entspricht den beiden anderen, doch stehen die Kapitelle sowie das Tympanonrelief mit ihnen nicht in Zusammenhang. Am äußeren Bogen ein kassettierter Fries mit Rosetten, gerahmt von einem gedrehten Tau. Das ausdrucksstarke Relief mit der Kreuzigung ist, wie deutlich erkennbar, in späterer Zeit eingefügt worden; dem Stil nach zu urteilen, ist es das Werk eines lokalen Meisters der Zeit um 1330.

Die Erscheinung des Inneren ist in mehrfacher Hinsicht ungewöhnlich, vielleicht auch durch das merkwürdige Motiv der weitgespannten Schwibbogen, in denen sich die Hochwände des einschiffigen Langhauses über das breite Querhaus hinweg bis zur Chorwand fortsetzen; sodann durch die beiden großen – später angefügten? – Eckkapellen, die sich in je einer mächtigen Spitzbogenarkade seitenschiffartig nach dem Langhaus wie nach dem Querhaus öffnen: der kurze, schwach belichtete Westarm des Langhauses wirkt dadurch lediglich wie eine Art Vorhalle zu einer zentralisierten, im Grundriß in ein Quadrat eingeschriebenen Raumgruppierung. Lang- und Querhaus tragen ein gemeinsames offenes Gebälk, die drei Chorkapellen sind durch Kreuzrippengewölbe ausgezeichnet.« (Peter Tigler, Auszüge)

Auf die Beschreibung der einst so reichen Ausstattung beider Dome müssen wir im Hinblick auf die derzeitige Situation verzichten.

Tarcento. Nachdem wir wieder die Staatsstraße, nun in östlicher Richtung, gekreuzt haben, gelangen wir nach Tarcento, wo die Zerstörungen nicht ganz so groß sind; doch genügten sie, um das alte, einst geschlossene Ortsbild auseinanderzubrechen. Es wird die Sorge des Wiederaufbaues sein, die Lükken zu schließen und nicht durch architektonische Fremdkörper zu verschlimmern. Einst hieß der Ort ›La perla dei Friuli‹. Was davon trotz der Katastrophe blieb, ist die Lage am Fuß der in sanften Hügeln auslaufenden Voralpen, sind die vielen Gärten, doch auch die liebevoll gehegten Baumpromenaden und Alleen.

Nimis. Von Tarcento fahren wir dem Gebirgsrand entlang durch eine Landschaft, in der reich bebaute Felder mit Rebengehängen und einzelnen, zu Villen gehörenden Baumhainen wechseln. Bald kommen Buschwälder hinzu, denn die Straße nach Cividale führt nun stärker in die Vorberge hinein, deren Ausläufer sie im niedrigen ›Passo di Monte Croce‹ überquert. An dessen südwestlichem Fuß suchen wir Nimis wegen seiner sehenswerten Pfarrkirche auf, einer dreischiffigen Basilika, deren Trecento-Gotik die Schwere und Geschlossenheit des romanischen Stils noch nicht ganz abgelegt hat und deren dunkles Inneres ein aus der Emilia stammender Meister mit gotischen Fresken schmückte. Östlich des Passo di Monte

Croce stehen auf den Höhen verschiedene Burgen, so oberhalb von Faèdis das Castello di Zucco, in dessen Nähe eine Kapelle Fresken aus dem 14. Jahrhundert birgt. Eine andere Burg steht bei Altimis, wo die in Görz ansässigen Grafen von Attems einst zwei Schlösser besaßen. Auch wenn man solche Orte nur durchfährt, so prägen sie doch mit ihren geschichtlichen Erinnerungen die Landschaft.

ZWISCHEN PALMANOVA, GÖRZ UND CIVIDALE

Palmanova

Indem wir Udine in südöstlicher Richtung auf Grado zu wieder auf einer Nebenstraße verlassen, können wir erneut eine Fahrt durch eine der vielen Alleen mit stattlichen alten Bäumen genießen. Nach rund zwanzig Kilometern nimmt uns Palmanova auf: eine Festungsstadt, die diesen Charakter nirgends verliert. Grüne, niedrige Wälle stechen in Form von spitzen Dreiecken in die Ebene, und ihnen folgt die Umgehungsstraße, besser: sie weicht ihnen aus. Von der ›Circonvallazione‹ – das Wort bedeutet in Italien sowohl Umwallung wie die den einstigen Wällen folgende Umgehungsstraße – biegen wir ab und durchqueren nun eines dieser Vorwerke, die in Form eines Sternes um den Stadtkern angeordnet sind. Nun sehen wir uns mit einem in stumpfen Winkeln verlaufenden Wassergraben konfrontiert. Eine Brücke überquert ihn; ein in den monumentalen Formen der Spätrenaissance gequadertes Tor durchstößt den hohen Hauptwall; wir durchfahren eine schnurgerade, verhältnismäßig breite Straße und sind rasch auf dem großen Hauptplatz, der gleich den auf ihn mündenden Straßen von verhältnismäßig niedrigen Häusern gesäumt ist.

Die Straßen wirken wenig bevölkert, und auch der Hauptplatz, wenn nicht gerade Markt abgehalten wird, bietet sich recht menschenleer, als große, stille Fläche dar. Seine regel-

Die Anlage von Palmanova.
Ansicht nach Braun und Hogenberg, 1598

mäßige Form ist augenfällig, er bildet ein Sechseck von eigentümlich geschlossener Wirkung; jede der sechs einmündenden Straßen durchstößt nämlich nicht eine Ecke, sondern eine der für die Unterbrechung weniger empfindlichen Seiten des Hexagons. Es ist auch sonst ein intellektuelles Vergnügen, dem Plan dieser so regelmäßig in einem Wurf angelegten Stadt nachzugehen, sei es zu Fuß, sei es auch im Wagen, um das Ganze dann nochmals zu überdenken, wobei es besonders reizvoll ist, gewissen Unregelmäßigkeiten auf die Spur zu kommen, nämlich dem Übergang vom inneren Sechseck zum äußeren, durch den Hauptwall geformten Neuneck, und schließlich zu merken, daß auch diese scheinbaren Unregelmäßigkeiten in Wirklichkeit von strenger Geometrie bestimmt sind. So laufen zwar die Umfassungs- oder Gürtelstraßen durch, nicht aber die Radialstraßen, von denen insgesamt achtzehn, also je zwei von jeder Seite des Neunecks, gegen das Zentrum zielen; doch wird dieses nur von sechs davon erreicht, die anderen enden am innersten Straßengürtel. Trotzdem sind für die Betrachtung des Plans, wie für die Begehung der Stadt die Radialstraßen wesentlicher, weil sie durch das einzige Ziel, das Zentrum der beiden Polygone, bestimmt sind, ob sie nun dieses Ziel erreichen oder nicht.

Ein Gebilde, das als Radialstadt zwischen zwei regelmäßigen Polygonen derart streng angelegt ist, muß auch aus sehr zielgerichteten Überlegungen geplant worden sein, Überlegungen, in denen sich das Urbanistische dem Fortifikatorischen, und dieses wiederum dem Politischen unterordnete. Es ging darum, nach dem unglücklichen Krieg, den 1511 Venedig gegen die Liga von Cambrai geführt hatte und der unter anderem den Verlust von Gradisca und Görz, dem heutigen Gorizia, nach sich zog, die dadurch näher gerückte Grenze durch einen neuen Stützpunkt zu festigen. Von hier aus konnten die Straßen nach Istrien sowie nordwärts nach Slowenien und Kärnten ähnlich überwacht werden wie schon im Altertum durch Aquileia. Zwar verfügte sie nicht über dessen Verbindung mit dem Meer, doch dafür besaß die Neugründung den Vorzug, von dem auch moderne Stadtplaner träumen, nämlich ohne Rücksicht auf Bestehendes, auf freiem, weitem Feld errichtet zu werden. Dies war eine neue, besonders großzügig konzipierte Möglichkeit, verglichen mit den übrigen Festungsbauten, welche die Venezianer damals von Korfu über den Peloponnes bis Rhodos und Zypern errichteten, um das Vordringen der Türken zu verhindern.

Die Verwirklichung ließ allerdings fast hundert Jahre auf sich warten. 1566 empfahl Jacopo Foscari dem Senat, neue Stützpunkte in der friulanischen Ebene anzulegen, nunmehr auch im Hinblick auf die im 16. Jahrhundert nicht nur für Österreich, sondern auch für Venedig aktuelle Türkengefahr. Doch erst seit 1585 wurde über konkrete Pläne beraten, von denen schließlich jener des damals schon siebzigjährigen Grafen Giulio Savorgnan zur Ausführung bestimmt wurde. Savorgnan war ›Soprintendente‹, das heißt Oberaufseher des gesamten venezianischen Befestigungswesens und hatte sich um die Modernisierung zahlreicher Festungswerke verdient gemacht, mit denen Venedig seinen Levante-Besitz gegen die Türken zu schützen suchte. Es bedurfte weiterer Beratungen, in deren Verlauf dem greisen Soprintendenten eine Kommission von fünf ›Provveditori generali‹ zur Seite gestellt wurde, und zwar unter dem Vorsitz jenes Marcantonio Barbaro, den wir als Freund Palladios und Bauherrn der Villa Maser kennengelernt haben. Dann erst, nämlich am 7. Oktober 1593, dem 22. Jahrestag des Sieges, den die Venezianer gemeinsam mit den Spaniern bei Lepanto über die türkische Flotte erfochten hatten, fand die feierliche Grundsteinlegung statt, und unter den Augen der bewundernden Zeitgenossen wuchs die Stadt mit ihren auf ein wirkungsvolles Abwehrfeuer berechneten Bastionen und ihren regelmäßig angeordneten Häusern recht rasch.

Aber die militärische Bestimmung überwog zu sehr. Es war schwierig, die ursprünglich auf 20000 Einwohner berechnete Anlage zu füllen, und dies trotz so erstaunlicher Vorteile, wie sie etwa Verurteilte genossen, wenn sie sich hier anzusiedeln bereit waren: Ihnen wurde nicht nur die Strafe erlassen, sondern auch noch der Baugrund in der neuen Stadt geschenkt. Trotzdem galt Palmanova bis zum Ende des 18. Jahrhunderts als schönste und stärkste Festung. Doch fiel sie 1797 ohne besonderen Widerstand, zusammen mit dem Sturz der altersschwachen Republik Venedig, in die Hände der Franzosen. In den Kriegen des 19. und 20. Jahrhunderts spielte Palmanova keine Rolle mehr, doch wurde dieses auch heute noch durch seine geometrische Vollkommenheit bestechende Gebilde 1960 durch Erlaß des Staatspräsidenten zum ›Monumento Nazionale‹ erklärt.

Wie schon der erste Eindruck verrät, ist Palmanova heute eine stille, ja eigentümlich leere Stadt. Zentrum ist das große Sechseck, das als Exerzier- und Paradeplatz diente und von der starken Garnison auch heute noch benutzt wird. An ihn schließt sich, keineswegs dominierend, der Dom an. Seine zweigeschossige, durch Halbsäulen gegliederte Giebelfront wurde 1622 vollendet, der weite, aber auch etwas leere Saalraum jedoch erst 1777. Auch das Stadthaus und die anschließende Loggia ordnen sich gleichsam in militärischer Disziplin dem Platze ein; doch ist dieser durch einen Brunnen im Zentrum und Statuen an den Rändern künstlerisch akzentuiert. Freilich, die Präsenz der Musen bleibt gering. Allzu ausschließlich herrschen Mars und Minerva, und so respektgebietend das Projekt dieser Idealstadt für den Intellekt ist, so bleibt doch, was das sinnliche Erlebnis angeht, ein Gefühl der Leere.

Strassoldo. Auf der Weiterfahrt nach Süden, immer noch in Richtung Aquileia, lohnt sich der kleine Abstecher nach Strassoldo. Die Häuser des anmutigen kleinen Ortes verschwinden in Gärten, die sich um die 1749 in venezianischer Art erbaute Villa zu einem Park mit alten Bäumen verdichten. Im Herrenhaus, das an der Stelle eines mittelalterlichen Kastells steht, in dem Kaiser Friedrich III. 1489 nächtigte, soll eine Freundin des österreichischen Feldmarschalls Radetzky gewohnt haben, als dieser 1848/49 den Aufstand der Lombardei und Venetiens unterdrückte. Es gibt in Strassoldo die kleine romanische Kirche S. Maria in Vineis, deren schlichter Saalraum mit bemerkenswerten Fresken aus dem Trecento ausgestattet ist, die, wie übrigens auch anderswo im Friaul, durch die gotische Malerei Bolognas angeregt sind. Als malerische Gruppe präsentiert sich jenseits des kleinen Wasserlaufs die Pfarrkirche samt den benachbarten Gebäuden.

Turriaco. In Cervignano, das an seinem südlichen Rand eine Villa samt Garten aus dem 18. Jahrhundert bewahrt hat, verlassen wir die nach Aquileia führende Straße und schlagen jene ein, die ostwärts Richtung Monfalcone und Triest führt. Doch biegen wir auch von dieser Straße nach links ab, nachdem wir auf langer Brücke das breite, meist fast trockene Bett des Isonzo verlassen haben, um auf einer Nebenstraße nach Turriaco zu gelangen. Die Kirche, die uns schon von weither über die Ebene hinweg begrüßt, wurde 1740-1746 erbaut und bildet zusammen mit dem Kirchplatz ein schönes Architekturbild, in dem venezianisches 18. Jahrhundert ins sympathisch Provinzielle abgewandelt ist. Das Innere des Gotteshauses erweist sich als Saal, an den sich der überkuppelte Chor schließt. Unter der Chorkuppel steht der Hochaltar, der einen von Pozzo hergeleiteten Typus temperamentvoll vorträgt. Das Altarbild, das Giovanni Battista Grassi 1548 malte, erinnert noch immer an die eine Generation zuvor von Giorgione und seinem Kreis geprägte Form, die jedoch hier ins Manieristische vergröbert ist. Das riesige Deckengemälde, das Matteo Furlanetto erst 1813 schuf, öffnet trotz dieser späten Entstehung die Decke noch ganz im Sinne des Barock zu einer Scheinarchitektur, in deren klassische Säulenordnung einzelne Spitzbogen eingesetzt sind. Vor dieser halb noch klassizistisch-barocken, halb schon romantisch-neugotischen Szenerie spielt sich vor sehr bewußten Zuhörern die Predigt eines Heiligen ab. Kanzel und Orgelempore, sowie der Aufbau des Hochaltars zeigen die provinzielle Abwandlung des venezianischen Spätbarock.

Fogliano. Wir fahren weiter auf dem linken östlichen Ufer des Isonzo und erreichen bei Fogliano den Fuß der Karsthöhen, die von hier an den Fluß begleiten und deren unfruchtbare Kahlheit hier besonders deutlich ist. Immer wieder glänzt der nackte Fels hart und heiß in der Sonne auf. Er hat den Stellungskrieg zu einer wahren Hölle gemacht, als hier im Ersten Weltkrieg eine der entscheidenden Fronten lag. Daran erinnert auch das kolossale, von Zypressen umgebene Mausoleum, das den großen Kriegerfriedhof südlich von Fogliano beherrscht. Unmittelbar über diesem Ort steht die 1521 erbaute Kirche S. Maria in Monte mit stark beschädigten Fresken eines ländlichen Meisters.

Gradisca d'Isonzo

Wir überqueren den Isonzo und gelangen in einen Ort, in dem es sich zu verweilen lohnt. Ein Kastell beherrscht von seinem Hügel aus Stadt und Brücke, Wälle und Tore beschirmen gegen Norden und Süden den alten Kern, während ihm nach Westen eine weite, von vielfachen Baumreihen durchzogene Esplanade vorgelagert ist: eine städtische Allüre, wie sie sich in österreichischer Zeit auch kleine Orte Oberitaliens zulegten.

Wir sind in Gradisca, dessen Name erst seit 1176 auftaucht, das also weder römische noch langobardische Tradition besitzt. Der Ort erhielt sein bis heute noch zum großen Teil erhaltenes Gepräge durch Venedig, das hier im letzten Drittel des 15. Jahrhunderts eine Festung anlegte, angeblich gegen die damals weit über den Balkan hinaus vordringenden Türken, doch mehr noch gegen die Habsburgischen Kaiser, die seit jener Zeit den Venezianern immer wieder ihren Festlandbesitz streitig machten. Die Kämpfe entbrannten zwischen Kaiser Ferdinand II. und der Serenissima am Anfang des 17. Jahrhunderts von neuem mit einem für Habsburg günstigen Ergebnis. 1647 konnte Kaiser Ferdinand III. das von ihm zum selbständigen Fürstentum erhobene Gradisca den aus der Gegend von Graz stammenden Fürsten von Eggenberg zu Lehen geben. Als diese 1717 in ihrem Mannesstamm ausstarben, fiel Gradisca an Österreich zurück und wurde mit dem nahen Görz zu einer Grafschaft vereint. Beide Städte blieben zusammen mit Triest, Monfalcone und Grado bis 1918 österreichisch.

Die wechselvolle Vergangenheit spiegelt sich in den Bastionen und den doppelten Toranlagen, in dem ansehnlichen Stadtbild, den breiten, regelmäßig angelegten Straßen, die von zuweilen überraschend stattlichen Bauten gesäumt werden, schließlich in der weiten Esplanade wider. Das *Kastell,* das nach Ratschlägen Leonardo da Vincis erbaut wurde, diente in der österreichischen Zeit des 19. Jahrhunderts als Strafgefängnis, wo während des Risorgimento die Freiheitskämpfer Confalonieri und Pallavicini in Haft saßen, bevor sie zum berüchtigten Spielberg bei Brünn gebracht wurden. Noch heute wirken die Fronten und Höfe dieses Bollwerks unfreundlich und düster.

Eindrucksvoll ist das durch ein aus schweren Quadern erbautes Rondell verstärkte Tor, das die baumbepflanzten Rasenanlagen im Norden von der eigentlichen Stadt trennt. Diese besteht eigentlich nur aus wenigen Parallelstraßen, die

VII

Apsis von San Antonio Abate in
San Daniele del Friuli

Fresken von Pellegrino da San Daniele

1497

im Osten auf eine einzige Querstraße stoßen, doch sind sie alle von schöner Wirkung. Die Bürgerhäuser sind mehrfach von öffentlichen und privaten Palästen durchsetzt, ohne daß diese bei allem gebührenden Aufwand den geschlossenen Rahmen des Straßenbildes sprengen. Auch die Kirchen fallen aus diesem Rahmen nicht heraus, sondern bilden nur einzelne Akzente in dem städtebaulich eindrucksvollen Gesamtbild.

An der heutigen Via M. Ciotti stehen die beiden aus dem 18. Jahrhundert stammenden Paläste Nr. 18 und Nr. 33. Beachtenswert ist auch der *Palazzo Torriani* (Nr. 49), den zwischen 1648 und 1658 der damalige Stadthauptmann Uldorico della Torre erbauen ließ. An derselben Straße, die durch ihre Breite und durch ihre Paläste als Hauptstraße wirkt, steht das heute zum Rathaus avancierte einstige Pfandhaus, das in italienischen Städten – wie wir schon hörten – eine höchst beachtliche Rolle spielte und dies auch architektonisch bekundet. So auch hier, wo die von einer Statue der Madonna geschmückte Front mit ihrem Giebel und dem plastisch aus der Front heraustretenden Portal sowie durch die Ordnung der Kolossalpilaster an einen Sakralbau erinnern. Nur die große Zahl der verhältnismäßig kleinen Fenster verrät den profanen Zweck. Durch eine geräumige Vorhalle gelangt man in das aufwendige Treppenhaus. Dieses öffnet sich nach rückwärts in einen sehenswerten Hof in Formen palladianischen Frühbarocks. Die Mittelachse wird architektonisch in verschiedenen Schichten betont: zunächst für den im Hofe Stehenden durch die bandagierten Säulen, die beide Geschosse zusammenfassen, dann durch ein äußeres Portal, gegen das die beiden halb im Freien angelegten Treppen zusammenlaufen, und schließlich durch eine innere Türöffnung, auf die der Blick durch das äußere Portal wie durch einen Rahmen fällt. Der Hof ist gegen die zur Via Ciotti parallellaufende Via Alighieri durch ein stattliches Barock-Portal geöffnet, die Mauer darüber ist durch einen Zinnenkranz geschmückt, der in seinen weich gerundeten Formen an die sogenannte ›Slawische Attika‹ erinnert, wie man sie auch in den Grenzgebieten Österreichs antrifft.

Unmittelbar östlich der Hofseite des Palazzo Torriani steht

der stumpfe Glockenturm und von diesem getrennt, wenn auch dicht daneben, die Fassade des *Domes SS. Pietro e Paolo.* Auffallend ist die städtebauliche Situation. Die Hauptkirche erhebt sich nicht auf einem eigenen Platz, sondern an einer Straßenecke, so daß sich die Hauptfassade in den einen, die Seitenfront in den anderen Straßenzug einfügt. Mit ihrem an Palladio anknüpfenden Giebel ist die Fassade als Ganzes durchaus Venedig verpflichtet, im einzelnen, so in der reich differenzierten Portaleinfassung und namentlich in der weich bewegten Fülle des Dekors, lebt etwas von jenem schon östlichen Zauber, den der Spätbarock des 18. Jahrhunderts zwischen Venedig und Wien entfaltete.

Das Innere des Domes, das in unseren Tagen von der Bemalung des 19. Jahrhunderts befreit wurde, folgt auch hier noch letztlich der frühchristlichen Tradition, denn es zeigt den Typus einer Basilika, deren drei Schiffe auf eine querrechteckige Achteckskuppel hinführen. Selbständige Nebenräume schließen sich an. Der Chor aber weitet sich in der Art der Gesuiti-Kirche in Venedig nach den Seiten zu einer Art Querschiff aus, so daß trotz der verhältnismäßig kleinen Dimensionen im ganzen ein räumlich reicher Organismus entsteht. Venezianisch ist auch die üppige Altaranlage mit der breitausladenden und von einem Tabernakel überhöhten Mensa. Bildhaft damit zusammenkomponiert ist das darüber etwas zurückgesetzte Altarbild, das anstelle eines architektonisch aus Säulen und Giebeln gebildeten Rahmens ein von Putten emporgeraffter Stuckvorhang wellenförmig umfließt. Am Ende des rechten Seitenschiffs öffnet sich eine in reichem Spätbarock dekorierte Kapelle, deren üppiger Stuckdekor Ranken und Muscheln mit Putten vereint.

Gradisca bezeugt noch heute seine einstige Zugehörigkeit zu Österreich, und zwar keineswegs nur durch die trüben Erinnerungen an die hier in den Gefängnissen des einstigen Kastells eingekerkerten Freiheitskämpfer des Risorgimento, sondern auch durch den großzügigen Stadtgarten auf der früheren Esplanade, wo neben Straßen und Plätzen, die in dem heute kleinen Ort überraschen, auch das Ende des 19. Jahrhunderts erbaute Stadttheater nicht fehlt.

Monte San Michele. Von Gradisca aus kann man von der Straße nach Gorizia rechts abzweigen und zu den im Ersten Weltkrieg umkämpften Höhen von S. Michele hinauffahren. Eine Nebenstraße führt durch niedrige und dichte Laubwälder auf den flachen Karstrücken, der von 1915 bis 1917 besonders hart umstritten war und mehrmals den Besitzer wechselte. Noch sind die Geschützstände sichtbar, und Tafeln mit Beschriftungen weisen auf den Kommandoposten des österreichisch-ungarischen Oberbefehlshabers hin. Wir lassen den Wagen auf dem großen, mit historischen Geschützen bestückten Platz bei einem kleinen Museum stehen und genießen dort eine umfassende Aussicht über das Isonzotal und die Hügellandschaft von Görz bis nach Westen in die Ebene Friauls. Aber es lohnt sich auch, durch die Zypressenallee auf die Südseite des auf seiner Höhe flachen Bergrückens zu wandern, wo aus spärlichem Buschwerk und meist dürrem Gras immer wieder der nackte Karstfelsen hervorschaut, dem die Schützengräben, Batteriestellungen und Unterstände abgerungen werden mußten. Wie damals, doch nunmehr unter einer friedlichen Sonne, breitet sich das Land und weitet sich die Sicht bis hin zum Meer. Im Westen, wo Ebene und Wasserflächen ineinander verfließen, glänzt die Lagune von Grado. Weiter südlich erkennt man die Werften von Monfalcone, dessen Kastell sich als ferner Rundturm deutlich vom hellen Meer abhebt. Dahinter, durch die große Bucht von Triest entrückt, ahnt man die langgezogenen Küsten Istriens. Triest selber sieht man nicht, doch gewahrt man seine Lage, eingebettet in die Karsthöhen, die sich auf der istrischen Halbinsel zunächst zu Gebirgen steigern, bevor sie sich in flachen Zungen ins Meer hinausstrecken. Die Karsthügel, die von Menschen nur wenig besiedelt und kultiviert sind, bilden den Vordergrund. In flachen Wellen wird das Auge in die Weite geführt, gegen Süden zur Adria, gegen Osten allmählich ansteigend zu den im Frühjahr noch schneebedeckten Gebirgen Jugoslawiens. Wenn wir noch weiter nach links von Osten gegen Norden schauen, steigen auch in unserer Nähe höhere Berge empor, die den Hintergrund von Görz bilden. Wir sehen ostwärts nicht nur hinüber in das jugoslawische Slowenien, sondern darüber hinaus bis in die Berge Kroatiens. Ahnungen des Balkans tun sich auf.

Aber auch die Nähe lockt zum Verweilen, befinden wir uns doch mitten im Karst, dessen landschaftliche Eigenart der Baseler Naturforscher Fritz Zschokke in seinen 1916 in Zürich erschienenen Reiseerinnerungen ›Aus goldenen Tagen – Wanderungen in Österreich‹ hervorragend charakterisiert hat:

Es fällt nicht leicht, ein zutreffendes Bild des Triestiner Karsts zu entwerfen; zu absonderlich mischen sich in der Landschaft fremdartige Farben, und in allzu raschem örtlichem und zeitlichem Wechsel ändert sich die Beleuchtung und Stimmung. Fast beklemmend wirkt auf den Beschauer zuerst der Eindruck unendlicher Monotonie und das Gefühl hilfloser Verlassenheit. Erst allmählich enthüllen sich dem Auge die großen Züge einer rauhen und herben Schönheit.

Der Karst scheint den Sieg des toten Gesteins über die lebendige Schöpfung zu verkörpern. Endlos dehnen sich die Trümmerfelder der ungeschlachten, grauweißen und gelbgrauen Blöcke. An ihnen nagt in geduldiger Arbeit der Jahrhunderte die Atmosphäre und der in heftigen Güssen auf den nackten Fels fallende Regen. Er löst den Stein und zerfurcht die Klötze, kanneliert sie wie Säulenschäfte, formt den harten Kalk in tausend verschiedene, abenteuerlich gelöcherte und gezackte Figuren und zersägt endlich den Block in klirrende Scherben. Das Wasser aber versickert im Boden in einem Gewirr selbstgeschaffener Spältchen und Spalten, in einem Werk sich kreuzender und trennender Röhren, in senkrechten, sich im Laufe der Zeit ausweitenden Schloten. Diese Schächte fallen oft Hunderte von Metern bis zum Grundwasserspiegel ab. Dem Landschaftsbild des Karsts fehlt der strömende, belebende Fluß, der rieselnde Bach; nur in schmutzigen Zisternen, in trüben Lachen und in rasch schwindenden Tümpeln auf dem Grund undurchlässiger Bodensenkungen sammeln sich da und dort die Regenwasser. Die Kreide- und Eozänkalke des Karsts sind auf weite Strecken so rein, daß bei ihrer Verwitterung feste Rückstände nicht entstehen und damit die Bildung fruchtbarer Ackererde unterbleibt. An anderen Orten dagegen zerfallen sie in dunkelrote Erde, die aus den Spalten und Klüften des fahlgrauen Muttergesteins in wunderbarem Farbkontrast hervorleuchtet.

Den landschaftlichen Charakter aber geben der Karstfläche die zahllosen Mulden, die Dolinen, die sich bald als seichte, wenig umfangreiche Trichter in den Boden einsenken, bald als gewaltige steilwandige Einstürze die Erdrinde tief aufreißen.

Auf den Grund der Trichter spült der Regen die ›Terra rossa‹ zum kleinen Acker zusammen, den der slowenische Bauer mit zähem Fleiß bepflügt. Dünnes Saatengrün sproßt aus der roten Erde, und geschützt vor den Stößen der Bora bedeckt sich im Frühjahr auf dem Grund der Doline der Kirschbaum mit Blütenschnee, und schimmert rosig die Blüte des Pfirsichs. Von rohgeschichteten Steinmauern umfriedet, streuen sich die Dolinentrichter wie liebliche Oasen in der grauen Wüste des Karsts aus.

Doch selbst in der Wüste kämpft das Leben unermüdlich um sein Recht. Spärliche Halme und Grasschollen wachsen zwischen den Steintrümmern hervor; auf dem dürren Boden wuchert graues Wacholdergestrüpp und dorniger Schlehbusch. Nirgends aber treten die harten Kräuter zu einer grünen Vegetationsdecke zusammen, die das nackte Geröll mitleidig verhüllen würde; nirgends bilden die mager ausschlagenden Eichenstrünke schattenspendende Wälder. Nur in tieferen Tälern und im Windschutz erhebt sich das niedrige Strauchwerk zu hochstämmigen Bäumen...

Im Frühling aber trägt auch der Karst sein Festkleid. Aus dem einförmigen Grau des Gesteins und des dürftigen Pflanzenteppichs leuchten grelle gelbe und blaue Blumensterne; ein grüner Anflug überzieht wie ein dünner Schleier Hügel und Dolinentrichter, und die reine Luft duftet nach Rosmarien und aromatischer Salbei und Melisse.

Heute ist dieses gerade durch seine Unfruchtbarkeit berükkende Bild des Karsts gemildert durch zahlreiche Aufforstungen. Schwarzföhren, die der Sommerdürre standhalten, bilden große Wälder, deren dunkle Nadeln zum hellen Kalkstein kontrastieren und auf ihre Weise einen düsteren Ton in die hier dem Menschen feindlich gesinnte Natur tragen. Doch wer hier verweilt, wird auf eigentümliche Art gefesselt; nicht nur durch die Mannigfaltigkeit der Bodenformen, sondern auch durch die Vielzahl der Farben, die das nach Jahres- und Tageszeit wie nach Wetterlage wechselnde Licht bewirkt.

Gorizia (Görz)

Wir fahren wieder hinunter zum Isonzo und weiter nach Gorizia, das uns wohl eher unter dem historischen Namen Görz bekannt ist, so daß wir es hier bei diesem belassen wollen. Der Ort liegt in einem weiten Talgrund vor Bergen, die den Karst bereits deutlich überragen und aus denen der Isonzo tritt.

In seiner Geschichte ist Görz seit seiner ersten Erwähnung durch Kaiser Otto III., der es dem Patriarchen Johannes IV. von Aquileia schenkte, durch mannigfache Fäden mit dem deutschen Reich und insbesondere mit Österreich verbunden, namentlich seit Anfang des 12. Jahrhunderts die Grafen im Lurngau und Pustertal auch die Grafschaftsrechte über Friaul, Istrien und Görz erwarben. Seit 1122 nannten sie sich ›Grafen von Görz‹, und als Grafschaft hat der Ort bis in neuere Zeit seine Geltung behalten. Es gelang den Grafen, für die folgenden vier Jahrhunderte eine von den nahen Patriarchen von Aquileia unabhängige Hausmacht zu schaffen, die freilich durch das Fehlen einer Landverbindung zu den tirolischen Stammgebieten gefährdet blieb; gefährdet blieben auch ihre vielen kleinen, über Istrien und Friaul verstreuten Besitzungen. Ungeachtet dessen nahmen die Grafen von Görz eine führende Stellung im Gebiet der Ostalpen ein. Während des 13. und frühen 14. Jahrhunderts waren außer Istrien und Teilen von Friaul sowie der Grafschaft Tirol auch die Mark Treviso, ferner Kärnten und Krain in ihrem Besitz. Unter Heinrich II. erreichte ihre Hausmacht den Höhepunkt, zerfiel aber nach seinem Tod im Jahre 1323 wieder. Große Teile seines Erbes gelangten an die Habsburger, die auch hier ihre Gebiete geschickt zu erweitern wußten. Die auf ihr Stammgebiet am Unterlauf des Isonzo beschränkte Grafschaft Görz spielte von nun an nur noch eine Nebenrolle gegenüber den beiden im 14. und 15. Jahrhundert sich kräftig ausdehnenden Machtgebieten der Habsburgischen Erblande und des venezianischen Festlandbesitzes. Im Jahre 1500 starb mit Leonhard der letzte Graf von Görz, worauf Kaiser Maximilian Venedig zuvorkam und in echt habsburgischer Erbpolitik seine Ansprüche auf Görz durchsetzte. Von nun an standen sich Österreich und Venedig als unmittelbare Nachbarn, doch damit sehr oft auch als Feinde gegenüber. Bereits 1508 gelang es den Venezianern nach heftiger Beschießung, Stadt und Burg zur Übergabe zu zwingen. Doch im Krieg der in der Liga von Cambrai zusammengeschlossenen Mächte gegen die Serenissima vermochte Österreich Görz nicht nur zurückzuerobern, sondern sich 1511 auch in den Besitz von Aquileia und der von den Venezianern nicht lange zuvor errichteten Festung Gradisca zu setzen.

Unter den Habsburgern behauptete Görz zumindest seine wirtschaftliche Bedeutung, und zwar dank der fruchtbaren Umgebung und seiner Lage im Knotenpunkt neuerbauter Straßen, von denen die eine durch das Isonzotal und den Predil nach Kärnten, die andere nach Krain und über Duino nach Triest führte. Es entwickelte sich ein reger Handel, der nicht nur den Alteingesessenen Reichtum brachte, sondern auch den Zustrom neuer Einwohner, vor allem aus Venetien, förderte. Der Aufschwung setzte sich fort, als im 18. Jahrhundert Triest Freihafen wurde und ein großer Teil der dort umgesetzten Güter seinen Weg über Görz nahm.

Durch den Machtanspruch Napoleons I. kam Görz gleich Gradisca vorübergehend an das damalige Königreich Italien, um nach dem Wiener Kongreß 1815 zu Österreich zurückzukehren. Es blieb nun bis zum Ersten Weltkrieg eine Stadt mit eigenem Status, Hauptstadt des Habsburgischen Kronlandes ›Görz und Gradisca‹, und nahm jene Züge einer altösterreichischen Provinzstadt an, wie sie in Triest, Pola, Fiume und vielen anderen Städten der einstigen Donau-Monarchie so auffallend hervortreten. Im späteren 19. Jahrhundert erlebte es, dank seines milden Klimas, eine Blüte als Winterkurort. Dann aber kam der Rückschlag: Im Ersten Weltkrieg wurde die Stadt als Mittelpunkt der Isonzofront schwer heimgesucht, im Sommer 1916 von den Italienern eingenommen, im Herbst 1917 von den Österreichern zurückerobert, schließlich 1919 im Frieden von St. Germain an Italien abgetreten. Görz wurde nun Hauptstadt einer eigenen Provinz, von der 1947 große Teile an Jugoslawien fielen. Die Staatsgrenze führt seitdem unmittelbar östlich des Kastells durch die Vororte.

Das die Stadt überragende *Kastell* zeigt sich heute freilich nicht mehr in seinen mittelalterlichen Formen. Anstelle des Bergfrieds und der weit vorspringenden Wehrgänge, wie man sie auf dem vom Grafen Heinrich 1307 verliehenen Stadtsiegel sieht, beeindruckt heute vor allem die gedrungene Masse der Anlage. Niedrige Rundtürme, die eigentlich mehr Bastionen sind, verstärken den äußeren Mauerring, seitdem zwischen 1508 und 1517 die Venezianer während ihrer kurzen Herrschaft das Kastell der zu jener Zeit aufkommenden Artillerie anpaßten. In jenen Jahren wurden auch die dahinterstehenden Gebäude, die ursprünglich weiter voneinander getrennt waren, zu einer Einheit zusammengefügt. Die Baumasse ist zwar noch immer durch Rundtürme gegliedert und in sich gestaffelt und wird durch einen Zinnenkranz oder zumindest durch schmale Schießscharten abgeschlossen, aber der Eindruck wirkt eher dumpf und schwer, erweckt eher die Vorstellung einer Festung als einer Burg, Begriffe, die beide am ehesten das Wort ›Kastell‹ umfaßt.

Ein Rundgang über die äußere Mauer oder die Aussicht aus den Fenstern des Obergeschosses – heute ist hier ein Museum untergebracht – eröffnen ein schönes Panorama. Gegen Osten blickt man über die an der Bahnlinie entlanglaufende Staatsgrenze hinweg auf Nova Gorica, den jugoslawischen Teil der amputierten Stadt. Dahinter steigen die slowenischen Berge empor, aus denen der Isonzo tritt. Der durch die Schlachten des Ersten Weltkrieges berühmte Fluß wird von der Straße begleitet, die über Tolmein und den Predilpaß nach Tarvisio und Villach führt, während die andere, für Görz schon früh wichtig gewordene Straße sich weiter östlich durch das Gebirge nach Laibach, der Hauptstadt Sloweniens, windet. Über den Fluß mit seinen im Sommer meist trockenen Kiesbänken geht der Blick nordwestwärts gegen das italienische, doch zum Teil von Slowenen besiedelte Hügelland des ›Collio‹, das nach Westen hin in die friulanische Ebene ausläuft. Auch hier wurde ähnlich wie im Karst und am Isonzo sowie in Görz selbst während des Ersten Weltkriegs hart gekämpft, woran das weithin sichtbare Ehrenmal von Oslavia eindrucksvoll erinnert. Wir werden es auf unserer Weiterfahrt durch das

Collio berühren. Südwestlich schließt sich der alte Kern von Görz unmittelbar an den von einzelnen Bauten durchbrochenen Grünhang des Burghügels. Man erkennt von hier aus besonders schön das gewachsene Gefüge der Gassen, die sich zu Plätzen erweitern, um sich in modernen, breiten Straßen fortzusetzen. An diese grenzen die im 19. und 20. Jahrhundert errichteten Viertel mit ihren rotgeziegelten und flachgeneigten Dächern und den umgebenden Gärten, bis dann die heutigen Hoch- und Großbauten alles Maß sprengen.

Das Innere des Kastells lohnt den Besuch, nicht nur wegen des in seiner verwinkelten Enge reizvollen Hofes, sondern auch um der verschiedenen Zimmer und Säle willen, die mit alten Möbeln und qualitätsvollen Bildern eingerichtet sind. Die einzelnen Bautrakte, die den Hof umschließen, entstammen verschiedenen Epochen und dienten verschiedenen Zwecken. So steht dem ›Palas‹, dem mittelalterlichen Wohnbau, das ›Landhaus‹ gegenüber, in dessen großem Saal die Vertreter der Landstände tagten, wie dies auch sonst in den österreichischen Ländern der Fall war. Im selben Trakt waren einst auch die Verwaltungsräume der Grafschaft Görz untergebracht. Palas und Landhaus sind durch eine Bogenhalle verbunden, mit welcher sich zu Beginn des 16. Jahrhunderts die Venezianer ein architektonisches Denkmal setzten.

In niedrigen Erdgeschoßräumen liegen Küchen, Wachstuben, Gefängnisse und Folterkammern. Als eindrucksvoller Gegensatz dazu wirken die festlichen Säle im Obergeschoß, namentlich der Saal der Landstände, deren Familien in einem umlaufenden Fries gemalter Wappen präsent sind. An die ursprüngliche Bestimmung erinnert auch das intarsiengeschmückte Gestühl, das in maßvoll edlem Spätbarock eine Längsseite einnimmt. Ihm antwortet auf der gegenüberliegenden Fensterseite eine hölzerne Galerie, und in warmen Holztönen schließt eine Kassettendecke den Raum. Wie sich hier in wohlgesetzten Kontrasten Stein und Holz begegnen, entspricht durchaus der Grenzlage zwischen lateinischem Süden und germanischem Norden, wozu als schwer zu definierendes, wenn auch deutlich spürbares Element das Slawische tritt. Ein wenig fühlt man sich hier neben der Nähe italienischer Kommunalpaläste auch an die freilich ungleich größeren Säle des polnischen Königsschlosses auf dem Wawel in Krakau erinnert. Auf eine ähnliche Mischung der Kulturkreise gestimmt sind die beiden anderen Repräsentationsräume, das Ratszimmer und der große, durch tiefe Fensternischen charakterisierte ›Grafensaal‹, beide mit schweren Balkendecken. Auf noble Weise ergänzt Italien seine politisch hier keineswegs immer vorhandene Präsenz durch den Wandschmuck mit Bildern der venezianischen Schulen, vorweg des 18. Jahrhunderts, deren duftig zarte Töne die in manchen Kompositionen nachwirkende Spätrenaissance mit dem Schimmer des Rokoko überglänzen. Dazu kommen Möbel und einzelne Skulpturen, bewundernswert ist vor allem die von einer kunstvoll durchbrochenen Krone überhöhte Madonna über den Regentensitzen im Landständesaal.

Die Nähe der Berge mit ihrem einstigen Holzreichtum bekundet sich auch in der Schloßkapelle, deren auf Konsolen ruhendes Tonnengewölbe kunstvoll in Kassetten aufgeteilt ist. Über die Berge hinaus nach Deutschland weist das Altarbild: Es ist künstlerisch dem Werk jenes Karl Loth verwandt, der 1623 in München geboren wurde und dann über Rom nach Venedig kam. Venedigs Kunst ist durch Gemälde von Palma dem Jüngeren vertreten, sowie durch Federico Bencovich, einem Maler slawischer Abkunft, dessen Bilder das Auge durch einen eigentümlichen Silberton fesseln und der um die Mitte des 18. Jahrhunderts rund ein Jahrzehnt lang in Görz wirkte.

Was hier im Schloß aus den verschiedensten Bereichen zusammengeflossen ist, läßt sich auch sonst in Görz verspüren, nämlich der völkerverbindende Geist, der die nicht sehr große Stadt zum Schnittpunkt verschiedener Kulturen macht und ihr über das Provinzielle hinaus europäischen Charakter verleiht. Im Sinne der Begegnung und der Versöhnung für den hier am Isonzo während des Ersten Weltkriegs besonders blutigen Zwist zwischen feindlichen Brüdern, als welche wir heute rückblickend die Völker unseres Erdteils sehen müssen, finden in Görz seit den sechziger Jahren unter dem bezeichnenden Namen ›Convegno Culturale Mitteleuropeo‹ Gespräche über kulturelle Fragen statt, zu denen sich Vertreter der verschiedenen Nationen zusammenfinden.

Namentlich auf der verhältnismäßig sanften Südseite des Kastells ist, als *Borgo Castello,* der älteste – obere – Stadtteil von Görz entstanden. An seinen mittelalterlichen Ursprung erinnert freilich wenig, die heutigen Häuser entstammen dem 15. bis 18. Jahrhundert, wobei der durch eine venezianische Loggia ausgezeichnete Patriziersitz der Familie Rassauer mit seiner Inschrift von 1475 am weitesten zurückreicht. Aber die oberhalb des nicht sehr großen Stadtmuseums gelegene kleine Kirche *S. Spirito* ist ein Bau vom Ende des Mittelalters. Das einschiffige Gotteshaus mit dem aus drei Bogen zusammengefügten Glockenträger und den gleich Erkern aus der Seitenwand herausragenden Kapellen zeigt in der kubischen Gesamtform und dem von Ziegelornament umrandeten Rundfenster nicht nur Elemente der italienischen Gotik, sondern vermischt diese mit der kantig-herben Art des Deutschen und Südslawischen. Der Bau wurde von den Brüdern Michele und Giovanni de Rabatta 1414 gestiftet, die beide aus einem ursprünglich in Florenz beheimateten und in Boccaccios ›Decamerone‹ erwähnten Geschlecht stammen. Die Figuren des Michele und seiner Gemahlin schmücken noch heute den Eingang. Das saalförmige Innere, das man sich durch den Kustos des nahen Museums aufschließen lassen muß, ist von einem offenen Balkendachstuhl überdeckt und öffnet sich nach der rechten Seite in jenen Nischen, die durch ihre polygonale Erkerform schon von außen auffallen. Der unitalienische, vielmehr nach Kärnten und Slowenien weisende Charakter dieser Annexe wird durch Sterngewölbe bestätigt. Die den Hochaltar umschließende Rechtecknische gegenüber dem Eingang ist von Kreuzrippen überwölbt und birgt eine aus dem Umkreis Tintorettos stammende Himmelfahrt Mariens, umgeben von Fresken des 15. Jahrhunderts.

Im ältesten, am Fuß des Burghügels angesiedelten Teil der Unterstadt liegt auf einem, erst in neuer Zeit ausgebrochenen Platz die alte, den Görzer Schutzheiligen Hilarius und Tatianus geweihte *Stadtkirche.* Sie ist für einen Dom erstaunlich klein, was sich dadurch erklärt, daß Görz erst seit 1752 zum

Erzbistum erhoben wurde und man sich damals mit den vorhandenen Verhältnissen zufrieden gab, ohne eine neue Kathedrale zu erbauen. Das Innere erinnert in seinem mehr intimen Reichtum eher an eine Hofkirche. Die Grafen von Görz waren es denn auch, die hier neben einer seit dem 13. Jahrhundert nachweisbaren Kapelle eine zweite Kapelle erbauen ließen, die möglicherweise als Grablege diente. Gegen 1400 entstand zwischen den beiden Kapellen eine neue Kirche, deren Umfang dem heutigen, für ein Presbyterium ungewöhnlich tiefen Chor entsprach. Anfang des 15. Jahrhunderts wurde ein Langhaus angefügt, welches das späte 17. Jahrhundert durch die Seitenschiffe mit den darüberliegenden Emporen ergänzte, eine Form, die mit ihren je zweigeschossigen Arkaden ebenso an die Kapellen protestantischer Schlösser, die es ja in Österreich vorübergehend gab, wie auch an die belgisch-rheinischen Jesuitenkirchen erinnert.

Zur Besonderheit der Anlage kommt die ähnlich komplexe Ausstattung, die in ihrem Reichtum nach den Schäden des Ersten Weltkriegs geschickt wiederhergestellt wurde. So erlebt man auch hier, wie sich Zeiten und Völker begegnen. Der Chor ist mit seinem Netzgewölbe der Spätgotik Kärntens verbunden, so wie auch die rechts anschließende Achatius-Kapelle, die mit ihren zwischen das Netz der Rippen gemalten Fresken bereits im nördlichen Friaul, insbesondere im Umkreis von Tolmezzo ihre Verwandten findet. Auf der anderen Seite des Chores erinnert in der später umgestalteten Cappella del Sacramento der Kenotaph an den letzten Grafen von Görz, Leonhard, der 1500 in Bruck bei Lienz in Osttirol verstarb.

Das Langhaus gehört als Ganzes mit seinen gedrungenen Arkaden aus schwarzen Marmorsäulen gleich den ebenfalls eher gedrückten Gesamtproportionen in den alpinen Zwischenbereich, in welchem während des 17. Jahrhunderts der Süden zwar dominierte, doch nicht allein herrschte. Der Einfluß Venedigs, dem man im 18. Jahrhundert bis Wien und darüber hinaus begegnet, äußert sich in den stattlichen Marmoraltären und in dem anmutig zarten Stuckdekor der Seitenschiffe und Emporen. Sehr beachtlich ist auch die am Ausgang des Barock, nämlich 1761 entstandene Kanzel, die ein Alterswerk des Bildhauers Giovanni Battista Pacassi darstellt, des Vaters des gewöhnlich in Wien, doch zeitweilig auch in Görz wirkenden Architekten Nicolò Pacassi. Hochbedeutend ist der Domschatz dank der Hauptstücke, die hierher kamen, nachdem Papst Benedikt XIV. das Patriarchat aufgehoben und seine Zimelien auf die beiden damals neugeschaffenen Erzbistümer Görz und Udine verteilt hatte. Er entging dabei dem Schicksal des Udineser Domschatzes, dessen wertvollster Teil 1810 – ein in Italien nicht ganz seltener Fall – gestohlen wurde.

Von der Domkirche führt eine enge, von Arkaden gesäumte Gasse mit schlichten, in ihrer Gesamtheit aber charaktervollen Häusern nordwärts zur Piazza della Vittoria, dem großen Platz vor der *Jesuitenkirche S. Ignazio,* die 1654 begonnen wurde und erst 1757 soweit fertiggestellt war, daß sie geweiht werden konnte. Die Fassade, die 1721-1723 erbaut wurde, ist mit ihren beiden von Zwiebelkuppeln gekrönten Türmen viel eher für die habsburgischen Erblande charakteristisch als für Italien. Das System der Kolossalordnung, das attikaartig aufgesetzte Halbgeschoß, der etwas grobe Vortrag der Einzelheiten erinnert an die Jesuitenkirche in Triest. Hart, schwer und wuchtig wirken in beiden Kirchen die Säulen, Pilaster und Gesimse. Das eher dunkle Innere läßt die Ausmalung durch das späte 19. Jahrhundert und die 1931/32 vorgenommene Erneuerung des im Ersten Weltkrieg beschädigten Deckenfreskos nicht allzu störend empfinden. Denn es bleibt eine noch immer mächtige Raumwirkung. Es tut sich hier eine Art ›Kolonialbarock‹ oder ›Exportbarock‹ auf, der den in Österreich und Süddeutschland wirkenden Wandermeistern mehr entspricht als den unmittelbar in Italien schaffenden Architekten. In einem System, das sich in zahllosen Ordenskirchen bis nach Schlesien und Polen wiederholt, begleiten Wandpfeiler mit dazwischengespannten Emporen, deren Brüstungen mit den Kapitellen zusammengehen, den tonnengewölbten Hauptraum. In den Pfeilerintervallen stehen Altäre. Bemerkenswerter als die meist schlecht erhaltenen und künstlerisch nicht hervorragenden Bilder sind ihre architektonischen Einfassungen durch Säulen, Segmentbogen und verkröpfte Gesimse des venezianischen Barock; sie sind aus echtem, verschiedenfarbigem Marmor, im Unterschied zum Stucco Lustro, wie er gleichzeitig in Süddeutschland herrscht. Der Hochaltar, der sich mit seiner gemalten Scheinarchitektur als Abschlußprospekt in die wie Seitenkulissen einer Bühne angeordneten Wandpfeiler einfügt, steht ganz im Stil des von Pozzo propagierten ›Theatrum Sacrum‹ die Glorie des heiligen Franz Xaver dar, der einst in Indien missionierte. Ein schönes altes Gestühl hat die Kriegsverheerungen heil überstanden.

Mit den Zwiebelkuppeln ihrer Zweiturmfront beherrscht die Jesuitenkirche noch immer den Hauptplatz, leider durch einen protzigen Neubau beeinträchtigt. Sonst beglückt der Platz durch die natürlich gewachsene Art, in der sich hier eine durchaus nicht regelmäßige Bebauung mit der Geschlossenheit des Ganzen verbindet. Teil am Gesamtbild hat das Kastell, das auf einem steilen Hügel gerade von hier unten aus schön sichtbar ist. Seinem noch halb mittelalterlichen Anblick antwortet auf der Südwestseite des Platzes der breit hingelagerte Sitz der Provinzialregierung, ein aus dem zweiten Viertel des 19. Jahrhunderts stammender Palast in der schon bürgerlichen Haltung eines biedermeierlich entspannten Klassizismus, was vor allem in den kleinproportionierten Fenstern mit hölzernen Läden sichtbar wird.

Vom Hauptplatz aus und vorbei am schlichten Erzbischöflichen Palais führt die altertümliche Via Carducci nordostwärts zum *Palazzo Attems,* dem bedeutendsten profanen Bauwerk der Stadt. Architekt war der schon erwähnte Nicolò Pacassi, der 1716 in Wiener Neustadt geboren wurde und 1790 in Wien starb. Bekannt wurde er in erster Linie durch das Schloß Schönbrunn, das er als Oberhofarchitekt der Kaiserin Maria Theresia vollendete; vorher arbeitete er in Görz. Hier haben sich von ihm in dem 1823 umgebauten Rathaus Loggia und Treppe erhalten, und als Hauptwerk eben dieses Palais, das er 1745 für einen Angehörigen des habsburgischen Adels, den Grafen Attems-Petzenstein, erbaute, und zwar zu einer Zeit, da Görz durch den Fernhandel zwischen Triest und

Wien nicht nur wirtschaftlich, sondern auch kulturell einen Aufschwung erlebte, wobei in künstlerischer Hinsicht noch immer Venedig dominierte.

Die italienische Palastform erscheint hier in einer späten, venezianisch-österreichischen Abwandlung. Anstelle des geschlossenen Blocks ist die Fassade in Risalite auseinandergezogen, von denen der mittlere die seitlichen beherrscht. Dies geschieht durch das kraftvoll eingefaßte Portal, über welchem in elegantem Schwung die Balustraden eines Balkons und darüber die zum Palladio-Motiv zusammengefaßte Fenstergruppe die Mitte betonen. Der Mittelrisalit ist durch eine Kolossalordnung ausgezeichnet, deren Pilaster sich aus den Lagerfugen des Sockelgeschosses entwickeln. Die gleichen Lagerfugen beleben auch die beiden Eckrisalite, die sich in je einem Balkonfenster öffnen. Wie Haupt- und Seitenrisalite voneinander unterschieden und doch aufeinander bezogen sind und wie sie sich gemeinsam mit ihren durch Statuen und Steinvasen geschmückten Balustraden von den Verbindungstrakten abheben, wie das Piano Nobile durch Größe und Verdachung seiner Fenster akzentuiert ist, wie auch das Nebeneinander der Fenster sich rhythmisch modifiziert und doch alles in der Fläche bleibt, all das demonstriert eine erstaunliche, wenn auch architektonisch vielleicht nicht restlos bewältigte Fülle an Gedanken und Motiven, die hier ein schon sehr später Barock zur Entfaltung bringt.

Die Räume des Piano Nobile, die mit Stukkaturen und im Hauptsaal auch mit einem Deckengemälde geschmückt sind, bergen eine Gemäldegalerie älterer und moderner Meister. Im Erdgeschoß befindet sich ein Museum mit Dokumentationen des Ersten Weltkriegs. Sie belegen vor allem die Kämpfe am Isonzo, um Görz und auf den Karsthöhen, von denen bereits die Rede war. Den Stellungskrieg veranschaulichen drastische Modelle; so sind Teile von ganzen Schützengräben rekonstruiert.

Über den Hauptplatz zurück und am Dom vorbei kommen wir zum Rathaus, dessen Straßenfront durch einen ähnlich biedermeierlichen Klassizismus gekennzeichnet ist wie die Prefettura am Hauptplatz. Weiter südlich erinnert noch manches an das 19. und frühe 20. Jahrhundert, die Zeit, da Görz wegen seines milden Winters das ›Österreichische Nizza‹ genannt wurde. Es gibt noch große Gebäude im Sezessionsstil mit üppig geschwungenen Dachpartien, ein aus dem 19. Jahrhundert stammendes Theater, Kaffeehäuser, in denen etwas von der Geruhsamkeit der altösterreichischen Provinzstadt weiterlebt, schließlich schöne öffentliche Anlagen, baumbepflanzte Promenaden und noch immer viele Villen und halbsüdliche Gärten.

Durch das Collio

Im Nordwesten von Görz jenseits des Isonzo liegt weithin sichtbar das Kriegerdenkmal von *Oslavia.* Der mächtige Rundturm, aus weißen Kalksteinquadern gefügt, umschließt die Gebeine von 57200 italienischen Soldaten, die aus ihren ersten, heute auf jugoslawischem Boden liegenden Gräbern hierher überführt wurden. Sie fielen in den verschiedenen Isonzo-Schlachten der Jahre 1915 bis 1917.

Die Straße steigt unmittelbar an der 1947 bis hierher zurückgenommenen Grenze entlang nach *S. Floriano del Collio,* einem der höchsten und schönsten Punkte des ›Collio‹ genannten Hügelgebietes. Es gibt hier unterhalb der Kirche eine kleine ländliche Gaststätte, deren Wirt bereits einen slowenischen Dialekt spricht, wie man denn hier überhaupt auf zweisprachige Aufschriften, nämlich italienisch und slowenisch, stößt. Die herrliche Aussicht von dem idyllischen Plätzchen aus wird im Osten durch die jenseits des Isonzo aufragenden Berge begrenzt. Dann geht der Blick nach rechts hinüber zu den Karsthöhen des Monte S. Michele und schweift gegen Westen hin in die meist im lichten Dunst verschwimmende Ebene Friauls, über der sich an klaren Tagen der Alpenkranz enthüllt.

Auf schmaler Straße fahren wir nach Westen, Richtung Cormons. Auch jetzt noch lesen wir überall zweisprachige Aufschriften und erleben jenes slawische Element ganz unmittelbar, das im östlichen Venetien sowie in Görz und Triest eher indirekt Kunst und Menschentypen mitbestimmt. Es äußert sich sprachlich im venezianischen Akzent des Italienischen, der weicher ist als in Mittelitalien und melodiöser als in der Lombardei, in der Physiognomie der verschiedenen Stände, doch auch in der Baukunst, deren Formen ebenfalls weicher, auch dumpfer, weniger scharf akzentuiert in Erscheinung treten, wofür die Bevorzugung der zwiebelförmig geschwungenen Kuppelhaube charakteristisch ist. Solche Formen verbreiten sich während des 17. und 18. Jahrhunderts auch in Österreich, Böhmen und Mähren, Bayern und Schwaben, und lassen sich auch dort als Anhauch des Ostens deuten, dem sich der Barock mit seiner Freude am Phantastischen und Ekstatischen im besonderen Maße öffnete. Doch geschah dies besonders in jenen Randgebieten, in denen das slawische Volkstum in seinen verschiedenen Brechungen, so im Friaul im Slowenischen, eine Rolle spielte.

Die Hügellandschaft des Collio gehört zu den reizvollsten Gegenden, man darf sagen, von Italien überhaupt, gerade im Kontrast zur Kargheit des Karstes, doch auch im Unterschied zur Moränenlandschaft nördlich und östlich von Udine, in die das Collio nordwestlich übergeht, entsprechend dem höheren Ansteigen der dahinterliegenden Gebirge. Die Colli – wie man sie auch nennt – bilden erste Vorgebirge, welche aufs abwechslungsreichste kleine Ebenen umschließen, bevor diese in die große Ebene münden. Dörfer, Weiler und Gehöfte, Burgen, Kirchen und Kapellen krönen die einzelnen Höhen und geben dem Landschaftsrelief menschliche Akzente, ähnlich wie in der Toskana, im piemontesischen Monferrat oder im südlichen Tessin. Dazu kommt ein im Unterschied zum Karst reich bebauter Boden, dessen hellbraune Erde sich fruchtbar vom weißen Kalkboden unterscheidet. Hier wird in Lauben, die von Steinstützen getragen werden, ein ausgezeichneter Wein gebaut, ebenfalls ›Collio‹ genannt.

Cormons. Im angenehmsten Wechsel der auf engem Raum einander folgenden Landschaftsbilder gelangen wir bald nach Cormons, dem westlichsten Ort der Provinz Görz. Durch ihre Anmut nimmt diese kleine Stadt am Monte Quarin sogleich ein. Der Berg steigt ganz unmittelbar aus der großen

Ebene auf, bekrönt von einem kleinen barocken Wallfahrtsheiligtum sowie den Ruinen einer im 17. Jahrhundert verlassenen Burg. Schon die Römer nannten die hier von ihnen angelegte Festung ›Cor montium‹ (›Das Herz der Berge‹), ein Name, der sich in dem Wort ›Cormons‹ bis heute erhalten hat. Die Langobarden benutzten die Festung gegen die Einfälle der Awaren, und zwischen 628 und 737 bot sie den Patriarchen von Aquileia eine Zuflucht. Von den Patriarchen ging Cormons nach langen Kämpfen in die Hände der Grafen von Görz über. Diesen folgten die Habsburger, dann die Venezianer und von 1514 an für lange Zeit die Österreicher. Sie hinterließen aus ihrer letzten Epoche das schmucke, kleine Stadttheater, das mit seiner im dritten Viertel des 19. Jahrhunderts in zwei übereinanderstehenden Säulenordnungen errichteten Front in bescheidener, doch liebenswürdiger Weise das in keiner Stadt der alten Habsburger-Monarchie fehlende Kultursymbol repräsentiert.

Zwischen Wien und Venedig künstlerisch beheimatet sind die beiden spätbarocken Kirchen von Cormons. Die kleine Ursulinerinnenkirche setzt der nicht ganz regelmäßig verlaufenden Hauptstraße an der richtigen Ecke durch ihre Fassade einen Akzent, deren Doppeltürme nach österreichisch-südslawischer Weise kapriziöse Hauben schmücken. Das geistvoll konzipierte Innere rundet den Grundriß des griechischen Kreuzes zum Ovalraum aus. Leider wurde der Raum im späten 19. Jahrhundert in einer allem anderen als dem Barockstil entsprechenden Weise ausgemalt und dabei vor allem durch einen als byzantinische Ikonostatis gestalteten Hochaltar entstellt.

Ebenfalls während des 19. Jahrhunderts ausgemalt, doch weniger störend, ist das Innere des Domes, ein venezianischer Saalraum mit abgerundeten Ecken und in sich zentriertem Chorraum, jedoch ohne die sonst bei diesem Typus hier übliche Kuppel. Der durch seinen eigenen Raum optisch wirkungsvoll in Szene gesetzte Hochaltar zeigt den hierzulande üblichen, von Statuen flankierten Tabernakel. Der von Pilastern gegliederten palladianischen Tempelfront ist eine Freitreppe vorgelegt, und diese ist wiederum mit dem ganzen szenographischen Geschick, über das gerade der venezianische Spätbarock verfügte, in den relativ engen und unregelmäßig umbauten Platz so eingepaßt, daß ein überaus reizvoller kleiner ›Schauplatz‹ entsteht. Mit ähnlichem Vergnügen erlebt man, wie im ganzen alten Teil des Städtchens Straßen, Plätze und Plätzchen ineinandergreifen, wie eines das andere mehr oder weniger kontrastreich ergänzt, und sich so auch hier ein gerade durch seine einzelnen Unregelmäßigkeiten lebendiger Organismus im Durchschreiten erschließt.

Auf der Weiterfahrt nach Norden folgt man dem Fuß der Berge, wobei die Hügelzone des Collio nunmehr in größere Höhen und breitere Talmündungen übergeht, entsprechend dem Ansteigen der dahinterliegenden Gebirge. Doch bleibt trotz des jetzt größeren Maßstabs die Landschaft abwechslungsreich, weiterhin durch Dörfer, Gotteshäuser und einzelne Landsitze belebt. Die Reben treten zurück, und die nun mehr und mehr von Wald bedeckten Berge öffnen sich schließlich nochmals einem großen Tal bei Cividale, von wo man entweder wieder zurück nach Udine oder, weiter den Bergen folgend, über Faedis, Tarcento und durch das Erdbebengebiet nach Gemona und Venzone gelangen kann.

An der Lagunenküste entlang

Von Grado aus empfiehlt es sich, in östlicher Richtung an der Küste entlang nach Monfalcone und von dort nach Triest zu fahren. Dabei genießt man die ganze Schönheit der Lagunenlandschaft mit ihren Schilfflächen und den mit Weiden, Erlen und anderen die Feuchtigkeit liebenden Laubbäumen bestandenen Ufern, die so flach sind, daß sie fast unmerklich ins Wasser übergehen. Wählt man für die Fahrt den Vormittag, so liegt der Wiederschein der Sonne auf dem Meer, in das in südöstlicher Ferne die Landzungen Istriens vorstoßen, fortgesetzt nach dem Landesinnern durch markante Gebirge und die zwischen Triest und Monfalcone abstürzenden Karsthöhen. Das Meer unterscheidet sich auch in seinen Farben vom sehr hellen Blau der Strandseen. Wir fahren in Richtung auf die vorläufig noch entfernten Karsthöhen, die dann bald auch landwärts im Norden wellenförmig emporsteigen. Sie setzen sich fort in immer höheren Hügeln, aus denen schließlich die Höhen der Julischen und Karnischen Alpen aufwachsen. Dieses Alpenpanorama wird immer deutlicher, je mehr man die Lagunenzone verläßt und über die von Baumreihen durchzogene Ebene ins Landesinnere auf Monfalcone zufährt. Man überquert auf langer Brücke den Isonzo, der nur zur Zeit der Schneeschmelze sein Bett einigermaßen zu füllen vermag. An die Schlachten, die namentlich an seinem Unterlauf im Ersten Weltkrieg tobten, erinnert das Kriegerdenkmal von Redipuglia, das in Form einer weithin sichtbaren Treppenanlage in den Rand der äußersten Karsthöhe gebaut ist.

Monfalcone

Wir durchfahren die modernen, von weitläufigen Werftanlagen beherrschten Teile der Stadt, über denen sich noch das alte, weithin die Ebene überragende Kastell als mächtiger

Turmbau erhalten hat. Es war zusammen mit der Stadt, die sich spätestens seit dem 13. Jahrhundert zu seinen Füßen entwickelte, ein wichtiger Stützpunkt der Patriarchen von Aquileia, bis es 1420 von den Venezianern übernommen wurde und dadurch bis 1797 eine Enklave innerhalb des habsburgischen Besitzes bildete. Das Kastell geht auf eine noch römische Gründung zurück, wurde um 450 von den Hunnen zerstört, doch von den Ostgoten wiederaufgebaut, die hier 489 mit ihrem Sieg über Odoaker dem Weströmischen Reich den Todesstoß versetzten. Monfalcone, die Stadt mit dem adelig schönen Namen und der so reichen Vergangenheit, ist seit der österreichischen Zeit des 19. Jahrhunderts vor allem durch seine großen Werften bekannt, derentwegen es 1915 schwere Zerstörungen erlitt.

Noch vor Duino liegt meerwärts unmittelbar unterhalb der Straße in einem schönen, alten Friedhofsbereich, von einzelnen Grabsteinen umgeben, zwischen Zypressen und hohen Laubbäumen, die gotische Kirche *St. Stephan*. Der durch seine franziskanische Schlichtheit ausgezeichnete Bau, dessen Kriegsbeschädigungen man sorgfältig ausbesserte, besteht aus einem in knappen, präzisen Formen gehaltenen einschiffigen Langhaus, das sich in einem leicht eingezogenen, im Dreiachtel-Schluß endenden Chor fortsetzt. Im Unterschied zu den glatten Wänden des Langhauses ist der Chor durch Strebepfeiler gegliedert, seine schmalen Fenster zeigen ein vielgestaltiges Maßwerk, was zusammen mit den scharf geschnittenen Gesimsen sowie den wohlabgewogenen Verhältnissen dem Bau seine eigene, edle Würde schenkt, gemäß dem Ideal des Ordens, allem äußeren Prunk zu entsagen.

Duino

In die Karstküste setzt Duino für den von Westen Kommenden einen hochbedeutenden Akzent. Zwei Bauten sind es, die über dem von vielen Villen umgebenen Fischerdörfchen mit weiter Sicht das Meer beherrschen: Die alte, nur noch als Ruine erhaltene ›Rocca‹, die noch aus dem 11. Jahrhundert stammt, und das durch seine Bewohner und Gäste in unserem

Jahrhundert berühmt gewordene Schloß. Beide sind »Wahrzeichen der Adriaküste«, hervorgehoben nicht nur durch ihre Lage auf den steil zum Meer abfallenden Karstfelsen rund um die reich bewachsene Bucht von Sistiana, sondern ebenso durch ihre Bedeutung als historischer Markstein am Kreuzweg der verschiedenen Kulturen, die sich hier nicht nur bekämpften, sondern auch gegenseitig befruchteten.

Auf der ›Rocca‹ soll als Gast des Grafen Hugo VI. von Duino kein geringerer als Dante geweilt haben! Als Besitzer der alten Burg lösten sich österreichische, italienische und deutsche Geschlechter ab; sie standen unter der Hoheit der Patriarchen von Aquileia, der deutschen Kaiser und schließlich der Republik Venedig, in deren Kriegen der Bau im 16. Jahrhundert zerstört wurde.

Das neue Schloß, das mehr landeinwärts liegt, ist immerhin schon 1363 zum ersten Mal erwähnt worden. Es wurde später von den Fürsten Thurn und Taxis ausgebaut und reich mit Kunstwerken ausgestattet. Doch seinen eigentlichen Ruhm erlangte es durch Rainer Maria Rilke, der hier im Winter 1911/12 Gast der Fürstin Thurn und Taxis war, am Anfang noch in ihrer Gesellschaft lebend, dann nur von einer Magd und einem Diener umsorgt.

Das Zimmer, das er bewohnte, liebte er sehr. Schon bei seinem ersten Besuch auf Duino war es ihm vertraut geworden. Es lag neben dem Eßsaal, dessen Balkon aufs Meer hinausging; dort stand er gerne und sog den Salzgeruch ein, hörte das Meer an die Felsen schlagen und sah, wie sich der Himmel azurblau darüber wölbte. Der Raum lag zwischen dem langen Speisesaal und der Schloßkapelle; es war ein Eckzimmer, und seine Fenster gingen nach drei Seiten. Eine kleine Wendeltreppe führte nach dem Oratorium, die Decke war mit venezianischem Stuckwerk geschmückt, das Ganze hatte einen düsteren und unheimlichen Charakter, aber ›Serafico fürchtete nicht die Geister‹, meinte die Fürstin, die sehr an magische Beziehungen glaubte und immer wieder betonte, daß ihre Begegnung mit Rilke vorherbestimmt gewesen sei.

So schildert die Rilke-Biographin Christiane Osann 1941 das Zimmer des Dichters, indes Rudolf Kassner im Vorwort des 1951 herausgegebenen Briefwechsels zwischen Rainer

Maria Rilke und Maria von Thurn und Taxis von einer Begegnung mit Rilke berichtete:

Mittelpunkt eines Kreises sein, das war nicht Rilkes Art oder Verlangen. Doch wenn die Tür im roten Salon aufging und der knabenhafte Mann darin erschien, wollte ihn jeder neben oder für sich haben. Das Triestiner Quartett spielte zuweilen schon am Vormittag, dann meist auf der Terrasse mit Blick auf das Meer bis nach Grado und Triest und überallhin, was die Fürstin mit ihrem Enthusiasmus und mit ihrer Romantik ganz außerordentlich genoß, doch da kam mir Rilke meist nach in den sogenannten Tiergarten, wo wir uns auf steinichten Wegen ergingen zwischen den Gebüschen aus Steineiche und Lorbeer und da und dort hochaufragenden Kiefern, von denen zuweilen eine Wildtaube aufflog. Am Eingang des Tiergartens steht das kleine, weiße Häuschen, von dem in den Briefen die Rede ist. Es schien mir, so oft ich vorbeiging, so recht ein Ort für Spinnen, Blindschleichen und Ringelnattern; der Gedanke ist mir keinen Augenblick gekommen, daß hier ein Mensch, ein Eremit, ein Büßer, wer immer von solcher Art, wohnen könnte, sommers oder winters, an guten oder bösen Tagen. Rilke konnte so recht das Schloßkind sein oder spielen, in Truhen kramen, alte Möbel vom Boden herunterholen, überhaupt Pläne für die allernächste Zukunft machen, sich Unvorstellbares dabei vorstellend und die anderen beim Tee damit unterhaltend. Es war nichts anderes als Spielerei im Gedanken, sich hier niederzulassen, denn im letzten war er der Verwöhnung zugetan und fand sie auch.

In dieser Umgebung und Atmosphäre entstanden die ersten der zehn Jahre später in Muzot vollendeten ›Duineser Elegien‹, eines der bedeutendsten Werke Rilkes und ohne Zweifel der Lyrik unseres Jahrhunderts überhaupt. Das Schloß wurde wenig später durch die Granaten des Ersten Weltkriegs erheblich beschädigt.

Triestiner Riviera

Östlich von Duino öffnet sich die Küste zur mäßig großen Bucht von Sistiana. Der Ort ist gegen den bissigen Nordwind, die Bora, einigermaßen geschützt und deshalb von dichter, zum Teil immergrüner Vegetation umgeben, der Hafen von vielen Segelbooten besucht und der Strand lädt im Sommer zum Baden ein. Darüber hinaus zeigt sich hier ein für das Kalkgestein bezeichnendes Naturphänomen. Vom Laub der Bäume überhangen, tritt der Fluß Timavo nach einem unterirdischen Lauf von rund vierzig Kilometern an dieser Stelle ans Tageslicht, ein Naturereignis, das besonders im Altertum die Phantasie beschäftigte, indem man sich hier den Eingang in die Unterwelt vorstellte. Livius hat darüber geschrieben und Vergil darüber im Zusammenhang mit der Sage von Diomedes berichtet, einem der griechischen Führer vor Troja, der später aus seiner Heimat Argos verbannt wurde, nach Italien auswanderte und dort Aeneas begegnete.

Die Straße steigt zunächst sacht empor, um dann in einiger Höhe jener Steilküste zu folgen, die man die ›Triestiner Riviera‹ nennt, weniger wegen ihrer Vegetation, denn wir sind am Rand des Karstes, sondern wegen der herrlichen Ausblicke hinab auf das an die Uferklippen brandende Meer und über dieses hinweg auf den Golf von Triest und weiter zu den Landzungen Istriens. Die Aussichten, die man von dieser in bequemer Breite in die Kalkfelsen gesprengten Straße genießt, die zu den schönsten Küstenstraßen überhaupt gehört, zeichnen sich durch die Weite sowie durch den Kontrast der in großen Linien sich darbietenden Felsufer zu den verfließenden Übergängen der Lagunenlandschaft aus.

PÄSSE UND TÄLER IN KARNIEN

Landschaft und Bauweise

Die reizvollste unter den Gebirgslandschaften Friauls und eine der bemerkenswertesten des Alpengebietes überhaupt ist ohne Zweifel Karnien. Bemerkenswert ist nicht nur der landschaftliche Reichtum, der sich in Stufen von der weiten, im unteren Teil bereits sehr südlichen Talsohle des Tagliamento aus bis zu den kühnen Bergzinnen und Felsgraten der österreichischen Grenze entfaltet, mit Matten und Wäldern, die sich hier besonders lieblich durchmischen, durchbrochen von wilden Felsschluchten und Erosionstrichtern. Bemerkenswert ist auch, vom Menschen und seiner Besiedlung her gesehen, die eigene Bauart der karnischen Häuser, wie sie sich vor allem im Pesarina-Tal erhalten hat, auch in Comeglians und den nur wenig darüberliegenden Weilern Povolaro und Maranzanis, sowie hoch über dem unteren Teil des Canale di Gorto. Auch in Tolmezzo, dem Hauptort Karniens, in den Dörfern in der Talsohle wie auch an den Hängen der Nebentäler gibt es schöne alte Bauten und reizvolle Ortsbilder, doch sie tragen im Unterschied zu den erwähnten Orten jenen schon weitgehend italienischen Charakter, wie er in Abwandlung die ganze südliche Abdachung der Alpen, mit Ausnahme Südtirols, kennzeichnet und im Friaul durch die stärkere Verwendung von Holz in Vorbauten und Galerien und durch einzelne venezianische Motive wie die Doppelfenster als Auszeichnung der Mittelachse seine eigene Note gewinnt, ohne daß man doch irgendwo einmal zweifeln möchte, in Italien zu sein.

Von dieser Italianità weichen nun die karnischen Bauten entschieden ab. Anstelle der andernorts flach geneigten Rohrziegeldächer treten hier ausgesprochen steile Firste mit spitzen Giebeln auf, die bei größeren Häusern im oberen Teil abgewalmt, also abgeschrägt sind. Am reinsten zeigt sich diese steildachige Giebelform an kleinen Scheunen und einfachen

Heustadeln, wie sie auf einsamen Matten anzutreffen sind. Schon in dieser hinsichtlich Form und Bestimmung einfachsten Spielart eines Gebäudes verbinden sich die Materialien Holz und Stein sehr reizvoll. Das durch die steilen Dachschrägen eingefaßte Giebelfeld besteht aus Holz und wird von einer querliegenden Öffnung durchbrochen. Diese Öffnung kann namentlich bei größeren Bauten als abgerundetes Fenster, doch auch als breite Laube gestaltet sein, die ihrerseits entweder offen ist oder von schräg sich kreuzenden Holzstäben übergittert wird. Bei der Grundform des schlichten Kubus zeigt der gemauerte Teil oft überraschend stattliche Tore, eingefaßt von eigentümlich gesteppten Quadern, wie sie sonst nur an den Palästen italienischer Observanz vorkommen.

Vom einfachsten Zweckbau des Heustadels und ›Schopfs‹ geht die Entwicklung über die verschiedenen Typen der Wirtschaftsgebäude, Ställe, Scheunen, Speicher und Remisen bis zum Wohnhaus, in dessen oberstem Rang es sogar wahre Paläste gibt. Nicht nur jede Zweckvariante hat ihre eigene Nuance in der formalen Gestaltung gefunden, sondern auch die Stellung in der Umgebung findet hier ihren Ausdruck. In allem äußert sich das Bedürfnis nach individueller Gestaltung, das auch innerhalb gleicher äußerer Bedingungen zu immer wieder neuen Lösungen führt, ohne daß dabei ein ganz bestimmter Rahmen gesprengt würde. Hervorgerufen wird dieser Reichtum durch die immer wieder verschiedenartige Verbindung von Holz und Stein. Wohl liefern die Wälder und Felsen der nächsten Umgebung die Materialien, aber wie diese verwendet werden, liegt an den gestalterischen Fähigkeiten der verschiedenen Menschen und letzten Endes am Lebensgefühl der einzelnen Stämme und Völker. Auch das Wohnhaus nimmt an diesem Reichtum teil und auch hier fesseln die verschiedensten Nuancen. Im allgemeinen herrscht der Steinbau vor, und es wird eine gewisse Regelmäßigkeit in der Fensterverteilung eingehalten. Damit zeigen sich Übergänge zu ausgesprochen städtischer Bauweise, wie wir sie namentlich in Pesáriis und dem unmittelbar darunter liegenden Osáis antreffen. Erstaunlich sind in beiden Orten die bis zu vier Geschossen emporsteigenden Längs- oder Traufseiten, die als Fassaden der Gasse zugewendet sind, während die in ihrem obersten Teil meist abgewalmten Giebelfronten noch mindestens ein Fenstergeschoß mehr enthalten.

Noch um einen Rang höher als diese schon an das Bürgerhaus anklingenden Wohngebäude steht der städtische Palazzo mit seinen regelmäßig durchformten vier Fronten, die von Lisenen oder Eckquadern zusammengefaßt sind und an das Vorbild des venezianischen Landhauses des 16. bis 18. Jahrhunderts anknüpfen. Aus gleicher Quelle schöpfen die Halbgeschosse oder Mezzanine, die auf die zwei voll ausgebauten Obergeschosse folgen. Paläste dieser Art gibt es in Prato di Val Cellina, in Mione westlich über dem unteren Teil des Canale di Gorto, in Mediis und in dem schon außerhalb der eigentlichen karnischen Bauweise liegenden Paularo im Canale di Ferro. Andere palastartige Gebäude, die nur in Einzelheiten, wie etwa den Portalen und Balkontüren, der venezianischen Renaissance verpflichtet sind, trifft man oberhalb von Comeglians an.

Die karnische Bauweise hat zwar keine eigene ›große‹ Architektur hervorgebracht, jedoch neben der Fülle von nicht nur technisch, sondern auch ästhetisch vollkommenen Lösungen einen besonderen Reichtum an Ortsbildern vom Dörflichen bis zum Kleinstädtischen gezeitigt. Die Beweglichkeit in der Zweckerfüllung, das künstlerische Fingerspitzengefühl in der Verwendung von Stein und Holz vermögen die seelenlose Uniformiertheit der modernen Durchschnittsbauten tief zu beschämen und jenen Architekten, die der heutigen ›Maschinisierung‹ – das Wort stammt von dem Philosophen Karl Jaspers – entrinnen möchten, eine Fülle von Anregungen zu bieten.

Aber die Kultur, die Karnien durch seine aus dem 17. und 18. Jahrhundert stammenden Bauten zueigen ist, erscheint aufs äußerste gefährdet. Ein einziger verständnisloser Neubau kann ein bisher harmonisches Ortsbild sprengen, ja selbst wenige modern erweiterte Fenster vermögen die bisher in sich gefestigten Proportionen eines Hauses zu zerstören. Dabei wären die karnischen Bauten der modernen Architektur in der Schlichtheit der Linien und in der unmittelbaren Aussage der verwendeten Materialien verwandt, freilich mit dem Unterschied, daß sie aus einem sicheren Gefühl für Unterscheidungen und vor allem für Proportionen entstanden, entsprechend jenen von Innen her gesicherten Verhältnissen, wie sie damals auf so vielen Lebensgebieten bestanden.

Paßfahrten im südlichen Karnien

Passo di S. Osvaldo

Der Passo di S. Osvaldo führt als südlichster Übergang von Longarone über Cimolais nach Montereale Valcellina und von dort über Maniago und Spilimbergo nach Udine oder aber durch die Ebene nach Pordenone. Von Longarone im mittleren Piavetal steigt die Straße zunächst am westlichen Steilhang des Monte Buscada empor, um dann ostwärts in die Felsschlucht des Vaiónt einzubiegen. Dessen Felswände werden von Tunnels durchbohrt, die durch einzelne Öffnungen in ungeheuer tiefe Schluchten blicken lassen. Doch zu einem wahren Inferno steigert sich der Eindruck dort, wo die Schuttmassen einer nur spärlich überwachsenen Moräne gegen einen Stausee zu branden scheinen. Der See wird gestaut durch eine überaus kühn konstruierte Mauer. Alles ist ohne Baum, fast ohne übrige Vegetation und erschreckt nicht nur durch das außerordentlich Unwirtliche der Gegend, sondern auch durch die Konfrontation einer scheinbar außer Rand und Band geratenen Natur mit der Verwegenheit menschlicher Technik. Später weitet sich das Tal zu einem Kessel, an dessen Nordhängen einzelne bescheidene Dörfer auftauchen. Gegen Süden aber sieht man nun über den Stausee hinweg den noch auffallend frischen Abriß jenes Bergsturzes, dessen Massen zusammen mit der obengenannten Moräne See und Straße beengen.

Der Paß selbst ist freundlicher als seine Zugänge und führt durch eine bewaldete Senke auf der Höhe von 827 Metern hinüber in den breiten Grund von Cimoláis, wo mehrere von Dörfern besiedelte Täler zusammenlaufen. Gegen Norden ist das vorerst noch milde und in seiner Sohle flache Tal vom schroff geformten Gebirgsmassiv der Cima dei Preti und des Cadin di Toro gegen Osten durch den gewaltigen Felsblock

24 *Charakteristische schindelgedeckte Holzhäuser in Sáuris, einer deutschen Enklave in Karnien*

25, 26 *Das breite Schuttband des Tagliamento zwischen Karnischen Alpen und Küste, im Oberlauf vielfach ein Trockenbett, im Unterlauf von verzweigten Rinnsalen durchzogen*

27 *Das Piave-Tal im Cadore bei Pieve di Cadore, dem Geburtsort Tizians* →

← 28 *Alter karnischer Hof in Forni di Sopra*

29 *Forni di Sopra mit dem Monte Cimacuta im Hintergrund*

des Monte Vacalizza abgeschlossen. *Cimoláis* selbst gibt sich als sympathischer Ort mit teilweise noch verwinkelten Gassen, Plätzchen und Plätzen. Die Häuser zeigen in ihrer alpinen Bauweise viel Holzwerk, ohne jedoch schon dem eigentlich karnischen Typus anzugehören. Die klassizistische Kirche ist ein Saal mit anstoßender Chorkuppel. In alpinem Barock geschnitzte und vergoldete Altäre, darunter der durch gestaffelte Säulen und ein reiches Tabernakel gestaltete Hochaltar sowie ein geschnitztes Taufbecken schmücken den schlichten Raum, in welchem man auch die ansprechenden Fresken nicht übersehen sollte, die im zweiten Viertel unseres Jahrhunderts entstanden sind und auf recht geschickte Weise barocke Tradition und modernen Expressionismus vereinen.

Von Cimoláis sowie dem in südöstlicher Richtung abzweigenden Tal von Cláut lassen sich zahlreiche Wanderungen und Besteigungen im Bereich der Voralpen unternehmen, die hier freilich weniger durch große Nadelwälder als durch den Wechsel wilder Felsformationen mit Wiesen und Buschwäldern locken.

Die Straße folgt dem Lauf der Cellina zu einem von hohen Felswänden gesäumten Engpaß, bis der Bergfluß sich in den von Wiesen und Laubwäldern gerahmten Stausee von Barcis ergießt. Doch die sonnige Weite und Milde der Landschaft täuscht. Der Übergang von S. Osvaldo mündet auch an seinem östlichen Ausgang in eine erschreckende Szenerie. Denn bald nach dem See senkt sich die Straße in eine Schlucht, die nicht minder pittoresk ist als jene des Vaiónt bei Longarone. Fast überhängend steile Felswände, zwischen denen sich in engstem Raum das Wasser windet, zwingen die Straße in mehrere Tunnels oder lassen ihr nur schmalsten Platz zwischen den Abstürzen. Um so befreiender wirkt dann bei Montereale der Austritt in die friulanische Tiefebene.

Passo del Rest

Aus der Tiefebene führt durch die vorderste Bergkette der sogenannten ›Prealpi‹ der Passo del Rest als die in der Luftlinie kürzeste, doch hinsichtlich der schmalen, unausgebauten

Straße nicht unbedingt bequemste Verbindung nach Karnien. Von Maniago aus dem Bergfuß folgend, oder von Spilimbergo aus über die bei Sequals beginnenden Moränenhügel erreicht man bei Meduno die eigentlichen Prealpi, deren Kette hier von dem gleichfalls Meduno heißenden Fluß durchbrochen wird. Durch ein zunächst enges Tal gelangt man zu einem in den Zusammenfluß mehrerer Täler eingebetteten Stausee und danach in den weiten Grund von Tramonti, das aus mehreren Siedlungen besteht. Von nun an wird die Landschaft rauher; Buschwälder klettern zwischen Felsen empor, die sich zu Wänden und darüber zu Gipfeln zusammenschließen. Die nun nicht mehr asphaltierte Straße windet sich zum Paß hinauf, der ohne besondere Aussicht in schmaler Scharte immerhin 1052 Metern über dem Meer liegt. Doch die Sicht weitet sich sehr bald, wenn wir durch Laubwälder zum Tagliamento hinunterfahren, der hier durch ein ganz einsames Waldtal fließt, da die große Straße von Tolmezzo zum Mauria-Paß die leichter zu bewältigende Strecke über den Passo della Morte nimmt. Wieder ansteigend, dann nochmals abwärts fahrend, erreichen wir diese Straße in der nun wieder besiedelten und mit Wiesen, Nußbäumen und Äckern zwischen den zurückweichenden Wäldern bepflanzten Gegend von Mediis.

Sella Chianzután

Wieder ein anderer Übergang, der landschaftlich gleichfalls reizvoll, doch bei fertig ausgebauter Hauptstraße bequemer ist, führt von Karnien über die Sella Chianzután südwärts nach Pinzano am Tagliamento. Von Tolmezzo oder Villa Santina fährt man über die Ebene durch Invillino und dann mit schöner Sicht auf den markanten Monte Amariano durch eine abwechslungsreiche Hügellandschaft, welche die alluvialen Ablagerungen hier hinterlassen haben. Der Abstecher zur aussichtsreichen St. Magdalenenkirche lohnt sich, die in ihrem Ursprung eines der ältesten Gotteshäuser Karniens ist, in ihrer heutigen Erscheinung jedoch vermutlich erst dem 16. Jahrhundert angehört. Das Innere barg vor dem Erdbeben vergoldete, holzgeschnitzte Altäre von der Hand des Domenico da Tolmezzo, ferner eine von Giovanni Antonio Agostini um 1570 gemalte Darstellung der Taufe.

Die Straße führt weiter durch abwechslungsreiche Landschaft an dem zwischen teilweise steilen Ufern eingesenkten Stausee von Verzégnis entlang, später mäßig ansteigend, zur breiten Senke der Sella Chianzután, von wo man noch einmal zurückblickt auf den vom Monte Amariano beherrschten Kessel von Tolmezzo. Durch eine Voralpenlandschaft, die in den Talgründen milde wirkt, in der Höhe aber von Felsen beherrscht wird, fährt man gegen Süden. Den Austritt in die Ebene gewinnt man durch die enge Schlucht des Arzino oder man kann über Pielungo und Clauzetto auf einem an Kurven, doch auch an Aussicht reichen Umweg den Tagliamento bei Pinzano, beziehungsweise Castelnovo und damit die friulanische Ebene erreichen.

Am Tagliamento entlang

Tolmezzo

Tolmezzo ist schon durch seine Lage zum natürlichen Hauptort von Karnien geschaffen. Denn als wichtige Verbindung laufen hier die Straßen zusammen, die vom österreichischen Gailtal über den Plöckenpaß sowie vom mittleren und oberen Piavetal über den Passo di Mauria kommen. Nur zwölf Kilometer talauswärts und leicht durch die Ebene zu erreichen, zieht die große Straße von Udine über Gemona und Venzone vorbei, dem Durchbruch des Tagliamento durch den Alpenrand folgend, um durch das Fellatal und über die Senke von Tarvisio nach Kärnten und damit nach Österreich zu gelangen. Kleine Übergänge, so am niedrig gelegenen Cavazzo-See entlang, oder über die immerhin 954 Meter hohe Sella Chianzután oder den nochmals um rund hundert Meter höheren Passo del Rest verbinden Tolmezzo über die äußere Kette der Voralpen mit der friulanischen Tiefebene.

Tolmezzo liegt an der Einmündung des vom But durchflossenen Canale di S. Pietro in das Tal des Tagliamento, in das etwas weiter südostwärts der von der Fella durchströmte Canale di Ferro von Norden her einmündet. Kaum acht Kilometer westlich von Tolmezzo öffnet sich bei Villa Santina der vom Degano durchflossene Canale di Gorto, mit dem sich bei Comeglians von Westen her der Canale di S. Canciano, auch Val Pesarina genannt, vereint. Dieses eigentliche Herzstück Karniens liegt kaum eine Autostunde von Tolmezzo oder auch von dem ebenfalls als Standquartier für Karnien geeigneten Ampezzo entfernt.

Auch die zum Plöckenpaß führende Straße hat ihre Abzweigungen, von denen die landschaftlich wohl schönste durch den vom Monte Sernio beherrschten Canale d'Incaroio zum freundlichen Paularo führt. Doch nicht nur alte, sondern auch moderne, fast ausschließlich dem Tourismus dienende Wege gehen von Tolmezzo aus, so die Gondelbahn, die von Ravascletto oberhalb von Comeglians westwärts emporsteigt, oder das zum Teil unasphaltierte Bergsträßchen, welches vom selben Ort zum 2043 Meter hohen Aussichtsgipfel des Pizzo di Vede emporklettert, um nur zwei nicht unbedingt für jeden Wagen und Geschmack geeignete Bergziele zu nennen.

Tolmezzo liegt auf 323 Meter Höhe in einer im Sommer oft recht heißen Ebene, die gegen Südosten von der steilen und in ihrer Vereinzelung weithin sichtbaren Pyramide des Monte Amariana beherrscht wird, während sich gegen Süden hinter Verzégnis und seinem Stausee in weichen Formen die Waldberge zu den äußersten karnischen Voralpen emporschwingen und nördlich über der Stadt die sonnigen, steilen Buschhänge zum Massiv des Monte Sernio aufsteigen.

Der für den Verkehr so günstigen Lage verdankt Tolmezzo auch seine geschichtliche Bedeutung. Die Stadt, die vermutlich römischen Ursprungs ist und urkundlich zum ersten Mal um das Jahr 1000 erwähnt wird, kam im Mittelalter unter die Patriarchen von Aquileia, die ihr 1258 das Marktrecht und noch manches andere Privileg verliehen. Tolmezzo erhielt nicht viel später Mauern und Tore und damit städtische Vorrechte, die nach dem Ende des Patriarchats von den Venezianern als neuen Herren bestätigt wurden. Deren Herrschaft dauerte bis zum Untergang der Republik im Jahre 1798. Es folgte das Zwischenspiel der Franzosen, die unter Bonaparte siegreich durch Friaul gegen Österreich vordrangen. Nach dem Sturz Napoleons gehörte Tolmezzo von 1814 bis 1866 zum damals österreichischen Venetien. Unter dem Königreich sowie unter der späteren Republik Italien nahm die Stadt am wirtschaftlichen Aufschwung teil, wovon die verschiedenen Industrien in den Außenvierteln zeugen. Ihnen gegenüber zeigt die Altstadt mit ihren laubengesäumten Gassen noch das charaktervolle Bild einer kleinen, subalpinen Stadt.

Am Hauptplatz, der heutigen Piazza XX Settembre steht, leicht zurückgesetzt, so daß ein eigener, um einige Stufen erhöhter Vorplatz entsteht, der 1764 in seiner heutigen Form erbaute *Dom S. Martino,* dessen Fassade das palladianische Tempelschema bereits in klassizistischer Reinheit, doch zugleich auch mit einer gewissen Härte übernimmt. In den eleganten Kurvaturen der Portalbekrönung lebt jedoch venezianisches Spätrokoko weiter. Der Campanile, der jenem von S. Marco in Venedig nachgebildet ist, befindet sich hinter der Kirche, so daß er am Bild des Hauptplatzes nur sehr bedingt teilnimmt. Nach den Erdbebenschäden von 1976, die in Tolmezzo übrigens weniger sichtbar sind als in dem weiter vom Zentrum entfernten Villa Santina, wurde das saalförmige Innere mit den ihm normalerweise angehörenden Bildern des Nicola Grassi sorgfältig wiederhergestellt. Der Hauptplatz wird auf der Ostseite durch einen langgestreckten und nicht allzu hohen Palast abgeschlossen, der jenen Spätbarock der venezianischen Terra ferma aufweist, wie so viele verwandte Paläste des 18. Jahrhunderts in Udine.

Neben dem Dom steht der in seinem Kern noch ins Cinquecento zurückreichende *Palazzo del Tribunale,* der ursprünglich der Familie Garzolini gehörte, jedoch seit 1933 als Gerichtsgebäude dient. Der damals vollzogene Umbau verleugnet zwar nicht das forcierte Repräsentationsbedürfnis jener Ära, doch fügt sich insbesondere die Dachform in den alpinen Charakter der Gegend. Man hat bei dem genannten Umbau auch einige aus dem Mittelalter stammende Inschriften in die Wand eingelassen, darunter die Bestätigung der Wohltaten, die Nikolaus von Luxemburg im 14. Jahrhundert der Stadt angedeihen ließ. In umbertianischem Neobarock, wie er um 1900 in ganz Italien seine üppigen Blüten trieb, brüstet sich ein palastartiger Großbau an der Nordwestecke des Platzes, den steil ansteigende Buschwälder überragen.

Nordwestlich des Hauptplatzes öffnet sich an der Durchgangsstraße zum Passo di Mauria und zum Plöckenpaß ein kleiner Platz mit zwei Palästen. Der nördliche von beiden, dessen schlichte Frühbarockfront mit venezianischen Doppelfenstern durch ein vorspringendes Sparrendach ihren alpinen Charakter erhält, beherbergt hinter dem in wuchtigen Quadern gefaßten Portal das *Museo Carnico delle Arti e Tradizioni popolari,* das der Volkskunst der karnischen Täler gewidmet ist und neben vielen Einzelobjekten ganze Inneneinrichtungen von Zimmern, Küchen und Werkstätten aus alten karnischen Häusern enthält.

Villa Santina. Von Tolmezzo gelangt man auf langer Brücke über das breite, schutterfüllte Bett des But und nachher an den steilen, mit Laubwald bewachsenen und von Felsen durchsetzten Hängen des Monte Dolo entlang nach Villa Santina, das an der Einmündung des Canale di Gorto ins obere Tagliamento-Tal liegt und durch diese Situation der günstigste Ort für Fahrten durch Karnien wäre. Doch haben sich die Beben von 1976 hier besonders verheerend ausgewirkt, so daß sich zunächst und wohl noch für einige Zeit neben Tolmezzo als Standquartier eher das rund zwölf Kilometer westlich an der Straße zum Mauria-Paß gelegene Ampezzo anbietet. Vorerst führt die Straße über den Degano, und sehr bald gewinnt die Landschaft eine neue Schönheit. Das Bodenrelief ist aufs feinste durchmodelliert durch die Erosion der Flüsse und Bäche. Alte Talböden terrassieren das Gelände, an dessen Vielfalt auch die Vegetation teilnimmt. Denn nun sind es bereits Tannen, die einzeln und in Gruppen die Laubwälder durchsetzen. Diese wiederum sind durchmischt mit Beständen von Haselnuß und Buchen, Birken und bisweilen Edelkastanien. Das alles wirkt nach der schotterbeherrschten Ebene von Tolmezzo wohltuend und für den Nordländer anheimelnd.

Enemonzo. Auch die Dörfer tragen zum gewinnenden Bilde bei, das Karnien in seinem unteren Teil bietet. Mit Ausnahme des schwer heimgesuchten Villa Santina sind die Erdbebenschäden sonst verhältnismäßig gering und einzelne, von der Hauptstraße entfernte Dörfer gut erhalten. In Enemonzo, dem ersten richtigen Dorf, das man nach der Überquerung des von Norden kommenden Degano durchfährt, fesselt weniger die aus dem 19. Jahrhundert stammende Pfarrkirche, als die etwas nördlich der Hauptstraße liegende Kapelle. Sie ist dem heiligen Rochus geweiht, der zusammen mit den Heiligen Sebastian und Stephan auf dem Altarbild figuriert, das sich in der Kapelle befindet und 1569 von Giulio Salandino gemalt wurde. Dem Gotteshaus ist wie bei fast allen Kapellen dieser Gegend eine Pfeilervorhalle vorgebaut, über deren hölzernem, flachgeneigten Dach als Krönung der eigentlichen Fassade ein zierlicher zweiteiliger Glockenträger emporsteigt, in einer sehr schlichten Barockform, wie man sie übrigens auch in Spanien antrifft.

Socchieve. Am Ende der Ebene, in welcher der Tagliamento aus einer einsamen Waldschlucht tritt, liegt Socchieve, dessen Name sich vom römischen sub clivo, ›unter dem Hang‹, ableitet, denn hier beginnt die Straße zu steigen, um über den Sattel des Passo della Morte erst weiter oben das dort breiter werdende Tal des Tagliamento zu erreichen. Unmittelbar über dem Ort, der uns durch seine wohlerhaltenen Gassen, Straßen und Plätze anspricht, steht auf einem Vorsprung des Berghangs eine ebenfalls durch eine Vorhalle erweiterte Martins-Kapelle, deren Inneres aus dem frühen 15. Jahrhundert stammt und im 17./18. Jahrhundert vergrößert wurde. Die gotische Apsis ist mit 1493 datierten Fresken des Giovanni da Tolmezzo ausgemalt, und von der Hand desselben Meisters ist auch ein vielteiliges Altarretabel mit dem Kirchenpatron zwischen den Heiligen Sebastian und Rochus sowie in einer oberen Reihe die von Laurentius und Michael flankierte Madonna.

Mediis. Die Straße windet sich in weiten Kurven den von lockeren Wäldern durchsetzten Hang empor, um das ein wenig abseits rechts liegende Dorf Mediis zu erreichen. Hier gibt es eine Kapelle mit Vorhalle und Glockenträgern und ein Herrenhaus in der Art des venezianischen 18. Jahrhunderts zu sehen; es ist ein Kubus, dessen Geschlossenheit durch ein Zeltdach noch betont wird, alles auf ländliche Weise vereinfacht und umstanden von den schönen alten Bäumen des Parks.

Ampezzo

Zunächst sich etwas senkend, dann wieder ansteigend, erreicht die Straße bald Ampezzo. Der Hauptplatz, an den die Durchgangsstraße anstößt, ohne ihn eigentlich zu durchqueren, wird neben Brunnen und stattlichem alleinstehendem Campanile von der breiten Giebelfront der *Pfarrkirche* beherrscht. Der Bau hat die Formen ländlich schlichten Frühbarocks, bei dem möglicherweise vieles auf Erneuerungen des 19. Jahrhunderts zurückgeht. Dieses herrscht mit seinen spätromantischen Fresken auch im Inneren vor, dessen Architektur mit palladianischen Säulenstellungen aufwartet. Die verschiedenen spätbarocken Bilder des Nicola Grassi, die eigentlich zum Kunstbestand dieser Kirche gehören, sind nach dem Erdbeben wegtransportiert worden, wofür die beiden vergoldeten hölzernen Säulenretabel in ländlichem Spätbarock, jedoch mit später entstandenen Figuren nur einen geringen Ersatz bieten.

Ampezzo ist nur ein mäßig großer Ort, doch bildet er nach Tolmezzo den zweiten Mittelpunkt des Tagliamentotales. Er gehörte einst zum Lehen eines Nonnenklosters und taucht in diesem Zusammenhang schon Mitte des 8. Jahrhunderts in den Urkunden auf. Seine erhalten gebliebenen Teile zeigen die ganze Skala vom kubisch geformten und isolierten Patrizierhaus bis zum verwinkelten Konglomerat von Wohnhaus, Stall und Scheune, in dem sich Holzkonstruktion und Steinbau aufs mannigfachste verbinden. Kraft der flach geneigten Rohrziegeldächer ist jedoch die Gesamterscheinung nicht im engen Sinne karnisch, sondern in alpiner Abart italienisch. Auf flacher Höhenzunge zwischen zwei Tälern gelegen, ist auch die nähere Umgebung reizvoll. Nebensträßchen und Feldwege ermöglichen vor allem auf der Südseite des Flekkens Spaziergänge zwischen obstbaumbestandenen Wiesen, Hecken und kleinen Gehölzen. In der weiteren Umgebung liegt das malerische, von modernen Eingriffen fast unberührte Voltois, und durch die unheimlich enge Schlucht des Lumini steigt eine Straße zur deutschsprechenden Enklave von Sáuris empor, von der später die Rede sein wird.

Forni di Sotto

Die Hauptstraße führt von Ampezzo zunächst über Wiesen, dann durch Laubwaldhänge sacht empor zur breiten Senke des Passo della Morte. Der makabre Name geht auf die verlustreichen Kämpfe zurück, die hier friulanische Insurgenten am 24. Mai 1848 gegen die Österreicher führten, die ins Cadore-Tal vorzudringen suchten. Die Kämpfe wiederholten sich 1917, als im Ersten Weltkrieg die Offensive der Mittelmächte von Flitsch-Tolmein bis zur Piave vordrang. Nach dem Paß überwindet die Straße in einer langen Galerie den steilen Absturz des Monte Tinisa und führt ungefähr einen Kilometer vor Forni di Sotto an einer bergwärts gelegenen Kapelle vorbei, deren Besuch sich lohnt.

Die kleine *Laurentius-Kirche* besteht aus einer Pfeilervorhalle, einem von Kreuzgewölben überspannten Schiff und einem ebenso gewölbten, leicht eingezogenen gotischen Chor. Das Innere ist mit schönen Fresken des Giovanni Francesco da Tolmezzo ausgemalt. Die Malereien sind nach ihrer Beschädigung bei einem Erdbeben von 1959 gut restauriert worden und 1976 glücklicherweise heil geblieben. Wir sehen Apostel, die in wallenden Gewändern mit majestätischen Bewegungen sich einander zuwenden. Ihre Köpfe, ihre Haltung, ja jede ihrer Gewandfalten scheinen durchpulst von der Grandezza der Hochrenaissance. Die östliche Schiffswand schmücken die zum Teil vor reicher Scheinperspektive gemalten Figuren der Verkündigung und verschiedener Heiligen. Alle Farben wirken wie von einem sanften Licht durchwärmt: Ockergelb, Violett, Weiß, verblichenes Blau sind die herrschenden Töne. Über dem Ganzen liegt jener Glanz, der allenthalben über dem künstlerischen Patrimonium Friauls zu ruhen scheint und uns die Dezimierung durch das Erdbeben um so trauriger empfinden läßt.

Auf ein anderes düsteres Schicksal dieses ebenso gesegneten wie heimgesuchten Landes trifft man in Forni di Sotto selbst. Denn die monotone, nichtssagende Modernität, die hier Häuser und Kirchen ausnahmslos zur Schau tragen, geht auf den Wiederaufbau nach dem Zweiten Weltkrieg zurück, nachdem am 26. Mai 1944 die nationalsozialistische SS im Zuge einer Vergeltungsaktion gegen italienische Partisanen das gesamte Dorf eingeäschert hatte.

Wir haben inzwischen das eigentliche Tal des Tagliamento wieder erreicht, dessen schwer passierbarer Waldschlucht die Straße über den Passo della Morte ausgewichen ist. Die Landschaft verbindet von nun an Weite und Enge in beglückender Weise. Denn so steil auch die Felsen, Schuttkegel und Waldhänge des Monte Bivera gegen Süden stürzen, so weich entwickeln sich vorerst noch auf der gegenüberliegenden Seite die schattigen Waldberge, immer wieder sanfte Senken bildend, gegen den Himmel, der über der friulanischen Ebene im Sonnenglast leuchtet. Dann aber steigen im Südwesten aus den Wäldern die hier zwar nicht sehr hohen, doch um so wilder gezackten Gruppen der Dolomiten auf. Wir erreichen wenige Kilometer talaufwärts das in mehrere Ortsteile auseinandergezogene Forni di Sopra.

Cella

Für den Kunstfreund ist ohne Zweifel der talauswärts gelegene Weiler Cella interessant, nicht nur wegen einzelner, Holz- und Steinbau verbindender Häuser sowie der großen klassizistischen Pfarrkirche mit ihren drei ländlich barocken, vergoldeten Holzaltären und dem auch in seiner neuen Fassung noch eindrucksvollen Kruzifix, auch nicht nur wegen des stattlichen Campanile, der die Straße zu gefährlich enger Durchfahrt zwingt, sondern vor allem wegen der kleinen *St. Florianskirche,* die unmittelbar gegenüber dem Glockenturm steht.

Nachdem man sich den Schlüssel in der benachbarten Bar erbeten hat, betritt man den gotischen Innenraum auch hier durch eine Vorhalle, um dann vor einem der schönsten Freskenzyklen Friauls zu stehen. Es ist das Werk Giovanni Francesco da Tolmezzos, den wir soeben in der kleinen Laurentiuskirche vor Forni di Sotto kennengelernt haben, und zwar ein etwas früheres, nämlich kurz nach 1500 anzusetzendes Werk. Die Fresken konzentrieren sich auf den mit einem spätgotischen Rippennetz gewölbten Chor, an den sich das etwas breitere Schiff mit offenem Dachstuhl schließt. Die Malereien zeigen im Chorgewölbe die Kirchenväter und Propheten, an den Wänden den heiligen Florian zusammen mit den zwölf Aposteln; in den Bogenfeldern über den Fenstern Halbfiguren von Heiligen, in den Bogenlaibungen Märtyrerinnen. Den Chorbogen schmücken die Figuren von weiblichen Heiligen, die von halb gezackten, halb weich gebogenen Ornamenten ähnlich reizvoll eingefaßt sind wie im Chorgewölbe die Propheten durch Spruchbänder. Die Figuren wirken durch die Ausdruckskraft ihrer Köpfe, die, gleich den Gewandfalten, in skulpturaler Härte gestaltet sind, hierin den Stil von Mantegna und Michael Pacher weiterführend. Doch wird aus der statuenhaften Festigkeit eine schon fast barocke Bewegung entwickelt, die bis in die einzelnen Falten geht, und darüber hinaus gelingt dem Meister die Vereinigung von hieratischer Würde, in der noch byzantinisches Mittelalter weiterlebt, mit der individuellen Menschlichkeit der Renaissance.

Die Florianskapelle ist auch durch ihre Altäre bemerkenswert, namentlich durch das Polyptychon des Hochaltars, dessen gemalte Tafeln als eine der besten Arbeiten des Andrea Bellunello gerühmt werden. Die holzgeschnitzte, architektonisch gestaltete Einfassung zeigt reiches, vergoldetes Ornament. Die den Choreingang wirkungsvoll flankierenden Nebenaltäre entstammen mit ihren gedrehten, ornamentierten Säulen und figurenbesetzten Sprenggiebeln dem 17. Jahrhundert und repräsentieren den gleichen, in Karnien besonders fruchtbaren Alpenbarock wie der Hochaltar.

Vico. Weiterfahrend gelangt man in den langgezogenen Ortsteil Vico, wo wir etwas abseits der Straße die 1461 vollendete Kirche S. Giacomo mit ihrem schönen spätgotischen Portal und den aus derselben Zeit stammenden Fresken an der Außenwand finden. An der Hauptstraße liegt eine größere klassizistische Kapelle, deren holzüberdachte Vorhalle diesmal nicht von Pfeilern, sondern von der anspruchsvolleren Stützenform der Säule getragen wird. In Vico gibt es aus dem 18. und 19. Jahrhundert mehrere vielstöckige Steinhäuser, die, ohne eigentlich Palazzi zu sein, doch halb städtischen Charakter tragen, dabei aber durch ihr Holzwerk auch das alpine Element nicht verleugnen.

Oberhalb von Forni di Sopra nimmt die Landschaft alpine Züge an. Tannenwälder umranden die nun spärlicher erscheinenden Matten. Auf Häuser trifft man seltener, und im Westen beherrscht den Talgrund mit Schuttkegeln und Felszakken der Monte Cridola, der den knapp 1500 Meter hohen Passo di Mauria flankiert. Man fährt über einen verhältnismäßig breiten Sattel und dann in sanften Kurven hinab nach Lorenzago im Cadoretal.

Im nördlichen Karnien

Sáuris

Nicht nur landschaftlich, auch volkskundlich von Interesse ist ein Ausflug nach Sáuris, für den freilich Zeit und schönes Wetter erforderlich sind. Man kann ihn von Ampezzo aus unternehmen, wo man im oberen Dorfteil von der Hauptstraße nach rechts abbiegt, dem Lauf des Lumiei folgt und in eine Schlucht von kaum vorstellbarer Enge und Wildnis hineinfährt. Man hat dabei den Eindruck, die normale Welt zu verlassen und in einen völlig abgeschiedenen Erdteil zu gelangen. Zumindest war dies der Fall, bevor die überaus enge und tiefe Schlucht durch die mit Tunnels durch den Fels gesprengte Straße bezwungen wurde. Nur so ist auch die sprachliche Isolierung der Talschaft Sáuris zu erklären.

Man kann freilich auch einen anderen Weg wählen, der rund zwei Kilometer oberhalb von Ampezzo von der Hauptstraße auf eine gut ausgebaute Nebenstraße abbiegt, die als ›Panoramastraße‹ an den mit Laub- und Buschwäldern bewachsenen Felsflanken des Monte Sesilis emporsteigt und eine immer weitreichendere Aussicht nach Süden auf die Berge jenseits des Tagliamento ermöglicht, hinter deren sich melodisch hebender und senkender Kette der Sonnenglast oder Nebeldunst über der friulanischen Ebene zu spüren ist. Der 1425 Meter hohe Passo del Pura öffnet dann auch den Blick nach Norden über den breiten Kessel von Sáuris hinweg auf die Dolomiten, die bereits auf der anderen Seite des zum Tal von Sáuris parallellaufenden Pesarina-Tals den Horizont begrenzen. Durch schöne, schon ganz alpine Tannenwälder, die zum Wandern locken, führt die Straße in sanften Kehren zu einem Stausee, der trotz seiner technischen Zweckgebundenheit die Natur bereichert. Denn seine Ufer bieten vor allem gegen Westen eine ausgesucht schöne Sicht, nämlich über den klaren Seespiegel hinweg auf Wälder, über denen ein einzelner, zackig geformter Dolomitengipfel, der Monte Tiárfin, emporsteigt.

Auf der Sonnenseite führt die Straße über Wiesen empor nach *Sáuris di Sotto*. Die Häuser zeigen hier noch nicht den eigentlich karnischen Typus. Bei aller reichen Verwendung des Holzes sind die Dächer noch südlich flach geneigt, jedoch nicht mehr mit Rohrziegeln, sondern mit Steinplatten und Schindeln gedeckt. Kommt man aber mit Dorfbewohnern ins Gespräch, kann man ein merkwürdiges, altertümliches Deutsch vernehmen, das wohl an die Kärntner Mundart anklingt und auch leicht slowenisch akzentuiert ist, sich jedoch von dem in Südtirol gesprochenen deutschen Dialekt durch eine eigentümliche Rückständigkeit unterscheidet. Das Wort ›Rückständigkeit‹ ist hier durchaus wertfrei zu nehmen. Ähnlich wie das Französisch in Kanada oder die deutsche Mundart im schweizerischen Oberwallis und in den piemontesischen Walser-Tälern, nur mit dem Unterschied, daß es sich hier um eine Sprachinsel auf kleinstem Raume handelt, ist die Sprache in ihrer Entwicklung hier auf dem Stand des Althochdeutschen stehengeblieben. Anders als in Südtirol fehlt in der Sprachinsel von Sáuris das durch die Abtrennung von Österreich entstandene Ressentiment. Die Bewohner von Sáuris, wie übrigens auch die des weiter nördlich, auf der Südseite des Plöckenpasses gelegenen Timau, fühlen sich vorbehaltlos als Italiener und haben dies während des Ersten Weltkrieges auch mit dem Einsatz ihres Lebens bewiesen. So findet man auf dem Krieger-Ehrenmal unterhalb der Kirche von Sáuris di Sotto die Namen: Morgenleit, Schneider oder Schlosser. Um so eindrucksvoller wirkt diese sprachliche Selbständigkeit – die ihr Gegenstück im sehr viel größeren Bereich des Friulanischen findet – innerhalb eines Italien, das seit 1870 nur zu oft sehr egalitäre Tendenzen verfolgte.

Sáuris di Sotto wird gekrönt durch die auf kleinem, isolierten Plateau stehende *Pfarrkirche*, neben welcher der stattliche Pfarrhof liegt. Der die ganze Gruppe und darüber hinaus das Tal beherrschende Turm ist ein Campanile, bei dem sich eine achteckige Glockenstube aus dem viereckigen Turmschaft entwickelt, überwölbt von einer weich geschwungenen Zwiebelkuppel. Das Gotteshaus hat mit seinen abgeflachten Dächern und den halbkreisförmigen Fenstern den Charakter alpin-italienischen Barocks. Erst das Innere läßt deutlich verschiedene Epochen erkennen. So spannen sich über die aus grob profilierten Pfeilerbogen errichtete Halle gotische Kreuzgewölbe, nämlich im Chor und im ersten Joch des Langhauses sowie in den Seitenschiffen, während die flachen Decken der übrigen Langhausjoche mit schlichten barocken Rahmen stuckiert sind. Ob es sich bei den Rippengewölben noch um echte Gotik oder bereits um die im 17. Jahrhundert stellenweise blühende Nachgotik handelt, sei dahingestellt, denn wichtiger sind die Altäre, die dem Raum seinen besonderen Reichtum geben. Der Hochaltar gehört zu den bedeutendsten der spätgotischen Schnitzaltäre, auch wenn, wie leider hierzulande so oft, das Gesprenge fast völlig fehlt. Die Innenseiten der Flügel zeigen Reliefdarstellungen der Verkündigung und Heimsuchung, der Geburt Christi und der Flucht nach Ägypten. Die drei Heiligenfiguren im Mittelschrein beeindrucken vor allem durch ihren Faltenstil, der in der Art ›spätgotischen Barocks‹ erregt ist, ein Phänomen, welches das frühe 16. Jahrhundert kennt. Den Abschluß der Seitenschiffe bilden ebenfalls aus Holz geschnitzte Altäre, doch nun schon in den Formen alpenländischen Barocks mit gleichsam überornamentiertem Säulenaufbau, verwandt den Altären, welche die Familie Ritz im Wallis, in den von Walsern besiedelten Teilen der übrigen Schweiz und in einzelnen Tälern des Piemont schuf. Die Wand des nördlichen Seitenschiffs schmückt ein weiß gestrichener und mit vergoldetem Zierat bereicherter Altar, dessen Säulenarchitektur auf das venezianische Cinquecento zurückgeht, hier oben jedoch erst im 18. Jahrhundert auftrat. Bis zu diesem Zeitpunkt gab es nur Holzaltäre. Die Kanzel, die eigentlich nur aus einer auf den Boden gestellten Brüstung besteht, ist mit ihrer Verbindung von Säulennischen und Gebälk, Skulptur und Malerei ein echt barockes Gesamtkunstwerk.

Am selben Sonnenhang liegt *Sáuris di Sopra,* charakterisiert durch die Mischung von stattlichen Steinhäusern und alpinen

VIII

Fassade des Palazzo Dipinto in Spilimbergo

1390

Fresken von Andrea Bellunello
Frühes 16. Jahrhundert

Holzbauten, wie man sie ähnlich in den Walser-Tälern Graubündens antrifft. Die Steinhäuser sind nach Süden gerichtet, somit nicht nur der Sonne, sondern auch Italien zu, dessen barocker Palaststil selbst in dieser entlegenen Talschaft seinen Widerhall gefunden hat, so unterhalb der Straße in einem Gebäude, dessen weißverputzte Front, mit der Jahreszahl 1692 über dem Portal, von Ecklisenen eingefaßt ist. Die regelmäßige Verteilung der Fenster aber wird belebt durch das Mezzanin, das auf die beiden Vollgeschosse folgt.

Zwischen Häusern und Stadeln, die in der abwechslungsreichsten Verbindung von Mauerwerk und Holzkonstruktion, doch stets mit flach geneigten Dächern errichtet sind, steigt man zur *Pfarrkirche* hinab, die allein auf kleiner Hangterrasse steht, nachdem man sich den Schlüssel in einem der Steinhäuser erbeten hat. Es ist die höchstgelegene Kirche im Friaul, 1325 Meter über dem Meer. Turmhelm und Dach sind in ihren zugespitzten, steilen Formen der Alpennordseite verpflichtet. Das in schlichter Spätgotik gehaltene Innere birgt einen spätgotischen Altarschrein, dessen Nische von kurvenförmig ineinandergleitenden Stabprofilen bekrönt ist, in Formen, die venezianische und deutsche Spätgotik vereinen.

Für die Rückkehr nach Ampezzo empfiehlt sich eine der von uns bereits als Hinweg beschriebenen Bergstraßen. Wer es hingegen den Reifen und Federn seines Wagens sowie seinen Nerven zutraut, mag bei sicherem Wetter die Fahrt wagen, die vom oberen Sáuris aus in Richtung Westen nach der breiten Senke zwischen Monte Tudaio und Monte Pallone emporsteigt. Bald hört die Asphaltierung auf, und das Sträßchen, dessen Schotter bei jedem Regenguß leidet, windet sich durch Erosionstrichter hindurch, lange Zeit fast eben, dann mäßig ansteigend, um schließlich sanfte, von Nadelholz durchsetzte Alpwiesen zu erreichen. Von der Höhe aus genießt man eine schöne Aussicht vor allem gegen Norden und Nordwesten in die Dolomiten. Man kann dann nach Lorenzago im Piave-Tal hinunterfahren, um von dort aus gegebenenfalls über den Mauria-Paß und Forni nach Ampezzo und Tolmezzo zurückzukehren; man kann diese Orte aber auch über das Pesarina-Tal und Villa Santina erreichen.

Von Tolmezzo ins Pesarina-Tal

Ein Tagesausflug, der in erster Linie den für die eigene Bauart Karniens charakteristischen Dörfern gilt und allenfalls auch bei weniger gutem Wetter unternommen werden kann, bringt uns von Tolmezzo oder Ampezzo nach Comeglians und ins Pesarina-Tal. Nach Villa Santina biegen wir unmittelbar bei der Gabelung der beiden Hauptstraßen bergwärts in eine Nebenstraße ab, die in Kurven den steilen, von Buschwald durchsetzten Felshang nach dem aussichtsreichen Avåglio hinaufführt, dessen Kirche einen um 1513 entstandenen Schnitzaltar des Antonio Tironeo besitzt. An den Rändern des Dorfes stehen einzelne Häuser karnischer Bauart.

Auf schmaler Wiesenterrasse führt das Sträßchen in nordwestlicher Richtung weiter, den Blick freigebend über den breiten Unterlauf des Degano und dessen Einmündung in den Tagliamento und nach Westen zum imponierenden Felsgipfel des Monte Tinisa, während das Panorama im Süden durch die sanftere Kette zwischen Monte Valcalda und Monte Verzégnis begrenzt wird.

Doch auch die Nähe hat ihren Akzent, hier von Menschenhand gesetzt, nämlich in der talwärts der Straße gelegenen *Kapelle S. Michele,* mit gotisch profiliertem Portal und dem für die Gegend bezeichnenden Glockenträger mit zwei Öffnungen. An die Entstehung des Baues im 15. Jahrhundert erinnert vor allem der gotische Chor, in welchem ein holzgeschnitzter Altar in der Art des Agostini steht. Das schlichte, durch einen offenen Balkendachstuhl überdeckte Schiff öffnet sich auf seiner Südseite zu einer Nische, in der ein barocker Altarschrein die Figur einer Schmerzhaften Muttergottes umschließt. Das hart über dem Felsabsturz gelegene Kirchlein bildet einen kleinen heiligen Bezirk von würdevoller Stimmung. Man könnte sich hier eine uralte Kultstätte denken, mit heidnischen Göttern, zu deren Vertreibung der Erzengel Michael aufgeboten wurde, dem das Kirchlein geweiht ist.

Trava. Im nahen Trava umstehen karnische Häuser den Dorfplatz, den eine neuromanische Kirche beherrscht. In ihrem

Innern befindet sich ein 1513 datierter Schnitzaltar des Antonio Tironeo. Von Trava aus lohnt sich der rund zwanzig Minuten beanspruchende Aufstieg zu Fuß zu der kleinen Wallfahrtskirche der Madonna di Trava, einem schlichten Barockbau, dessen Pfeilervorhalle von einem charakteristischen Holzdach bedeckt ist. Der einschiffige Innenraum öffnet sich nach oben in einen Balkendachstuhl und gegen Osten in einen leicht eingezogenen gotischen Chor, in dem, von Votivtafeln umgeben, ein polychromer Säulenaltar das Gnadenbild umschließt. An der linken Seitenwand befindet sich in der Andeutung eines Querschiffes ein schöner Stuckaltar in der Art des venezianischen Settecento, dessen Eleganz sich im Zusammenspiel der geschweiften Gesimse am Auszug, das heißt am oberen Altarabschluß, offenbart.

Muina. Von Trava aus senkt sich das Sträßchen wieder am Steilhang entlang ins Haupttal hinab, wo man die große Straße erreicht. Von dieser zweigt man wenige Kilometer flußaufwärts über eine Brücke nach links ab und folgt einer an ihrem Anfang gelb signalisierten ›Touristenstraße‹ auf schmalen Kehren bergauf zu dem kleinen Dorf Muina. In der neuromanischen Pfarrkirche befanden sich vor dem Erdbeben drei Bilder des Nicola Grassi. Im übrigen gibt es hier schöne Bauten karnischer Art zu bewundern, und zwar in all ihren Varianten vom schlichten ›Schopf‹ bis zum palastartigen Patrizierhaus. Wie in den anderen karnischen Dörfern ist es auch hier angebracht, den Wagen bei der ersten Gelegenheit abzustellen, um zu Fuß durch Sträßchen, Gassen und Plätzlein zu streifen. Man wird dann vor allem am südlichen Ortsende eine Reihe von Heustadeln entdecken, die bei aller Einfachheit durch ihre technisch wie ästhetisch überzeugende Konstruktion und ihre intuitiv sichere Anpassung an das Gelände fesseln. Sie sind eine wahre Augenweide nicht nur für den Architekten, sondern auch für den künstlerisch empfindenden Laien.

Madonna di Loreto. Man fährt talaufwärts weiter, zunächst in steilen Kurven über eine Bergnase hinweg nach Agrons, um auf einem nächsten isolierten Bergvorsprung die weithin sichtbare Kirche der Madonna di Loreto zu erreichen. Der heutige Bau stammt von 1685. Neben dem Glockenturm steht er als dreischiffige Basilika von einfachen ländlichen Formen. Die etwas reicheren Altäre bestehen, der vorgeschritteneren Epoche entsprechend, nicht mehr aus polychromierter Holzschnitzerei, sondern aus Stuck und Stein. Dem Altar am Ende des linken Seitenschiffs ist dieses spröde Material zum Verhängnis geworden: Geborsten und zerschmettert durch das Erdbeben, lagen Teile der Bekrönung noch im Spätsommer 1977 am Boden. Wertvolle Altarbilder, die beschädigt worden sind, werden nach der Restaurierung wieder hierher zurückkehren.

Luíncis. Die Straße, die weiter nach Norden verläuft, senkt sich in den nun breit und eben gewordenen Talgrund, in dem uns östlich des Dorfes Luíncis die bereits im Außenbau straff und zierlich gestaltete kleine Kirche S. Croce anzieht. Der spätbarocke Grundriß verwirklicht den Namen durch die kreuzförmige Ausweitung des im ganzen gestreckten Schiffs, das durch eine Pilasterordnung gegliedert ist. Der Chor gewinnt seine Selbständigkeit durch eine flache, erst im Klassizismus ausgemalte Kuppel. Der eigentliche Chorabschluß besteht aus der spätgotischen Apsis, die ähnlich wie wir es in Osáis noch sehen werden, von einem älteren Bau übriggeblieben ist. Wie in Osáis gibt es auch hier aus dem 16. Jahrhundert stammende Fresken, doch von einem anderen, etwas jüngeren unbekannten Meister, der nicht aus dem Alpengebiet, sondern aus der oberitalienischen Ebene stammt, wie es der weichere Stil seines Abendmahls und die in reicheren Landschaftsgrund gebettete Anbetung verrät.

Prato Carnico. Auf schmaler Brücke geht es über die Pesarina, die, aus dem gleichnamigen Tal kommend, wenig unterhalb in die Cellina mündet. Wir fahren durch das auch Canale di S. Canciano genannte Pesarina-Tal auf gut ausgebauter Straße nach Prato Carnico, einen der Hauptorte des hier recht breiten Tales. Unten an der Durchgangsstraße empfängt uns ein massiver Campanile; die dazugehörende Kirche steht etwas oberhalb, mit ihrer breiten, einfachen Barockfassade den Sonnenhang beherrschend. In der im übrigen bäuerlichen Siedlung erscheinen als Schwerpunkte einzelne stattliche Häuser, die durch ihre regelmäßig verteilten Fenster in den drei Geschossen und dem Mezzanin sowie durch ihre Portale unter breiten Balkonen bereits als Paläste anzusprechen sind. Dazwischen trifft man auf reichste karnische Holzarchitektur, besonders bei den lose aneinandergereihten Giebelhäusern westlich der Kirche.

In dieser empfängt uns ein großer, schlichter Innenraum in der Form des griechischen Kreuzes. Bemerkenswert sind die vier Altäre aus verschiedenen Epochen. Im linken der beiden Querschiffe, die den Raum leicht nach den Seiten ausweiten, steht der bedeutendste Schreinaltar der österreichisch-deutschen Spätgotik, den Karnien bewahrt hat. Der Ausdruck seiner drei Märtyrerfiguren sammelt sich nicht so sehr in den Gesichtern wie in den Gewandfalten, deren ›spätgotisches Barock‹ an den Meister des Altars in Sáuris di Sotto erinnert. Rechts neben dem Choreingang steht ein kleiner, geschnitzter und vergoldeter Renaissance-Altar. Die Figuren in den Nischen des dreiteiligen Aufbaues weisen auf einen einheimischen, doch in seinem herben Faltenstil dem Norden verbundenen Meister. Die Predella umschließt eine Anbetung des Jesuskindes durch Maria. Die gegenüberliegende Querschiffwand wird durch einen holzgeschnitzten und vergoldeten Altar in ländlichem Barock beherrscht, dessen gewundene Säulen eine Madonnenfigur einfassen. Diese wird in barocker Weise von rückwärts her durch eine Öffnung beleuchtet, welche die Nische – für den Betrachter unsichtbar – mit dem Außenlicht verbindet. Als vierter und spätester Altartypus präsentiert sich der Hochaltar als figurenflankierter Tabernakel in der venezianischen Art des 18. Jahrhunderts. Über den Altären vergesse man nicht das auch noch in seiner erneuerten Fassung schöne Kruzifix an der linken Seitenwand.

Piéria. Der nächste, etwas kleinere Ort, den wir bald nach Prato Carnico erreichen, ist Piéria, wo ein großes Herrenhaus mit Portal, Mittelbalkon und aus dem Verputz ausgesparten Ecken auffällt. Das bei dieser Wandgestaltung zu erwartende Zeltdach venezianischer Observanz fehlt, dafür aber wird der Bau durch einen karnisch steilen First abgeschlossen. Karnisch ist auch die größere Zahl der übrigen Häuser, zwischen denen sich einzelne gut erneuerte oder neue Bauten finden, die sich dem überkommenen Ortsbild angenehm einfügen. Andere Neubauten freilich suchen sich hier wie anderswo mit äußerlich übernommenen Details ein falsches Alibi zu geben. Denn es genügen eben leider einzelne moderne Fenster, um den bisher harmonischen Zusammenhang empfindlich zu stören.

Osáis. In glücklicher Unversehrtheit haben sich etwas weiter oben in Osáis schöne Baugruppen erhalten, die mit ihren mehrstöckigen Steinhäusern eigentümlich städtisch anmuten. Sie alle haben karnisch steile Firste. Über einen kleinen, von einem Mäuerchen mit zierlichen Obelisken anmutig begrenzten Vorplatz, vorbei an dem mit einer eleganten venezianischen Zwiebelkuppel bekrönten Campanile, gelangt man in die überraschend schöne Kirche. Darin reihen sich, durch eine ionische Pilasterordnung verknüpft, verschiedene Räume aneinander. Auf das einschiffige Langhaus, in dessen Seitenwänden Altarnischen eine kreuzförmige Erweiterung andeuten, folgt ein in den Ecken abgeschrägtes Chorquadrat, das durch eine flache Kuppel zum Zentralraum umgedeutet wird. Doch mit dieser spätbarocken Raumverbindung, die sich im ganzen Alpengebiet von Venetien bis Piemont und darüber hinaus vereinzelt auch in Tirol und Oberbayern findet, ist es noch nicht getan. Denn der als Sanktuarium dienende Kuppelraum öffnet sich gegen einen tieferliegenden spätgotischen Chor, dessen Wände und Rippenintervalle von Fresken des Pietro Fulutto aus dem Jahre 1510 geschmückt sind. Dargestellt sind an den Wänden die zum Teil stark verblichenen Szenen aus dem Leben eines Dominikaner-Heiligen, der unter anderem einen Gefangenen aus einem Turm befreit oder eine Kapelle baut, was Gelegenheit zu sehr realistischen Architekturdarstellungen bietet. Derselbe Wirklichkeitssinn herrscht beispielsweise auch in dem Geschirr, das als Stilleben auf einer Bank vor einem Krankenbett zu sehen ist. In die Gewölbefelder sind Apostel, Evangelisten, Propheten und Engel je nach dem verfügbaren Raum als ganze oder halbe Figuren oder nur als Kopf gemalt. Der sonst wenig bekannte Meister Pietro Fulutto ist in seinem künstlerisch übrigens beachtlichen Stil den Übergängen verpflichtet, solchen zwischen der Spätgotik und Renaissance wie auch zwischen dem Süden und dem Norden, worin er die noch quattrocentistische Kunst Mantegnas und Pachers ins frühe Cinquecento überführt. In der Ausdruckskraft einer skulptural gehärteten Form kommt eine insbesondere alpine Note zum Erklingen, ausnehmend schön im jugendlichen Antlitz des Evangelisten Lukas.

Auch die Ausstattung des Langhauses geschah früher als dessen dem 18. Jahrhundert entstammende Architektur. Die beiden in den querschiffartigen Nischen stehenden Holzaltäre mit ihrer aus reich dekorierten und kunstvoll durchbrochenen Säulenschäften gebildeten Portalarchitektur wurzelt im 17. Jahrhundert. Die in diese ländlichbarocke Rahmen eingestellten Retabel sind vielteilig. Jenen auf der Nordseite schmücken Bilder in Renaissanceformen, die eher von Österreich als von Italien beeinflußt sind, während die geschnitzten Figuren im Retabel auf der Südseite in ihrer altertümlichen Fassung noch spätgotische Elemente bewahren.

Rund um Comeglians

Es lohnt sich, den Besuch der karnischen Dörfer und Weiler fortzusetzen, indem man von Osáis aus das Pesarina-Tal wieder hinunterfährt, um, der Straße in Richtung Sappada folgend, nach Comeglians zu gelangen. Der nordsüdlich verlaufende Canale di Gorto, den wir von Villa Santina aus hinaufgefahren sind, wobei wir weniger die Hauptstraße als die Nebenstraßen benutzten, kreuzt unterhalb des Ortes den Canale di S. Canciano und die in der gleichen West-Ost-Richtung sich öffnende Senke, die Canale di Gorto ostwärts nach dem Canale di S. Pietro führt, welcher von der zum Plöckenpaß aufsteigenden Straße durchzogen wird.

Comeglians schmiegt sich in eine Talenge, durch die sich der Degano in einer Felsschlucht zwängt und die von einer hochgelegenen Kirche beherrscht wird. Der Ort selbst zeigt eine nicht unsympathische Mischung von älteren karnischen und jüngeren Häusern, unter denen ein mit reichen Dachformen spielender Bau aus der Zeit um 1900 sich um Anschluß an die landesübliche Tradition bemüht, der aber ebenso im alten Österreich hätte entstanden sein können. Die älteren, malerisch den kleinen Hauptplatz umstehenden Häuser könnten mit ihren mehr oder weniger steilen Dächern auch in Kärnten, Slowenien oder in der Nordostschweiz stehen, so sehr unterscheiden sie sich von den mit Rohrziegeln gedeckten und flach geneigten Dächern der italienischen Art. Das karnische Holzwerk tritt hier in den mehr kleinstädtischen Verhältnissen zurück.

Unmittelbar über dem Platz liegt die kleine Kirche S. Nicolò, deren schlichte Fassade von einem zweibogigen Glokkenträger in der uns bereits bekannten Art des 18. Jahrhunderts überhöht ist. Den Innenraum überspannt ein spätgotisches Netzgewölbe, dessen Rippen sehr flach profiliert sind. Der etwas niedrigere Chor jedoch ist von einer Tonne überwölbt, die samt den dazugehörenden Wänden mit stark verblichenen Fresken des frühen 15. Jahrhunderts bemalt ist. In der Mitte des Chorabschlusses steht in einer Nische die in der Art der österreichischen Spätgotik geschnitzte Figur des heiligen Bartholomäus. Südlich öffnet sich der Hauptraum zu einer eigenen Kapelle, die das gleiche Netzgewölbe trägt und in deren polygonalem Abschluß in geschnitztem und vergoldetem Rahmen ein um 1500 gemaltes Altarbild zu sehen ist. Es stellt eine Muttergottes zwischen den Heiligen Rochus und Bartholomäus dar, wobei die Malweise an die Werkstatt Lorenzo Lottos denken läßt.

Povolaro. Die ostwärts abzweigende Straße, auf der man über die Sella Valcalda in den Canale di S. Pietro und weiter über den Plöckenpaß nach Österreich gelangen kann, überquert kurz oberhalb von Comeglians den Weiler Povolaro. Der Ort ist nicht nur durch seine Lage auf aussichtsreicher Wiesenterrasse mit dem Blick nach Westen in die Val Pesarina ausgezeichnet, sondern mindestens so sehr durch seine Bauten des karnischen Typus. Diese fallen hier vor allem durch signorile Steinhäuser auf, die wohl im Detail – an Portalen, Balkonen und gekuppelten Rundbogen – durch venezianische Motive akzentuiert werden, jedoch in ihren leicht abgewalmten, steilen Firsten dem Norden verbunden sind. Mehr als eines dieser Häuser gewinnt durch seine kraftvollen Rundbogenarkaden eine eigentümliche Rasse. Leider gibt es auch störende Neubauten und Umbauten, die gerade dann besonders peinlich wirken, wenn sie sich durch die Verbindung hölzerner Dachkonstruktionen mit modernem Sichtbeton ein fortschrittliches Aussehen geben wollen.

Maranzanis. Erfreulich durch seine Geschlossenheit ist der Weiler Maranzanis, den man am besten zu Fuß über ein von der Hauptstraße unmittelbar bei der Kirche nach Süden abzweigendes Nebensträßchen erreicht. Auch die Kirche selbst verdient Beachtung, nicht nur durch ihre schlichte, weithin den Hang beherrschende Barockfassade. Der Raum zwar vertritt in seiner sehr einfachen Saalform ein eher nüchternes 18. Jahrhundert. Doch ist der Eindruck freundlich, sowohl dank der glücklichen modernen Wiederherstellung wie dank des Lichtes, das von oben her aus den ins Gewölbe eingeschnittenen Fenstern harmonisch den Raum erhellt. Eine Pilasterordnung gliedert mit markant profiliertem Gebälk die Wände des Langhauses, an das sich der eingezogene Chor mit einem Deckenbild schließt.

Zur Ausstattung gehören drei Altäre, von denen jeder auf seine Art bemerkenswert ist. An der linken Seitenwand steht ein aus einer früheren Kirche übernommener spätgotischer Altar, dessen Gesprenge leider fast ganz verschwunden ist. Der Schrein umschließt die aus Holz geschnitzten Figur einer Muttergottes, flankiert von den Heiligen Florian und Martin. Der Retabel daneben in einer Nische ist in der Staffelung der Säulen spätbarock aufgebaut und, wie vor allem im Norden üblich, polychromiert. Der ihm gegenüberstehende Altar verkörpert in der Eleganz der Säulenstellungen noch schönstes Rokoko, indes sein glänzendes Weiß bereits auf den Klassizismus des venezianischen Settecento hinweist. Die andere für die Art des venezianischen 18. Jahrhunderts ebenso bezeichnende Form vertritt der Hochaltar, an welchem zwei anmutig bewegte Heilige das kuppelgekrönte Tabernakel in die Mitte nehmen. Am rechten Seitenaltar fällt ein schönes Altarbild aus der Schule Piazzettas auf.

Maranais. Im nahen Weiler Maranais ist die karnische Bauweise völlig unberührt geblieben. Wie sie bei aller topographischen Geschlossenheit doch auch in sich differenziert ist, wird hier sehr deutlich sichtbar. Denn schon das Landschaftsbild ist anders: Im Unterschied zu dem insbesondere in seinen mittleren und oberen Teilen recht alpinen Pesarina-Tal, in das man übrigens von Maranais aus den schönsten Einblick hat, sind hier nun die Hänge sanft und sonnig, von Obstbäumen bestanden. In eine der Mulden, die zugleich einen Vorsprung bildet, schmiegen sich die vorwiegend aus Stein erbauten Häuser. Sie wirken mit ihren stattlichen gequaderten Toreinfahrten und Portalen herrschaftlich. Die Fenster sind klein, gemessen an der umgebenden Mauerfläche, was nicht nur den Eindruck des Geschlossenen, sondern auch des Geborgenen verstärkt. Wieder verbinden sich Vielheit und Einheit zu beglückender Harmonie, und die vielen Blumen bestätigen ein hier noch in Schönheit aufgehobenes Dasein. Bei unseren Besuchen war mitten im unteren Dorfteil ein Neubau im Entstehen: Wolle es der Himmel, daß er das bisher glücklich Bewahrte nicht mutwillig zerstöre.

Wer seinen Eindruck harmonischer Häuser ergänzen will, fahre von Ovaro, das drei Kilometer unterhalb von Comeglians liegt, an der hier sanften östlichen Talseite hinauf zu den kleinen Dörfern Lidriis und Claváis. In Lidriis lohnt sich der Besuch der Kirche wegen der Fresken des Pietro Fulutto, dessen etwas früheres Werk wir in Osáis sahen, doch auch wegen eines schönen Schnitzaltars. In Claváis endet unser Abstecher mit einer umfassenden Aussicht in die vier Täler, die bei Comeglians zusammentreffen.

Zwischen Tolmezzo, Paularo und Paluzza

Ein anderer Tagesausflug führt uns von Tolmezzo zunächst in das durch seine altrömischen Bauten wichtige Zúglio und von dort empor zu einer der markantesten Bergkirchen Karniens, dem aussichtsreich gelegenen S. Pietro sowie zwei hervorragenden Barockkirchen in dessen Umkreis. Der landschaftlich vielleicht wichtigste Teil dieser Fahrt gilt der Valle del Chiarso, durch die wir nach Paularo gelangen und von dort über den etwas mehr als tausend Meter hohen Passo Duròn nach Paluzza im breiten Tal des Canale di S. Pietro, in dem die große Straße von Tolmezzo hinauf zum Plöckenpaß verläuft.

Noch in Tolmezzo gabelt sich die Straße: wir folgen jener, die rechts durch das Tal des But nach Norden führt. Der Talboden ist breit und von Wäldern und Wiesen bedeckt, die mit Maispflanzen abwechseln. Nach Süden offen, wirkt es zwar weit und sonnig, doch ist es in seinem Charakter schon voralpin. Der Weinbau fehlt, und Nadelbäume, Tannen, Föhren und bisweilen Lärchen reichen zumindest an den Schattenhängen tief hinab. Wir fahren auf der östlichen Talseite auf verkehrsreicher Straße eine kleine Strecke über die Einmündung des Chiarso hinaus. Wir werden hierher zurückkehren; vorerst aber widmen wir den Vormittag vor allem kunstgeschichtlichen und geschichtlichen Eindrücken.

Zúglio. Felshänge reichen bis dicht an den Hauptfluß und werden durch einen Straßentunnel durchbohrt. Sehr bald folgt die Abzweigung nach links über eine lange Brücke, an deren anderem Ende bereits Zúglio liegt. Eine Tafel weist zu den ›Scavi‹, den römischen Ausgrabungen. Das heute sehr kleine und bescheidene Dörfchen war in römischer Zeit ein wichtiger Verwaltungssitz. Im Namen Zúglio lebt ›Julius‹ weiter. Es war Julius Cäsar, der im Jahre 50 v. Chr. gleichzeitig mit dem Forum Iulii, dem späteren Cividale, hier ein ›Iulium Carnicum‹ gründete. Kaiser Augustus richtete dann hier das administrative Zentrum für das als ›Carnia‹ bezeichnete Gebiet ein, zu dem damals nicht nur das heutige Karnien, sondern auch Teile des Piave-Tales sowie des friulanischen Hügelgebietes gehörten. Spätestens unter den Langobarden, das heißt im 6. Jahrhundert, wurde die ›Colonia Iulium Carnicum‹, wie der Ort unter den römischen Kaisern hieß, Bischofssitz. Ob die Zerstörung durch einen der Barbareneinfälle während oder schon vor der Völkerwanderung erfolgte, ist nicht genau bekannt. Wir wissen nur, daß der letzte Bischof, Fidentius, Anfang des 8. Jahrhunderts nach Cividale kam.

Was von dieser römisch-frühchristlichen Vergangenheit übriggeblieben ist, beschränkt sich im wesentlichen auf das heidnische Iulium und hier wiederum vor allem auf das ehemalige Forum, das 1937/38, 1941/42 und 1967 ausgegraben wurde. Man erkennt die Umfassungsmauern und darauf die Reste einzelner Säulen, die einst auf der südwestlichen Längsseite einen überdachten Gang bildeten. Innerhalb dieses Bezirks erhob sich ein rechteckiger Tempel mit einer durch vier Säulen geschmückten Vorhalle. Hier wurde, sofern sich eine erhalten gebliebene Inschrift darauf beziehen läßt, der karnische Lichtgott Balenus verehrt. Gegenüber dem Tempel, auf der südöstlichen Schmalseite des Forums, stand eine zweischiffige und vielleicht auch zweigeschossige Basilika, die den Funden nach als Markthalle diente. Auch in der Nähe des Tempels gab es Lagerräume, sichtbar bis heute in einzelnen, kellerartig in den Boden eingetieften Mauergevierten.

Außerhalb des heute abgeschlossenen Forumbezirks stößt man im Nordosten auf einzelne Mauerreste, die zu öffentlichen Gebäuden, Thermen und einem Wohnhaus gehörten. Nordwestlich davon stand möglicherweise ein weiterer Tempel und südlich des heutigen Ortes in der Nähe des kleinen Museums befand sich eine frühchristliche Friedhofsbasilika, von der noch geringe Reste zu sehen sind. Das Museum selbst beherbergt vor allem schön gestaltete Inschriften; die wichtigsten Funde wurden in größere Museen übertragen, beispielsweise ein in seinem herben Realismus ausdrucksvoller Bronzekopf ins archäologische Museum in Cividale.

S. Pietro di Carnia. Schon lange bevor wir Zúglio erreicht hatten, ist eine Kirche in unser Blickfeld geraten, die mit ihrem Campanile und den steilen Dächern einen markant ins Tal vorspringenden Gipfel krönt und das Wahrzeichen des Canale di S. Pietro bildet: S. Pietro di Carnia, vielleicht das älteste christliche Gotteshaus in Karnien und sicher eines der bemerkenswertesten, nicht nur, was die Lage, sondern auch, was Architektur und Ausstattung angeht. St. Peter in Karnien wurde zum ersten Male im Jahre 620 in einer nicht ganz sicher deutbaren Inschrift erwähnt. Als Vorläufer darf die in Resten noch sichtbare frühchristliche Basilika in Zúglio betrachtet werden. Nach einer dunklen, durch die Völkerwanderung und Barbareneinfälle ins Langobardenreich belasteten Zwischenzeit taucht erst im 8. Jahrhundert eine neue Kultstätte auf, dieses Mal auf dem Berggipfel, der die heutige Kirche trägt. Die oben an Ort und Stelle gefundenen Mauerreste dürften trotz des Mangels an sicheren schriftlichen Quellen karolingisch sein. Sie weisen auf eine Saalkirche mit einem im Hufeisen geschlossenen Altarraum und einer Vorhalle hin. Von dieser ist bis heute das Doppelfenster mit einer kleinen Säule samt Sockel und primitivem Würfelkapitell erhalten. 1312 folgte im Auftrag und mit Unterstützung von Ottobono, dem Patriarchen von Aquileia, die gotische Erweiterung des Chores mit der Vergrößerung der anschließenden Sakristei. Das in den Maßen unverändert gebliebene Schiff wurde mit je einem Seitenaltar ausgestattet, auch der Chor erhielt einen neuen Hochaltar. Von diesem Bau hat sich die Chorpartie sowie die nördliche Seitenwand des Langhauses erhalten. Außerdem kam der Campanile hinzu, dessen Glokkenstube und Zwiebelkuppel jedoch erst dem 18. Jahrhundert angehören.

Bedeutend sind die Veränderungen aus den Jahren um 1500. Damals wurde nicht nur das Langhaus auf seiner Südseite durch ein Seitenschiff erweitert, sondern der Raum auch mit neuen Altären ausgestattet. Dazu gehört der 1483 datierte Schnitzaltar in seiner originalen Bemalung und Vergoldung, ein Hauptwerk des Domenico da Tolmezzo, der sich vor allem als Holzbildhauer auszeichnete. In seiner Ornamentik folgt er jenem ›Gotico fiorito‹, das bereits um 1400 entstand, doch in den Bergtälern Friauls eine lange Nachblüte erlebte.

Wie in verwandten Schöpfungen, zum Beispiel in Paluzza, besteht das Ornament aus Pflanzenwerk, doch ist es gedrängter, stilisierter und in seiner Anordnung strenger als die mehr der Natur folgenden Schnitzaltäre nördlichen Ursprungs und verleugnet nicht jenen Hauch des Orients, welcher der venezianischen Spätgotik ihren märchenhaften Zauber schenkt. In den auf solche Weise eingefaßten Nischen sind in drei Geschossen Figuren zu sehen: in dem predellahaften Sockel vier Kirchenväter und vier Heilige, darüber in je vier mal drei Kompartimenten die Zwölf Apostel, dazwischen in einem eigenen, das Ganze wie ein schlanker Tabernakel überragenden Gehäuse unten die Mutergottes und in der Mitte der heilige Petrus.

Vermerkt sei noch die spätgotische Kanzel, deren reich skulptiertes Maßwerk in eine verhältnismäßig strenge Gesamtform eingeschlossen ist, sowie das steinerne Taufbecken, das durch einen holzgeschnitzten Tabernakel bekrönt wird. Der Chorbogen wird beherrscht durch ein eindrucksvolles Kruzifix, das hoch oben auf starkem Querbalken steht und vermutlich von einem Meister von der Nordseite der Alpen geschaffen wurde. Namentlich das edel gebildete Haupt ergreift durch seinen verhaltenen Schmerz. Den Chor selbst ziert ein Gestühl, das zwar 1734 datiert ist, jedoch in seinem schwer und streng gestalteten Aufbau den Stil eines älteren Barocks bewahrt. Zum Besitz der Kirche gehört eine hölzerne Madonna, in der man eine salzburgische Arbeit des frühen 15. Jahrhunderts vermutet. Der bis zum Erdbeben hier aufbewahrte Kirchenschatz mit einem reichgearbeiteten Silberkreuz des 14. Jahrhunderts, byzantinischen Elfenbeinreliefs und vielem anderen ist gegenwärtig ausgelagert. Die obere Sakristei ist in ihren Gewölbefeldern mit Fresken von Heiligen, Propheten und Sibyllen ausgemalt, die 1560 Giulio Urbano aus S. Daniele del Friuli in einem Stil schuf, der an Giovanni Francesco da Tolmezzo erinnert und zur ausladenden Bewegtheit des Barock hinweist.

Der Kirchenraum mit seinen wuchtigen Rundpfeilern und seinen scharf profilierten Kreuzrippengewölben könnte so auch in Kärnten oder Südtirol zu finden sein. Zusammen mit seiner mehr vom Süden, insbesondere von Venetien bestimmten Ausstattung verkörpert er, allen Erdbebenschäden zum Trotz, sehr eindrucksvoll die Zwischenstellung, die Karnien zwischen Norden und Süden einnimmt.

Am Außenbau fesselt die Vorhalle, die hier gegen außen geschlossen ist durch das bereits erwähnte Doppelfenster aus frühmittelalterlicher Zeit. Auf diese gehen auch die einzelnen mit langobardischem Flechtband geschmückten Werkstücke zurück, die aus Zúglio hierher übertragen wurden, nachdem jener Ort durch einen der Barbareneinfälle zerstört worden war. Bedeutend ist das spätgotische Portal mit seinen reichen Profilen, wie denn auch die Gliederung der nördlichen Außenwand sowie des Chores durch die abwechslungsreiche Abstufung der Strebepfeiler Interesse verdient. Die umfassende Aussicht, die dieser Sakralbezirk bei schönem Wetter bietet, würde freilich schon allein einen Besuch lohnen.

Vom Gipfel, auf dem St. Peter steht, kann man auf der Südseite über einen kurzen Fußweg zu einer großen Kapelle absteigen, die mit ihrer ansehnlichen, von acht toskanischen Säulen getragenen Vorhalle auf einer kleinen, von Buschwerk umsäumten Rasenterrasse liegt und als nicht ganz unbedeutendes Gegenstück zu mittelalterlichen Gipfelkirchen ein kleines Bergheiligtum im Stil der neueren Zeiten darstellt, auch wenn die Gründung auf das Jahr 1320 zurückgeht. Sie ist der Muttergottes geweiht, der ›Madonnina‹, wie sie zärtlich von den Umwohnern genannt wird. Den nach außen schlichten Bau überhöht der für Karnien charakteristische steinerne Glockenträger. Das Innere erweist sich als einschiffiger Saalraum, mit einem möglicherweise schon nachgotischen, das heißt dem 17. Jahrhundert entstammenden Gratgewölbe, dessen als Dekoration aufgemalte Rippen ein zierliches Netz bilden; ebenso fein und zierlich ist auch der gleichzeitige Dekor aus stilisierten Blumen. Der zwischen 1534 und 1537 von Giovanni Martini geschnitzte Hochaltar, den seitlich vortretende Säulen einfassen, umschließt einen Retabel, von dessen in zwei Reihen übereinanderstehenden Nischen nur noch die mittlere mit einer Marienfigur geschmückt ist. Der eigentliche Altarbau in der Art eines venezianischen Portalretabels ist, wie dies in Karnien oft vorkommt, später entstanden, ohne daß dadurch ein Mißverhältnis entstünde.

Fielis. Die Fahrstraße, von welcher der Karrenweg nach St. Peter abzweigt, führt an dem von der Mittagssonne erhitzten Steilhang entlang, über eine sanfte Wiesenterrasse, auf der das Dörfchen Fielis liegt. Auch hier sind – im Unterschied zum Talgrund – einige karnische Häuser zu sehen, vor allem aber eine schmucke Settecento-Kirche. Den mit ländlicher Régence-Stukkatur verzierten Chor und darüber hinaus auch das erst im 19. Jahrhundert, doch keineswegs störend ausgeschmückte Schiff beherrscht der freistehende Hochaltar. Sein Aufbau zeugt gleich dem Deckenstuck von venezianischer Eleganz und leitet im Ornament schon über die Régence-Motive hinaus zu den Formen des Rokoko. Im Altarbild bewundern wir ein schönes Spätwerk des Nicola Grassi, der 1682 in dem im nahen Talgrund liegenden Formeaso geboren wurde und bis ungefähr 1750 lebte. In lichten Pastellfarben, in denen Rosa-Grau und zartes Violett den Ton angeben, wird das Thema der Madonna mit Heiligen in der bewegten Anmut des Rokoko vorgeführt. Die auf Wolken thronende Muttergottes erscheint ein wenig zur Seite gerückt, und auch die Heiligen sind gegeneinander verschoben in einem reizvollen Spiel zwischen Symmetrie und Asymmetrie. Bezeichnend für den Stil der Zeit ist auch, wie aus dem Hintergrund die Landschaft fast ganz verschwunden ist, und die in zartem Duft sich lösenden Wolken gleich Nebeln den Boden berühren.

Formeaso. Wieder im Talgrund, lohnt sich von Zúglio aus der kurze Abstecher zu dem am Bergfuß liegenden Dörfchen Formeaso, wo die Pfarrkirche gleich drei Werke des Nicola Grassi aufbewahrt. Frühe Arbeiten des hier in einem Haus nahe der Kirche geborenen Meisters sind die Szenen ›Verkündigung‹ und ›Christus in Gethsemane‹, noch in schweren Falten gestaltet und stark im Gegenständlichen verhaftet, im Unterschied zum schmelzenden Duft der Spätwerke. Rot und Blau ergänzen einander als dominierende Kontraste in den Gewändern, und doch ist alles bereits recht flüssig gemalt, und im Ineinandergleiten der Töne beginnen sich die Unterschiede zwischen den Lokalfarben zu verwischen. So realistisch die Figuren gesehen sind, schließt dies, wie auch bei anderen venezianischen Kirchenmalern des Spätbarock, den Ausdruck religiöser Ergriffenheit nicht aus. Grassi hat an der Pala, das heißt am Vorsatz des im übrigen noch der Spätrenaissance angehörenden Hochaltars kleine, höchst reizvolle Figuren von den Heiligen Georg und Martin geschaffen. Der Hochaltar stellt in reich geschnitztem und vergoldetem Rahmen einen vielteiligen Aufbau mit teils gemalten, teils geschnitzten Bildwerken zur Schau. Auch an der linken Seitenwand der Kirche ist ein barocker Holzaltar aufgestellt, mit Säulen, deren Schäfte spiralig bewegt und mit Ranken ornamentiert sind. An der gegenüberliegenden Wand hat sich aus dem frühen 16. Jahrhundert ein Fresko erhalten, das in einer Mischung nördlicher und südlicher Elemente die Madonna mit Heiligen darstellt. Diese ganze, für den kleinen Ort erstaunlich vielseitige Ausstattung schmückt einen nicht sehr großen, dreischiffigen Hallenraum, der in seinen östlichen Jochen von einem spätgotischen Netzgewölbe überdeckt ist.

Im Dorf gibt es einzelne Patrizierhäuser, die sich zwar nicht, wie anderswo, als regelmäßige Kuben präsentieren, aber doch über eine stattliche Zahl an Räumen verfügen. Sie werden seit dem Erdbeben nicht mehr bewohnt, denn einzelne Risse genügen bereits, um mit dem Einsturz bei einem eventuellen nächsten Erdstoß rechnen zu müssen.

Paularo. Wir fahren wieder über die Brücke bei Zúglio auf die Hauptstraße und auf dieser ein wenig zurück, um in das von Osten hier einmündende Nebental des Chiarso einzubiegen. Der breite Talgrund ist noch von frischen Schuttmassen überdeckt, die das große Unwetter im Mai 1971 vom Monte Sernio herabschwemmte. Über den Abstürzen und Ausläufern dieses Massivs baut sich einer der markantesten Felsgipfel der Karnischen Alpen auf. Aus dem Talgrund steigt die Straße in so schmalen Windungen empor, daß bis zur Vollendung der erst 1977 begonnenen neuen Trasse ein Einbahnverkehr mit langen Fahrzeiten in Kauf genommen werden muß. Doch hat man den felsigen Steilhang überwunden, so fährt man auf schmaler, jedoch aussichtsreicher Terrasse durch kleine Dörfer an den Hängen des Monte Tersadia entlang in den nun wieder weiter werdenden Talgrund des Canale d'Incaroio, wie das Chiarso-Tal in karnischer Weise genannt wird. Hier erreicht man das von zahlreichen Weilern umgebene Paularo, das nicht nur wegen seiner Felsgebirgsumgebung besuchenswert ist, sondern auch wegen einzelner ansehnlicher Bauten, die unversehrt erhaltengeblieben sind.

So stellt sich der dem 18. Jahrhundert entstammende Palazzo Fabiani als stattlicher Block vor, dessen Wucht durch die zwar regelmäßigen, jedoch kleinen Fenster noch gesteigert wird. Die Mittelachse wird nicht nur durch das rustizierte Bogenportal, sondern zudem durch je einen Balkon im ersten und zweiten Stock betont. Statt des alpinen Sparrendachs, wie es verschiedene Paläste auch in Tolmezzo aufweisen, sind hier die Fronten durch ein Konsolengesims abgeschlossen, ein Herrschaftssymbol, das in dem abgelegenen Bergdorf überrascht. Zum Ansehen des Hauses trägt die Hauskapelle bei, die sich in ein malerisch verwinkeltes Nebengebäude einfügt und durch einen gedeckten Gang über die Straße hinweg mit dem Hauptbau verbunden ist. Auf der anderen, östlichen Seite des Baches, im Zentrum des Dorfes, steht die ähnliche, doch etwas kleinere Casa Gerometta, erbaut im Jahre 1591. Über dem Ort erhebt sich westlich des Baches an aussichtsreichem Hang die im einfachen Klassizismus des 19. Jahrhunderts erbaute Pfarrkirche.

Paluzza. Das bald nur noch mit Schotter belegte Sträßchen führt unten an der Pfarrkirche vorbei westwärts über Wiesen, dann durch einen schönen Tannenwald an einem Steilhang empor zur 1050 Meter hohen Forcella di Lius und steigt dann zunächst langsam, dann steiler nach Westen ab in das Haupttal, in dem die Hauptstraße durch den Canale di S. Pietro zum Plöckenpaß hinaufführt. Vorerst genießt man den Ausblick über dieses Haupttal hinweg auf die Fortsetzung unserer zum Canale di S. Pietro quer verlaufenden Furche auf die Sella Valcalda und in das Pesarina-Tal.

Das Haupttal erreicht man in Paluzza, einem größeren Ort, bemerkenswert durch die Pfarrkirche, einem neuromanischen Bau von 1914, der in schönen Proportionen das mittelalterliche System der kreuzförmigen Säulenbasilika mit ausgeschiedener Vierung und Chorumgang mit den harmonischen Verhältnissen und der klaren Schönheit der toskanischen Frührenaissance vereint. Doch ursprünglicher als der große und trotz seinem edlen Eklektizismus etwas leere Raum ist die an den Anfang des linken Querschiffs anstoßende Kapelle, die sich von der älteren Kirche erhalten hat. Ein feines spätgotisches Netzrippengewölbe entwickelt sich hier aus einem Polygon, wobei Wände und Decke mit verblichenen Fresken des 15. Jahrhunderts ausgemalt sind. Vor diesem Abschluß steht ein vergoldeter Schnitzaltar des frühen 16. Jahrhunderts, der diesmal nicht von einem Meister nördlicher Herkunft, sondern von dem zwischen 1497 und 1535 bezeugten Giovanni Martini aus Tolmezzo oder Udine stammt. Aufbau und Ornamentik sind spätgotisch, aber statt des deutschen oder österreichischen Stab- und Rankenwerks herrscht das üppiger blühende ›Gotico fiorito‹ vor, wie es freilich zu Beginn des 16. Jahrhunderts höchstens noch in entlegenen Bergtälern weiterlebte, worin sich gegenüber dem Ursprung dieses Stils um 1400 das auch für die Schweiz bezeichnende Phänomen alpenländischer Stilverspätung bekundet.

Cervicento. Von Paluzza aus, das von dem großen Erdbeben nicht ganz unberührt geblieben ist, überqueren wir die große, zum Plöckenpaß führende Staatsstraße und folgen der schon durch die Forcella di Lius markierten Querfurche nach Westen, jedoch nur bis zu dem nahegelegenen Cervicento. Talwärts des Ortes liegt abgesondert die Pfarrkirche, die in ihrem weiträumigen Inneren das Schema der venezianischen Saalkirche der Renaissance übernimmt, mit zwei von Kreuzgraten überwölbten Jochen, und etwas eingezogenem Chor in der Art der ebenfalls nach Venedig weisenden Chorkuppel, die hier jedoch abgeflacht ist und im 18. Jahrhundert sehr ländlich ausgemalt wurde. Darunter steht, beachtenswert in der Qualität, der ebenfalls von Venedig her bestimmte Tabernakel-Altar, von zwei Statuen aus weißem Marmor wirkungsvoll flankiert.

Im Dorf selbst, mit seinem malerischen, nur für den Fußgänger bestimmten Gewinkel, stehen an engen und teilweise steilen Gassen einzelne palastartige Häuser, die jedoch nicht in karnischer Bauweise gehalten sind, sondern viel eher den venezianischen Süden bekunden, nicht nur in Einzelheiten, wie den durch eine Mittelsäule getrennten Doppelfenstern, sondern auch in den flach geneigten Rohrziegeldächern.

Sutrio. Wir bleiben im Haupttal des Canale di S. Pietro und halten noch kurz vor unserer Rückkehr auf die Hauptstraße in Sutrio, das sich am Bergfuß ausbreitet. Die hochgelegene Kirche S. Ulderico, die nicht nur den Ort, sondern auch die weitere Umgebung beherrscht, ist durch ihre Ausstattung ein ansprechendes Gesamtkunstwerk aus der letzten Zeit der venezianischen Republik. In dem 1778-1783 errichteten Bau treffen wir auf die schon in der Frührenaissance ausgebildete Verbindung von flachgedecktem Saal und überkuppeltem Chorraum. Wohl sind die Proportionen in provinzieller Art ein wenig gedrückt, sonst aber erlebt man eine der anmutigsten Schöpfungen, die an der Peripherie des alten Venedig entstanden sind. Der Hochaltar präsentiert sich als alleinstehender Säulentabernakel, wie ihn als Typus bereits im Cinquecento Jacopo Sansovino schuf. Das Altarbild zeigt in seiner Versammlung verschiedener Heiliger noch den Stil des späten 16. Jahrhunderts, etwa in der Nachfolge des Pordenone. Bereits in diesem aus einer älteren Kirche übernommenen Gemälde bildet eine gemalte Marmorbalustrade mit je einer seitlichen Säule den architektonischen Rahmen. Wie in Tizians ›Madonna der Familie Pesaro‹ verschwinden die Säulen in den Wolken, welche die von Engeln begleitete Madonna wie auf einem Himmelsthron tragen. Gleichzeitig mit der heutigen Kirche sind die Chorfresken entstanden, die Pietro Antonio Novelli aus Venedig wohl bald nach 1780 malte. In den Szenen der Darbringung im Tempel und des zwölfjährigen Jesus im Tempel herrscht noch immer der bühnenhafte Illusionismus des Barock, doch gemäßigt und geklärt durch die Exaktheit des Klassizismus, der hier eine ähnliche Übergangsstufe erreicht wie Januarius Zick in der gleichzeitigen süddeutschen Freskomalerei. In der Kuppel und deren Zwikkeln finden wir weitere Fresken in ähnlich abklingendem Illusionismus. Ein ansehnliches Chorgestühl, das Urnen und Engel schmücken, sowie eine Sängertribüne über dem Eingang vervollständigen zusammen mit den Nebenaltären die Ausstattung des späten Settecento. Unter den Altären sei jener mit einer Muttergottes im venezianischen Stil des späten 18. Jahrhunderts erwähnt, ferner ein frühklassizistisches Marmorretabel mit einem Kruzifix und eine Schmerzhafte Muttergottes, die einer älteren Epoche entstammt.

Als Kuriosum in Sutrio sei eine Schnitzerwerkstatt unmittelbar unterhalb der Kirche erwähnt, deren Meister aufs kunstvollste eine ganze Dorflandschaft mit mechanisch beweglichen Figuren aufgebaut hat.

Fella-Tal und Julische Alpen

Móggio. Wo bei dem kleinen Örtchen Cárnia die Hauptstraße Udine–Tarvisio–Villach die von Tolmezzo kommende Straße aufnimmt, mündet nahebei die Fella in den Tagliamento, und zwar geschieht diese Vereinigung von Straßen und Flüßchen in einem weiten, doch überaus öden Talgrund, aus dessen unfruchtbarer, bei Hochwasser überfluteten Kiesebene sehr steil die Berge aufsteigen, beherrscht von der kühnen Pyramide des Monte Amariano. Das Tal der von Norden kommenden Fella wird bald enger, ohne darum lieblicher zu werden. Auch die Spuren des Erdbebens sind noch zu sehen. Von der Hauptstraße abzweigend, erreicht man Móggio über eine Brücke. Im oberen Dorfteil genießt man von der baumbestandenen Terrasse vor der Kirche einen eindrucksvollen Blick auf das breite Bett des Flusses, und es ist, als habe das Erdbeben eine Verwüstung nur noch potenziert, die hier schon die Erosion des Wassers zusammen mit den in dieser Gegend so heftigen Wolkenbrüchen verursachte.

Die 1763 in schlichtem Spätbarock erneuerte Kirche des einstigen das Tal beherrschenden Benediktinerklosters in

Móggio di Sopra ist samt dem mittelalterlichen Baptisterium stark beschädigt worden, desgleichen das klassizistische Gotteshaus in Móggio di Sotto, in dem sich ein Apostelzyklus des Nicola Grassi befindet.

Nach Móggio ändert sich die Landschaft; sie wird milder und gewinnt im Talgrund einen gewissen Liebreiz. Schon Móggio di Sopra liegt als eine kleine Oase in der Steinwüste auf einem Moränenhügel, und ähnliche grünbewachsene Wälle, deren Schuttkern von Wiesen und Wäldern bedeckt sind, begleiten wenigstens auf der Sonnenseite von jetzt an den Lauf der Fella. Die Wildheit der Natur hat sich nun in die Höhe zurückgezogen; und so beherrscht ein imposanter Felszirkus den Grund der Val d'Aupa, die sich nördlich von Móggio öffnet. Südlich von Móggio bei Resiutta mündet in das Hauptt al die Valle di Résia, deren Besuch sich wegen ihrer landschaftlichen Schönheit sowie ihrer noch weitgehend unberührten Dörfer lohnt.

Chiusaforte. Bei Chiusaforte verengt sich das Tal derart, daß hier schon die Römer eine Sperre errichtet haben, woran der Name des Ortes erinnert. Kaiser Otto III. gab den Patriarchen von Aquileia das Recht, die Ortschaft zu befestigen, die auch nach dem Ende der Patriarchenherrschaft ihre militärische Bedeutung behielt und diese in den Kämpfen zwischen Venedig und Habsburg einsetzte. Die jüngsten Zerstörungen gehen auf das hier besonders heftige Erdbeben zurück.

Pontebba. Die Hauptstraße biegt nun zusammen mit der Bahn nach Norden und windet sich durch eine enge, nicht nur von Laubwäldern, sondern auch schon von Tannen bewachsene Schlucht mit einzelnen Tunnels. Auf solche Weise erreicht man Dogna, von wo sich nach Osten durch ein kleines Seitental der großartige Blick auf das Felsgetürm des Montasio öffnet. Eine größere Ortschaft und zugleich ein bedeutendes Kunsterlebnis erschließt sich uns in Pontebba, an der Einmündung zweier von Westen kommender Seitentäler. Hier war bis zum Ersten Weltkrieg die italienisch-österreichische Grenze, die heute bis über die Wasserscheide bei Tarvisio hinaus gegen Villach vorgeschoben ist. Pontebba, das dank seiner Lage schon zur Römerzeit eine Zollstation für den Verkehr von Venetien nach Illyrien war, hat eine große Pfarrkirche, S. Maria Maggiore, aus dem Jahre 1504. Wenn man das weiß, erstaunt der zur Zeit der italienischen Hochrenaissance noch so gotische Anblick der Kirche als Ganzes. Doch entdeckt man bald den bereits südlichen Charakter, den hier die Gotik angenommen hat, weniger im Maßwerk am Turm als in den knapp gestalteten Streben des Außenbaues, den feingegliederten Diensten im Inneren, wo das Mittelschiff zwar die Seitenschiffe überragt, doch im Unterschied zum basilikalen Bautyp keine eigenen Fenster aufweist. Sämtliche Gewölbe, auch die des eingezogenen Chores, sind durch zartgezeichnete Netzgewölbe mehr geschmückt als durchgliedert, wie es in den deutschen und österreichischen Gebieten ebenso der Fall ist.

Ihre eigentliche Bedeutung gewinnt die Kirche jedoch durch den Hochaltar. Das mächtige Schnitzwerk ist 1517 datiert. Als Meister nennen die einen Quellen Sigismund Wolfgang Maller, die anderen Heinrich von Villach. Der deutschen Herkunft des Meisters entsprechend, ist es ein Schreinaltar: Er zeigt in seiner Mitte die Marienkrönung, zu deren Seiten Reliefdarstellungen aus dem Leben Christi und Mariens. Die Rückseiten sind gemalte Tafeln, die durch ihre Landschaftsgründe fesseln und vermutlich von dem im österreichischen Alpengebiet tätigen Marx Reichlich geschaffen wurden. Der Stil der Holzfiguren erinnert in seiner spätgotisch-barocken Bewegtheit an entsprechende Werke in Sáuris und Prato Carnico, nur daß hier das begleitende Ornament von einer fast teppichhaften Dichte ist und sich namentlich hinter der Marienkrönung zu einer geheimnisvollen Tiefe öffnet, ähnlich wie in der älteren und noch reicheren Marienkrönung Michael Pachers in St. Wolfgang. Der Reichtum der begleitenden Zierformen wird ergänzt durch das hier ausnahmsweise wohlerhaltene Gesprenge, das in zierlichen Spitzen ausstrahlt und von Figuren durchsetzt ist. Doch nicht nur der Aufbau, sondern auch die Predella des Altarwerks ist insofern bemerkenswert, als sie in einem eigenen Schrein die

Figuren der Kirchenväter präsentiert. Der großartige Altar von Pontebba belegt den reichen kulturellen Austausch über die leicht passierbare Senke von Tarvisio, wobei zu Beginn des 16. Jahrhunderts der Norden hier mehr gebend war als der sonst so strahlungskräftige Süden.

Im rechten Seitenschiff birgt eine Kapelle einen vergoldeten Holzaltar in den frühbarocken Formen eines Säulenportals. Das auf solche Weise umschlossene Altarbild zeigt die Muttergottes zusammen mit den Heiligen Jakobus und Sebastian sowie den mit spanischen Halskrausen angetanen Stiftern. Das Werk ist in der Nachfolge des jüngeren Palma gegen Ende des 16. Jahrhunderts gemalt. Es besticht durch das Pathos und den koloristischen Aufwand der venezianischen Spätrenaissance und bildet, wenn auch nicht auf gleicher Höhe, gleichsam die Antwort südlicher Kunst auf den Hochaltar.

Nach Pontebba weitet sich, zugleich stärker ansteigend, das Haupttal. Wir erreichen, nun nicht nach Norden, sondern gegen Osten fahrend, die breite, von sanften Wiesen bedeckte und von mäßig steilen Waldhängen gesäumte Senke von Tarvisio und damit die hier alles andere als schroffe Wasserscheide zwischen Adria und Schwarzem Meer. Man begreift nun auch die topographischen Gründe dafür, daß die Grenze Venetiens – und bis nach dem Ersten Weltkrieg auch Italiens – weiter südwärts lag, wo die steile Waldschlucht zwischen Pontebba und Chiusaforte einen Engpaß bildet.

Die Straße ist gut ausgebaut und durchschneidet als breites Asphaltband verhältnismäßig schroff die Landschaft, deren Bodenform durch die gegen Ende des 19. Jahrhunderts erbaute Eisenbahn modelliert wurde, eine Linie, die erstaunlicherweise eingleisig geblieben ist, obwohl sie die beste Verbindung von Wien über Klagenfurt und Villach nach Venedig darstellt, nachdem seit dem Bestehen Jugoslawiens die schon 1856 eröffnete Linie über Graz, Laibach, Triest an Bedeutung verloren hat.

Malborghetto. Ungefähr fünf Kilometer östlich, oberhalb von Pontebba, nahe der Sprachgrenze, sieht man den Achteckbau der Kirche S. Gottardo, die gute Schnitzaltäre birgt. Man umführt das nördlich der Hauptstraße gelegene Malborghetto, wohin abzubiegen die Pfarrkirche S. Maria mit ihren barokken Altären lohnt. Zudem befinden sich in dieser Kirche einzelne Grabsteine aus dem 16. Jahrhundert. Im Ort ist der Palazzo Canal sehenswert, dessen aus der Mitte des 16. Jahrhunderts stammende Fassade mit Darstellungen in Sgrafittotechnik geschmückt sind. Malborghetto gewann seinen Reichtum aus den im ›Canale di Ferro‹ – wie das Tal der Fella auch heißt – abgebauten Eisenerzen, und wurde dementsprechend im Mittelalter ›Buonborghetto‹ genannt. Die bemerkenswerte negative Umbenennung geht auf die zahlreichen Kämpfe zurück, die später hier stattfanden und bei denen der Ort als Festung eine Rolle spielte, so im Krieg von Gradisca gegen die Venezianer und in den napoleonischen Kriegen 1797, 1805 und 1809.

Ugovizza. Es folgt Ugovizza, eines der ältesten Dörfer der Talschaft, dessen Name schon slowenisch klingt. Die Kirche SS. Giacomo e Filippo ist durch den massigen Turm gekennzeichnet, der sich hier über dem Chor erhebt und von einer ins nahe Österreich und Slowenien hinweisenden Zwiebelkuppel gekrönt ist. Im Inneren, das durch holzgeschnitzte vielfarbige Altäre in der uns schon von Karnien bekannten Art geschmückt ist, sind 1959 Fresken aufgedeckt worden, wie wir sie ähnlich auch im nahen Tarvisio finden werden.

Tarvisio. Grenzorte wie Tarvisio sind dem Reisenden meist aus Fahrplänen in Erinnerung und auch dann nur als für die Zollabfertigung notwendiger Zwischenhalt, den man am liebsten im Liegewagen verschläft. Und für den Autofahrer bedeuten sie den gefürchteten Stau vor dem Zoll und dazu jene mehr oder weniger bewußte Beklemmung, die das Überschreiten einer Schwelle zeitlicher und örtlicher Natur stets bereitet. Auch für Tarvisio trifft das alles zu, obwohl die Staatsgrenzen sowohl gegen Österreich wie auch gegen Jugoslawien mehrere Kilometer nördlich und östlich des Ortes liegen, jenseits der hier von verhältnismäßig sanften Höhen umschlossenen Wasserscheide zwischen Fella, Drau und Save.

Der Ort, der sich in eine ältere Unterstadt und eine etwas jüngere Oberstadt teilt, ist wahrscheinlich römischen Ursprungs; er zog Nutzen aus seiner Lage als Knotenpunkt der den genannten Flüssen nach Italien, Kärnten und Slowenien folgenden Straßen. Daraus entwickelte sich schon früh ein reger Markt, und dazu kam die Industrie, die sich aus den Eisenvorkommen der Umgebung schon im 15. Jahrhundert entwickelte. Die für Tarvisio daraus erwachsende Blüte wurde freilich 1478 und 1492 durch die Einfälle der Türken geknickt, die damals auch Friaul heimsuchten und nördlich der Alpen 1527 bis vor Wien drangen. Die hohe strategische Bedeutung der Tarviser Senke führte auch in den napoleonischen Kriegen mehrmals zu Kämpfen. Tarvis – wie es früher hieß – war von 1276 bis 1918 österreichisch, woran der Bahnhof und einzelne öffentliche Gebäude des 19. und frühen 20. Jahrhunderts in ihrem unverkennbar ›ärarischen‹ Stil erinnern. Doch auch die älteren Häuser und vor allem die beiden Kirchen tragen die Züge Kärntens: die kleine Loreto-Kirche mit ihren barocken Altären und die große Pfarrkirche, die 1448 begonnen und später vergrößert wurde und deren Platz von einer mit zwei Ecktürmen besetzten Wehrmauer umschlossen ist. Im saalartigen Inneren der Pfarrkirche treffen einander Norden und Süden. Die aus dem 16. bis 18. Jahrhundert stammende Ausstattung mit Altären, Chorgestühl und einzelnen Skulpturen weist nach Österreich, während die ins Innere übertragenen Fresken vermutlich ein Meister aus Tolmezzo um 1500 malte. An der Fassade nimmt ein neun Meter hoher Christophorus seinen obligaten Platz ein.

Die Fusine-Seen. Wir bleiben in den Julischen Alpen, wenn wir am obersten Lauf der Save Richtung Jesenice ostwärts weiterfahren. Das breite, von sanften Waldhängen gesäumte Tal mutet durchaus wie in Kärnten oder Slowenien an, so auch die auf der anderen Seite der Save gelegene Dorfkirche von Fusine mit den steilen Dächern, dem schmalen Langhaus, dem noch schlankeren Chor und den barocken Altären.

Wenig vor der jugoslawischen Grenze biegen wir nach rechts ab und fahren südwärts einige Kilometer zu den Fusine-Seen empor. Die Straße berührt den unteren der beiden Seen an einer Stelle; zum oberen, vor dem sie endet, muß man einige hundert Meter gehen. So sind die Ufer höchstens von Fußpfaden gesäumt, und man genießt dankbar die Unerschlossenheit der Landschaft. Diese kann man nur als Juwel bezeichnen: Dichtes Laubholz, am oberen See auch Tannen, fassen die klaren Wasserflächen ein, über denen die markanten Wände und Zinnen malerischer Felsgebirge eine Art von Arena bilden. Oft sind die Gipfel von ziehenden Wolken verhüllt, die das sonst ruhige Bild zu bewegten Szenerien verwandeln. Ein kleines Berghotel und je eine bewirtschaftete Hütte am unteren sowie am oberen See bieten Unterkunft und Stärkung. Der Naturfreund hofft, daß diese Schlichtheit sich noch lange erhalten möge.

Der Predil-See. Von Tarvisio oder Chiusaforte aus empfiehlt sich auch ein Besuch des Predil-Sees. Die Entfernung von Tarvisio beträgt nur zwölf Kilometer und die Steigung der Straße ist gering. Man durchquert dabei den Industrieort Cave del Predil mit seinen nicht nur den Talgrund, sondern auch die Hänge beherrschenden Werkanlagen. Hier wird übrigens schon seit römischer Zeit Zinn und Blei gewonnen. Bald erreicht man den 959 Meter hochgelegenen See, der sich von seinem Nordende aus am schönsten darbietet. Rechterhand sieht man die Straße zum Passo del Predil emporsteigen, der die Grenze nach Jugoslawien und den Übergang ins oberste Isonzotal bildet. Sonst herrscht unberührte Natur. Das Auge wandert über die Wasserfläche zu den Buschwäldern und Schutthalden des jenseitigen Ufers und hinauf zu den Felsmauern der Cima del Lago, deren geschlossenes Massiv zunächst dumpfer wirkt als die kühngezackten Dolomiten, doch sind es bald die breitgelagerten Massen, bald ist es die hochgetürmte Kraft, die den Julischen Alpen hier wie im nahen Jugoslawien ihren unverwechselbaren Charakter verleihen.

Sella Nevea. Man kann am See entlang weiter und in leichter Steigung zur Sella Nevea fahren und von dort nach Friaul hinunter, oder, vom Friaul kommend, den Weg in umgekehrter Richtung nehmen. In diesem Fall zweigt man in Chiusaforte von der Pontebbana-Straße ab und folgt zunächst der Sohle des schluchtartig engen Seitentals. Dann steigt die Straße in Kehren eine steile, von Felsen durchsetzte Talstufe empor und erreicht darüber auf einer breiten Terrasse Sella Nevea. Bei unserem Besuch in einem Herbstmonat trafen wir auf eine Geisterstadt mit hotelähnlichen Bauten von hundert und mehr Metern Länge, zum Teil noch unvollendet, mit riesigen, jedoch leeren Parkplätzen, Luftseilbahnen, deren Kabel sich aus mächtigen Betonstationen zu ebensolchen Betongehäusen emporschwangen, und Skiabfahrtspisten, die in der in Italien üblichen bedenkenlosen Art die Wälder zerschneiden. Doch alles lag still, die Hotels waren geschlossen, sofern sie überhaupt Hotels waren und nicht Zweitwohnungen für Städter. Die Umgebung war eine ungepflegte Öde, von Bulldozern terrassiert, unbepflanzt und höchstens von Zufallsgrün belebt; irgendwo waren eine Bar und ein Kiosk geöffnet. Wir waren in einem ausschließlich für den Wintersport bestimmten Touristenort, der sich wie so viele seinesgleichen in den Alpen noch im ›Sommerschlaf‹ befand. Mit Mühe und Not fanden wir Unterkunft in einem erst teilweise bezogenen Hotel, das zwar komfortable Zimmer, aber eine nur äußerst bescheidene Speisekarte bot, und mußten froh sein, in dieser Jahreszeit hier oben überhaupt etwas zu bekommen. Außer einer Hochzeitsgesellschaft waren wir fast die einzigen Gäste und hatten am anderen Morgen Mühe, aus dem noch schlafenden Haus wieder herauszukommen, um nach kurzer Fahrt durch das fast flache Hochtal erleichtert den noch unberührten Lago del Predil zu erreichen.

ISTRIEN

Die Landschaft und ihre Geschichte

Die östliche Grenze des Friaul bilden die langgestreckten, flachen Kalkhöhen des Karstes, in dem die Julischen Alpen meerwärts auslaufen und dessen Gebiet sich ostwärts über Slowenien hinaus bis an die dalmatinische Küste und an dieser entlang zieht. Der Karst ist eine karge Landschaft, es fehlt an Wasser, das im Kalkgestein sehr rasch versickert, dementsprechend ist die Vegetation spärlich, meist auf Buschwälder beschränkt. So sind auch die menschlichen Siedlungen selten. Der Charakter des Karstes bestimmt den schmalen italienischen Streifen zwischen Görz und Triest und in gewissen Abwandlungen auch die Halbinsel Istrien, die sich als nordwestlichster Teil Jugoslawiens zwischen dem Golf von Triest und der großen Bucht von Rijeka in die Adria hinausschiebt. Die flachen, vielfach mit nacktem Fels und spärlichem Pflanzenwuchs der Sonne preisgegebenen Hochflächen des Karsts beherrschen vor allem die westlichen Teile der Halbinsel. Bis zur Höhe von 1273 Metern aufsteigende Gebirge verbinden den nordöstlichen Teil von Istrien mit dem Festland, doch sind sie von den Bergen Sloweniens durch die flache Senke getrennt, die von Görz über Postumia nach Rijeka führt. Dort, wo der bergige Teil Istriens in Vorgebirgen ins Meer hinausstößt und dazwischen geschützte Buchten bildet, wie im Nordwesten, liegen die alten Städte Muggia, Capodistria, Izola und Piran und vor allem das sie alle an Größe übertreffende Triest. Gegen die berüchtigte ›Bora‹, einen im Winter eisigen, mit großer Heftigkeit aus den Höhen des Karstes kommenden Fallwind, der durch die zwischen der Adria und dem Donaubecken differierenden Druckverhältnisse entsteht, sind freilich wenige Orte hinreichend geschützt, am meisten Opatija, das im 19. Jahrhundert unter dem Namen Abbazia zu einem der damals bekanntesten sogenannten ›Luftkurorte‹ aufgestiegen ist, oder an der Nordwestküste das gartenreiche

IX

GIUSEPPE ZAIS

Friulanische Landschaft

Öl auf Leinwand, 160 x 90 cm
Mitte des 18. Jahrhunderts
Padua, Museo Civico

Portorož. So sehr sich Istrien vom Friaul unterscheidet, beide Landschaften verbindet die Adria, wenn sie freilich auch an ganz verschieden gearteten Küsten liegen, wobei Istrien als Halbinsel natürlich dem Meer ungleich stärker verbunden ist. Es versteht sich, daß die Lage an demselben Meer auch Gemeinsames innerhalb einer sonst verschiedenen Geschichte schafft. Gemeinsam ist die vom Römischen Reich verbreitete Kultur, wobei die Siedlungen aus jener Epoche in Istrien dichter sind als im Friaul, wo aber wiederum das einstige Aquileia zu den wichtigsten Städten des Kaiserreichs zählte. Demgegenüber zeichnen sich Triest und Pula noch heute durch aufragende Bauten aus, wie sie sonst nur wenige Städte aus römischer Zeit besitzen. Aus derselben Zeit haben sich Spuren von Kolonien und Kastellen auch in vielen kleinen Orten Istriens erhalten.

Den Einbrüchen der Völkerwanderung war auch Istrien ausgeliefert, und obzwar die Halbinsel durch Gebirge gegen das Festland verhältnismäßig gut geschützt war, stand sie während des Mittelalters doch den Seeräubereien der Sarazenen um so offener. So hören wir von solchen Überfällen bis weit ins Land hinein. Seit dem 15. Jahrhundert aber bildeten sich zwei Reiche, die beide um den Besitz von Istrien rivalisierten, ähnlich, wie sie es auch um große Teile von Friaul taten. Auf der istrischen Halbinsel gelang es Venedig, sich bis zum Ende seiner Selbständigkeit, das heißt bis in die Zeit der Französischen Revolution, gegen die Aspirationen der Habsburger zu behaupten, die sich dann in Görz und an den beiden Ansätzen der Halbinsel, in Triest und Fiume (Rijeka), festsetzten und nach dem kurzen Zwischenspiel der von Napoleon geschaffenen ›Illyrischen Provinzen‹ von 1815 bis 1918 ganz Istrien beherrschten. Im 19. Jahrhundert wurde Pula, damals Pola, zum ersten Kriegshafen der Donaumonarchie ausgebaut. Triest und Fiume nahmen durch direkte Förderung des Wiener Hofes schon im 18. Jahrhundert einen bedeutenden Aufschwung, dank des Freihafenstatuts und anderer Privilegien, sowie durch Straßenbauten, wie sie hier für die Verbindung mit dem Hinterland besonders wichtig waren. So zeigen beide Städte, ähnlich wie auch Görz, wenigstens in ihren älteren Teilen noch heute ein altösterreichisches Gesicht, Triest mit der kaiserlich-österreichischen, Fiume mit der königlich-ungarischen Nuance.

Mit dem Zusammenbruch der Donaumonarchie am Ende des Ersten Weltkriegs gelangten vorerst die italienischen Irredentisten zum Ziel, die schon seit Jahrzehnten auf die Vereinigung mit Italien hingearbeitet hatten und sich dabei auf die starken italienischen Minderheiten stützten, ein Ziel, das ihnen freilich durch das 1919 neugeschaffene Jugoslawien streitig gemacht wurde. Doch der gegen alle Verträge unternommene Zug d'Annunzios und das nachfolgende Regime Mussolinis schienen Istrien samt den im Inneren der Halbinsel überwiegenden Slawen endgültig der ›Italianità‹ zu unterwerfen, was sich äußerlich in den meist großsprecherischen Bauten des Faschismus äußerte. Die neue Wende kam durch den Zweiten Weltkrieg. Als in dessen Verlauf 1943 Italien kapitulierte, blieb zwar das Gebiet vorerst noch in der Hand des Militärs, doch nahm der Partisanenkrieg immer schärfere Formen an. Jetzt zeigte sich die durch die karge Natur geprägte und durch die frühere Fremdherrschaft oft verbitterte Art dieses Volksschlags in seiner ganzen Härte. Hart und bitter war auch nach 1945 die Abrechnung mit den Italienern, die selbst dort das Land verlassen mußten, wo sie, wie in den Küstenstädten, schon seit venezianischer, wenn nicht seit römischer Zeit gesiedelt hatten.

Küstenorte zwischen Triest und Novigrad

Man durchfährt Triest den Hafenkais entlang, zunächst begleitet von der Wasserfront der Stadt, vorbei an Palästen, die allmählich immer bescheidener, an großen Gebäuden, die immer moderner werden. Der altösterreichische Glanz weicht einem Ambiente, wie es viele Seestädte am Mittelmeer haben könnten, Genua, Marseille oder Barcelona. Die Straße führt bergauf und bergab zu neueren und neuesten Vierteln, die freilich nicht ganz so ins Kraut geschossen wirken wie in stärker prosperierenden Orten. Meerwärts breiten sich kleinere Werften aus, dann wieder Industrieanlagen. Wir stoßen auf die Straße, auf der man durch Triest über den Largo Barriera Vecchia nach Muggia gelangen kann, lassen dieses schon von Triest aus besuchte Städtchen rechts liegen und folgen jener großen Straße, auf die wir auch von der Barriera Vecchia aus kommen können, sofern wir den größeren Verkehr in Kauf nehmen. Landeinwärts leicht ansteigend, erreichen wir bald auf einem flachen Sattel die Grenze. Im Unterschied zu anderen Ländern Osteuropas vollziehen sich die Formalitäten hier rasch und reibungslos. Dann sind wir in Jugoslawien, und zwar in einem seiner sechs Bundesstaaten, der Sozialistischen Teilrepublik Kroatien, zu der Istrien mit Ausnahme eines slowenischen Küstenstreifens im Norden gehört. Jenseits der Grenze wird die Landschaft weiter. Eintönigkeit und Unfruchtbarkeit des Karstes, wie man sie zwischen Görz und Triest erlebt, treten zurück. Nicht nur die Talgründe, auch die Berghänge sind so intensiv bebaut wie in den Hügelzonen Friauls. Allerdings werden wir auch in Istrien große Strecken durchfahren, die durchaus Karstcharakter haben; nach der Farbe des Gesteins nennt man den Nordosten deshalb vielfach ›weißes Istrien‹, den Süden hingegen ›rotes Istrien‹.

Koper (Capodistria)

Bald kommt Capodistria in Sicht, dessen Altstadt auf einem halbinselförmig ins Meer vorspringenden Hügel liegt. Der historische Kern ist umstellt von Hochhäusern und umlagert von Industrie, lohnt aber trotzdem einen Besuch. Von den großen, fast immer Platz bietenden Parkmöglichkeiten südlich der Altstadt aus kann man den Stadtkern entweder durch das 1516 von den Venezianern errichtete Tor betreten, oder durch irgendeine der engen Gassen und Gäßchen zum Hauptplatz *Titov Trg* hinauffinden, der mit dem Dom, dem einstigen Prätorenpalast und der gegenüberliegenden gotischen Loggia den flachen Scheitel des einstigen Inselhügels krönt, denn Capodistria ist erst in neuerer Zeit durch große Aufschüttungen mit dem Festland verbunden worden. Bereits das Platzgebilde fesselt nach dem verwinkelten und verwikkelten Gassenlabyrinth, das wir durchschritten haben. Eigentlich sind es mehrere Plätze, die ineinandergreifend den Dom umschließen und sich zu einzelnen größeren Straßen ausweiten, ohne daß dabei die Geschlossenheit des Ganzen leiden müßte. Im Gegenteil ist im Lauf der Jahrhunderte ein urbanes Zentrum entstanden, das ungemein lebendig wirkt.

Hier siedelten schon vor den Römern die Griechen; unter byzantinischer Herrschaft hieß die Stadt ›Iustinopolis‹, in solcher Namensgebung östlichen Gepflogenheiten entsprechend. Im Laufe der Völkerwanderung entstand hier vorübergehend ein selbständiges kleines Fürstentum, das 788 von den Franken unterworfen wurde. Später gehörte Capodistria zum Machtbereich der Patriarchen von Aquileia; noch später fiel es gegen den Widerstand der Habsburger an Venedig. Unter der Herrschaft der Markusrepublik blieb die Stadt bis 1798, um dann während der Ära Napoleons zu dessen ›Illyrischen Provinzen‹ zu gehören. Von 1815 bis 1918 war es österreichisch, von 1918 bis 1945 italienisch. Vom Ende des Zweiten Weltkriegs bis 1954 bildete es die Hauptstadt der sogenannten ›Zone B‹ und wurde zunächst von Jugoslawien verwaltet, um dann durch den Vertrag vom 5. Oktober 1954 endgültig an Jugoslawien zu fallen. Aus Capodistria stammte ein Grafengeschlecht, dessen bekanntester Vertreter, Johannes Anton Graf Kapodistrias im frühen 19. Jahrhundert als russischer Diplomat, Führer der für die Befreiung Griechenlands von den Türken agierenden ›Philhellenen‹ und schließlich als griechischer Staatsmann unter dem Namen Kapodistrias eine dramatische Rolle spielte.

Trotz aller Wechselfälle gerade auch seiner neueren Geschichte ist das Aussehen von Koper, wie Capodistria heute heißt, noch immer venezianisch, sowohl in den bescheidenen Häusern, die die Altstadt bilden und ihr den Charakter einer der vielen Fischerstädte an der nördlichen und östlichen Adria verleihen, wie auch in den Denkmälern, die dem Hauptplatz sein Gesicht geben und vereinzelt auch die Gassen akzentuieren.

Der Dom wird überragt von einem hohen Campanile, der im Laufe des 13. bis 15. Jahrhunderts aus hellem, grünlichgrauem Sandstein errichtet wurde, seinen achteckigen Abschluß jedoch erst 1660 erhielt. Die Domfassade ist in ihrem unteren Teil durch gotische Blendarkaden gegliedert, zwischen deren Bogen über bereits sehr reichen Pflanzenkapitellen überaus zierlich ineinandergeschachtelte Tabernakel die Wand schmücken. Es sind Meisterleistungen venezianischer Kunst im Stil jener Steinmetzmeister-Werkstatt Dalle Masegne, die sich auch am Markusdom auszeichnete. Mit der überlegenen Eleganz, die im venezianischen Kunstbereich schon die Gotik besitzt, wandelt der das Hauptportal überhöhende Blendbogen die Spitzform zum Kiel ab. Die Domfassade entwickelt in ihrem Obergeschoß eine Pilasterordnung in den zwar noch immer zierlichen, doch bereits mehr nüchternen Formen der Frührenaissance.

Südlich der Domfassade öffnet die mit der Figur des Markuslöwen gezierte Loggia ihre ebenfalls venezianischen Säulenbogen, die der Erdgeschoßhalle des Dogenpalastes nachgebildet sind. Aus ihrem Inneren, in dem schon seit österreichischer Zeit ein Kaffeehaus eingerichtet ist, gewinnt man schöne Durchblicke sowohl gegen die Eingangsfront des Domes wie auch gegen das Haus des Prätors, das winkelförmig die gegenüberliegende Südwestseite des Platzes einnimmt.

Der einstige Sitz des Podestà, des Stadtoberhauptes, erinnert mit den durch Zinnenkränze abgeschlossenen Türmen an eine mittelalterliche Burg. Mit zierlich gotischem Stabgeländer legt sich die für solche Gebäude übliche Freitreppe vor die südliche Platzfront, mit einem Altan die Einmündung einer Gasse überhöhend. Die Fenster, meist zu Reihen und Gruppen zusammengefaßt, gehören der Gotik und der Frührenaissance an, wobei den beiden Epochen die schlanken Proportionen gemeinsam sind. 1664, also in der Reife des Barock, wurde die Front mit Büsten und reich gefaßten Wappenschildern dekoriert; sie ergänzen die schlanke gotische Figur der Justitia und den auch an diesem Staatsgebäude nicht fehlenden Markuslöwen.

Nachdem wir den Platz überschaut haben, betreten wir den *Dom* von der Südseite her durch ein Frührenaissanceportal und befinden uns in einer dreischiffigen Anlage von hallenartiger Weite. Die schon fast klassizistisch klaren Formen gehen auf die durchgreifende Erneuerung der ursprünglich gotischen Anlage durch einen der führenden Architekten des venezianischen 18. Jahrhunderts, Giorgio Massari, zurück. Die Ausstattung ist sehenswert. Die beiden Querschiffe sind durch je ein großes, figurenreiches Gemälde des Vittore Carpaccio geschmückt, der den Besuchern Venedigs durch den Ursula-Zyklus in der dortigen Accademia bekannt ist und zusammen mit Giovanni Bellini und Cima da Conegliano zu den führenden Malern der Zeit um 1500 gehörte. Er ist hier nicht zu verwechseln mit seinem Namensvetter Benedetto Carpaccio, der rund eine Generation jünger ist, aus Capodistria stammt und sich in seinem Wirken auf seine Heimatstadt sowie auf das nahe Piran beschränkte. Im Mittelpunkt des Chores steht der gotische Marmorsarkophag des Stadtpatrons, des heiligen Nazarius, der 1332 hier beigesetzt wurde. Das den Prunksarg umgebende Gitter entstammt dem Barock, ebenso das reich geschnitzte Lesepult und das sparsam, jedoch überlegen dekorierte Chorgestühl, was alles zusammen vom Schiff her ein eindrucksvolles Gesamtbild ergibt.

Nördlich des Domes steht etwas verloren auf einer erst in unseren Tagen als Parkplatz freigelegten Fläche der kleine romanische Rundbau des *Baptisteriums.* Östlich des Domes findet man die kleine, romanisch-gotische Kirche *St. Jakob* und hinter ihr die mit Fresken aus dem 17. Jahrhundert geschmückte *Franziskanerkirche.* In östlicher Richtung weitergehend, gelangt man an den unteren Rand des Stadthügels zur *St. Anna-Kirche,* in der sich neben Gemälden von Cima da Conegliano und anderen Venezianern auch Altarbilder des genannten Benedetto Carpaccio finden.

Geht man vom Domplatz aus an der Loggia vorbei durch die nach Giuseppe Verdi benannte Straße nach Norden, so hat man nicht nur einen reizvollen Rückblick auf den Palazzo Pretorio, sondern erreicht bald auch eine mit Bäumen bestandene Aussichtsterrasse, die eine schöne Sicht auf den Hafen und darüber hinweg zur Bucht von Triest erlaubt. Vom Hauptplatz aus erreicht man in westlicher Richtung den in Formen der venezianischen Spätrenaissance erbauten Palazzo Tacco, heute *Stadtmuseum,* dessen Sammlungen vor allem für die Urgeschichte, die römische Antike und die Völkerwanderung wichtig sind. Daneben gibt es hierher übertragene Fresken des 17. und 18. Jahrhunderts, Gemälde von Bellini, Benedetto und Vittore Carpaccio, Strozzi u.a., sowie Werke von slowenischen Malern des 19. Jahrhunderts.

Izola (Isola d'Istria)

Von Capodistria aus fahren wir über einen erhöhten Küstenvorsprung, der uns einen umfassenden Rückblick auf die eben besuchte Stadt und darüber hinaus auf den Golf von Triest schenkt. Auf der anderen Seite des Vorgebirges liegt das Städtchen Izola. Wie der Name sagt, war der heute mit dem hier wieder flachen Land verbundene Ort einst eine Insel, die ähnlich wie Capodistria im fünften nachchristlichen Jahrhundert den Bewohnern von Aquileia als Zuflucht diente. Da eine moderne Überbauung fast völlig fehlt, erlebt man den Ort in seiner Ursprünglichkeit: Die Gassen sind ähnlich von bescheidenen Häusern gesäumt wie im übrigen Istrien und auch in Grado. Um so stattlicher überragt der 1775-1781 errichtete *Besenghi-Palast* die übrigen Wohnbauten. Ganz in der

Art der venezianischen Paläste des 18. Jahrhunderts gibt sich über der kleinen Freitreppe das Portal; reiche Gitter zeichnen die Front des ersten Obergeschosses aus, während anmutig bewegter Stuckdekor die wie auch in Triest und seiner Umgebung verhältnismäßig kleinen Fenster schmückt. An der Südostecke ist in den sehr viel jüngeren Teil ein steinerner Löwe eingemauert, der aus einer heute verschwundenen romanischen Kirche stammt.

Der unweit dieses Palastes den Stadthügel krönende *Dom* ist langgestreckt und niedrig, und verhältnismäßig gedrungen gibt sich auch der Campanile. Das Innere umfängt uns als dreischiffige Basilika von gedrückten Proportionen. Über die weitgespannten Säulenarkaden zieht sich ein Bilderfries, über dem sich das Hochschiff in Halbkreisfenstern öffnet. Am Ende des rechten Seitenschiffs findet man ein Altarbild, gemalt von Irene da Spilimbergo, einer der wenigen der Kunstgeschichte bekannten Malerinnen aus früherer Zeit, die in dem Goldton, mit dem sie das Inkarnat des heiligen Sebastian wiedergibt, ihren Lehrer Tizian bezeugt.

Portorož (Portorose)

Nach Izola steigt die Straße von neuem und führt durch eine schöne Zypressenallee über das aussichtsreiche Vorgebirge der Punta Ronco hinweg in die Bucht von Portorož oder Portorose, die schon seit Jahrzehnten ein vielbesuchter Ferienort ist. Der Name kommt von den vielen Rosen, die hier in subtropischen Gärten dank der milden, windgeschützten Lage gleichsam ein kleines Riviera-Paradies schufen. Olivenhaine schenken den Hängen ihr silbern helles Grün, unterbrochen von den dunklen Nadeln der Zypressen. Großzügige Kaianlagen mit allen Attraktionen eines vielbesuchten Badeortes, wie es über alle politischen und gesellschaftlichen Grenzen hinweg dem Tourismus entspricht, führen hier Besucher aus Ost und West zusammen. Zahlreiche moderne Hotels, die in ihrer Erscheinung glücklicherweise keine Assoziationen mit ›Wohnmaschinen‹ aufkommen lassen, sondern ihre vielen Stockwerke durch schwach ansteigende leichte Dächer und elegant umgitterte Balkone ins möglichst Gewichtslose, ja sogar Zierliche abwandeln, säumen die Straßen im Inneren der Stadt.

Doch noch sympathischer hebt sich von dem unserer Zeit gemäßen Internationalismus das alte *Palace-Hotel* ab, das im letzten Jahrzehnt vor dem Ersten Weltkrieg erbaut wurde und trotz riesigen Proportionen im Stil der ›Belle Epoque‹ gegliedert ist, und zwar mit deutlichen Abwandlungen zum Geschmack der k.u.k. Monarchie hin. Gänge von gewaltiger Länge und respektabler Breite lassen an ein Sanatorium denken; die Halle mit ihrer schweren, kassettierten Holzdecke, den spiralig profilierten Steinsäulen und dem üppigen Prunkkamin ist würdig eines zwischen Donau, Alpen und Adria gelegenen Schlosses. Mit seinen Spiegeln, Leuchtern und Stukkaturen befleißigt sich der Speisesaal dezenter Pracht, vorgetragen mit einer Mischung aus Neuklassizismus und Neurokoko, wozu noch ein Schuß ›Wiener Sezession‹ kommt. Heute ist dieses Haus freilich nur noch ein ›B-Hotel‹, eine Kategorie, die dem Individualreisenden kaum mehr Rechnung trägt. Doch schön geblieben ist der Park mit seinen alten Bäumen, den subtropischen Koniferen, Steineichen und Kakibäumen.

Piran (Pirano)

Von Portorož ist es nicht weit bis zur Spitze des die Bucht gegen Norden schützenden Vorgebirges, wo sich um einen kleinen Fischerhafen das alte, nicht nur seiner Baudenkmäler, sondern auch seiner Atmosphäre wegen besuchenswerte Städtchen Piran aufbaut. Im Unterschied zu Capodistria, mit dem es die geschichtlichen Schicksale weitgehend teilt, liegt der Ort auf einer Landspitze, die nach Norden steil abfällt, gegen Süden zu jedoch eine kleine Hafenbucht umschließt, die gegen die Bora geschützt ist.

An den kleinen Hafen grenzt der *Hauptplatz* mit dem Denkmal des Violinvirtuosen und Komponisten Giuseppe Tartini, der 1692 hier geboren wurde und nach einem reich bewegten Leben 1770 als Kapellmeister der großen Wallfahrtskirche S. Antonio in Padua starb. Der Platz ist von öffentlichen Gebäuden aus dem österreichischen 19. Jahrhundert umstanden. Dazu gehört das 1879 erbaute Rathaus mit seinem Säulenrisalit und mit dem Markuslöwen, den die Neurenaissance-Fassade von dem alten venezianischen Palazzo del Comune übernahm. An die Markus-Republik erinnern auch die mit den Statuen der Heiligen Markus und Georg geschmückten Pfeiler. In dieselbe Vergangenheit gehört die venezianische Gotik jenes Wohnhauses, bei welchem man nach rechts eine enge Gasse emporsteigt, vorbei an der Giebelfront eines kleinen, der Madonna della Consolazione geweihten *Oratoriums,* in dessen Giebelfront mit ihren Türprofilen und Fenstergittern sich venezianisches Settecento widerspiegelt. Man gewinnt zu Fuß einen flachen Sattel, von dem es rechts durch Gärten zu den mit Türmen und Zinnenkranz bewehrten Stadtmauern hinaufgeht. Nach links sich wendend, gelangt man in mäßiger Steigung am Achteck eines Baptisteriums vorbei zum Dom.

Dem heiligen Georg geweiht, wurde der *Dom* 1317 begonnen, doch erst 1637 vollendet. An die Gotik des Trecento erinnert am ehesten noch der Campanile, während die Seitenwände mit ihren schlichten, dreiteiligen Thermenfenstern die Vollendung der Kirche in späteren Jahrhunderten verraten. Einzig die nach Westen gerichtete Schauseite erhebt größere künstlerische Ansprüche. Die in noch barockem Klassizismus gestaltete Tempelfront mit dem nur an hohen Festtagen geöffneten Portal ist das eigentliche Wahrzeichen von Piran. Ihr Bild war das letzte, das der Seereisende mitnahm, und das erste, das den Zurückkehrenden begrüßte.

Das Innere des Domes stellt sich dar als venezianische Saalkirche, die sich gegen Osten architektonisch kompliziert, und zwar durch den tonnengewölbten Durchgang zum eigentlichen Altarraum, der sich für den im Schiff stehenden Betrachter seitlich ins Ungewisse hin auszuweiten scheint, ein szenographisch reizvoller Effekt, wie ihn in Venedig die ›Gesuiti‹-Kirche und in München die ebenfalls dem 18. Jahrhundert angehörende St. Anna-Damenstiftskirche aufweisen. Die Hauptachse der Kirche mündet in einer von einem Oberlicht beleuchteten Apsis. Diese füllt ein Altaraufbau in Form eines dreiteiligen Triumphbogens, den das 19. Jahrhundert nicht einmal sehr störend durch eine Attika ergänzte. Die Wände des Langhauses schmücken Altäre mit Bildern, die zum Teil noch aus dem 16. Jahrhundert stammen. Unter diesen zeichnet sich über dem Nordportal die Darstellung des Drachenkampfs des heiligen Georg durch ihre barocke Bewegtheit aus. Barock sind auch die großen Leinwandbilder, welche die Wandflächen im Chor füllen. Als handwerklich schöne Leistungen fallen das Orgelgehäuse und die dazugehörenden Emporen auf.

Der Dom beherrscht nicht nur vom Hafen aus das Stadtbild; auch die ihm vorgelagerte Terrasse bietet eine weite Rundsicht: über die Stadt, die Bucht von Portorož und die Landspitzen Istriens, doch auch nach der anderen Seite, gegen den Golf von Triest und die ihn im Norden begrenzenden Karsthöhen. Landeinwärts, gegen Osten, gewahrt man die von Oliven und Zypressen, an geschützten Stellen auch von Palmen, Lorbeer und Kakibäumen bepflanzten Gärten, die sich gegen die türmebewehrte Stadtmauer und das Kastell hinaufziehen. Die Weite des Meeres mit seinen reich gegliederten Küsten und die Nähe paradiesisch schöner Gärten heben die Bewohner solcher Städte über die Enge des Alltags hinaus, eines Alltags, dessen düstere und armselige Hinterhöfe der Blick von der Domterrasse freilich auch erhascht.

Wenn man den Abstieg in die Stadt ein wenig weiter östlich nimmt, stößt man auf die Kirche des *Sveti Franjo,* wie der heilige Franziskus auf slowenisch heißt. Die klassizistische Fassade der einstigen Bettelordenskirche wendet sich gegen einen kleinen, reizvoll verwinkelten Platz, auf den sich neben der Kirche das Renaissance-Portal der einstigen Klosterpforte öffnet. Der auf das 15. Jahrhundert zurückgehende Saalraum wurde später mehrfach überarbeitet; ihn ergänzt auf seiner linken Seite ein von Arkaden abgetrenntes Seitenschiff, in dem sich einzelne Altarbilder aus der venezianischen Schule des 15. und 16. Jahrhunderts finden. Besonders zu beachten ist am Anfang des Seitenschiffs die kleine Kapelle wegen ihrer zierlichen Frührenaissance-Pilaster und den ebenso geschmückten Bogenlaibungen. Der Hauptraum zeigt das venezianische Saalschema mit anschließender Chorkuppel. Den östlichen Abschluß schmücken zwei Abendmahlsdarstellungen aus dem späten venezianischen 16. Jahrhundert, also aus dem weiteren Umkreis von Tintoretto wie auch des jüngeren Palma.

Umag und Novigrad

Wir fahren von Piran zurück nach Portorož und von dort weiter, am modernen Casino vorbei, das den südlichen Abschluß der ›Rosenbucht‹ beherrscht, über die große, der Salzgewinnung dienende Strandebene. Man kann am Ende dieser Ebene nach Westen abzweigen, um nach Savudrija auf der äußersten, gegen Nordwesten gerichteten Landspitze Istriens hinauszufahren. So umfassend einzelne Ausblicke von hier zum Golf von Triest und zur Adriaküste sind – leider muß man sie geradezu suchen, denn meist zieht diese zur Küste führende Nebenstraße durch niedrigen Buschwald über den flachen Höhenrücken. Wer die Landspitze umgeht, gelangt, von der Hauptstraße abzweigend, direkt zu einem der beiden Fischer- und Badeorte an der Westküste, Umag oder Novigrad. Im Unterschied zur starkgegliederten Küste zwischen Triest und Portorož mit ihren aussichtsreichen Vorgebirgen wirkt die Landschaft hier in ihrer flachen Abdachung gegen den meist unzerklüfteten Meeressaum recht monoton. Der karge Karstboden läßt, zusammen mit der rauhen Bora, nur Buschwald und in Meeresnähe die anspruchslosen Föhren aufkommen. Reizvoll ist die stille kleine Bucht von Umag (Umago) mit ihrem flachen Sandstrand und den Zypressen und Mandelbäumen, die hier dank der geschützteren Lage wie in einer Oase gedeihen.

Novigrad weiter südlich hieß bis 1947 Cittanova und ist als Neapolis oder Civitas nova schon seit dem 4. Jahrhundert bekannt. Der heute nur kleine Hafen war unter den Venezianern für die Holzausfuhr wichtig, auch wurden hier die im Arsenal zu Venedig erbauten Schiffe fertiggestellt. Jeden Montag sammelten sich die istrischen Lastschiffe, um gruppenweise die Überfahrt zur Lagunenstadt anzutreten. Von dieser einstigen Bedeutung ist heute nichts mehr zu spüren. Die Stille des kleinen, in seinen Häusern noch immer an die venezianische Lagune erinnernden Ortes wird nur noch durch das heute fast nirgends fehlende Motorengeräusch unterbrochen.

Das Fischerdorf wird beherrscht vom Campanile, der 1883 als kleine Nachbildung des Turmes von S. Marco in Venedig errichtet wurde. Im Inneren der bescheidenen Basilika *S. Pelagio* liegt unter dem erhöhten Chor die von Säulen unterteilte Krypta, die den von vier kurzen Säulchen getragenen Sarkophag mit den Reliquien der Heiligen Pelagius und Maximus umschließt. Der durch die Krypta etwas erhöhte Chor bot im Barock Gelegenheit zu einer bei aller Bescheidenheit eindrucksvollen Treppenanlage, in deren Mitte der zierliche Tabernakelaltar besonders schön zur Geltung kommt. Von der Ausstattung seien die Kanzel aus dem 18. Jahrhundert sowie ein Altarbild aus dem 16. Jahrhundert erwähnt. Ferner haben sich Fresken aus dem 15. Jahrhundert erhalten. Den sonst ansprechenden Platz vor der Kirche entstellt leider ein Betonbau aus der letzten Zeit der italienischen Herrschaft, der die rücksichtslose Protzigkeit des auf Istrien besonders schwer lastenden Faschismus demonstriert.

Abstecher ins Landesinnere

Buje

Es empfiehlt sich, von Portorož nach Poreč einen an sehenswürdigen Orten reichen Umweg zu nehmen, indem man die Bucht von Portorož in südöstlicher Richtung verläßt und auf der großen Straße nach Pola zunächst ins hochgelegene Buje (Buie) gelangt. Es ist eine von ferne reizvolle Bergstadt, überragt vom Dom und seinem Campanile, wie man sie auch in Umbrien oder der Toskana antreffen könnte. Freilich, im Ort selbst sieht alles recht armselig aus, nicht allein als Folge der beiden letzten Jahrhunderte, die Istrien nicht allzu günstig gesinnt waren. Vielmehr war das Innere Istriens schon in der glücklicheren venezianischen Zeit eine Art Kolonialland, anders als das Veneto und Friaul, das von der Serenissima sorgfältiger gehegt wurde. Wir wandern am besten zu Fuß durch die engen Gassen hinauf zum *Dom,* der sich über einem unregelmäßigen Platz erhebt. An den verschiedensten Stellen sehen wir hier den Markuslöwen als Zeichen der einstigen Herren. Die Domfassade ist zum größten Teil im Ziegelrohbau steckengeblieben, doch kommt dadurch das schöne Barockportal um so mehr zur Geltung. Das Innere hat die übliche Saalform, im Chor zu einem queroblongen Kuppelraum abgewandelt, den Säulenstellungen vom Langhaus trennen. Der Orgelprospekt bewahrt trotz seines Datums 1791 noch ganz die Schwingungen des Spätbarock.

Motovun (Montona)

Wir fahren den Stadthügel wieder hinab zur großen Kreuzung und von dort aus gegen Osten weiter auf der Hauptstraße, die durch das Landesinnere nach Pola führt. Die kargen Hänge des Karstes werden seltener, die Landschaft gewinnt mildere, südlichere Züge, die bisweilen an umbrisches Bergland erinnern. Einzelne gegen Norden geschützte Hänge sind mit Oliven bepflanzt. An einer Stelle umstehen Zypressen ein kleines Gotteshaus mit steinernem Glockenträger, und von dieser Stelle tut sich eine weite Rundsicht auf.

Wir verlassen bald die Hauptstraße und fahren auf gut ausgebauter Nebenstraße hinab in das breite Tal der Mirna, in dem sich der steile Hügel mit der kleinen, noch ganz unberührten Bergstadt Motovun erhebt. Er trägt auf seiner Spitze ein Kastell und eine Kirche, und auf halber Höhe erkennt man schon von weitem den Zypressenhain des auf einer Terrasse vorspringenden Friedhofs. Es lohnt sich, die Abzweigung zu nehmen und hinaufzufahren, noch besser: den Wagen am unteren Stadtrand abzustellen, um zu Fuß zwischen den alten Häusern an schönen Ausblicken vorbei bis zur Kirche zu steigen.

Der Einlaß in die eigentliche Stadt führt durch einen Bogen, an dem auch hier der Markuslöwe die einstige Präsenz Venedigs bekundet. Auf der Höhe ist ein altes schloßartiges Gebäude als Touristenhotel eingerichtet. Daneben steht der Dom, und die Baugruppe wird beherrscht durch den Campanile, der noch viel von einem mittelalterlichen Burgturm an sich hat. Die Kirche ist eine dreischiffige Basilika, deren Säulenarkaden die niedrigeren Seitenschiffe vom flach gewölbten Mittelschiff trennen. Der Chor ist mit seinen gestaffelten Kapellen in jener Art angelegt, die in den verschiedensten Abwandlungen schon während der christlichen Spätantike in Syrien vorkommt. Der Bau, wie er sich heute dem Auge darbietet, entstammt dem 16. Jahrhundert, ist aber im 19. Jahrhundert renoviert worden. Venezianisches Settecento im Sinn des abklingenden Barock trägt der von Marmorfiguren flankierte Tabernakelaltar von 1735 zur Schau, desgleichen die Orgelempore.

30 *Tartini-Denkmal vor dem Rathaus in Piran* —

31 *Blick über die Dächer von Piran aufs Meer* —

32, 33 POREČ: *Das Atrium der frühchristlichen Euphrasius-Basilika und ein byzantinisches Säulenkapitell aus dem Innern des Doms*

35 *Hafen von Rovinj*

34 *Limski-Kanal zwischen Vrsar und Rovinj*

Maria in den Felsen bei Beram

Bei der Weiterfahrt zweigt die Straße auf halber Höhe südöstlich ab und führt uns durch einsames Berggelände nach Beram. Wieder zweigen wir von der Hauptstraße ab und fahren einen Hügel empor, auf dessen Kuppe das Dorf mit der im 19. Jahrhundert stark restaurierten Kirche liegt. Sie birgt Reste von Wandmalereien des 15. Jahrhunderts. Doch wichtiger ist die rund einen Kilometer vom Dorf entfernte kleine Kirche *Maria in den Felsen* (Sv. Marija na Škriljinah), zu deren Besichtigung man eine Begleitung aus Beram mitnehmen muß. Auf einem bewaldeten Rücken liegt das kleine Heiligtum, dessen schlichtes Inneres durch Wandmalereien von 1474 von einem Meister Vincent aus Kastaf bemerkenswert ist. Ausgezeichnet erhalten sind an der Nordwand die Heiligen Drei Könige und die Passionsszenen. Die gegenüberliegende Südwand zeigt Darstellungen aus dem Marienleben. Dazwischen liegen die Fresken der besonders interessanten Westwand, die 1482 möglicherweise von einem anderen Meister bemalt wurde. Hier ist es der Sündenfall und ein Totentanz, dessen zierliche Figuren sich in seltsam geschmeidiger Eleganz bewegen und auch im Ausdruck ihrer Gesichter eine überraschende Freundlichkeit verraten. Dazu kommt die Darstellung eines Glücksrades, die von einem Kupferstich des deutschen ›Spruchband-Meisters‹ beeinflußt ist.

Das östlich von Beram liegende Pazin (Pisino) lohnt allenfalls den Besuch wegen seiner aussichtsreichen Oberstadt. In der Pfarrkirche sind Wandmalereien des 15. Jahrhunderts zu sehen, während Fassade und Turm in einem sehr einfachen Barock gestaltet sind.

— 36 *Tempel der Roma und des Augustus in Pula*

Auf den Spuren der römischen Vergangenheit

Poreč (Parenzo)

Die Altstadt Parenzos, dem einstigen römischen Parentium, die gleich den anderen Küstenstädten Istriens durchaus triestinisch-venezianischen Charakter hat, drängt sich in engen, jedoch meist geraden Gassen auf einer flachen Halbinsel zusammen, der gegen Südwesten eine pinienbewachsene Insel vorgelagert ist. Zu dieser Sonnenseite hin öffnet sich der Altstadtrand in Hotels und Kaffeehäusern an breiten, modern angelegten Kais, die sich nach Südosten in schattigen Grünanlagen fortsetzen. Wer das Meer mit seinen Erholungsmöglichkeiten liebt, kommt also hier durchaus auf seine Rechnung.

Doch nicht dies und auch nicht die vereinzelten gotischen Bauten, auf die man in den Gassen stößt, machen das Eigentliche und Wesentliche Parenzos aus. Die heute trotz allen touristischen Anstrengungen noch schlichte und stille Stadt ist vor allem berühmt durch ihren Dom, die *Euphrasius-Basilika,* die in ihrer heutigen Form aus der Mitte des 6. Jahrhunderts stammt und sehr eindrucksvoll den Typus der frühchristlichen Basilika vor Augen führt, nicht nur in ihrer Architektur, sondern auch im Schmuck ihrer Apsis mit Marmorinkrustationen, Mosaiken und einem ebenfalls von Mosaiken geschmückten Tabernakel-Altar. Dazu kommt ein hochbedeutendes Atrium und die verschiedenen Nebenräume, alles zusammen ein Komplex frühchristlicher Kunst, der so gut erhalten ist, wie man es nicht in Grado und so umfassend kaum in Ravenna findet.

Die Verbindung von Taufkirche und Dom durch einen dazwischenliegenden Vorhof ist in frühchristlichen Kultanlagen häufig; so ist sie für Cividale und Aquileia bezeugt. In Parenzo aber hat sie sich besonders eindrucksvoll erhalten.

Man tritt von der Südseite in das in der Art eines Atriums angelegte Hofquadrat, dessen Ecken durch Mauerwerk gefestigt sind. Um so leichter spannen sich dazwischen die in der Mitte breiteren Gruppen von je drei Bögen, deren Ansätze in orientalischer Weise leicht gestelzt sind. Westlich liegt das wie üblich achteckige Baptisterium. Östlich erhebt sich über die Dächer des Atriums die vom normalen Standpunkt aus kaum sichtbare Giebelfront des Domes, dessen drei gleich große Fenster von Mosaiken geschmückt sind.

Der Dom ist eine dreischiffige Basilika von mäßiger Größe, kürzer als die meisten altchristlichen Längsbauten in Ravenna und auch als der Dom von Grado, so daß Höhe und Breite um so mehr zur Geltung kommen. Eine offene Balkendecke überspannt das Mittelschiff, eine kunstvolle hölzerne Tonne das südliche der Seitenschiffe, die sich in ihrer Höhe deutlich dem Hauptschiff unterordnen. Trotzdem sind die drei Schiffe durch die Säulenbogenreihen mehr miteinander verbunden als geschieden. Die verschiedenartigen Kapitelle lehnen sich mehr oder weniger an byzantinische Typen an. Der Zug der Säulenarkaden leitet, auch hier einer Prozession vergleichbar, zur Apsis, deren dem Priester vorbehaltener Bezirk sich durch flachreliefgeschmückte Chorschranken bis zu den ersten beiden Säulen des Langhauses vorschiebt.

Eine Ausstattung von kunstvollen Arbeiten in kostbaren Materialien hebt sowohl die Apsis wie auch den Bereich des davor stehenden Hochaltars in eine höhere Sphäre. Dem Dachstuhl des Langhauses folgt die schon bautechnisch anspruchsvollere Wölbung sowohl in der Hauptapsis wie in den Nebenapsiden, in welche die Seitenschiffe auslaufen. Der Längszug kommt zur Ruhe, er wird aufgenommen nicht nur durch die Halbkreisform des Mauerabschlusses mit der ihn überwölbenden Halbkuppel, sondern auch durch Art und Thema seines figürlichen Schmucks, durch die kostbare Technik des Mosaiks, in welchem sich im Apsisgewölbe die Muttergottes mit Engeln und Heiligen präsentiert. In den Farben herrscht der für so manche frühchristliche Mosaiken in Rom und Ravenna geltende Dreiklang von Gold, Weiß und Grün. Die von großen Fenstern durchbrochenen Apsiswände zeigen einzelne Heilige; darunter ist das geschlossene Wandrund aufs kunstvollste mit verschiedenfarbigen Marmormustern ausgelegt, wobei einzelne perlmutterhafte Rundplatten und Sternformen das Ganze beleben.

Angesichts dieses durchaus ins Märchenhafte hinüberspielenden Reichtums östlicher Materialien, dargeboten mit der raffinierten Ornamentik, die der Orient auch in seinen Teppichen liebt, wird man inne, daß die magische Wirkung einer solchen Gesamtheit an den Ort und dessen sakrale Bestimmung gebunden ist. Nicht um bloßen Schmuck, sondern um die Sinngebung des Sanktuariums handelt es sich, um seine Erfülltheit mit himmlischer Gnade, ja seine Gleichsetzung mit dem Himmel selbst, was aus den Themen der Mosaiken hervorgeht: die von Engeln umgebene Himmelskönigin und die uns ihre Hilfe anbietenden Heiligen. Im Scheitel der Apsis steht der durch mehrere Stufen erhöhte Bischofsthron, durch den auch der menschliche Seelenhirte sichtbar in den Bereich der Gnade eingefügt wird.

Der Hochaltar steht vor dem Triumphbogen in Form eines Ziboriums. Es ist eines der schönsten seiner Art, und, obwohl mehr als ein halbes Jahrtausend später, nämlich 1277, entstanden, fügt es sich dennoch denkbar harmonisch in das Gesamtbild des Chors. Vier lebhaft gemaserte Marmorsäulen mit reichen Kapitellen, die noch von einem älteren Ziborium aus dem 6. Jahrhundert stammen und deren Ecken Vögel mit ausgebreiteten Schwingen beleben, fassen die in venezianischer Art reich mit Schmuckmotiven versehenen Bogen ein, die in leichter Stelzung und unmerklicher Zuspitzung die Zeit der venezianischen Gotik verraten. In den Zwickeln der Vorderseite sehen wir die Verkündigung in dramatischem Kontrast zwischen dem bewegt herbeieilenden Engel und der ruhig die Botschaft empfangenden Maria, Mosaiken, die an jene des 13. Jahrhunderts im Markusdom erinnern. Das ganze Altargehäuse schließt sich frühchristlichen Vorbildern an und läßt sich aus dem von vier Stangen getragenen Thronhimmel ableiten, weshalb man statt von einem Ziborium auch von einem Baldachin sprechen könnte. Die Marmorschranken, die sich aus dem Chorbezirk hinaus bis ins Laienschiff vorschie-

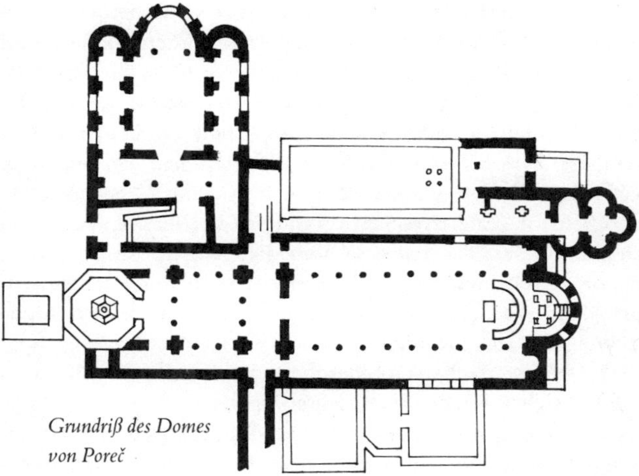

Grundriß des Domes von Poreč

ben, sind mit einfachen Kreuzen und Christusmonogrammen in schlichtem Flachrelief geschmückt.

Vom Ostende des linken Seitenschiffs aus gelangt man in das *Mausoleum des heiligen Euphrasius,* einem Komplex kleiner, in byzantinischer Weise gerundeter und gewölbter Räume, die aus dem 6. Jahrhundert stammen und nach Osten in jene Dreipaß- oder Kleeblattform münden, wie wir sie von den romanischen Kirchen des Rheinlands, insbesondere von Köln, kennen. Mit Mosaiken sind auch die Apsiden der Seitenschiffe geschmückt, von denen sich das südliche in eine größere Kapelle öffnet. Hier befindet sich nicht nur ein Chorgestühl im Übergangsstil des 15. Jahrhunderts, sondern auch ein schönes vielteiliges Altarwerk, das der Venezianer Antonio Vivarini 1440 malte.

Vrsar (Orsera)

Ein Ausflug von je einer knappen Stunde Fahrt im Wagen führt von Poreč nach Orsera, dem heutigen Vrsar. Auch hier sind wir auf römischem Boden, wovon die Reste von Hafenanlagen und Magazinen sowie der mosaikengeschmückte

Fußboden samt den Grundmauern einer vorchristlichen, das heißt, als Markt- und Gerichtshalle dienenden Basilika und einzelner Landhäuser zeugen. Später erwählten die Bischöfe von Parenzo den Ort zu ihrer Sommerresidenz, woran der große, verfallene Palast auf dem die Stadt krönenden Hügel erinnert. Von hier aus wurde Orsera zwischen 983 und 1772 verwaltet; im letztgenannten Jahr hoben die Venezianer die den Bischöfen abgetretenen Privilegien wieder auf. Von 1797 an teilte Orsera das Schicksal Venedigs, wurde österreichisch, napoleonisch, wieder österreichisch, schließlich italienisch, um dann wiederum das Schicksal Istriens zwischen Jugoslawien und Italien zu teilen.

Das kleine Fischerstädtchen liegt an einer an Buchten und Inseln reichen Küste, deren Karsthügel von Pinien und Föhren bestanden sind. Auf der Spitze des Stadthügels steht neben der einstigen Sommerresidenz der Bischöfe die Kirche, deren Vernachlässigung die ästhetischen Mängel des neuromanischen Baustils um so schonungsloser sichtbar macht. Südlich der Kirche, etwas unterhalb, liegt ein kleiner Platz mit einer bescheidenen Kapelle, die jedoch durch die davor aufragenden Zypressen und die säulengetragene Vorhalle ihren Reiz gewinnt.

Westlich der Bucht mit dem bescheidenen Bootshafen steht in einem mauerumgebenen Geviert eine kleine romanische Basilika, überhöht von einem gemauerten Glockenträger. Die Wände des langgestreckten Baues sind fast fensterlos. Man kann an der meist abgeschlossenen Kirche vorbei den Spaziergang um die Halbinsel machen, die Sicht auf das Meer und auch die Stadt genießend, die sich über immergrünen Gärten aufbaut, und auf der Rückfahrt nach Parenzo einen Blick in den von dunklen Zypressen überragten alten Friedhof erhaschen.

Rovinj (Rovigno)

Wenn man von Poreč nach Rovinj gelangen will, muß man wegen des dazwischenliegenden Limski-Kanals zunächst wieder ins Landesinnere zurück bis nach *Sv. Lovreč,* das man in italienischen Reiseführern unter dem Namen ›S. Lorenzo del

Pasenático‹ findet. Der Zuname ›del Pasenático‹ leitet sich von einem venezianischen Hauptmann ab, der um die Mitte des 14. Jahrhunderts den befestigten Platz kommandierte. Dieser hat sich seitdem wohl nur wenig verändert. Erhalten geblieben ist in dem kleinen, heute rein bäuerlichen Ort mit Toren und Türmen der mittelalterliche Mauerring und darin die romanische Kirche, die noch ganz den Charakter einer spätravennatischen Basilika bewahrt und auf ihrer Südseite eine zierliche Frührenaissanceloggia besitzt. Kein Neubau unterbricht die locker verteilten Hauskuben, deren Mauern und Dächer aus hellem Kalkstein sich kaum vom felsigen Karstboden unterscheiden.

Die Richtung Pula führende Hauptstraße senkt sich nach wenigen Kilometern hinab zum Limski-Kanal, einen an seinen Hängen mit Buschwäldern bewachsenen Meereseinschnitt, der neun Kilometer tief in das Land hineinreicht. Ähnlich fjordartige Gebilde werden wir auch zwischen Pula und Rijeka antreffen. Sechs Kilometer weiter südlich zweigt von der Straße nach Pula jene nach Rovinj in westlicher Richtung ab.

Der Ort, der zwischen einem nördlichen und einem südlichen Hafen an einem Hügel emporgebaut ist, wurde schon von den Römern unter dem Namen ›Ruginium‹ von Pula aus besiedelt und hat sich aus jener Zeit einen gegenüber der lateinischen Umgangssprache nur wenig veränderten Dialekt bewahrt. Während der Einfälle der Langobarden, Awaren und Slawen bildete sich hier ein Fluchtort, der auch Schutz gegen die von der Küste aus das Land heimsuchenden Sarazenen bieten sollte; doch wurde die Stadt 964 von ihnen zerstört. Wiederaufgebaut, ergab sie sich 1283 den Venezianern. Unter deren Herrschaft und noch später war Rovigno durch seine besonders tüchtigen Seeleute berühmt, darüber hinaus kam hier eine beachtliche Zahl von Künstlern zur Welt, darunter im 15. Jahrhundert die Bildhauerfamilie del Vescovo. Doch rühmt sich die Stadt auch als Heimat des Historikers Bernardo Benussi (1846-1929).

Der südliche der beiden Häfen ist der größere; hier öffnet sich die Stadt mit ihrer Schauseite im *Hauptplatz,* der zusammen mit dem *Kai* die Szene für das tägliche Leben formt, in dem das Stadtcafé nicht fehlen darf. Bei aller Bescheidenheit bildet es den Sammelpunkt vor allem der männlichen Bevölkerung und teilt diese Rolle mit den Kaffeehäusern Italiens, wobei hier alte türkische Gebräuche mit den Gepflogenheiten der Donaumonarchie vereint werden. Durch einen Torbogen gelangt man vom südlichen Hafen aus in den Stadtkern, der einst als Inselburg vom Festland getrennt war und dessen enge Gassen sich zum Dom hinaufziehen.

Im Gegensatz zu diesem Gassenlabyrinth steht der *Dom* allein für sich auf aussichtsreichem Plateau. Das Bild kann bei ungünstigem Wetter den Eindruck frostig-öder Verlassenheit machen, wozu die neuromanische Fassade von 1861 beiträgt. In die südliche Seitenwand sind einzelne Fragmente einer älteren, aus dem 6. Jahrhundert stammenden Kirche eingemauert. Am Seitenportal findet man zudem eine im venezianischen Stil des 14. Jahrhunderts geschaffene Reliefdarstellung der heiligen Euphemia, der die Kirche geweiht ist. Das meist geschlossene Innere ist als dreischiffige Basilika gestaltet und beherbergt außer dem Sarkophag der heiligen Euphemia einzelne, eher bescheidene Bilder der venezianischen Schule. Man gelangt vom Hauptplatz aus über die erst in neuerer Zeit geschaffene Landverbindung – früher war hier eine Brücke – durch die Belgrad-Ulice zur *Dreifaltigkeitskapelle,* einem kleinen sechseckigen Zentralbau aus dem 13. Jahrhundert.

Auch in der Umgebung durchdringen Land und Meer einander, in bewaldeten Landzungen, Buchten und Inseln, in landschaftlichen Reizen, die der heutige Tourismus sich mit Hotels, Motels und Lidos zunutze gemacht hat. Wieder zur Hauptstraße zurück gelangen wir auf einer mehr südlich verlaufenden Nebenstraße. Wir berühren dabei, linkerhand von der Durchgangsstraße abbiegend, *Vodnjan* (Dignano). Der einst bedeutende Ort, der von den Römern gegründet und von den Venezianern der Selbstverwaltung würdig befunden worden war, erinnert an seine Vergangenheit durch eine hochragende Barockkirche, sowie durch Portale, Fenstereinfassungen und Wappen an einzelnen Häusern.

Pula (Pola)

Wir eilen Pula entgegen, dessen Ruhm gleichfalls tief im Vergangenen liegt. Wohl ist es noch immer ein wichtiger Hafen, begünstigt durch die von Natur aus reich gegliederte Küste. Eine Bucht, die mit einer nur siebenhundert Meter breiten Öffnung gegen das Meer ganz anders geschützt ist, als dies in Triest der Fall ist, erlaubt auch großen Schiffen, anzulegen. Hügel bewachen die Zugänge sowohl vom Meer wie vom Land her. Sie sind seit altersher von Befestigungen gekrönt, von denen das über dem Zentrum der Stadt gelegene Kastell als eigentliche Zitadelle noch heute durch seine Bastionen imponiert. Diese stammen im wesentlichen aus venezianischer Zeit, doch befanden sich hier noch früher römische Heiligtümer, denen byzantinische Kirchen folgten.

Pola war schon in der ersten Eisenzeit besiedelt, wie dies Funde bezeugen, und erlangte seine erste große, ja man darf sagen: seine größte Bedeutung unter den Römern. Am Ausgang der Republik wurde es römische Kolonie und erhielt in der Kaiserzeit ein eigenes Kapitol samt Markt und Gerichtsplatz sowie ein Amphitheater, das zu den bedeutendsten der Antike überhaupt zählt, ferner wichtige Tore und Tempel, die sich bis heute erhalten haben. Die Blüte hielt an bis in die frühchristliche Zeit, in der mehrere Basiliken entstanden. Doch auch die Venezianer, die schließlich nach den Einfällen der Völkerwanderung und den Heimsuchungen der Sarazenen die damals stark entvölkerte Stadt übernahmen, wußten den Platz zu schätzen, wie freilich auch ihre Rivalen, die Genuesen, die ihn 1379 im sogenannten ›Krieg von Chioggia‹ zerstörten.

Nach dem Machtzerfall der Seerepublik und dem napoleonischen Zwischenspiel schuf Österreich in Pola seinen eigentlichen Kriegshafen und baute ihn entsprechend aus. Wenn er im 19. Jahrhundert das ›La Spezia der Adria‹ genannt wurde, klingt darin die Rivalität zum jungen Königreich Italien mit, dessen wichtigste Flottenbasis La Spezia war und das sich seine Unabhängigkeit gegenüber Österreich nicht nur zu Land, sondern auch zur See erkämpfen mußte. Wohl erlitt es

1848 und 1866 bei Custozza und 1866 auch in der Seeschlacht von Lissa vor der dalmatinischen Küste Niederlagen, doch band es dabei wichtige österreichische Kräfte, was wiederum den Preußen zugute kam.

Pola, nun Pula, kam nach dem Ersten Weltkrieg an Italien, um nach dem Zweiten Weltkrieg von 1947 an wieder zu Jugoslawien zu gehören.

Mehr als in Triest und anders als in Rijeka liegt in Pola der Schwerpunkt der Geschichte auf der römischen Epoche. Diese ist, was Zahl, Bedeutung und Erhaltung der Denkmäler anbelangt, sonst eigentlich nur noch im provencalischen Nîmes derart gegenwärtig geblieben. So empfiehlt es sich, den Rundgang mit dem Amphitheater zu beginnen, das bei der Zufahrt aus dem Landesinneren am Weg liegt und wo man am ehesten seinen Wagen parken kann. Die *Arena,* wie das mächtige Oval von 132 Metern Länge, 105 Metern Breite und 30 Meter Höhe gemeinhin genannt wird, ist ähnlich wie die klassischen Theater der Griechen derart in den Berghang hineingebaut, daß ein Teil der Zuschauersitze dem natürlichen Felsboden abgewonnen werden konnte. Eindrucksvoll sind die Kunstbauten, von denen die äußere Umfassungsmauer besser erhalten ist als die Gänge und Treppen auf der Talseite. Die Umfassungsmauer ist an zwei Stellen durch Vorbauten verstärkt, sie besteht aus zwei Arkadengeschossen, denen eine Art Attika mit gedrungenen Rechteckfenstern aufgesetzt ist. Darüber läuft als Abschluß ein kraftvoll profiliertes Kranzgesimse, das durch ein etwas flacheres Gesimse in den beiden Bogengeschossen vorbereitet wird. Den Pfeilerbogen ist im Unterschied zum römischen Kolosseum keine gliedernde Ordnung von Wandsäulen vorgesetzt, so daß das Wandrelief zwar flacher, doch auch ruhiger wirkt, mehr griechischem als westlich-römischem Wesen entsprechend. So beeindruckt der Bau vor allem durch seine Proportionen, die namentlich dank der hohen Sockelzone des Erdgeschosses leichter und weniger dumpf als bei den römischen Arenen erscheinen. Natürlich hat auch der Zufall der Zerstörung mitgewirkt: Durch die weitgehende Auskernung des Baues sieht man fast von jedem Standort aus durch die Öffnungen der Außenwand hindurch den Himmel, dessen Glanz durch die Spiegelwirkung der in der Nähe sich weitenden Meeresbucht noch erhöht wird. Wenn man sonst geneigt ist, in den römischen Amphitheatern in erster Linie einen in seiner technischen Funktion perfekten Zweckbau zu sehen, so begreift man vor dem Amphitheater von Pola, daß die größten Architekten der Renaissance und des frühen Barock, wie Michelangelo, Sangallo, Serlio, Palladio und Scamozzi sich in den römischen Baudenkmälern Polas Anregungen holten, und auch die Raumphantasien in den ›Carceri‹-Radierungen Piranesis mit ihren endlosen Folgen gewölbter Pfeilerbogen von dieser Arena beeinflußt wurden. Im 20. Jahrhundert hat sich auch die offizielle Baukunst des italienischen Faschismus die imperiale Größe des alten Rom zum Vorbild genommen. Gerade die Arena von Pola aber macht den Unterschied klar: Ihre Proportionen und die an der richtigen Stelle auftretenden Profile haben einen menschlichen Bezug, der jener Architektur völlig fehlte.

Der Bau wurde unter Kaiser Claudius bald nach der Mitte des ersten nachchristlichen Jahrhunderts errichtet und bot Platz für ungefähr 23 000 Zuschauer – das Colosseum in Rom für 40 000 –, die hier den blutigen Spielen der Gladiatoren beiwohnten. Deren Kaserne befand sich übrigens nördlich der Arena. Blut vergossen hier auch einzelne christliche Märtyrer, wie zum Beispiel im Jahre 284 St. Germanus. Das Wasser zur Reinigung des Kampfplatzes wurde durch eine eigene Wasserleitung hergeleitet, deren Rohre gefunden worden sind. Das Bauwerk, das heute zu den zumindest außen am besten erhaltenen seiner Art gehört, blieb intakt bis ins 15. Jahrhundert, nachdem es im Mittelalter den Malteserrittern zu Turnieren gedient hatte. Dann benutzte man das Innere, das dabei regelrecht ›ausgeweidet‹ wurde, als Steinbruch. 1750 begann im Zeichen des archäologisch interessierten Klassizismus die erste wissenschaftliche Ausgrabung. Sie wurde 1810 fortgesetzt unter der damaligen französischen Herrschaft durch den Gouverneur Marschall Marmont und 1816 durch den im Dienste der Habsburger stehenden Architekten Peter von Nobile, den wir bereits von Triest her kennen. Ausgrabungen und Konservierungen betrieb man auch während der Ära

Österreichs weiter, dann noch von 1936 bis 1942, also bereits während des Zweiten Weltkriegs, dessen Bomben schließlich auch Pola trafen.

Stadtwärts wandert man auf einer Art archäologischem Pfad zu einem der beiden römischen Tore der im zweiten nachchristlichen Jahrhundert errichteten *Porta Gemina*. Zwei Pfeilerbogen, denen eine Säulenordnung vorgelegt ist, bilden die doppelte Durchfahrt, die heute für den Wagenverkehr gesperrt und im alten Steinbelag wiederhergestellt ist. So reich mit seinem Konsolenschmuck das Kranzgesimse wirkt, so einfach ist an diesem Tor das übrige, wobei im Gegensatz zur präzisen Profilierung der Kämpfergesimse und Bogenlaibungen die Kapitelle und Bogenschlußsteine geradezu wie im Rohzustand belassen wirken.

Hinter der Porta Gemina steht etwas erhöht am Hang des Kastellhügels in einem schönen alten Garten das *Archäologische Museum*. Das ansehnliche Gebäude im späten, mehr von Hellas als von Rom beeinflußten Klassizismus betont sympathisch den ›ärarischen‹ Charakter des mittleren Franzisco-Josephinum, wie man in Österreich die siebziger und achtziger Jahre des 19. Jahrhunderts gelegentlich nennt. Es ist denn auch damals als ›Deutsches Gymnasium‹ erbaut worden und die hier gepflegte humanistische Bildung kommt auch der heutigen Bestimmung zugute. Ähnlich wie in Triest umschließt bereits der Garten ein stattliches Lapidarium, zu dem noch die Reste eines Halbkreistheaters aus augustäischer Zeit kommen. Beachtlich sind die im Innern des Museums aufbewahrten Funde, die von der Prähistorie über die griechisch-römische Antike bis zum Frühchristentum reichen.

Man geht weiter an den Resten der von runden und vierekkigen Türmen verstärkten römischen Stadtmauer entlang und gelangt zum *Herkules-Tor,* so genannt nach dem Kopf, der als einziger künstlerischer Akzent das sonst sehr einfache Bauwerk schmückt. Dieses gehört zu den ältesten seiner Art, die sich im Gebiet der nördlichen Adria und in Oberitalien erhalten haben. Die starke Abdrehung des Tores gegenüber dem Zug der Stadtmauer nahm einst Rücksicht auf den hier schon seit vorgeschichtlicher Zeit durchführenden Weg. Am nordöstlichen Eingang der eigentlichen Altstadt, dort, wo die baumbestandene Promenade endet, die wir bisher durchwanderten, empfängt uns der prunkvollste der altrömischen Bogen Polas: der in der letzten Zeit der Republik errichtete *Sergius-Bogen.* So wohlgewählt sein Standort städtebaulich ist, diente er nicht eigentlich als Stadttor, sondern als Ehrenmal der Familie Sergia, denn nach der noch erhaltenen Inschrift widmete Salvia Postuma das Monument ihrem Gatten und Sohn. Auf beiden Seiten flankieren paarweise angeordnete Halbsäulen, die das vorgekröpfte Gebälk zusammenfassen, den Bogen, dessen Zwickel mit Siegesgenien, dessen Laibungen mit rosettenförmigen Flachornamenten und dessen Pfeiler mit Rankenwerk geziert sind. Reich ist auch der Schmuck des Frieses, und auf das prächtigste sind die korinthischen Kapitelle sowie das Kranzgesimse mit seinen Konsolen ausgearbeitet. So lebt im ganzen durchaus die hohe künstlerische Kultur, die schon das augustäische Zeitalter ankündigt. Das Werk verdient seinen Zunamen ›Porta Aurea‹. Auch an ihm schulten sich führende Baumeister der Renaissance, wie Fra Giocondo und wieder Sangallo und Michelangelo. Später, im 19. Jahrhundert, waren es österreichische Architekten, die hier nicht nur die Antike studierten, sondern dem Platz sein habsburgisches Gepräge gaben durch die mehrreihige Allee, gesäumt von Gebäuden, die ähnlich wie in Triest, Görz und Rijeka italienische und südslawische Elemente vereinen.

Wir durchschreiten die Altstadt auf ihrer engen Hauptstraße, vielmehr Gasse, die im Halbkreis den Kastellhügel umzieht und uns in die Nähe der wichtigsten Denkmale führt. Auf diese Weise gelangen wir zum alten *Römischen Forum,* das mit seinem Tempel noch heute den Mittelpunkt von Pola bildet. Die Hauptstraße erweitert sich hier zu einem großen Platz. Dieser wird gegen den Hafen hin abgeschirmt durch einzelne Häuser sowie durch einen öffentlichen Garten, dessen alte Zypressen und Koniferen den angemessenen Hintergrund für den *Tempel der Roma und des Augustus* bilden. Erbaut zwischen den Jahren 2 und 14 n. Chr., diente er dem Ruhm des großen ersten Kaisers, der Rom nach den Wirren am Ausgang der Republik den langersehnten Frieden brachte. Der Tempel zeigt die für die römische Antike bezeichnende Form: Auf hohem Sockel, in dessen Stirnseite zwischen Wangenmauern eine Treppe eingebettet ist, baut sich in eleganter Schlankheit die von sechs korinthischen Freisäulen gebildete Vorhalle auf, gekrönt von dem durch einen Konsolenfries gefaßten Dreieck eines verhältnismäßig steilen Giebels. Dahinter liegt die von fensterlosen Wänden umschlossene Cella. Es ist derselbe Typus, den in Rom der Tempel der Fortuna Virilis am Tiberknie und in Nîmes die ›Maison carrée‹ vertreten und den samt Sockel und mauergesäumter Freitreppe Palladio um die Mitte des 16. Jahrhunderts in seinen Villen wieder aufnahm.

Neben dem Tempel steht das unter venezianischer Herrschaft erbaute *Rathaus.* Seine Front öffnet sich in gotischen Arkaden zu einer Loggia, über der eine Dreiergruppe von schlichten Renaissancebogen den Mittelakzent setzt. Die relativ kleinen Fenster des Obergeschosses zeigen das für Istrien wie für Triest bezeichnende Verhältnis zwischen kleinen Öffnungen und großer Wandfläche, was der Fassade auch hier ihr eigenes Gesicht gibt. An der Westseite sieht man Reste eines älteren Baues, der 1296 von den Genuesen verwüstet wurde.

Wir wenden uns vom Forum in südöstlicher Richtung wieder zurück und finden neben den Resten der noch vom Krieg her zerstörten Häuser und ausgedehnten neuen Grünanlagen jenes Bauwerk, das geschichtlich am nächsten den römischen Denkmalen steht und trotzdem eine völlig andere Welt verkörpert. Es ist die auf den ersten Blick hin unscheinbare kleine Kirche *S. Maria Formosa.* Sie gehörte zusammen mit einem heute verschwundenen Gegenstück als eigene Kapelle zu einer großen Basilika, welche um die Mitte des 6. Jahrhunderts Bischof Maximian gründete, der uns von den Mosaiken von S. Vitale in Ravenna her bekannt ist. Während die Basilika bis auf Reste der Grundmauern und des Fußbodens verschwunden ist, fesselt das erhaltene kleine Bauwerk durch die reiche Gliederung der Drei-Konchen-Anlage, die in ihrem dunklen Innern Spuren von Fresken verbirgt.

Weniger zu übersehen als diese ganz nach innen gewendete

Kapelle der byzantinischen Spätantike ist der hochragende Kirchenbau von *Sv. Franjo* (St. Franziskus), dessen wohlgefügtes Äußeres den westlichen Hang des Kastellhügels beherrscht. Die meist verschlossene Kirche besteht aus einem Saalraum unter offenem Dachstuhl, der sich nach Osten in drei überwölbten Chorkapellen öffnet. Mit der asketischen Schlichtheit des Bettelordens verbindet sich sehr eindrucksvoll die Prägnanz des Steinschnitts, welche den Außenbau schon vom Handwerklichen her auszeichnet und insbesondere der Fassade ihre Präzision gibt. Diese ist durch einen mäßig steilen Giebel gekrönt, und das Giebelmotiv taucht in der Bekrönung des Portals, mit einem Segmentbogen vereint, nochmals auf. Überdies zeigt das Portal in seiner abgetreppten Nische neben anderem Zierat auch das Motiv des gedrehten Taues: Es gehört zu den Zierformen der venezianischen Gotik, deren massig weiche Fülle hier am Ostufer der Adria die Verbindung mit der Levante besonders deutlich vor Augen führt. Vor der Fassade liegt eine Terrasse, in deren Umfassungsmauer ein kleines Lapidarium mit Wappen und Baufragmenten aus dem Mittelalter und aus neuerer Zeit sowie einzelnen römischen Inschriften eingefügt ist.

Von der Franziskanerkirche kann man zu den öffentlich zugänglichen Rasenwällen hinaufsteigen, welche den Bastionen des einst venezianischen Kastells vorgelagert sind und eine schöne Aussicht auf die Stadt, den Hafen und die umgebenden Hügel ermöglichen. Man kann aber auch in die Hauptgasse zurückkehren, um durch diese, vorbei an einzelnen bescheideneren Palästen des venezianischen 18. Jahrhunderts, den *Dom* zu erreichen, der in seinen Anfängen auf das 5. Jahrhundert zurückgeht, jedoch in seiner heutigen Erscheinung im wesentlichen dem 15. entstammt. Das eher schlichte Bauwerk erweist sich als niedrige, langgestreckte Basilika auf kreuzförmigem Grundriß, die in der Epoche der Frührenaissance noch mit schmalen gotischen Fenstern versehen wurde. Auf der zypressenbestandenen Südseite zwischen den Kreuzarmen findet man einen Bezirk, dessen Ruhe sich wohltuend vom Lärm der nahen Hafenstraße unterscheidet. Von hier aus betritt man den Dom durch ein Renaissanceportal, das von

X

TIZIAN

Die Darstellung der Jungfrau im Tempel
(Ausschnitt)

im Hintergrund die Dolomiten
Öl auf Leinwand, 345 x 775 cm
1534–38
Venedig, Galleria dell'Accademia

einer ehemaligen Abtei hierher übertragen wurde. Die Kapitelle im Inneren weisen Formen des Übergangs zwischen Gotik und Renaissance auf. Ebenfalls im Übergang zweier Zeiten, doch nun zwischen Barock und Klassizismus, wurde um die Mitte des 18. Jahrhunderts die Westfassade erbaut.

Ihr gegenüber erstreckt sich mit der Hauptseite gegen das Ufer der großen Bucht das stattliche Gebäude der *Hafenkommandantur*, ebenfalls in den Formen des Klassizismus errichtet, jedoch in der biedermeierlich anspruchsloseren und trockeneren Art, wie sie für die Staats- und Militärbauten des frühen und mittleren 19. Jahrhunderts im damals österreichischen Oberitalien gleichsam Ordonnanz war. Österreich hinterließ aus der letzten Phase seiner Adriaherrschaft auch den in üppig schwellenden Jugendstilverdachungen schwelgenden Hotelbau, den man vom Hafenkommando aus am Nordufer der Bucht erblickt.

An der Ostküste

Die Straße von Pula nach Rijeka führt nordöstlich zunächst durch moderne Vorstädte, dann über die karstige Hochfläche durch Dörfer, deren von steinernen Glockenträgern bekrönte Kirchen bisweilen von Zypressen umstanden sind. Die Hochfläche ist hier verhältnismäßig reich mit Reben und Mais bepflanzt. Doch bleibt der karge Eindruck des Karstes, über dessen flachen Rücken man nun dem gebirgigen Teil von Istrien entgegenfährt, hochgetürmten Felsmassiven, deren heller Stein in der Nachmittags- und Abendsonne glänzt.

Nach *Barban,* einem durch Lage und alte Befestigung pittoresken Städtchen, verläßt man die Hochebene und fährt hinab in einen breiten Taleinschnitt, in dem einzelne Fabriken stehen, die, wiewohl moderne Anlagen, seltsam verstaubt, ja zerfallen wirken. Immer wieder herrscht der in hellen Tönen spielende Kalkstein. Steinbrüche reißen die von Buschwäldern oder Schafweiden übergrünten Bergflanken auf. Auch Kohle wird an einzelnen Stellen gefördert und meist an Ort und Stelle durch Dampfkraftwerke in elektrischen Strom verwandelt. Denn an Wasser mangelt es empfindlich in diesem Kalkgebiet, das den Regen aufschluckt und in unterirdischen Wasserläufen sammelt, die dann oft weit entfernt von ihrem Ursprung zutage treten. Unvermutet stößt man in der von Kalkbergen umschlossenen Tiefebene auf die halb verrosteten Schienen einer Bahnlinie. Es ist eine Art von ›Geisterbahn‹, die früher dem Transport der Kohle zum Meer diente, jetzt aber durch die Kohlenverarbeitung an Ort und Stelle ihren Zweck eingebüßt hat.

Labin (Albona)

Wieder steigt die Straße und gewinnt den Sattel, über dem die vom Campanile überragte Häusermasse der Bergstadt Labin liegt. Der alte Ort lohnt den Besuch. Schon der am unteren Stadtrand gelegene Hauptplatz, zu welchem man an Gärten vorbei von der Durchgangsstraße abzweigt, gewinnt durch eine säulengeschmückte Loggia aus venezianischer Zeit seinen künstlerischen Akzent. Durch ein 1587 datiertes Tor steigt man zu Fuß in die eigentliche Stadt hinauf, deren enge und steile Gassen fast bei jeder Windung eine architektonische Überraschung bereithalten.

Eingebettet zwischen Häusern, die zum Teil einst Paläste waren, liegt die nur mäßig große *Pfarrkirche.* Die Fassade gewinnt ihre sammelnde Mitte durch ein noch gotisches Radfenster, unter welchem ein steinerner Löwe nicht nur an den Evangelisten, sondern auch an die hier einst herrschende Macht der Markusrepublik erinnert, wie es auch die Büste eines venezianischen Feldherrn in der Aufmachung des späten 17. Jahrhunderts tut. Aus derselben Zeit stammt das kleine Oratorium, das sich mit seinem zierlichen Spätbarock reizvoll von der Pfarrkirche abhebt. Diese ist eine Säulenbasilika in den Formen des 16. Jahrhunderts, jedoch mit der Ausnahme, daß hier das Mittelschiff die Seitenschiffe zwar wie üblich überragt, doch keine eigenen Fenster hat. Beachtlich sind die Altarbauten, die der venezianische Spätbarock auch hier hinterlassen hat; so erinnert insbesondere der Hochaltar an jenen in der Pietà-Kirche an der Riva degli Schiavoni zu Venedig, dessen Präsenz auch sonst in Albona, wie Labin auf Italienisch hieß, besonders schön in die Augen fällt. So gibt es in der Pfarrkirche am Ende des rechten Seitenschiffs die Marmorgruppe einer Verklärung Christi in gutem Settecento-Stil, sowie ein Bild, auf dem die Armen Seelen aus dem Fegefeuer zur Madonna flehen, gemalt in der Art des istrischen Meisters Franzesco Daggiù, wie denn aus Istrien nicht nur vortreffliche Maler sondern auch Baumeister über die Adria nach Venedig kamen.

Oberhalb der Kirche erhebt sich ein kleiner Palazzo, der durch seine Balkone sowie die Gestaltung der Fenster gleichfalls durchaus venezianisch wirkt, wenn auch ins Provinzielle verkleinert und vergröbert. Ein *Heimatmuseum* ist darin untergebracht, dessen Öffnungszeiten leider nirgends verraten werden, so daß der Besucher sich wohl auf sein Glück verlassen muß – wir hatten keins. Der Campanile der Pfarrkirche steht recht entfernt auf dem Gipfel des Stadthügels, wo er zugleich die Bedeutung eines Bergfrieds hat. Von hier aus schweift der Blick über das Meer zu den langgestreckten Höhenzügen der Insel Cres, dann an der steilen Küste Istriens entlang zum Monte Učka und nach Norden hin zur Bucht von Rijeka, hinter der die Gebirge Kroatiens aufsteigen.

Labin war dank seiner Lage schon im zweiten vorchristlichen Jahrtausend eine Siedlung und spielte in römischer Zeit eine strategische Rolle. Im Mittelalter suchten es die Patriarchen von Aquileia in ihren Besitz zu bringen. Seit 1420 unterstand es Venedig, das sich in dem schwer einzunehmenden Ort ein Bollwerk gegen die Habsburger schuf.

Wenn Labin auch selbst schon hoch über der steil ins Meer abfallenden Ostküste Istriens liegt, sehen wir die eigentlichen Gebirge doch noch immer vor uns mit ihren kalkigen Wänden, Graten und Gipfeln, die trotz ihrer verhältnismäßig geringen Höhe – die höchsten Spitzen erreichen kaum 1400 Meter – waldlos sind, wenn man von den Büschen absieht, die über der Ostküste und in einzelnen geschützten Tälern gedeihen. Steinig und hart ist der Boden, und widerspenstig sind auch die wenigen Bewohner. Kein Wunder, daß sich hier in neuerer und neuester Zeit immer wieder der Widerstand gegen fremde Unterdrückung sammelte: nicht gegen die Venezianer und ihr eher mildes Regiment, sondern gegen die im 19. Jahrhundert hier herrschenden Österreicher und vollends gegen den italienischen Faschismus, der sich von 1941 bis 1945 zusammen mit der damaligen deutschen Besetzung hier grausam ausbreitete. Viele Mahnmale erinnern an das hier vergossene Blut der Partisanen.

Die Straße Richtung Rijeka umgeht den Fjord von Plomin, der mit seinen steileren und höheren Ufern fast an Norwegen erinnert, besonders wenn das zeitweilig von der Bora beherrschte Klima seine rauhe Seite zeigt. Wo die Straße fjordauswärts vorübergehend ansteigt, liegt sehr malerisch die kleine Bergstadt *Plomin* (Fianona), die dem Meerarm seinen Namen gab. Bescheidener als Labin, besitzt es immerhin neben dem kleinen Hauptplatz eine gotische Pfarrkirche und in der kleinen Kirche S. Zorzi als Altarstütze ein altrömisches Kapitell.

Die Straße biegt bei einem besonders schönen Aussichtspunkt nach Norden; sie ist nun seitlich mit Zypressen und anderen Nadelbäumen bepflanzt und erweist damit gebührende Ehre der schönen Sicht auf die hier bewaldete Steilküste des Meeres mit der nahen Insel Cres und auf die höchsten Gipfel Istriens sowie die fernen Berge Kroatiens. Das Panorama ist so reich in seinem Zusammenklang von Meer und Himmel, mit den felsigen Ufern des Festlands und der Inseln, daß es schon eine Vorahnung der griechischen Inselwelt gibt.

Unterhalb der Durchgangsstraße unterbrechen einzelne Dörfer die kaum besiedelte Landschaft, so *Brseč* (Bersezio) auf einer vorspringenden Terrasse. Die von einem gotischen Kirchturm überragten Häuser mit ihren weißgelben Mauern und den roten, flachgeneigten Ziegeldächern, eingebettet in das von Felsen durchsetzte Grün der Buschwälder, aus denen einzelne Zypressen aufsteigen – alles dies schafft vor dem gleichsam in die Tiefe gesenkten Hintergrund des Meeres einen beglückenden Zusammenklang.

Je mehr sich die Straße in die gegen Norden geschützte Bucht von Opatija senkt, um so stärker wird die Landschaft durch üppigere Vegetation und menschliche Siedlungen bereichert. Spätestens in Lovran beginnt jene Uferstrecke, die bis Rijeka reicht und als ›Riviera di Quarnaro‹ seit dem 19. Jahrhundert mit den anderen großen Rivieren des Mittelmeeres wetteifert, einst nur im Hinblick auf die sehr milden Winter, seit geraumer Zeit auch wegen der sommerlichen Meerbäder. Die Vegetation ist bereits subtropisch, in der Art, wie wir sie von der französischen und italienischen Riviera und auch von den oberitalienischen Seen her kennen. Die Villen jedoch mit ihren Türmen, Erkern und Söllern, vor allem aber ihren hohen Dächern, weisen nach dem Norden und verpflanzen an das Südmeer eine Ritterromantik, an der in der einstigen Donaumonarchie gerade jenes prosperierende Bürgertum Gefallen fand, das sich hier für die rauhe Jahreszeit einen Wintersitz erbauen ließ.

Laurana, wie *Lovran* unter den Venezianern hieß, ruft den Namen des großen Architekten Francesco Laurana wach, der aus Dalmatien stammte und in Pesaro und Urbino einige der bedeutendsten Bauwerke der Frührenaissance schuf. Im heutigen Dorf findet man rund um die alte Kirche ein reizvolles Gassengewinkel, aber auch schöne öffentliche Gärten und ein großes, älteres Hotel, in dessen Aussichtsfronten die Balkone wie Logen in einem Theater eingebaut sind.

Opatija (Abbazia)

Noch heute im Zeichen der Donaumonarchie, die hier freilich über manches Gebirge hinweg und hindurch ihre nur mit Mühe zu erreichende Ergänzung am südlichen Meere fand, steht Opatija, das damals Abbazia hieß. Man schrieb 1844, als unter der Regierung Kaiser Ferdinands der aus Rijeka stammende Patrizier Iginio Scarpa sich hier eine Villa bauen ließ, um in dem milden Klima den Winter angenehm zu verbringen. Das Beispiel machte Schule, vor allem, da sich nicht nur die Wintermonate durch eine Durchschnittstemperatur von 5,4 Grad auszeichnen, sondern sich auch während der heißen Jahreszeit das Thermometer in sehr erträglichen Grenzen hält. Die Gemahlin Ferdinands, Kaiserin Maria Anna, die 1861 den Ort besuchte, brachte ihn auch für den Sommer, und nun als Badeort, in Mode. Ein übriges tat der Direktor der österreichischen Südbahn, Friedrich Julius Schuller, der im Interesse seines Unternehmens für den Ort warb, und bald gehörte es in der altösterreichischen Gesellschaft zum guten Ton, nicht nur in Meran oder Arco, sondern auch in Abbazia regelmäßig abzusteigen.

Vieles erinnert noch heute an jene Ära, denn im Unterschied zu den meisten anderen Lieblingsorten des modernen Massentourismus hat man erst in den vergangenen zehn Jahren begonnen, Opatija zu modernisieren. So sind ›Betoncontainer‹ erst vereinzelt anzutreffen; den Ton geben weiterhin die Hotels und Villen aus der Zeit vor 1914 an, deren Gärten inzwischen auf das schönste gewachsen sind. Hervorstechend sind vor allem Park und *Villa Angiolina,* die Iginio Scarpa einst anlegen ließ und die heute öffentlich zugänglich sind. Die stilvollen Erdgeschoßräume des ehemaligen Wohnhauses dienen den Kurgästen jetzt als Lesezimmer, in denen auch ausländische Zeitung aufliegen.

Südlich der Villa Angiolina liegt die ehemalige kleine Benediktinerabtei *Sv. Jakov,* die im 11. Jahrhundert gegründet wurde und dem Ort Abbazia den Namen gab. Unmittelbar am Meer, auf kleinem Landvorsprung, steht die einfache, 1506 erbaute Saalkirche, die 1942 erweitert wurde, was trotz den byzantinisierenden Formen in zurückhaltender Weise gelang. Die anstoßenden einstigen Klostergebäude dienen heute als Pfarrhaus.

Westlich dieses historischen Zentrums liegt in einer flachen Bucht der Bootshafen, umgeben von neuen Hotels, die zusammen mit älteren Villen amphitheatralisch den trotz der Überbauung noch immer reich bepflanzten Hang besetzen. Säulengeschmückte Loggien, die mit Balkonen wechseln, Fassaden, die meist mit Erfolg der Monotonie moderner Hotelkästen zu entgehen suchen, lassen noch immer etwas von der Atmosphäre längst vergangener Zeiten spüren. Und was in keinem der alten Orte der Monarchie fehlen durfte, ein mindestens der leichten Muse dienendes *Theater,* das gibt es repräsentativ und liebenswürdig zugleich auch hier, nämlich oberhalb der Hauptstraße als mittelgroßen Bau mit reichgeschmückter, kuppelgekrönter Eingangsfront, in Formen, die sich zwischen der französischen Schloßrenaissance und dem klassischen Wienerbarock mit geschmackvoller Routine bewegen. Es ist hier wie andernorts ein merkwürdiges Erlebnis, daß die österreichische Atmosphäre in Bauten, Plätzen und Parkanlagen immer dort am stärksten weiterlebt, wo sie nicht durch eine in Sprache und Volkstum verwandte Kultur weitergeführt wird, womit sie sich zwar langsam, doch unwiederbringlich verändert, sondern daß die ethnisch, politisch und sozial ganz anders gearteten Nachfolger am überkommenen Rahmen wenig geändert, ja, diesen sogar bis hin zum ›Kaisergelb‹ mit rührender Sorgfalt erneuert haben. So sind es hier weniger die anderen Gepflogenheiten der südslawischen Volksrepublik als die Formen des modernen Massentourismus, die nivellierend wirken und die Atmosphäre nicht nur durch Auspuffgase belasten.

Nordöstlich des neuzeitlichen Kurortes hat sich das alte Opatija erhalten, mit einem kleinen Fischerhafen, über dem sich geschlossene Häuserreihen in slowenisch-venezianischer Bauart hinziehen, überragt von einer barocken Kirche mit zwei von reichgeschwungenen Hauben bekrönten Türmen.

Rijeka (Fiume)

Moderne Straßen führen in kurzer Zeit von Opatija nach Rijeka, dem früheren Fiume. Der Name leitet sich vom Grenzfluß Riječina ab, der unmittelbar östlich der Stadt geographisch Istrien von Dalmatien scheidet und für die Zeit von 1924 bis 1947 politisch Italien von Jugoslawien trennte. Die ältere Vergangenheit ist auch hier mit dem römischen, später mit dem venezianischen, dann dem habsburgischen Reich verknüpft.

Der Hafen, der mit Triest und Pula zu den bedeutendsten der östlichen Adria gehört, erfreute sich fast immer einer gewissen Autonomie, sowohl politisch wie auch wirtschaftlich. Insbesondere unter Karl VI. und Maria Theresia nahm er, ähnlich wie damals Triest, einen bedeutenden Aufschwung dank der ökonomischen Privilegien und dem Bau von Straßen, welche die topographisch nicht ganz leichte Verbindung mit dem slowenischen Hinterland und weiter mit dem alten Donaureich herstellten. Im Zuge des Ausgleichs von 1867 kam mit den südslawischen Gebieten auch Rijeka in die von Ungarn gelenkte Reichshälfte, deren wichtigster Hafen es wurde. Nach dem Untergang der Doppelmonarchie, 1918, wurde Rijeka zum Zankapfel zwischen dem neugeschaffenen Jugoslawien und den sehr bald durch den Faschismus aufgepeitschten Aspirationen Italiens, das in der Adria ein ›Mare nostrum‹ sah.

Für die Italiener der Zeit unmittelbar nach dem Ersten Weltkrieg und darüber hinaus für die europäische Öffentlichkeit ist der Name Fiume eng mit jenem Gabriele d'Annunzios verbunden, dem Dichter und politischen Propagandisten, der sich im Sinne der gemeinsamen lateinischen Kultur schon 1914 für den Kriegseintritt Italiens an der Seite Frankreichs einsetzte und später die Grenzen dieser ›Latinität‹ bis nach Fiume verlegen wollte. Er tat dies mittels der von ihm in Schriften und Reden verherrlichten ›Action directe‹, der gewaltsamen Aktion, die von der Enttäuschung seiner Landsleute getragen wurde, daß die ihnen von den Alliierten im Londoner Geheimvertrag vom April 1915 versprochenen Gebiete dann im Versailler Frieden keineswegs alle an Italien fielen. Der Anspruch auf Fiume ging ohnedies weit über das Versprochene hinaus. So beschloß d'Annunzio eine Einverleibung mit Gewalt. Am 12. September 1919 führte er mit einer Freischar den Gewaltstreich erfolgreich aus. Er arrangierte sich mit dem von den Alliierten eingesetzten, völlig überrumpelten Militärgouverneur und übernahm die Regentschaft über die Stadt. Als eine Art nationaler Prophet stilisierte er Fiume zur heimlichen Hauptstadt Italiens empor, ein Symbol, das bei den Nationalisten und namentlich bei Mussolini zündend wirkte. Entsprechend seiner Exzentrizität, entwarf er eine phantastische, um nicht zu sagen hybride Verfassung für die Stadt, die zukunftsverheißend für die ganze Menschheit sein wollte. Wenn der Faschismus dann auch vieles aus dem Gedankengut des Dichters, zusamt den Schwarzhemden seiner Freischärler, für sich übernahm, so führte d'Annunzios immer ausschweifender ins Irreale, Phantastische und Anarchische verstiegener Nationalismus schließlich doch zu einer Entfremdung von Mussolini.

Die Regentschaft des Dichterfürsten über Fiume dauerte wenig mehr als ein Jahr. Am 18. Januar 1921 wurde die Stadt aufgrund der Verträge von Rapallo zum Freihafen erklärt und d'Annunzio gewaltsam vertrieben, da er freiwillig nicht gehen wollte. Er mußte sich schließlich damit begnügen, am Gardasee in dem nach seinen Ideen umgebauten Landsitz, dem er den Namen ›Vittoriale degli Italiani‹ gab, für seine Gedanken und Erinnerungen ein Miniaturreich zu schaffen. 1923 nannte er auch die Organisation seiner Mitkämpfer, die ›Federazione legionari Fiumiani‹ in ›Unione spirituale dannunziana‹ um. Der Aktionist entwickelte sich schließlich zum

Prediger. Die Annexion von Fiume aber wurde durch das faschistische Regime zum nationalen Mythos verklärt. 1924 wurde Fiume wirklich italienisch, doch nur bis zum Zweiten Weltkrieg. Danach gelangte es an Jugoslawien.

Heute ist im architektonischen Stadtbild von Rijeka das italienische Element kaum mehr zu bemerken. Vielmehr ist die Donaumonarchie noch immer gegenwärtig. Man erkennt dies bereits am Bahnhof, dessen Haupteingang, übrigens ähnlich wie in Zagreb, durch eine klassizistische Tempelfront betont wird. Man sieht es vielen privaten Großbauten an, die im späten 19. Jahrhundert in der Hafengegend entstanden, und vor allem den älteren öffentlichen Gebäuden, so der Hafenkommandantur, dem Rathaus und dem einstigen Sitz des ungarischen Gouverneurs. Es sind Gebäude, die zum Teil vor mehr als hundert Jahren so großzügig angelegt wurden, daß sie noch heute ihrer Bestimmung genügen. Das ist ähnlich auch in Triest der Fall, nur daß dort nach 1919 das moderne Italien auch baulich seine Präsenz bekundete, allerdings, wie wir sahen, nicht immer besonders vorteilhaft. In Fiume zeigen die Bauten der einstigen Donaumonarchie ihre eigene, nämlich ungarische Spielart. Bei den in Budapest geschulten Architekten wirken die Fassaden lauter instrumentiert und die Prachtentfaltung betonter, das Auftreten robuster, um nicht zu sagen, hemmungsloser. Das alles vollzog sich hier zwar nur in Nuancen, doch diese sind unverkennbar und lassen die Stadt dem Balkan um einen Schritt näher erscheinen als beispielsweise Triest oder Zagreb. Dort ist übrigens das kroatische Element stärker sichtbar. In Fiume verzichtete Wien infolge der Reichsteilung von 1867 in Österreich-Ungarn auf seinen Einfluß zugunsten von Budapest, das hier wie auch anderswo in dem ihm damals unterstellten Südslawien trotz der Aufnahme südslawischer Abgeordneter eine Art Kolonialherrschaft aufrichtete, wobei Fiume das Privileg des Freihafens behielt.

Dies wird vielleicht am deutlichsten in dem heute als Museum dienenden Statthalter-Palast *Kulturheim Vladimir Švalbe* oberhalb des östlichen Teils der Altstadt. Der Bau wurde um die Jahrhundertwende für den ungarischen Gouverneur im üppigsten Sezessionsstil errichtet, was nicht nur in der Fassade, sondern auch im Vestibül, dem Treppenhaus und dem überglasten Lichthof zum Ausdruck kommt. Die quellenden Formen und die der Architektur keineswegs ungeschickt integrierte Bauplastik erscheint hier übrigens den gleichzeitig in Italien im ›umbertianischen‹ Stil errichteten Bankpalästen verwandter als der ›Wiener Sezession‹. Als ein zweites Beispiel für diesen magyarischen Einfluß sei der *Jadran-Palast* am Hafenplatz genannt. Aber auch das große *Stadttheater* südöstlich des Hafenplatzes unterscheidet sich bei aller k. und k.-Haltung durch seinen größeren Aufwand von jenen Häusern, welche die auf den Theaterbau spezialisierte Wiener Firma Fellner und Helmer in der Donaumonarchie und darüber hinaus bis Zürich baute. Das heute im vorhin genannten Gouverneurspalast untergebrachte Museum enthält neben ethnologischen und maritimen Sammlungen eine sehenswerte Darbietung reich möblierter Innenräume vom Rokoko bis zum Klassizismus, die aus einstigen Adelspalästen und Bürgerhäusern hierher gebracht wurden.

Gegenüber dem 19. und 20. Jahrhundert tritt die eigentliche Altstadt zurück, sie befindet sich zudem im Umbruch, was heißen will: im Abbruch. Sie gruppiert sich zum Fluß hin, und man betritt sie am besten vom östlichen Ende des Hafenkais aus durch den mit einer barocken Haube bekrönten *Torturm* (Gradski toranj). Es gibt auch ein *Altrömisches Tor* (Stara Vrata), das jedoch einfacher ist als jene in Pola und Triest. Sehenswert ist allenfalls auch der südöstlich vom Torturm gelegene *Dom*. Dem nicht sehr großen Bau aus dem 18. Jahrhundert ist eine klassizistische Fassade vorgelegt, in die sich kontrastreich das spätbarocke Portal einfügt. Er ist als dreischiffige Pfeilerbasilika angelegt. Das Langhaus ist erst während des 19. Jahrhunderts neubarock ausgemalt worden. Dagegen haben sich im Chor Stukkaturen aus dem zweiten Viertel des 18. Jahrhunderts erhalten. Die Altarbilder gehören fast alle dem 19. Jahrhundert an und sind zum Teil Kopien nach Tizian-Bildern in Venedig, zum Beispiel der Himmelfahrt Mariens oder Johannes des Täufers. Nachdem man vom Dom aus in westlicher Richtung ein recht häßliches Gemengsel von Autoparkplätzen und modernen, das Altstadtgefüge sprengenden Betonblöcken durchquert hat, findet man einen in ansprechendem Klassizismus erhaltenen Platz mit der Kirche *Sveti Vid* (St. Veit), deren Front in schlichtem Spätbarock gehalten ist. Der barocke Saalraum, an den sich ein eingezogener Chor schließt, ist mit beachtlichen Altären ausgestattet, die – wie der Bau selbst – ein gewisses Abrücken vom Italienischen zum Slawischen hin spüren lassen, dessen Einfluß sich mit jenem Venedigs hier verbindet. So findet man bis in Einzelheiten hinein zumindest in den Werken des 18. und 19. Jahrhunderts in Rijeka das Wesen einer Grenzstadt ausgedrückt, die Kulturen nicht nur trennt, sondern zu Zeiten auch fruchtbar vereint.

Register

Dank

Die Vorlagen für die Farbtafeln I, II, IV, VI, VII und VIII sowie für die einfarbigen Abbildungen stammen von Werner Neumeister, München, mit Ausnahme von Nr. 17, für die uns der Touring Club Italiano, Mailand, freundlicherweise ein Foto zur Verfügung stellte. Die Ektachrome für die Farbtafeln IX und X stammen von Luciano Fincato, Abano, und SCALA, Antella, Florenz.